IFCT011PO

PROGRAMACIÓN .NET

IFCT011PO

PROGRAMACIÓN .NET

Fco. Javier Ceballos Sierra

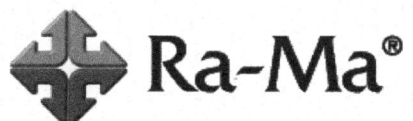

La ley prohíbe
fotocopiar este libro

IFCT011PO - PROGRAMACIÓN .NET
© Fco. Javier Ceballos Sierra
© De la edición: Ra-Ma 2025

Editado por:
RA-MA Editorial
Calle Jarama, 3A, Polígono Industrial Igarsa
28860 PARACUELLOS DE JARAMA, Madrid
Teléfono: 91 658 42 80
Fax: 91 662 81 39
Correo electrónico: *editorial@ra-ma.com*
Internet: *www.ra-ma.es* y *www.ra-ma.com*
ISBN: 979-13-8764-264-8
Depósito legal: M-5121-2025
Maquetación: Antonio García Tomé
Diseño de portada: Antonio García Tomé
Filmación e impresión: Safekat
Impreso en España en febrero de 2025

Es fácil tener una idea complicada,
pero es realmente complicado tener una idea simple.

Dedico esta obra
a María del Carmen, mi esposa,
y a mis hijos Francisco y Javier.

CONTENIDO

PRÓLOGO

Visual Basic es hoy el lenguaje de programación más popular del mundo. Desde que Microsoft liberó Visual Basic 1.0 en 1991 han tenido lugar muchos cambios. Visual Basic 1.0 revolucionó la forma de desarrollar software para Windows; desmitificó el proceso de desarrollo de aplicaciones con interfaz gráfica de usuario y abrió este tipo de programación a las masas. En sus posteriores versiones, Visual Basic ha continuado proporcionando nuevas y nuevas características que facilitaron la creación de aplicaciones para Windows cada vez más potentes; por ejemplo la versión 3.0 introdujo el control de datos para facilitar el acceso a bases de datos y la versión 4.0 mejoró y potenció este acceso con los objetos DAO. Con la aparición de Windows 95, Microsoft liberó Visual Basic 4.0 que abrió la puerta al desarrollo de aplicaciones de 32 bits y a la creación de DLL. La versión 5.0 mejoró la productividad con la incorporación de la ayuda inteligente y la introducción de los controles ActiveX. Finalmente la versión 6.0 nos introdujo en la programación de Internet con las aplicaciones DHTML y el objeto *WebClass*. Y ahora disponemos de Visual Basic .NET que viene a revolucionar el mundo de las comunicaciones permitiendo escribir aplicaciones escalables para Internet.

La palabra "Visual" hace referencia, desde el lado del diseño, al método que se utiliza para crear la interfaz gráfica de usuario si se dispone de la herramienta adecuada (con Microsoft Visual Studio 2005, o en su defecto Visual Basic 2005 Express y Visual Web Developer 2005 Express, se utiliza el ratón para arrastrar y colocar los objetos prefabricados en el lugar deseado dentro de un formulario) y desde el lado de la ejecución, al aspecto gráfico que toman los objetos cuando se ejecuta el código que los crea, objetos que formarán la interfaz gráfica que el usuario de la aplicación utiliza para acceder a los servicios que esta ofrece.

La palabra "Basic" hace referencia al lenguaje BASIC (*Beginners All-Purpose Symbolic Instruction Code*), un lenguaje utilizado por más programadores que ningún otro lenguaje en la historia de la informática. Visual Basic ha evoluciona-do a partir del lenguaje BASIC original y ahora contiene centenares de instruc-ciones, funciones y palabras clave, muchas de las cuales están directamente relacionadas con la interfaz gráfica de Windows.

La palabra "NET" hace referencia al ámbito donde operarán nuestras aplica-ciones (*Network*). Visual Basic .NET, ahora Visual Basic 2005, proporciona la tecnología necesaria para saltar desde el desarrollo de aplicaciones cliente-servidor tradicionales a la siguiente generación de aplicaciones escalables para la Web, introduciendo algunos conceptos nuevos, como ensamblados, formularios Web, servicios Web, ADO.NET, ASP.NET y el .NET Framework.

Es importante saber también, que la inversión realizada en el aprendizaje del lenguaje Basic le ayudará a abarcar otras áreas, porque este lenguaje de progra-mación es utilizado también por Microsoft Excel, Microsoft Access y muchas otras aplicaciones Windows.

Este libro ha sido escrito utilizando el paquete *Microsoft .NET Framework 2.0 Software Development Kit* (SDK) que incluye todo lo necesario para escribir, construir, verificar y ejecutar aplicaciones .NET, y su propósito es ayudar al lec-tor a aprender a programar utilizando Visual Basic. Para ello, los trece capítulos en que se ha estructurado el libro van presentando el lenguaje de una forma natu-ral, empezando por lo más sencillo y exponiendo cada tema a su tiempo. En defi-nitiva, el libro presenta una metodología para aprender poco a poco sin apenas encontrar dificultades. Todos los capítulos van documentados con varios ejemplos resueltos y con otros propuestos que le ayudarán a completar su formación. Asi-mismo, además de aprender el lenguaje escribiendo aplicaciones de consola, aprenderá también a desarrollar aplicaciones que muestren una interfaz gráfica al usuario, a acceder a bases de datos y a desarrollar aplicaciones para *Internet*.

Agradecimientos

He recibido ayuda de algunas personas durante la preparación de este libro, y por ello estoy francamente agradecido. También, deseo expresar mi agradecimiento a *Microsoft Ibérica* por poner a mi disposición, en particular, y de todos los lectores en general, el SDK que el estudio de esta obra requiere.

Francisco Javier Ceballos Sierra
http://www.telefonica.net/web2/fjcs/

FASES EN EL DESARROLLO DE UN PROGRAMA

En este capítulo aprenderá lo que es un programa, cómo escribirlo utilizando el lenguaje *Visual Basic .NET* y qué hacer para que el ordenador lo ejecute y muestre los resultados perseguidos.

QUÉ ES UN PROGRAMA

Probablemente alguna vez haya utilizado un ordenador para escribir un documento o para divertirse con algún juego. Recuerde que en el caso de escribir un documento, primero tuvo que poner en marcha un procesador de textos, y que si quiso divertirse con un juego, lo primero que tuvo que hacer fue poner en marcha el juego. Tanto el procesador de textos como el juego son *programas* de ordenador.

Poner un programa en marcha es sinónimo de ejecutarlo. Cuando ejecutamos un programa, nosotros sólo vemos los resultados que produce (el procesador de textos muestra sobre la pantalla el texto que escribimos; el juego visualiza sobre la pantalla las imágenes que se van sucediendo) pero no vemos el guión seguido por el ordenador para conseguir esos resultados. Ese guión es el programa.

Ahora, si nosotros escribimos un programa, entonces sí que sabemos cómo trabaja y por qué trabaja de esa forma. Esto es una forma muy diferente y curiosa de ver un programa de ordenador, lo cual no tiene nada que ver con la experiencia adquirida en la ejecución de distintos programas.

Ahora, piense en un juego cualquiera. La pregunta es ¿qué hacemos si queremos enseñar a otra persona a jugar? Lógicamente le explicamos lo que debe hacer; esto es, los pasos que tiene que seguir. Dicho de otra forma, le damos instrucciones de cómo debe actuar. Esto es lo que hace un programa de ordenador. Un *programa* no es nada más que una serie de instrucciones dadas al ordenador en un lenguaje entendido por él, para decirle exactamente lo que queremos que haga. Si el ordenador no entiende alguna instrucción, lo comunicará generalmente mediante mensajes visualizados en la pantalla.

QUÉ ES Visual Basic .NET

Para entender lo que es Visual Basic .NET es imprescindible decir antes lo que es *Microsoft .NET Framework* o abreviadamente *.NET*. Se trata de un entorno de desarrollo multilenguaje diseñado por Microsoft para simplificar la construcción, distribución y ejecución de aplicaciones para Internet. Tiene fundamentalmente tres componentes: una máquina virtual (CLR: *Common Language Runtime*) que procesa código escrito en un lenguaje intermedio (MSIL: *Microsoft Intermediate Language*), una biblioteca de clases (biblioteca .NET) y ASP.NET que proporciona los servicios necesarios para crear aplicaciones *Web*.

Precisamente Visual Basic es uno de los lenguajes de programación de alto nivel que pertenecen al paquete .NET (otros lenguajes son C#, C/C++, etc.). Con Visual Basic .NET se pueden escribir tanto programas convencionales como para Internet. Las aplicaciones podrán mostrar una interfaz gráfica al usuario, o bien una interfaz de texto, como hacen las denominadas aplicaciones de consola.

El paquete .NET incluye un compilador (programa traductor) de Visual Basic que produce un código escrito en un lenguaje intermedio, común para todos los lenguajes de dicha plataforma, que será el que la máquina virtual ejecutará (esto es, cada lenguaje de la plataforma tiene su compilador que produce código correspondiente a un único lenguaje: MSIL).

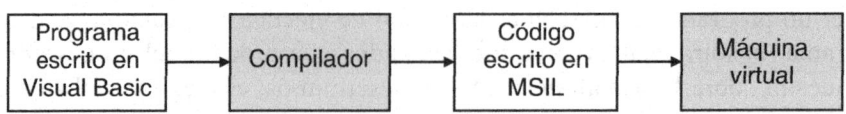

Por lo tanto, MSIL es un lenguaje máquina que no es específico de ningún procesador, sino de la máquina virtual de .NET. En realidad se trata de un lenguaje de más alto nivel que otros lenguajes máquina: trata directamente con objetos y tiene instrucciones para cargarlos, guardarlos, iniciarlos, invocar a sus métodos, así como para realizar operaciones aritméticas y lógicas, para controlar el flujo de ejecución, etc. A su vez, la máquina virtual posee un recolector de basura (para eliminar los objetos cuando no estén referenciados) y proporciona traductores del lenguaje intermedio a código nativo para cada arquitectura soportada; se trata de compiladores JIT (*Just in Time*: al instante).

Por otra parte, antes de que el código MSIL pueda ser ejecutado por el procesador de nuestra máquina, debe ser convertido a código nativo. Ésta es la tarea del compilador JIT: producir código nativo para el microprocesador particular de nuestra máquina. Normalmente, el código MSIL es convertido a código nativo según se va ejecutando (el código que se va obteniendo se va guardando para que esté accesible para subsiguientes llamadas).

¿Dónde se consigue el paquete .NET? Puede obtenerlo a través de Internet en la dirección: *http://www.microsoft.com/downloads*.

Según lo expuesto, es fácil entender entonces que una de las ventajas significativas de Visual Basic sobre otros lenguajes de programación es que es independiente de la plataforma (lo mismo podemos decir respecto a los demás lenguajes incluidos en .NET). Esto quiere decir que el código producido por el compilador Visual Basic puede transportarse a cualquier plataforma (Intel, Sparc, Motorola, etc.) que tenga instalada una máquina virtual de .NET y ejecutarse. Pensando en Internet esta característica es crucial ya que esta red conecta ordenadores muy distintos.

REALIZACIÓN DE UN PROGRAMA EN Visual Basic .NET

En este apartado se van a exponer los pasos a seguir en la realización de un programa, por medio de un ejemplo.

La siguiente figura, muestra de forma esquemática lo que un usuario de Visual Basic .NET necesita y debe hacer para desarrollar un programa.

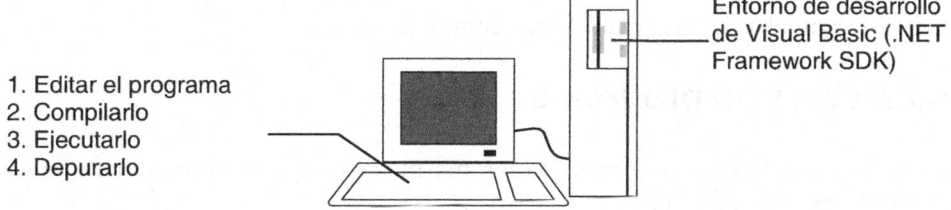

1. Editar el programa
2. Compilarlo
3. Ejecutarlo
4. Depurarlo

Entorno de desarrollo de Visual Basic (.NET Framework SDK)

Evidentemente, para poder escribir programas se necesita un entorno de desarrollo Visual Basic .NET. *Microsoft*, propietario del lenguaje Visual Basic, proporciona uno de forma gratuita, *.NET Framework SDK*, que se puede obtener en la dirección de Internet:

```
http://www.microsoft.com/downloads
```

Asimismo, el CD que acompaña al libro incluye la versión de *.NET Framework SDK 2.0* para Windows, con la que podrá realizar todos los ejemplos incluidos en esta obra.

Para instalar la versión que incluye el CD mencionado en una plataforma Windows, hay que ejecutar el fichero *setup.exe*. De manera predeterminada el paquete será instalado en *\win...\Microsoft.NET*. Asimismo, se añadirá un menú *Inicio – Programas - Microsoft .NET Framework SDK* desde el que podrá visualizar la documentación relativa a .NET. Puede ver más detalles sobre la instalación al final del libro. Para otras plataformas, por ejemplo Linux, véase el apéndice D.

Sólo falta un editor de código fuente Visual Basic. Es suficiente con un editor de texto sin formato; por ejemplo el *bloc de notas* de Windows. No obstante, todo el trabajo de edición, compilación, ejecución y depuración, se hará mucho más fácil si se utiliza un entorno de desarrollo con interfaz gráfica de usuario que integre las herramientas mencionadas, en lugar de tener que utilizar la interfaz de línea de órdenes del SDK, como veremos a continuación.

Entornos de desarrollo integrados para Visual Basic .NET hay varios, pero por encima de todos destaca *Microsoft Visual Studio .NET*. No obstante, para el caso que nos ocupa, realizar los ejercicios del libro, cualquier otro entorno más simple puede servir (eche una ojeada a la carpeta *EDI* del CD que se proporciona con el libro). Por ejemplo, *Visual Basic 2005 Express* es un entorno de desarrollo proporcionado por Microsoft (gratuitamente en el momento de escribir esta obra) que le permitirá escribir aplicaciones de consola y aplicaciones con interfaz gráfica, y *Visual Web Developer 2005 Express* es otro que le permitirá construir aplicaciones para Internet con ASP.NET. Para aplicaciones empresariales es recomendable utilizar *Microsoft Visual Studio .NET* ya que incorpora utilidades que facilitan mucho los desarrollos más complejos.

Cómo crear un programa

Empecemos con la creación de un programa muy simple: el clásico ejemplo de mostrar un mensaje de saludo.

Este sencillo programa lo realizaremos desde los dos puntos de vista comentados anteriormente: utilizando la interfaz de línea de órdenes del SDK y utilizando un entorno de desarrollo integrado.

Interfaz de línea de órdenes

Empecemos por editar el fichero fuente Visual Basic .NET correspondiente al programa. Primeramente visualizaremos el editor de textos que vayamos a utilizar, el cual debe permitir guardar texto sin formato; por ejemplo, el *Bloc de notas* de Windows. El nombre del fichero elegido para guardar el programa en el disco, debe tener como extensión *vb*; por ejemplo *HolaMundo.vb*.

Una vez visualizado el editor, escribiremos el texto correspondiente al programa fuente. Escríbalo tal y como se muestra a continuación. Observe que una *sentencia* del lenguaje Visual Basic .NET se finaliza pulsando la tecla *Entrar (Enter o ⏎)*.

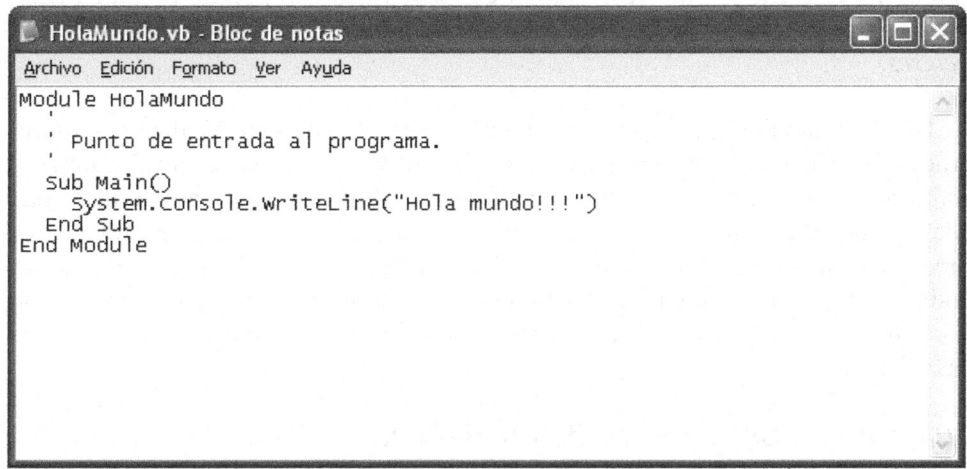

```
Module HolaMundo
   '
   ' Punto de entrada al programa.
   '
   Sub Main()
      System.Console.WriteLine("Hola mundo!!!")
   End Sub
End Module
```

¿Qué hace este programa?

Comentamos brevemente cada línea del programa anterior. No se apure si algunos de los términos no quedan muy claros ya que todos ellos se verán con detalle en capítulos posteriores.

La primera línea declara el módulo *HolaMundo*, porque el esqueleto de cualquier programa de consola Visual Basic .NET se basa en la definición de un módulo. A continuación se escribe el cuerpo del módulo encerrado entre las palabras clave **Module** y **End Module**. Ambas líneas definen el bloque de código en el que se escriben las acciones a llevar a cabo por el programa Visual Basic .NET. Con esto ya sabemos que el código de Visual Basic .NET se almacena en módulos. Aprenderemos más sobre ellos en los próximos capítulos.

Las siguientes líneas que empiezan por ' (comilla simple) son simplemente comentarios. Los comentarios no son tenidos en cuenta por el compilador, pero ayudan a entender un programa cuando se lee.

A continuación se escribe el procedimiento principal **Main**. Observe que un procedimiento se distingue por el modificador () que aparece después de su nombre y que el bloque de código correspondiente al mismo, incluido entre **Sub** y **End Sub**, define las acciones que tiene que ejecutar dicho procedimiento. Cuando se compila un programa, Visual Basic .NET espera que haya un procedimiento **Main**. Este procedimiento define el punto de entrada y de salida del programa.

En el ejemplo se observa que el procedimiento **Main** llama para su ejecución al método **WriteLine** de la clase **Console** del espacio de nombres **System** de la biblioteca .NET (un espacio de nombres agrupa un conjunto de clases bajo un nombre), que escribe como resultado la expresión que aparece especificada entre comillas. Una secuencia de caracteres entre comillas se denomina *cadena de caracteres*.

Observe también que la sentencia que invoca a **WriteLine** finaliza con un retorno de carro (tecla *Entrar*), sucediendo lo mismo con la cabecera del módulo *HolaMundo*, con la cabecera del procedimiento **Main**, etc. Esto quiere decir que todas las declaraciones y sentencias en Visual Basic terminan con un retorno de carro. Resumiendo: un programa Visual Basic .NET se basa en la definición de un módulo, un módulo contiene procedimientos, además de otras definiciones, y un procedimiento, a su vez, contiene sentencias y otras definiciones, como veremos más adelante.

Guardar el programa escrito en el disco

El programa editado está ahora en la memoria. Para que este trabajo pueda tener continuidad, se debe grabar en el disco utilizando la orden correspondiente del editor. El nombre del programa fuente, programa escrito en Visual Basic .NET, puede ser diferente al del módulo que contiene. En nuestro caso, el nombre del módulo es *HolaMundo* y el nombre del fichero *HolaMundo.vb*, pero podría haber sido *saludo.vb*.

Un fichero con código Visual Basic no necesita de ningún otro fichero, como por ejemplo, los ficheros de cabecera de otros lenguajes.

Compilar y ejecutar el programa

El siguiente paso es *compilar* el programa; esto es, traducir el programa fuente a código intermedio (MSIL) para posteriormente poder ejecutarlo. La figura siguiente muestra los pasos a seguir en este proceso que a continuación explicamos.

Según dijimos anteriormente, el *SDK* proporciona un programa ejecutable desde la línea de órdenes, *vbc*, para compilar cualquier programa fuente escrito en Visual Basic .NET. El resultado será un fichero de nombre igual al del fichero fuente y extensión *.exe* que almacenará el código intermedio obtenido en la traducción, código que puede ser directamente interpretado por la máquina virtual de .NET cuando requiramos ejecutar el programa. Según esto, lo primero es visualizar una ventana que muestre la línea de órdenes (para ello, los usuarios de Windows pueden ejecutar *cmd* o *command* desde la ventana *Inicio - Ejecutar*). Después, para informar al sistema operativo de la ubicación de la utilidad *vbc*, desde la línea de órdenes añadiremos a la variable de entorno *path* la ruta de la carpeta donde está almacenada esta utilidad y otras que utilizaremos a continuación. Por ejemplo:

```
set path=%path%;C:\WINDOWS\Microsoft.NET\Framework\vXXX
```

La expresión *%path%* representa el valor actual de la variable de entorno *path*. La ruta *C:\WINDOWS\Microsoft.NET\Framework\vXXX* es donde, en nuestro caso, están ubicadas las utilidades Visual Basic .NET. Observe que una ruta va separada de la anterior por un punto y coma. Este trabajo no será necesario hacerlo cuando al instalar el entorno .NET, esta ruta y otras sean añadidas automáticamente a la variable de entorno *path*. Puede comprobarlo ejecutando *path* desde la línea de órdenes.

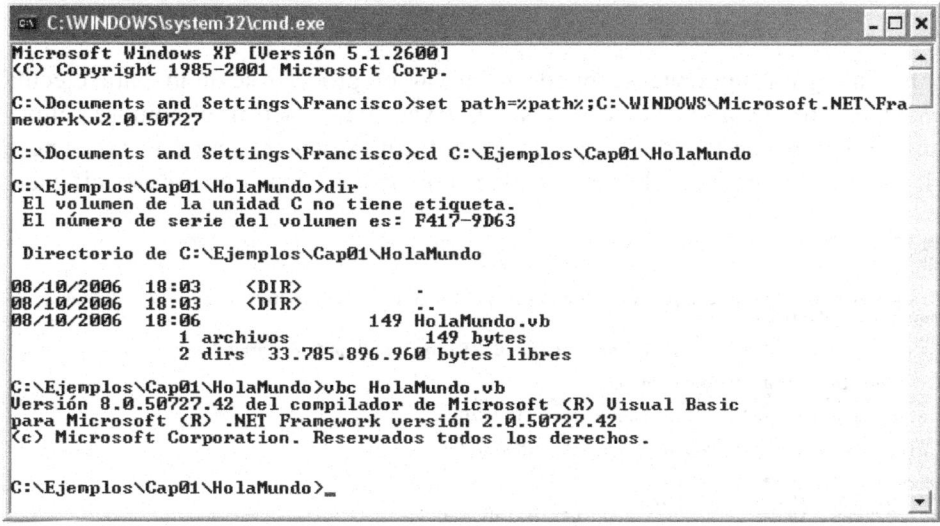

A continuación, utilizando la orden *cd* nos cambiamos a la carpeta de trabajo, carpeta donde hemos guardado el fichero que deseamos compilar; en nuestro caso *C:\Ejemplos\Cap01\HolaMundo*. La orden *dir* nos permitirá ver el contenido de esta carpeta.

Finalmente, compilamos el fichero fuente que almacena el programa. La orden para compilar el programa *HolaMundo.vb* es la siguiente:

```
vbc HolaMundo.vb
```

Obsérvese que para compilar un programa hay que especificar la extensión *.vb*. El resultado de la compilación será un fichero *HolaMundo.exe* que contiene el código que ejecutará la máquina virtual de .NET.

Al compilar un programa, se pueden presentar *errores de compilación*, debidos a que el programa escrito no se adapta a la sintaxis y reglas del compilador. Estos errores se irán corrigiendo hasta obtener una compilación sin errores.

Por ejemplo, si al compilar el programa se muestra un mensaje de error como:

```
vbc : error BC30420: No se encontró 'Sub Main()' en 'HolaMundo'.
```

asegúrese de que el nombre del procedimiento **Main** lo ha escrito correctamente. Visual Basic es un lenguaje que no es sensible a las mayúsculas y minúsculas; por lo tanto, sería lo mismo escribir **main** que **Main**.

Para ejecutar el fichero resultante de la compilación y observar los resultados, basta con escribir en la línea de órdenes el nombre de dicho fichero, en nuestro caso *HolaMundo*, y después pulsar *Entrar*.

```
HolaMundo[Entrar]
```

En la figura siguiente se puede observar el proceso seguido para ejecutar *HolaMundo* desde la línea de órdenes. Observar que al escribir el nombre del programa se han hecho coincidir mayúsculas y las minúsculas, pero esto no es necesario. Asimismo, cabe resaltar que la extensión *.exe* no tiene que ser especificada.

```
C:\WINDOWS\system32\cmd.exe

C:\Documents and Settings\Francisco>set path=%path%;C:\WINDOWS\Microsoft.NET\Fra
mework\v2.0.50727

C:\Documents and Settings\Francisco>cd C:\Ejemplos\Cap01\HolaMundo

C:\Ejemplos\Cap01\HolaMundo>dir
 El volumen de la unidad C no tiene etiqueta.
 El número de serie del volumen es: F417-9D63

 Directorio de C:\Ejemplos\Cap01\HolaMundo

08/10/2006  18:03    <DIR>          .
08/10/2006  18:03    <DIR>          ..
08/10/2006  18:06               149 HolaMundo.vb
               1 archivos            149 bytes
               2 dirs  33.785.896.960 bytes libres

C:\Ejemplos\Cap01\HolaMundo>vbc HolaMundo.vb
Versión 8.0.50727.42 del compilador de Microsoft (R) Visual Basic
para Microsoft (R) .NET Framework versión 2.0.50727.42
(c) Microsoft Corporation. Reservados todos los derechos.


C:\Ejemplos\Cap01\HolaMundo>HolaMundo
Hola mundo!!!

C:\Ejemplos\Cap01\HolaMundo>_
```

Una vez ejecutado, se puede observar que el resultado es el mensaje: *Hola mundo!!!*

Biblioteca de clases

Visual Basic .NET carece de instrucciones de E/S, de instrucciones para manejo de cadenas de caracteres, etc. con lo que este trabajo queda para la biblioteca de clases provista con el compilador. Visual Basic no tiene una biblioteca de su propiedad, sino que utiliza la biblioteca .NET. Todos los lenguajes del paquete .NET utilizan esta misma biblioteca. Una biblioteca está formada por un conjunto de ficheros separados en el disco (con extensión *.dll*, *.lib*, *.tlb*, etc.) que contienen las clases que definen las tareas más comunes, para que nosotros no tengamos que escribirlas. Como ejemplo, hemos visto anteriormente el método **WriteLine** de la clase **Console** del espacio de nombres **System**. Si este método no existiera, sería labor nuestra escribir el código necesario para visualizar los resultados.

Por omisión, el compilador *vbc* sólo busca clases predefinidas en el fichero *mscorlib.dll* de la biblioteca .NET. Por lo tanto, cuando sea necesario utilizar clases guardadas en otros ficheros, habrá que utilizar la opción **/r** del compilador para especificarlos. Por ejemplo:

```
vbc /r:System.Windows.Forms.dll,System.Drawing.dll fichero.vb
```

En el código del ejemplo *HolaMundo* se puede observar que para utilizar un método de una clase de la biblioteca simplemente hay que invocarlo y pasarle los argumentos necesarios entre paréntesis. Por ejemplo:

```
System.Console.WriteLine("Hola mundo!!!")
```

Guardar el programa ejecutable en el disco

Como hemos visto, cada vez que se realiza el proceso de *compilación* del programa actual, Visual Basic genera automáticamente sobre el disco un fichero *.exe*. Este fichero puede ser ejecutado directamente desde el sistema operativo escribiendo en la línea de órdenes su nombre y pulsando la tecla *Entrar* (esta acción pondrá en marcha la máquina virtual de .NET).

Al ejecutar el programa, pueden producirse *errores durante la ejecución*. Por ejemplo, puede darse una división por cero. Estos errores solamente pueden ser detectados por Visual Basic cuando se ejecuta el programa y serán notificados con el correspondiente mensaje de error.

Hay *otro tipo de errores* que no dan lugar a mensaje alguno. Por ejemplo: un programa que no termine nunca de ejecutarse, debido a que presenta un lazo, donde no se llega a dar la condición de terminación. Para detener la ejecución en un caso como éste se tienen que pulsar las teclas *Ctrl+C* (en un entorno integrado se ejecutará una orden equivalente a *Detener ejecución*).

Depurar un programa

Una vez ejecutado el programa, la solución puede ser incorrecta. Este caso exige un análisis minucioso de cómo se comporta el programa a lo largo de su ejecución; esto es, hay que entrar en la fase de *depuración* del programa.

La forma más sencilla y eficaz para realizar este proceso es utilizar un programa *depurador*. El entorno de desarrollo de .NET proporciona para esto la utilidad *cordbg*. Éste es un depurador de línea de órdenes un tanto complicado de utilizar, por lo que, en principio, tiene escasa aceptación. Normalmente los entornos de desarrollo integrados potentes como *Microsoft Visual Studio .NET*, que anteriormente hemos mencionado, incorporan las órdenes necesarias para invocar y depurar un programa con facilidad (véase el apéndice B).

Para depurar un programa Visual Basic debe compilarlo con la opción **/debug**. Por ejemplo, desde la línea de órdenes esto se haría así:

```
vbc /debug HolaMundo.vb
```

La orden anterior genera un fichero con el mismo nombre y extensión *.pdb*. Ahora podemos ejecutar el programa Visual Basic paso a paso invocando al depurador desde la línea de órdenes así:

```
cordbg HolaMundo
```

Entornos de desarrollo integrado

Como hemos dicho anteriormente, cuando se utiliza un entorno de desarrollo integrado todo resulta más sencillo, porque las operaciones de crear un proyecto, editarlo, compilarlo, ejecutarlo y depurarlo están automatizadas. En el apéndice B se resume cómo utilizar los entornos de desarrollo anteriormente indicados.

EJERCICIOS RESUELTOS

Para practicar con un programa más, escriba el siguiente ejemplo y pruebe los resultados. Hágalo primero desde la línea de órdenes y después con el entorno de desarrollo integrado preferido por usted. El siguiente ejemplo visualiza como resultado la suma, la resta, la multiplicación y la división de dos cantidades enteras.

Abra el procesador de textos o el editor de su entorno integrado y edite el programa ejemplo que se muestra a continuación. Recuerde, el nombre del fichero fuente, programa escrito en Visual Basic .NET, puede ser diferente al del módulo que contiene, *Aritmetica*, y debe tener extensión *.vb*.

```
Module Aritmetica
  '
  ' Operaciones aritméticas
  '
  Sub Main()
    Dim dato1, dato2, resultado As Integer

    dato1 = 20
    dato2 = 10

    ' Suma
    resultado = dato1 + dato2
    System.Console.WriteLine("{0} + {1} = {2}", dato1, dato2, resultado)
    ' Resta
    resultado = dato1 - dato2
    System.Console.WriteLine("{0} - {1} = {2}", dato1, dato2, resultado)
    ' Producto
    resultado = dato1 * dato2
    System.Console.WriteLine("{0} * {1} = {2}", dato1, dato2, resultado)
    ' Cociente
    resultado = dato1 / dato2
    System.Console.WriteLine("{0} / {1} = {2}", dato1, dato2, resultado)
  End Sub
End Module
```

Una vez editado el programa, guárdelo en el disco con el nombre *Aritmetica.vb*.

¿Qué hace este programa? Si nos fijamos en el procedimiento principal, **Main,** vemos que se han declarado tres variables enteras (de tipo **Integer**): *dato1, dato2* y *resultado*.

```
Dim dato1, dato2, resultado As Integer
```

El siguiente paso asigna el valor 20 a la variable *dato1* y el valor 10 a la variable *dato2*.

```
dato1 = 20
dato2 = 10
```

A continuación se realiza la suma de esos valores y se escriben los datos y el resultado.

```
resultado = dato1 + dato2
System.Console.WriteLine("{0} + {1} = {2}", dato1, dato2, resultado)
```

El método **WriteLine** escribe un resultado de la forma:

```
20 + 10 = 30
```

Observe que la expresión resultante está formada por cinco elementos: *dato1*, *" + "*, *dato2*, *" = "*, y *resultado*; unos elementos son numéricos y otros son constantes de caracteres. Esto se ha especificado mediante el formato *{0} + {1} = {2}*; una especificación de la forma *{número}* indica que se ha de mostrar el valor del argumento que está en la posición *número* (en el ejemplo, *dato1* es el argumento que está en la posición *0*, *dato2* está en la *1* y *resultado* en la *2*); cualquier otro carácter entre las comillas dobles, aparte de las especificaciones, se mostrará tal cual (en el ejemplo, los espacios en blanco, el + y el =).

Un proceso similar se sigue para calcular la diferencia, el producto y el cociente. Para finalizar, compile, ejecute el programa y observe los resultados.

EJERCICIOS PROPUESTOS

1.   Practique la edición, la compilación y la ejecución con un programa similar al programa *Aritmetica.vb* realizado en el apartado anterior. Por ejemplo, modifíquelo para que ahora realice las operaciones de sumar, restar y multiplicar con tres datos: *dato1*, *dato2* y *dato3*. En un segundo intento, puede también combinar las operaciones aritméticas.

2.   Realice el mismo ejercicio anterior, pero ahora utilizando un entorno de desarrollo integrado (EDI) análogamente a como se indica en el apéndice B.

FUNDAMENTOS DE Visual Basic .NET

En este capítulo expondremos de la forma más sencilla posible las operaciones que con mayor frecuencia se realizan en todo programa, tales como definir variables, asignar valores, mostrar un resultado, operaciones aritméticas y de comparación, añadir comentarios y escribir métodos. Todos estos conceptos serán ampliados en capítulos posteriores.

DECLARACIÓN DE UNA VARIABLE

Una variable representa un espacio de memoria para almacenar un valor de un determinado tipo, valor que puede ser modificado a lo largo de la ejecución del bloque donde la variable es accesible, tantas veces como se necesite. La declaración de una variable consiste en enunciar el nombre de la misma y asociarle un tipo, para lo cual utilizaremos la sentencia **Dim**. Por ejemplo, el siguiente código declara cuatro variables: *a* de tipo **Double**, *b* de tipo **Single**, y *c* y *r* de tipo **Integer**:

```
Module Aritmética
  Sub Main()
    Dim a As Double
    Dim b As Single
    Dim c, r As Integer
    ' ...
  End Sub
  ' ...
End Module
```

Por definición, una variable declarada dentro de un bloque, entendiendo por bloque el código que finaliza con **End**, **Loop**, o **Next**, es accesible sólo dentro de ese bloque. Más adelante, cuando tratemos con objetos matizaremos el concepto de accesibilidad.

Según lo expuesto, las variables *a*, *b*, *c* y *r* son accesibles sólo desde el procedimiento **Main** del módulo *Aritmética*. En este caso se dice que dichas variables son *locales* al bloque donde han sido declaradas. Una variable local se crea cuando se ejecuta el bloque donde se declara y se destruye cuando finaliza la ejecución de dicho bloque.

Las variables locales son iniciadas por el compilador Visual Basic .NET al valor por omisión correspondiente a su tipo; por ejemplo, las variables numéricas son iniciadas a cero. También pueden ser iniciadas explícitamente con el valor deseado, como se observa en el ejemplo siguiente:

```
Module Aritmética
   Sub Main()
      Dim a As Double = 3.14
      Dim b As Single = 1.5
      Dim c As Integer = 10, r As Integer = 20

      ' La siguiente línea muestra: 3,14 1,5 10 20
      System.Console.WriteLine("{0} {1} {2} {3}", a, b, c, r)
   End Sub
End Module
```

Cuando elija el identificador para declarar una variable, tenga presente que el compilador Visual Basic .NET no hace diferencia entre mayúsculas y minúsculas. Por ejemplo las variables *dato1* y *Dato1* son la misma.

Respecto al tipo de una variable, depende del tipo de valor que vaya a almacenar. Distinguimos varios tipos de valores que podemos clasificar en: tipos enteros, **Byte**, **Short**, **Integer**, **Long** y **Char**, tipos reales, **Single**, **Double** y **Decimal** y el tipo **Boolean**.

Cada tipo tiene un rango diferente de valores positivos y negativos, excepto el **Boolean** que sólo tiene dos valores: **True** y **False**. Por lo tanto, el tipo que se seleccione para declarar cada variable de un determinado programa dependerá del rango y tipo de los valores que vayan a almacenar: enteros, fraccionarios o booleanos.

El tipo **Boolean** se utiliza para indicar si el resultado de la evaluación de una expresión booleana es verdadero o falso.

El tipo **Byte** permite declarar datos enteros comprendidos entre *0* y *255* (un *byte* se define como un conjunto de 8 bits, independientemente de la plataforma). El tipo **Short** permite declarar datos enteros comprendidos entre *−32768* y *+32767* (16 bits de longitud), el tipo **Integer** declara datos enteros comprendidos entre *−2147483648* y *+2147483647* (32 bits de longitud) y el tipo **Long** permite declarar datos enteros comprendidos entre los valores *−9223372036854775808* y *+9223372036854775807* (64 bits de longitud). A continuación se muestran algunos ejemplos:

```
Dim b As Byte = 0
Dim i As Short = 0, j As Short = 0
Dim k As Integer = -30
Dim l As Long = 125000
```

El tipo **Char** es utilizado para declarar datos enteros en el rango *0* a *65535*. Los valores 0 a 127 se corresponden con los caracteres ASCII del mismo código (ver los apéndices). El juego de caracteres ASCII conforman una parte muy pequeña del juego de caracteres Unicode utilizado por Visual Basic .NET para representar los caracteres. Unicode es un código de 16 bits (valores de *0* a *65535*), esto es, cada carácter ocupa 2 bytes, con el único propósito de internacionalizar el lenguaje.

El siguiente ejemplo declara la variable *car* de tipo **Char** a la que se le asigna el carácter *"a"* como valor inicial (observe que hay una diferencia entre *"a"* y *a*; *a* entre comillas dobles es interpretada por el compilador Visual Basic .NET como un literal de cadena, cadena de un solo carácter, y *a* sin comillas sería interpretada como una variable). Las dos declaraciones siguientes conducen al mismo resultado: almacenar el carácter *a* en la variable *car*.

```
Dim car As Char = "a"C
Dim car As Char = Convert.ToChar(97) ' la 'a' es el decimal 97
```

Si se agrega el carácter de tipo literal *C* a un literal de cadena de un solo carácter, esto fuerza la conversión del literal al tipo de datos **Char**. El método **ToChar** de la clase **Convert** convierte un valor especificado en un carácter Unicode.

El tipo **Single** (32 bits de longitud) se utiliza para declarar un dato que puede contener una parte decimal. Los datos de tipo **Single** almacenan valores con una precisión aproximada de 7 dígitos (precisión simple). Por ejemplo:

```
Dim a As Single = 3.14159F
Dim b As Single = 0.000022F ' 2.2E-5 = 2.2 por 10 elevado a -5
Dim c As Single = 2 / 3F    ' 0,6666667
```

Para especificar que una constante es de tipo **Single**, hay que añadir al final de su valor la letra *F*, de lo contrario será considerada de tipo **Double** si tiene decimales, o de tipo **Integer** si no los tiene.

El tipo **Double** (64 bits de longitud) se utiliza para declarar un dato que puede contener una parte decimal. Los datos de tipo **Double** almacenan valores con una precisión aproximada de 15 dígitos (precisión doble). El siguiente ejemplo declara la variable *a* de tipo real de precisión doble:

```
Dim a As Double = 3.14159
```

El tipo **Decimal** (128 bits de longitud) se utiliza para declarar un dato que puede contener una parte decimal que proporciona una precisión mayor que un **Double**, siendo más apropiado para cálculos monetarios y financieros. Los datos de tipo **Decimal** almacenan valores con una precisión aproximada de 28 dígitos. El siguiente ejemplo declara la variable *a*, de tipo **Decimal**:

```
Dim a As Decimal = 2D / 3D     ' 0,6666666666666666666666666667
```

Para especificar que una constante es de tipo **Decimal**, hay que añadir al final de su valor la letra *D*, de lo contrario será considerada de tipo **Double** si tiene decimales o de tipo **Integer** si no los tiene.

ASIGNAR VALORES

La finalidad de un programa es procesar datos *numéricos* y *cadenas de caracteres* para obtener un resultado. Estos datos, generalmente, estarán almacenados en variables y el resultado obtenido también será almacenado en variables. ¿Cómo son almacenados? Pues a través de los métodos proporcionados por las clases de la biblioteca .NET, o bien utilizando una sentencia de asignación de la forma:

variable operador_de_asignación valor

Una sentencia de asignación es asimétrica. Esto quiere decir que se evalúa la expresión que está a la derecha del operador de asignación y el resultado se asigna a la variable especificada a su izquierda. Por ejemplo:

```
resultado = dato1 + dato2
```

Pero, según lo expuesto, no sería válido escribir:

```
dato1 + dato2 = resultado
```

Mientras que los datos numéricos son almacenados en variables de alguno de los tipos de valores expuestos anteriormente, las cadenas de caracteres son almacenadas en objetos de tipo **String** o en matrices, cuyo estudio se pospone para un capítulo posterior; no obstante veamos un ejemplo. Un objeto de tipo **String** (alias de la clase **System.String**) se define y se le asigna un valor así:

```
Dim cadena As String   ' cadena permite referenciar un objeto String
```

```
cadena = "hola"  ' ambas equivalen a: Dim cadena As String = "hola"
```

Cuando se asigna un valor a una variable estamos colocando ese valor en una localización de memoria asociada con esa variable. Por ejemplo:

```
Dim nvar As Integer = 10     ' variable de un tipo entero (Integer)
Dim svar As String = "hola"  ' referencia a un objeto de tipo String
```

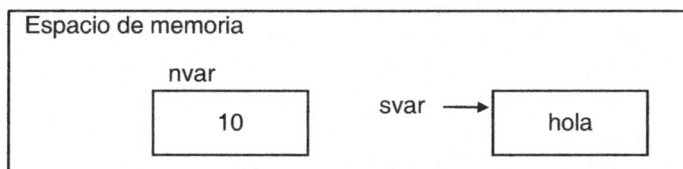

Lógicamente, cuando la variable tiene asignado un valor y se le asigna otro nuevo, el valor anterior es destruido ya que el valor nuevo pasa a ocupar la misma localización de memoria. En el ejemplo siguiente, se puede observar con respecto a la situación anterior que el contenido de *nvar* se modifica con un nuevo valor 20, y que la referencia *svar* también se modifica; ahora contiene la referencia a un nuevo objeto **String** "adiós".

```
nvar = 20
svar = "adiós"
```

Espacio de memoria	
nvar	svar →
20	adiós

El siguiente ejemplo declara tres variables numéricas *a*, *b* y *c*, y una referencia *s* a una cadena de caracteres; después asigna valores a esas variables.

```
Module AsignarDatos
   Sub Main()
      Dim a, b As Double
      Dim c As Integer
      Dim s As String

      a = 3.14 : b = 2.71 : c = 2
      s = "Datos"
   End Sub
End Module
```

AÑADIR COMENTARIOS

Un comentario es un mensaje dirigido a cualquiera que lea el código fuente. Añadiendo comentarios se hace más fácil la comprensión de un programa. Tienen
como finalidad explicar el código fuente.

Un comentario comienza con una comilla simple (') o por la palabra reservada REM (*remark*) y se extiende hasta el final de la línea. Por ejemplo:

```
Module AsignarDatos
   Sub Main()
      ' Asignar datos:
      '    a, b, c representan datos numéricos.
      '    s representa una cadena de caracteres.
      Dim a, b As Double
      Dim c As Integer
      Dim s As String

      a = 3.14 : b = 2.71 : c = 2
      s = "Datos"
   End Sub
End Module
```

MOSTRAR DATOS POR LA PANTALLA

La biblioteca de Visual Basic .NET proporciona un método, **System.Conso-
le.WriteLine**, vinculado con la salida estándar, normalmente la pantalla, que
permite visualizar datos numéricos de cualquier tipo y cadenas de caracteres.

El siguiente ejemplo declara tres variables numéricas *a*, *b* y *c*, y una referencia *s* a una cadena de caracteres; después asigna valores a las variables y finalmente los muestra.

```
Module MostrarDatos
   Sub Main()
      Dim a, b As Double
      Dim c As Integer
      Dim s As String

      a = 3.14 : b = 2.71 : c = 2
      s = "Datos"

      System.Console.WriteLine(s & ": ")
      System.Console.WriteLine(" a = " & a)
      System.Console.WriteLine(" b = " & b)
      System.Console.WriteLine(" c = " & c)
```

```
      End Sub
End Module
```

Ejecución del programa:

```
Datos:
  a = 3,14
  b = 2,71
  c = 2
```

Observe que para mostrar los datos deseados, el procedimiento **Main** invoca al método **WriteLine** de la clase **Console** del espacio de nombres **System** de la biblioteca .NET. La expresión a mostrar se incluye entre los paréntesis del método y puede estar formada por elementos numéricos, cadenas de caracteres y constantes de caracteres (conjuntos de caracteres encerrados entre comillas dobles). Para unir esos elementos y formar la expresión a mostrar se utiliza el operador &. Cuando el método **WriteLine** muestra la expresión especificada incluye un salto al principio de la línea siguiente (eso es lo que indica **Line**).

EXPRESIONES ARITMÉTICAS

Una expresión es un conjunto de operandos unidos mediante operadores para especificar una operación determinada. Todas las expresiones cuando se evalúan retornan un valor. Por ejemplo, la siguiente expresión retorna la suma de *dato1* y *dato2*:

```
dato1 + dato2
```

Visual Basic .NET define siete operadores aritméticos, que son los siguientes:

+   *Suma.* Los operandos pueden ser enteros o reales.

–   *Resta.* Los operandos pueden ser enteros o reales.

*   *Multiplicación.* Los operandos pueden ser enteros o reales.

/   *División real.* Los operandos pueden ser enteros o reales. El resultado es de tipo **Double**, excepto cuando un operando es **Single** y el otro no es **Double**, en este caso el resultado será **Single**, o bien si ambos operandos son de tipo **Decimal**, entonces será **Decimal**.

\   *División entera.* Los operandos deben ser enteros (**Byte**, **Short**, **Integer**, o **Long**). Si alguno de los operandos es de un tipo real, tiene que ser convertido a entero. El resultado es entero en todos los casos.

^   *Exponenciación* (a^b). Los operandos *a* y *b* pueden ser enteros o reales. En cualquier caso, los operandos son convertidos implícitamente a **Double**. Si *a* es negativo, *b* tiene que ser entero.

Mod   Módulo o resto de una división. Los operandos pueden ser enteros o reales. Si ambos operandos son enteros el resto será entero; en otro caso, el resto será real.

Cuando en una operación aritmética los operandos son de diferentes tipos, ambos son convertidos al tipo del operando de precisión más alta. En una asignación, el resultado obtenido en una operación aritmética es convertido implícita o explícitamente al tipo de la variable que almacena dicho resultado (véase "Conversión entre tipos primitivos" en el capítulo 4).

Asimismo, cuando en una expresión intervienen varios operadores aritméticos se ejecutan de izquierda a derecha y de mayor a menor prioridad. Por ejemplo, los operadores * y / tienen entre ellos la misma prioridad pero mayor que la de los operadores + y – que también tienen la misma prioridad entre ellos (véase "Prioridad y orden de evaluación" en el capítulo 4). Una expresión entre paréntesis, siempre se evalúa primero; si hay varios niveles de paréntesis son evaluados de más internos a más externos. Por ejemplo:

```
Module Aritmética
    '
    ' Operaciones aritméticas
    '
    Sub Main()
        Dim a As Double = 10
        Dim b As Single = 20
        Dim c As Integer = 2, r As Integer = 0

        r = 7.5 * System.Math.Sqrt(a) - b / c
        System.Console.WriteLine(r)
    End Sub
End Module
```

Ejecución del programa:

14

En este ejemplo, primero se realiza la operación *Math.Sqrt(a)* (invoca al método **Sqrt** de la clase **Math** para calcular la raíz cuadrada de *a*) y después, el resultado de tipo **Double** que se obtiene se multiplica por 7,5. A continuación se realiza *b / c* convirtiendo previamente *c* al tipo de *b*; el resultado que se obtiene es de tipo **Single**. Finalmente se hace la resta de los dos resultados anteriores convirtiendo previamente el resultado de tipo **Single** a tipo **Double**; se obtiene un resultado de tipo **Double** que, como puede observar, es convertido implícitamente a tipo **Integer**, truncando la parte decimal y redondeando al entero más próximo, para poder almacenarlo en *r*.

EXPRESIONES CONDICIONALES

En ocasiones interesará dirigir el flujo de ejecución de un programa por un camino u otro en función del valor de una expresión. Para ello, Visual Basic .NET proporciona la sentencia **If**. Para ver cómo se utiliza esta sentencia, vamos a realizar un programa que verifique si un número es par. En caso afirmativo imprimirá un mensaje "Número par" y a continuación el valor del número. En caso negativo sólo imprimirá el valor del número:

```
Module OperadoresDeRelacion
  '
  ' Expresiones condicionales
  '
  Sub Main()
    Dim num As Integer = 24

    If num Mod 2 = 0 Then 'si el resto de la división es igual a 0,
      System.Console.WriteLine("Número par")
    End If
    System.Console.WriteLine("Valor: " & num)
  End Sub
End Module
```

La sentencia **If** del ejemplo anterior se interpreta así: si la condición especificada a continuación de **If**, *num Mod 2 = 0*, es cierta, se invoca a **WriteLine** y se escribe "Número par"; si es falsa, no se hace lo anterior. En cualquiera de los dos casos, se continua con la siguiente sentencia (*System.Console.WriteLine("Valor: " & num)*). Según esto el resultado será:

```
Número par
Valor: 24
```

Si el número hubiera sido 23, el resultado hubiese sido sólo *Valor: 23*. La expresión que hay a continuación de **If** es una *expresión condicional* y el resultado de su evaluación siempre es un valor booleano **True** (verdadero) o **False** (falso); estas dos constantes están predefinidas en Visual Basic .NET. Los operadores de relación o de comparación que podemos utilizar en estas expresiones son:

<	¿Primer operando *menor que* el segundo?
>	¿Primer operando *mayor que* el segundo?
<=	¿Primer operando *menor o igual que* el segundo?
>=	¿Primer operando *mayor o igual que* el segundo?
<>	¿Primer operando *distinto que* el segundo?
=	¿Primer operando *igual que* el segundo?

Modifiquemos el programa anterior para que ahora indique si el número es par o impar. Para este caso emplearemos una segunda forma de la sentencia **If** que consiste en añadir a la anterior la cláusula **Else** (si no):

```
Module OperadoresDeRelacion
  '
  ' Expresiones condicionales
  '
  Sub Main()
    Dim num As Integer = 23
    If num Mod 2 = 0 Then 'si el resto de la división es igual a 0,
      System.Console.WriteLine("Número par")
    Else                  'si el resto de la división no es igual a 0,
      System.Console.WriteLine("Número impar")
    End If
    System.Console.WriteLine("Valor: " & num)
  End Sub
End Module
```

Ejecución del programa:

Número impar
Valor: 23

La sentencia **If** de este otro ejemplo se interpreta así: si la condición especificada entre paréntesis, *num Mod 2 = 0*, es cierta, se invoca a **WriteLine** y se escribe "Número par" y si no, se invoca a **WriteLine** y se escribe "Número impar". En cualquiera de los dos casos se continúa con la siguiente sentencia del programa.

A continuación se muestra otra versión del programa anterior que produciría exactamente los mismos resultados. No obstante, representa un estilo peor de programación, ya que repite código, lo que, como hemos visto, se puede evitar.

```
Module OperadoresDeRelacion
  '
  ' Expresiones condicionales
  '
  Sub Main()
    Dim num As Integer = 23
    If num Mod 2 = 0 Then 'si el resto de la división es igual a 0,
      System.Console.WriteLine("Número par")
      System.Console.WriteLine("Valor: " & num)
    Else                  'si el resto de la división no es igual a 0,
      System.Console.WriteLine("Número impar")
      System.Console.WriteLine("Valor: " & num)
    End If
  End Sub
End Module
```

ESCRIBIR NUESTROS PROPIOS PROCEDIMIENTOS

De la misma forma que la biblioteca .NET proporciona métodos predefinidos como **WriteLine** (un procedimiento definido en una clase generalmente se le denomina método), nosotros también podemos añadir a nuestro programa nuestros propios procedimientos e invocarlos de la misma forma que lo hacemos con los predefinidos.

Por ejemplo, en el programa siguiente el procedimiento **Main** muestra la suma de dos valores cualesquiera; dicha suma la obtiene invocando a un procedimiento *sumar* añadido por nosotros que recibe en sus parámetros *x* e *y* los valores a sumar, realiza la suma de ambos y, utilizando la sentencia **Return**, devuelve el resultado solicitado por **Main**.

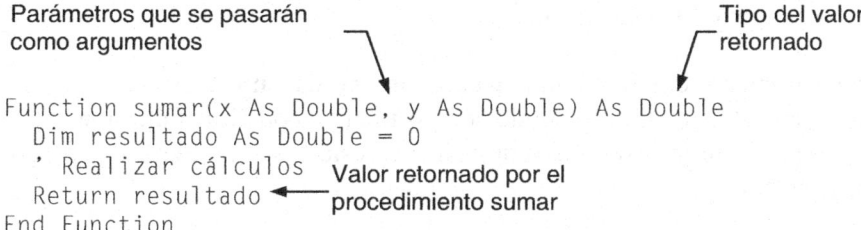

```
Parámetros que se pasarán                      Tipo del valor
como argumentos                                retornado

Function sumar(x As Double, y As Double) As Double
    Dim resultado As Double = 0
    ' Realizar cálculos     Valor retornado por el
    Return resultado ◄──── procedimiento sumar
End Function
```

Han aparecido algunos conceptos nuevos (argumentos pasados a un procedimiento y valor retornado por un procedimiento). No se preocupe, sólo se trata de un primer contacto. Más adelante estudiaremos todo esto con mayor profundidad. Para una mejor comprensión de lo dicho, piense en el procedimiento o función llamado *logaritmo* que seguro habrá utilizado más de una vez a lo largo de sus estudios. Este método devuelve un valor real correspondiente al logaritmo del valor pasado como argumento: $x = log(y)$. Bueno, pues compárelo con el procedimiento *sumar* y comprobará que estamos hablando de cosas análogas.

Según lo expuesto y aplicando los conocimientos adquiridos hasta ahora, el programa propuesto puede ser como se muestra a continuación:

```
Module Aritmética
    '
    ' Procedimiento sumar:
    '    parámetros x e y de tipo Double
    '    devuelve x + y
    '
    Function sumar(x As Double, y As Double) As Double
        Dim resultado As Double = 0
        resultado = x + y
        Return resultado
    End Function
```

```
Sub Main()
    Dim a As Double = 10, b As Double = 20, r As Double = 0
    r = sumar(a, b)
    System.Console.WriteLine("Suma = " & r)
  End Sub
End Module
```

Observe cómo es la llamada al procedimiento *sumar*: *r = sumar(a, b)*. El procedimiento es invocado por su nombre, entre paréntesis se especifican los argumentos con los que debe operar, y el resultado que devuelve se almacena en *r*.

Finalmente, si comparamos el esqueleto del procedimiento *sumar* y el del procedimiento **Main**, observamos que son muy parecidos: *sumar* devuelve un valor de tipo real de doble precisión indicado por **As Double** (por eso empleamos **Function** en la cabecera) y **Main** nada (por eso empleamos **Sub**) y *sumar* tiene dos parámetros, *x* e *y*, y **Main** ninguno.

Si un procedimiento empieza con la palabra reservada **Function** es porque retorna un valor; en este caso su bloque de código finaliza con **End Function**. Y si empieza con **Sub** es porque no retorna un valor; en este caso su bloque de código finaliza con **End Sub**.

EJERCICIOS PROPUESTOS

1. Escriba una aplicación que visualice en el monitor los siguientes mensajes:

    ```
    Bienvenido al mundo de Visual Basic .NET.
    Podrás dar solución a muchos problemas.
    ```

2. Decida qué tipos de valores necesita para escribir un programa que calcule la suma y la media de cuatro números de tipo **Integer**. Escriba un programa como ejemplo.

3. Escriba un programa que incluya un procedimiento denominado *calcular* que devuelva como resultado el valor de la expresión:

    $$\frac{b^2 - 4ac}{2a}$$

    El procedimiento **Main** invocará a *calcular* pasando los valores de *a = 1*, *b = 5* y *c = 2* y mostrará el resultado obtenido.

PROGRAMACIÓN ORIENTADA A OBJETOS

La programación orientada a objetos (POO) es un modelo de programación que utiliza objetos, ligados mediante mensajes, para la solución de problemas. La idea central es simple: organizar los programas a imagen y semejanza de la organización de los objetos en el mundo real.

¿A qué objetos nos referimos? Veamos un ejemplo. Considere una entidad bancaria. En ella identificamos entidades que son cuentas: cuenta del cliente 1, cuenta del cliente 2, etc. Pues bien, una cuenta puede verse como un objeto que tiene unos atributos, *nombre*, *número de cuenta* y *saldo*, y un conjunto de métodos como *IngresarDinero*, *RetirarDinero*, *AbonarIntereses*, *SaldoActual*, *Transferencia* etc. Ordenar una transferencia de una cuenta a otra podría hacerse así:

```
cuenta01.Transferencia(cuenta02)
```

Transferencia sería el mensaje que el objeto *cuenta02* envía al objeto *cuenta01*, solicitando le sea hecha una transferencia, siendo la respuesta a tal mensaje la ejecución del método *Transferencia*. Trabajando a este nivel de abstracción, manipular una entidad bancaria resultará muy sencillo.

La idea fundamental de este capítulo es que aprenda cómo incorpora Visual Basic los principios de la programación orientada a objetos: *clases*, *objetos*, *mensajes* y *métodos*.

PENSAR EN OBJETOS

Según lo estudiado hasta ahora, usted podría pensar en un programa como si fuera una lista de instrucciones que le indican a la máquina qué hacer. En cambio, desde la POO un programa es un conjunto de objetos que dialogan entre sí para realizar las distintas tareas programadas. Para aclararlo, consideremos el ejemplo de la entidad bancaria mencionado anteriormente y pensemos en una concreta: XYZ. Podemos ver a esta entidad como a un objeto que tiene que comunicarse con otros muchos objetos (bolsa, otras entidades bancarias, empresas, etc.) para lograr sus fines: ganar dinero. A su vez, la entidad XYZ tendrá un montón de sucursales distribuidas por toda la geografía. Cada sucursal es otro objeto, de diferentes características que la entidad bancaria, que se comunicará con otras sucursales para satisfacer las peticiones de sus clientes. Pero ¿y qué es un cliente? Pues otro objeto con sus propias características que se comunicará con otros objetos (sucursales, otros clientes, empresas, etc.) para realizar operaciones desde sus cuentas (transferencias, cargos, ingresos, etc.). Pero y las cuentas ¿no son también objetos? Evidentemente. Vemos entonces que escribir un programa de gestión para el banco XYZ supondría crear objetos banco, sucursal, cliente, cuenta, etc., que deben comunicarse entre sí para poder responder a las operaciones solicitadas en cada momento.

Clases y objetos

Del ejemplo expuesto anteriormente podemos deducir que la POO se basa en la observación de que, en el mundo real, los objetos se construyen a partir de otros objetos. La combinación de estos objetos es un aspecto de dicha programación, pero también incluye mecanismos y características que hacen que la creación y el uso de objetos sea sencillo y flexible. Un mecanismo importantísimo es la *clase* y el encapsulamiento y la herencia son dos propiedades o características poderosas.

¿Qué es una *clase* de objetos? Pongamos un ejemplo: piense en un molde para hacer flanes; el molde es la clase y los flanes los objetos. Esto es, si disponemos de un molde de un litro para hacer flanes de vainilla (ingredientes: leche, vainilla, azúcar, etc.), el molde agrupa las propiedades comunes a todos los flanes de vainilla, pero no todos los flanes tienen por qué tener la misma cantidad de cada ingrediente. Esto es, una *clase* equivale a la generalización de un tipo específico de objetos, pero cada objeto que construyamos de esa clase tendrá sus propios datos.

Un *objeto* de una determinada clase se crea en el momento en que se invoca al operador **New** para dicha *clase*. Por ejemplo, la siguiente línea crea un objeto de la clase o tipo *CCuenta* y asigna a la variable *cuenta01* una referencia al mismo.

```
Dim cuenta01 As CCuenta = New CCuenta() ' nueva cuenta
```

Algunos autores emplean el término instancia (traducción directa de *instance*), en el sentido de que una instancia es la representación concreta y específica de una clase; por ejemplo, *cuenta01* es una instancia de la clase *CCuenta*. Desde este punto de vista, los términos instancia y objeto son lo mismo. En este libro se prefiere, no obstante, utilizar el término *objeto*, o bien *ejemplar*.

Cuando se escribe un programa utilizando un lenguaje orientado a objetos, no se definen objetos verdaderos, se definen clases de objetos, donde una clase se ve como una plantilla para múltiples objetos con características similares. Afortunadamente no tendrá que escribir todas las clases que necesite en su programa, porque .NET proporciona una biblioteca de clases estándar para realizar las operaciones más habituales que podamos requerir.

Mensajes y métodos

Un programa orientado a objetos se compone solamente de objetos. Cada uno de ellos es una entidad que tiene unas propiedades particulares, los *atributos*, y unas formas de operar sobre ellos, los *métodos*. Por ejemplo, una ventana de una aplicación Windows es un objeto. El color de fondo, la anchura, la altura, etc. son atributos. Las rutinas, lógicamente transparentes al usuario, que permiten maximizar la ventana, minimizarla, etc. son los métodos.

Cuando se ejecuta un programa orientado a objetos, los objetos están recibiendo, interpretando y respondiendo a *mensajes* de otros objetos. En la POO un *mensaje* está asociado con un *método*, de tal forma que cuando un objeto recibe un mensaje la respuesta a ese mensaje es ejecutar el método asociado. Por ejemplo, cuando un usuario quiere maximizar una ventana de una aplicación Windows, lo que hace simplemente es pulsar el botón de la misma que realiza esa acción. Eso provoca que Windows envíe un mensaje a la ventana para indicar que tiene que maximizarse. Como respuesta a este mensaje se ejecutará el método programado para ese fin.

Un *método* se escribe en una *clase* de objetos y determina cómo tiene que actuar el objeto cuando recibe el *mensaje* vinculado con ese método. A su vez, un *método* puede también enviar *mensajes* a otros objetos solicitando una acción o información. En adición, los atributos definidos en la clase permitirán almacenar información para dicho objeto.

Según lo expuesto, podemos decir que la ejecución de un programa orientado a objetos realiza fundamentalmente tres cosas:

1.   Crea los objetos necesarios.

2. Los mensajes enviados a unos y a otros objetos dan lugar a que se procese internamente la información.

3. Finalmente, cuando los objetos no son necesarios, son borrados.

DISEÑO DE UNA CLASE DE OBJETOS

Cuando escribimos un programa orientado a objetos, lo que hacemos es diseñar un conjunto de clases, desde las cuales se crearán los objetos necesarios cuando el programa se ejecute. Cada una de estas clases incluye dos partes fácilmente diferenciables: los *atributos* y los *métodos*. Los atributos definen el estado de cada uno de los objetos de esa clase y los métodos su comportamiento.

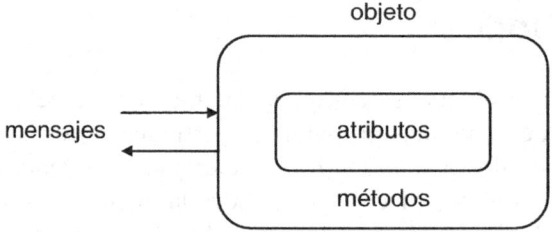

Normalmente, los atributos, la estructura más interna del *objeto*, se ocultan a los usuarios del objeto, manteniendo como única conexión con el exterior los *mensajes*. Esto quiere decir que los atributos de un objeto solamente podrán ser manipulados por los *métodos* del propio objeto. Este conjunto de métodos recibe el nombre de *interfaz*: medio de comunicación con un objeto.

Escribamos una clase de objetos. Siguiendo el ejemplo comentado al principio de este capítulo, podemos crear una clase de objetos *CCuenta* que represente una cuenta bancaria. Abra su entorno de programación integrado favorito y escriba paso a paso el ejemplo que a continuación empezamos a desarrollar:

```
Class CCuenta
    ' Cuerpo de la clase: atributos y métodos
End Class
```

Observamos que para declarar una clase hay que utilizar la palabra reservada **Class** seguida del nombre de la clase y del cuerpo de la misma. El cuerpo de la clase incluirá entre **Class** y **End Class** sus miembros: atributos y métodos.

Los atributos son las características individuales que diferencian un objeto de otro. El color de una ventana Windows la diferencia de otras; el D.N.I. de una persona la identifica frente a otras; el número de una cuenta la distingue entre otras; etc. Pensando en la clase de objetos *CCuenta*, elegimos los atributos de interés que van a definir esta clase de objetos:

◊   *nombre*: nombre del cliente del banco al que pertenece la cuenta.
◊   *cuenta*: número de la cuenta.
◊   *saldo*: saldo actual de la cuenta.
◊   *tipoDeInterés*: tipo de interés en tanto por cien.

Todos los atributos son definidos en la clase por variables:

```
Class CCuenta
   Private nombre As String
   Private cuenta As String
   Private saldo As Double
   Private tipoDeInterés As Double

   '  ...
End Class
```

Observe que se han definido cuatro atributos: dos de ellos, *nombre* y *cuenta*, pueden contener una cadena de caracteres (una cadena de caracteres es un objeto de la clase **String** perteneciente a la biblioteca .NET). Los otros dos atributos, *saldo* y *tipoDeInterés*, son de tipo **Double**.

Anteriormente dijimos que, generalmente, los atributos de un objeto de una clase se ocultan a los usuarios del mismo. ¿Qué quiere decir esto? Que un usuario que utilice la clase *CCuenta* en su programa no podrá escribir su código basado directamente en estos atributos, sino que tendrá que acceder a ellos a través de los métodos que implemente la clase, como veremos a continuación; de esta forma, un usuario de la clase *CCuenta* no podrá asignar cualquier valor a los atributos de la misma. Esta protección es la que se consigue justamente con el modificador **Private** (generalmente se utilizan los modificadores **Private** o **Public**; si se utiliza **Dim**, se supone **Private**). Un miembro declarado privado (**Private**) es accesible solamente por los métodos de su propia clase. Esto significa que no se puede acceder a él por los métodos de cualquier otra clase, incluidas las subclases.

El comportamiento queda definido por las acciones que el objeto puede emprender. Por ejemplo, pensando acerca de un objeto de la clase *CCuenta*, esto es, de una cuenta de un cliente de un determinado banco, se puede:

◊   Asignar el nombre de un cliente del banco a una cuenta.
◊   Obtener el nombre del cliente de una cuenta.
◊   Asignar el número de la cuenta.
◊   Obtener el número de la cuenta.

◊ Realizar un ingreso.
◊ Realizar un reintegro.
◊ Asignar el tipo de interés.
◊ Obtener el tipo de interés.
◊ Obtener el saldo, esto es, el estado de la cuenta.

Para definir este comportamiento hay que añadir métodos a la clase. Los métodos son rutinas de código definidas dentro del cuerpo de la clase, que se ejecutan en respuesta a alguna acción tomada desde dentro de un objeto de esa clase, o bien desde otro objeto de la misma o de otra clase. Recuerde que los objetos se comunican mediante mensajes. El conjunto de mensajes a los que un objeto puede responder se corresponde con el conjunto de métodos que implementa su clase.

Como ejemplo, vamos a agregar a la clase *CCuenta* un método que responda a la acción de asignar el nombre de un cliente del banco a una cuenta:

```
Public Sub asignarNombre(nom As String)
   If nom.Length = 0 Then
      System.Console.WriteLine("Error: cadena vacía")
   Else
      nombre = nom
   End If
End Sub
```

Observe que el método ha sido declarado público (**Public**). Un miembro declarado público está accesible para cualquier otra clase o subclase que necesite utilizarlo. La interfaz pública de una clase, o simplemente interfaz, está formada por todos los miembros públicos de la misma.

Como se puede observar, un método consta de su nombre precedido por **Function** si devuelve un valor, o bien por **Sub** si no devuelve un valor, además de por un modificador de acceso (por ejemplo **Public** o **Private**; por omisión se supone **Public**) y seguido por una lista de parámetros separados por comas y encerrados entre paréntesis (en el ejemplo, hay un parámetro *nom*). Los paréntesis indican a Visual Basic que el identificador, *asignarNombre*, se refiere a un método y no a un atributo. A continuación se escribe el cuerpo del método que finaliza con **End Sub/Function**.

El método *asignarNombre* asegura que el nombre a asignar no sea una cadena vacía (el atributo **Length** de la clase **String** contiene el número de caracteres que hay almacenados en el objeto **String** que recibe ese mensaje) Si el nombre fuera una cadena vacía, simplemente visualizará un mensaje indicándolo; en otro caso, asignará la cadena *nom* pasada como argumento al atributo *nombre* del objeto que reciba el mensaje "asignar nombre".

Cuando decimos que un objeto recibe un mensaje, debemos entender que el mensaje es un concepto que subyace en nuestra mente; la acción real es invocar al método que responde a ese mensaje con el fin de modificar el estado del objeto. Según esto, podemos decir que los nombres de los métodos de una clase forman el conjunto de mensajes a los que un objeto de esa clase puede responder.

Agreguemos un método más para afianzar lo explicado hasta ahora. ¿Cuál será la respuesta de un objeto *CCuenta* cuando reciba el mensaje "estado de la cuenta"? Simplemente devolverá su saldo:

```
Public Function estado() As Double
   Return saldo
End Function
```

Cuando terminemos de escribir todos los métodos previstos, tendremos creada la clase *CCuenta* que guardaremos en un fichero denominado *CCuenta.vb*.

```
Class CCuenta
  ' Atributos
  Private nombre As String
  Private cuenta As String
  Private saldo As Double
  Private tipoDeInterés As Double

  ' Métodos
  Public Sub asignarNombre(nom As String)
    If nom.Length = 0 Then
      System.Console.WriteLine("Error: cadena vacía")
    Else
      nombre = nom
    End If
  End Sub

  Public Function obtenerNombre() As String
    Return nombre
  End Function

  Public Sub asignarCuenta(cue As String)
    If cue.Length = 0 Then
      System.Console.WriteLine("Error: cuenta no válida")
    Else
      cuenta = cue
    End If
  End Sub

  Public Function obtenerCuenta() As String
    Return cuenta
  End Function
```

```vb
  Public Function estado() As Double
    Return saldo
  End Function

  Public Sub ingreso(cantidad As Double)
    If cantidad < 0 Then
      System.Console.WriteLine("Error: cantidad negativa")
    Else
      saldo = saldo + cantidad
    End If
  End Sub

  Public Sub reintegro(cantidad As Double)
    If saldo - cantidad < 0 Then
      System.Console.WriteLine("Error: no dispone de saldo")
    Else
      saldo = saldo - cantidad
    End If
  End Sub

  Public Sub asignarTipoDeInterés(tipo As Double)
    If tipo < 0 Then
      System.Console.WriteLine("Error: tipo no válido")
    Else
      tipoDeInterés = tipo
    End If
  End Sub

  Public Function obtenerTipoDeInterés() As Double
    Return tipoDeInterés
  End Function
End Class
```

Para poder crear objetos de esta clase y trabajar con ellos, tendremos que escribir un programa. Según lo estudiado en los capítulos anteriores, en un programa tiene que haber un módulo con un procedimiento **Main**, puesto que éste es el punto de entrada y de salida del programa. Este requerimiento se puede satisfacer de tres formas. Vamos a comentarlas sobre el ejemplo que estamos desarrollando:

1.   Añadir a la clase *CCuenta* un procedimiento **Main** declarado **Shared** (otros lenguajes de programación se refieren a tales miembros como miembros *static*) que incluya el código del programa (crear objetos *CCuenta* y realizar operaciones con ellos).

2.   Añadir en el mismo fichero fuente en el que está almacenada la clase *CCuenta*, otro módulo, por ejemplo un módulo estándar *Test*, que incluya el procedimiento **Main**. En un módulo estándar (**Module**) todos sus miembros son **Shared** por omisión.

3. Tenemos un fichero fuente, *CCuenta.vb*, con la clase *CCuenta*. Añadir en la misma carpeta (directorio) otro fichero fuente, *Test.vb*, con un módulo estándar o con una clase, por ejemplo *Test*, que incluya el procedimiento **Main**.

Vamos a continuar el ejemplo aplicando el punto tercero, porque es lo más práctico y lo que más se ajusta a lo que hemos denominado programación orientada a objetos, ya que de esta forma cada fichero fuente se corresponde con una clase de objetos. Por lo tanto, abra un nuevo fichero fuente *Test.vb* y añada al mismo el módulo *Test* que se muestra a continuación:

```
Module Test
  Public Sub Main()
    Dim cuenta01 As CCuenta = New CCuenta()
    cuenta01.asignarNombre("Un nombre")
    cuenta01.asignarCuenta("Una cuenta")
    cuenta01.asignarTipoDeInterés(2.5)

    cuenta01.ingreso(1000000)
    cuenta01.reintegro(500000)

    System.Console.WriteLine(cuenta01.obtenerNombre())
    System.Console.WriteLine(cuenta01.obtenerCuenta())
    System.Console.WriteLine(cuenta01.estado())
    System.Console.WriteLine(cuenta01.obtenerTipoDeInterés())
  End Sub
End Module
```

El procedimiento **Main** generalmente se declara público, no devuelve un resultado y no tiene parámetros, pero puede devolver un entero al sistema operativo y puede tener un parámetro *args* que es una matriz de una dimensión de tipo **String** (en los capítulos siguientes aprenderá para qué sirve). Analicemos el procedimiento **Main** del ejemplo anterior para que tenga una idea clara de lo que hace:

- La primera línea crea un objeto de la clase *CCuenta* y almacena una referencia al mismo en la variable *cuenta01*. Esta variable la utilizaremos para acceder a ese objeto en las líneas siguientes. Ahora quizás empiece a entender por qué anteriormente decíamos que un programa orientado a objetos se compone solamente de objetos.

- Las cinco líneas siguientes establecen un determinado estado para el objeto referenciado por *cuenta01*, enviándole los mensajes: *asignarNombre*, *asignarCuenta*, etc. Se puede observar que para acceder a un miembro del objeto se utiliza el operador punto (.).

- En las cuatro últimas líneas el objeto recibe los mensajes: *obtenerNombre*, *obtenerCuenta*, *estado* y *obtenerTipoDeInterés*. La respuesta a estos mensajes es, como ya sabe, la ejecución de los métodos respectivos, que, en este caso, devolverán la información que se mostrará mediante el método **WriteLine**.

En general, para acceder a un miembro de un objeto (atributo o método), se utiliza la sintaxis siguiente:

nombre_objeto.nombre_miembro

De esta forma quedan eliminadas las ambigüedades que surgirían si hubiéramos creado más de un objeto. Esto es, supongamos que se hubieran creado dos objetos *CCuenta*: *cuenta01* y *cuenta02* y que para asignar el nombre a uno de ellos se hubiera utilizado la sintaxis *asignarNombre("Un nombre")*; en este caso surgiría la pregunta: el atributo nombre a qué objeto corresponde.

Una vez escrito el programa, podemos comprobar que tenemos dos ficheros fuente: *CCuenta.vb* y *Test.vb*. ¿Cómo compilamos este programa desde la línea de órdenes? Pues utilizando la orden *vbc Test.vb CCuenta.vb*. Esto hará que se compile el fichero *Test.vb* y el fichero *CCuenta.vb*, almacenando el resultado en *Test.exe* (como nombre del fichero ejecutable se utiliza, por omisión de la opción */out:fichero.exe*, el nombre del primer fichero especificado después de *vbc*). En nuestro caso el procedimiento **Main** de *Test* tiene una línea de código que crea un objeto de la clase *CCuenta*, por lo tanto, durante el proceso de compilación se buscará un fichero con la clase requerida; esto es, *CCuenta*. Si no se encuentra, se producirá un error de compilación que lo indicará.

Para ejecutar el programa que acabamos de compilar, escriba la orden *Test*, puesto que *Test* es el fichero que contiene el código ejecutable. Observará los siguientes resultados:

```
Un nombre
Una cuenta
500000
2,5
```

Para finalizar, algunas notas que no debe olvidar:

- Cualquier método de una clase tiene acceso (puede invocar) a todos los otros miembros (atributos y métodos) de su clase.

- Un objeto de una clase sólo puede invocar a métodos de su clase; dicho de otra forma, sólo puede responder a los mensajes para los que ha sido programado.

CONSTRUCTORES

Un *constructor* es un método especial de una clase que es llamado automáticamente siempre que se crea un objeto de esa clase. Su función es iniciar el objeto.

Un *constructor* se distingue fácilmente porque tiene el nombre **New** y no puede retornar un valor (procedimiento de tipo **Sub**). Por ejemplo, si añadiéramos a la clase *CCuenta* un constructor, escribiríamos un método **Sub New**. Ahora bien, cuando en una clase no escribimos explícitamente un constructor, Visual Basic asume uno por omisión. Por ejemplo, la clase *CCuenta* que hemos escrito anteriormente tiene por omisión un constructor definido así:

```
Public Sub New()

End Sub
```

Un *constructor por omisión* de una clase *C* es un constructor sin parámetros que no hace nada. Sin embargo, es necesario porque según lo que acabamos de exponer, será invocado cada vez que se construya un objeto sin especificar ningún argumento, en cuyo caso el objeto será iniciado con los valores predeterminados por el sistema (los atributos numéricos a ceros y los alfanuméricos y las referencias a objetos a **Nothing**).

Si usted quiere comprobar que un *constructor* es un método especial de una clase que es llamado automáticamente cada vez que se crea un objeto de esa clase, añada el siguiente método a la clase *CCuenta* del programa anterior y podrá verificar que cuando **Main** crea *cuenta01* se visualiza el mensaje "Objeto CCuenta creado", señal inequívoca de que el constructor ha sido invocado.

```
Public Sub New()
   System.Console.WriteLine("Objeto CCuenta creado")
End Sub
```

Como ejemplo, vamos a añadir un constructor a la clase *CCuenta* con el fin de poder iniciar los atributos de cada nuevo objeto con unos valores determinados pasados como argumentos en el instante en el que se solicita crearlo:

```
Class CCuenta
   ' Atributos
   Private nombre As String
   Private cuenta As String
   Private saldo As Double
   Private tipoDeInterés As Double

   ' Métodos
```

```vbnet
  Public Sub New()
  End Sub

  Public Sub New(nom As String, cue As String, _
                 sal As Double, tipo As Double)
    asignarNombre(nom)
    asignarCuenta(cue)
    ingreso(sal)
    asignarTipoDeInterés(tipo)
  End Sub

  ' ...
End Class
```

Nota: Fíjese en el carácter de continuación de línea utilizado en la cabecera del constructor: un guión bajo "_" precedido por un espacio en blanco.

Siempre que en una clase se define explícitamente un constructor, el constructor implícito (constructor por omisión) es reemplazado por éste. Por eso hemos tenido que definirlo también explícitamente, de lo contrario, intentar crear un objeto sin especificar parámetros daría lugar a un error.

Observe que los constructores, salvo en casos excepcionales, deben declararse siempre públicos para que puedan ser invocados desde cualquier parte.

Una línea como la siguiente invocará al constructor sin parámetros:

```vbnet
Dim cuenta01 As CCuenta = New CCuenta() ' invoca a New()
```

El operador **New** crea un nuevo objeto, en este caso de la clase *CCuenta*, y a continuación se invoca al constructor de su clase para realizar las operaciones de iniciación que estén programadas. Y una línea como la siguiente invocará al constructor con cuatro parámetros de la misma clase:

```vbnet
Dim cuenta02 As CCuenta = New CCuenta("Un nombre", "Una cuenta", _
                          1000000, 3.5)
```

Puede probar lo expuesto hasta ahora modificando el módulo *Test* como se muestra a continuación. Puede también realizar una segunda prueba eliminando el constructor sin parámetros de la clase *CCuenta* y podrá comprobar que el compilador le muestra un error en la línea que invoca al constructor sin parámetros.

```vbnet
Module Test
  Public Sub Main()
    Dim cuenta01 As CCuenta = New CCuenta()
    Dim cuenta02 As CCuenta = New CCuenta("Un nombre", _
                              "Una cuenta", 1000000, 3.5)
```

```
        cuenta01.asignarNombre("Un nombre")
        cuenta01.asignarCuenta("Una cuenta")
        cuenta01.asignarTipoDeInterés(2.5)

        cuenta01.ingreso(1000000)
        cuenta01.reintegro(500000)

        System.Console.WriteLine(cuenta01.obtenerNombre())
        System.Console.WriteLine(cuenta01.obtenerCuenta())
        System.Console.WriteLine(cuenta01.estado())
        System.Console.WriteLine(cuenta01.obtenerTipoDeInterés())
        System.Console.WriteLine()
        System.Console.WriteLine(cuenta02.obtenerNombre())
        System.Console.WriteLine(cuenta02.obtenerCuenta())
        System.Console.WriteLine(cuenta02.estado())
        System.Console.WriteLine(cuenta02.obtenerTipoDeInterés())
    End Sub
End Module
```

Quizás le haya llamado la atención que ahora en la clase *CCuenta* hay un mismo método definido dos veces, nos referimos al constructor **New**. Pues bien, cuando en una clase un mismo método se define varias veces con distinto número de parámetros, o bien con el mismo número de parámetros pero diferenciándose una definición de otra en que al menos un parámetro es de un tipo diferente, se dice que el método está *sobrecargado*.

Los métodos sobrecargados pueden diferir también en el tipo del valor retornado. Ahora bien, el compilador Visual Basic no admite que se declararen dos métodos que sólo difieran en el tipo del valor retornado; deben diferir también en la lista de parámetros; esto es, lo que importa son el número y el tipo de los parámetros. También podemos sobrecargar procedimientos en un módulo.

Cuando una clase sobrecarga un método una o más veces, ¿cómo sabe Visual Basic cuál tiene que ejecutar cuando se invoque? Pues esto lo hace comparando el número y los tipos de los argumentos especificados en la llamada, con los parámetros especificados en las distintas definiciones del método. Por eso, las dos llamadas que el procedimiento **Main** del módulo *Test* realiza al constructor **New** de *CCuentas* no presentan ninguna ambigüedad respecto a la definición que se debe ejecutar de este método.

HERENCIA

La herencia es una de características más importantes en la POO porque permite que una clase herede los atributos y métodos de otra clase (los constructores no se heredan). Esta característica garantiza la reutilización del código.

Con la herencia todas las clases están clasificadas en una jerarquía estricta. Cada clase tiene su superclase (la clase superior en la jerarquía, también llamada clase base), y cada clase puede tener una o más subclases (las clases inferiores en la jerarquía; también llamadas clases derivadas).

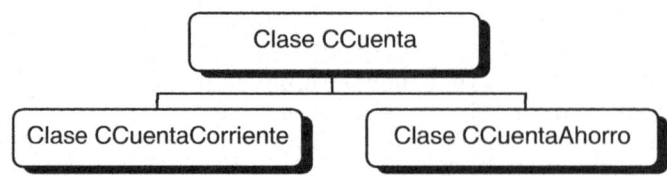

Las clases que están en la parte inferior en la jerarquía se dice que *heredan* de las clases que están en la parte superior.

El término heredar significa que las subclases disponen de todos los métodos y propiedades de su superclase. Este mecanismo proporciona una forma rápida y cómoda de extender la funcionalidad de una clase. En Visual Basic cada clase sólo puede tener una superclase (o clase base), lo que se denomina *herencia simple*.

La clase **Object** es la clase raíz de la jerarquía de clases de la biblioteca .NET; pertenece al paquete **System**. Por lo tanto, cualquier clase que implementemos en nuestras aplicaciones pasará a ser automáticamente una subclase de esta clase.

Como ejemplo vamos a añadir al programa anterior una nueva clase denominada *CCuentaAhorro* que sea subclase de *CCuenta*. Para ello, edite un nuevo fichero *CCuentaAhorro.vb* y escriba en él, el código que se muestra a continuación:

```
Class CCuentaAhorro
     Inherits CCuenta

End Class
```

El código anterior define la subclase *CCuentaAhorro* de *CCuenta*. Para indicar tal hecho se utiliza la palabra clave **Inherits** (escrita en una nueva línea) que indica que *CCuentaAhorro* se deriva de *CCuenta*. En el ejemplo propuesto, el cuerpo de *CCuentaAhorro* está vacío, pero aún así, modificando el módulo *Test* como se muestra a continuación, el programa sobre el que venimos trabajando funcionará:

```
Module Test
  Public Sub Main()
    Dim cuenta01 As CCuentaAhorro = New CCuentaAhorro()

    cuenta01.asignarNombre("Un nombre")
```

```
cuenta01.asignarCuenta("Una cuenta")
cuenta01.asignarTipoDeInterés(2.5)

cuenta01.ingreso(1000000)
cuenta01.reintegro(500000)

System.Console.WriteLine(cuenta01.obtenerNombre())
System.Console.WriteLine(cuenta01.obtenerCuenta())
System.Console.WriteLine(cuenta01.estado())
System.Console.WriteLine(cuenta01.obtenerTipoDeInterés())
  End Sub
End Module
```

Ahora tiene un programa formado por un módulo y dos clases almacenados en otros tantos ficheros: *CCuenta.vb*, *CCuentaAhorro.vb* y *Test.vb*. Por lo tanto, para compilar este programa desde la línea de órdenes utilice la orden: *vbc Test.vb CCuentaAhorro.vb CCuenta.vb*. A continuación, cuando lo ejecute, el resultado será el mismo que antes:

```
Un nombre
Una cuenta
500000
2,5
```

Echemos una ojeada al procedimiento **Main** de la clase *Test*. Observamos que crea un objeto *cuenta01* de la clase *CCuentaAhorro* y después, utilizando los métodos de su superclase, inicia los atributos del objeto y finalmente muestra su estado. ¿Cómo es esto posible si un objeto sólo puede invocar a métodos de su clase? Pues es posible porque *CCuentaAhorro* ha heredado todos los atributos y métodos de *CCuenta*, excepto los constructores.

Por lo tanto, si queremos construir objetos *CCuentaAhorro* iniciados con unos determinados valores, tendremos que añadir a esta clase un constructor con los parámetros necesarios. Si además queremos ampliar la funcionalidad de la clase con nuevos atributos y métodos, también podemos hacerlo. Por ejemplo, vamos a añadir a la funcionalidad que ya tiene *CCuentaAhorro* (los atributos y métodos heredados de su clase padre), además de un constructor sin argumentos y otro con ellos, un nuevo atributo *cuotaMantenimiento* y los métodos *asignarCuotaManten* y *obtenerCuotaManten* para manipularlo:

```
Class CCuentaAhorro
     Inherits CCuenta
   ' Atributos
   Private cuotaMantenimiento As Double

   ' Métodos
   Public Sub New() ' constructor sin parámetros
```

```
   End Sub

   Public Sub New(nom As String, cue As String, _
                  sal As Double, tipo As Double, mant As Double)
      MyBase.New(nom, cue, sal, tipo) ' invoca al constructor de
                               ' CCuenta; esto es, al de la clase base.
      asignarCuotaManten(mant) ' inicia cuotaMantenimiento
   End Sub

   Public Sub asignarCuotaManten(cantidad As Double)
      If cantidad < 0 Then
         System.Console.WriteLine("Error: cantidad negativa")
      Else
         cuotaMantenimiento = cantidad
      End If
   End Sub

   Public Function obtenerCuotaManten() As Double
      Return cuotaMantenimiento
   End Function
End Class
```

Asimismo, una subclase puede redefinir cualquier método heredado de su clase padre, siempre que sea necesario que su comportamiento en la subclase sea diferente. Redefinir un método heredado significa volverlo a escribir en la subclase con el mismo nombre, la misma lista de parámetros y el mismo tipo del valor retornado que tenía en la superclase; su cuerpo será adaptado a las necesidades de la subclase. Por ejemplo, supongamos que queremos obligar a disponer de un saldo positivo superior 1.500 para las cuentas de ahorro con un interés igual o mayor de 3,5; esto supone redefinir el método *reintegro* así:

```
Class CCuentaAhorro
     Inherits CCuenta
   ' ...
   Public Sub reintegro(cantidad as Double)
     Dim saldo As Double = estado()
     Dim tipoDeInterés As Double = obtenerTipoDeInterés()

     If tipoDeInterés >= 3.5 Then
       If saldo - cantidad < 1500 Then
         System.Console.WriteLine("Error: no dispone de esa cantidad")
         Return
       End If
     End If
     MyBase.reintegro(cantidad) ' método reintegro de la clase base,
                               ' también llamada superclase
   End Sub
End Class
```

Una vez escrita la clase *CCuentaAhorro*, pensemos cómo será la estructura de un objeto de esta clase comparada con uno de la clase *CCuenta*. La capacidad de la clase *CCuenta* está soportada por los miembros:

Atributos	Métodos
nombre	constructores de CCuenta
cuenta	asignarNombre
saldo	obtenerNombre
tipoDeInterés	asignarCuenta
	obtenerCuenta
	estado
	ingreso
	reintegro
	asignarTipoDeInterés
	obtenerTipoDeInterés

Y la capacidad de la clase *CCuentaAhorro*, derivada de *CCuenta*, está soportada por los miembros heredados de *CCuenta* (en cursiva y no tachados) más los suyos:

Atributos	Métodos
nombre	~~*constructores de CCuenta*~~
cuenta	*asignarNombre*
saldo	*obtenerNombre*
tipoDeInterés	*asignarCuenta*
	obtenerCuenta
	estado
	ingreso
	~~*reintegro*~~
	asignarTipoDeInterés
	obtenerTipoDeInterés
cuotaMantenimiento	constructores CCuentaAhorro
	asignarCuotaManten
	obtenerCuotaManten
	reintegro

Observe que los constructores de la clase *CCuenta* no se heredan, puesto que cada clase define el suyo por omisión, y que el método *reintegro* queda oculto por el método del mismo nombre de la clase *CCuentaAhorro*. Observe también que es posible referirse a un miembro oculto utilizando la sintaxis:

MyBase.*miembro_oculto*

Según el análisis anterior, mientras un posible objeto *CCuenta* contendría los datos *nombre, cuenta, saldo* y *tipoDeInterés*, un objeto *CCuentaAhorro* contiene los datos *nombre, cuenta, saldo, tipoDeInterés* y *cuotaMantenimiento*. Entonces, ¿cómo se inicia un objeto de la subclase *CCuentaAhorro*? Observando el constructor *CCuentaAhorro* con parámetros vemos que tiene cinco: los cuatro primeros proveen valores para los atributos heredados de *CCuenta*, y el quinto para el nuevo atributo añadido. Para iniciar los atributos heredados de la clase base lo más sencillo es invocar al constructor de la misma; esto se hace mediante la llamada **MyBase.New** seguida de los argumentos correspondientes encerrados entre paréntesis; esta llamada tiene que ser la primera sentencia en el constructor de la subclase, como se observa a continuación:

```
Public Sub New(nom As String, cue As String, _
            sal As Double, tipo As Double, mant As Double)
   MyBase.New(nom, cue, sal, tipo) ' invoca al constructor de
                      ' CCuenta; esto es, al de la clase base.
   asignarCuotaManten(mant) ' inicia cuotaMantenimiento
End Sub
```

Otra solución podría ser la presentada a continuación:

```
Public Sub New(nom As String, cue As String, _
            sal As Double, tipo As Double, mant As Double)
   asignarNombre(nom)
   asignarCuenta(cue)
   ingreso(sal)
   asignarTipoDeInterés(tipo)
   asignarCuotaManten(mant) ' inicia cuotaMantenimiento
End Sub
```

A modo de resumen, los siguientes puntos exponen las reglas a tener en cuenta cuando se define una subclase:

1. Una subclase hereda todos los miembros de su superclase, excepto los constructores, lo que no significa que tenga acceso directo a todos los miembros. Una consecuencia inmediata de esto es que la estructura interna de datos de un objeto de una subclase estará formada por los atributos que ella define y por los heredados de su superclase.

   Una subclase no tiene acceso directo a los miembros privados (**Private**) de su superclase.

   Una subclase sí puede acceder directamente a los miembros públicos (**Public**) de su superclase.

2. Una subclase puede añadir sus propios atributos y métodos. Si el nombre de alguno de estos miembros coincide con el de un miembro heredado, este último queda oculto para la subclase, que se traduce en que la subclase ya no puede acceder directamente a ese miembro. Lógicamente, lo expuesto tiene sentido siempre que nos refiramos a los miembros de la superclase a los que la subclase podía acceder.

3. Los miembros heredados por una subclase pueden, a su vez, ser heredados por más subclases de ella. A esto se le llama propagación de herencia.

Según lo expuesto, la siguiente versión del constructor de *CCuentaAhorro* sería errónea porque una subclase no tiene acceso directo a los miembros privados de su superclase; en nuestro caso, según vimos anteriormente, el acceso tiene que hacerse a través de la interfaz pública de *CCuenta*.

```
Public Sub New(nom As String, cue As String, _
            sal As Double, tipo As Double, mant As Double)
  nombre = nom          ' error: nombre es privado en CCuenta
  cuenta = cue          ' error: cuenta es privado en CCuenta
  saldo = sal           ' error: saldo es privado en CCuenta
  tipoDeInterés = tipo ' error: tipoDeInterés es privado en CCuenta
  cuotaMantenimiento = mant
End Sub
```

Para probar los cambios introducidos hasta ahora, modifique la clase *Test* como se indica a continuación, compile de nuevo el programa y ejecútelo.

```
Module Test
  Public Sub Main()
    Dim cuenta01 As CCuentaAhorro = New CCuentaAhorro( _
                "Un nombre", "Una cuenta", 1000000, 3.5, 300)

    ' Cobrar cuota de mantenimiento
    cuenta01.reintegro(cuenta01.obtenerCuotaManten())
    ' Ingreso
    cuenta01.ingreso(1000000)
    ' Reintegro
    cuenta01.reintegro(1800000)
    ' ...

    System.Console.WriteLine(cuenta01.obtenerNombre())
    System.Console.WriteLine(cuenta01.obtenerCuenta())
    System.Console.WriteLine(cuenta01.estado())
    System.Console.WriteLine(cuenta01.obtenerTipoDeInterés())
  End Sub
End Module
```

Quizás se pregunte: cómo sabe un método de una clase, por ejemplo *obtener-Nombre*, sobre qué objeto está trabajando si en el cuerpo del mismo no se indica nada de forma explícita, como se ve en el código siguiente:

```
Public Function obtenerNombre() As String
    Return nombre
End Function
```

La respuesta a la pregunta anterior es que Visual Basic utiliza de forma implícita la palabra reservada **Me** para almacenar en todo instante una referencia al objeto que invoca al método; según esto, la versión siguiente de *obtenerNombre* es equivalente a la anterior:

```
Public Function obtenerNombre() As String
    Return Me.nombre      ' Me referencia al objeto
End Function              ' que invoca al método
```

Para finalizar, habrá comprobado que el mecanismo de herencia proporciona una forma rápida y cómoda de modificar, en la dirección que deseemos, la funcionalidad de una clase. En el ejemplo expuesto, disponíamos de una clase *CCuenta* y reutilizando su definición hemos diseñado una nueva clase *CCuenta-Ahorro* adaptada a unas necesidades particulares. Evidentemente, si hubiéramos tenido que partir de cero, el trabajo y el tiempo de desarrollo hubiera sido mayor. Esta misma forma de proceder puede emplearse con cualquier biblioteca de clases.

EJERCICIOS RESUELTOS

1. Para practicar un poco más, escriba el siguiente ejemplo y pruebe los resultados. Hágalo primero desde la línea de órdenes y después con el entorno de desarrollo integrado preferido por usted. El siguiente ejemplo muestra una clase *COrdenador* para simular el trabajo con ordenadores.

   La clase *COrdenador* puede incluir los siguientes atributos:

   ◊ Marca: Mitac, Toshiba, Ast.
   ◊ Procesador: Intel, AMD.
   ◊ Peso: 2, 2.5, 3.

   Los atributos también pueden incluir información sobre el estado del objeto; por ejemplo, en el caso de un ordenador, si está encendido o apagado, si la presentación en pantalla está activa o inactiva, etc.

   ◊ ¿encendido?

◊   ¿pantalla activa?

```
Class COrdenador
  Private m_marca As String
  Private procesador As String
  Private peso As Integer = 0
  Private encendido As Boolean = False
  Private pantalla As Boolean = False

  ' ...
End Class
```

El comportamiento define las acciones que el objeto puede emprender. Por ejemplo, pensando acerca de un objeto de la clase *COrdenador*, esto es, de un ordenador, algunas acciones que éste puede hacer son:

◊   Ponerse en marcha.
◊   Apagarse.
◊   Desactivar la presentación en la pantalla.
◊   Activar la presentación en la pantalla.
◊   Cargar una aplicación.

Para definir este comportamiento hay que crear métodos. Como ejemplo, vamos a agregar a la clase *COrdenador* un método que responda a la acción de ponerlo en marcha:

```
Public Sub EncenderOrdenador()
  If encendido = True Then
    System.Console.WriteLine("El ordenador ya está encendido")
  Else
    encendido = True
    pantalla = True
    System.Console.WriteLine("El ordenador ha sido encendido")
  End If
End Sub
```

El método *EncenderOrdenador* comprueba si el ordenador está encendido; si lo está, simplemente visualiza un mensaje que lo indica; si no lo está, se enciende y lo comunica mediante un mensaje.

Agreguemos un método más para que el objeto nos muestre su estado:

```
Public Sub Estado()
  System.Console.WriteLine("El estado del ordenador es el siguiente:")
  System.Console.WriteLine("Marca: " & m_marca)
  System.Console.WriteLine("Procesador: " & procesador)
```

```
   System.Console.WriteLine("Peso: " & peso & " Kg.")

   If encendido = True Then
     System.Console.WriteLine("El ordenador está encendido")
   Else
     System.Console.WriteLine("El ordenador está apagado")
   End If

   If pantalla = True Then
     System.Console.WriteLine("La pantalla está activada")
   Else
     System.Console.WriteLine("La pantalla está desactivada")
   End If

   System.Console.WriteLine()
End Sub
```

¿Cómo accederemos al valor de cada atributo de un objeto si se han declarado privados? Podemos proceder igual que lo hicimos en la clase *CCuenta*, implementado un método para establecer el valor del atributo y otro para obtenerlo. Pero Visual Basic aporta un nuevo elemento que denomina *propiedad* que permite acceder a un atributo privado como si se hubiera declarado público. ¿Cómo se implementa una propiedad? Pues según el esquema siguiente:

```
Public Property nombre_propiedad() As tipo
  Get
     ' Aquí se devuelve el valor del atributo
  End Get
  Set(Value As tipo)
     ' Aquí se asigna el valor al atributo
  End Set
End Property
```

Como ejemplo, vamos a implementar la propiedad *Marca* para acceder al atributo privado *m_marca* de la clase *COrdenador*:

```
Public Property Marca() As String
  Get
    Return m_marca
  End Get
  Set(Dato As String)
    If (Dato = Nothing) Then
      m_marca = "marca desconocida"
    Else
      m_marca = Dato
    End If
  End Set
End Property
```

Observe que podemos hacer referencia al valor del atributo mediante la variable *Dato*. Por lo tanto, en nuestro ejemplo, en caso de que el usuario intente asignar a la propiedad un valor nulo, se considerará que la marca es desconocida.

Una vez implementada una propiedad, una sentencia como:

```
miOrdenador.Marca = "Toshiba"
```

invocaría automáticamente a **Set** de *Marca* y asignaría el valor "Toshiba" al atributo *m_marca*, y una sentencia como:

```
System.Console.WriteLine(miOrdenador.Marca)
```

invocaría automáticamente a **Get** de *Marca* y devolvería el valor del atributo *m_marca*, y lo mostraría.

Observe que operamos con la propiedad *Marca* como si se tratara de un atributo público. Un usuario que utilice la clase *COrdenador* en su programa así lo interpretaría, pero si intenta asignar una cadena nula, se dará cuenta de que dicha asignación no se permite, lo que demuestra que su forma de proceder está siendo supervisada para evitar posibles errores.

Guarde la clase con el nombre *COrdenador.vb*. En este instante, si nuestras pretensiones sólo son las expuestas hasta ahora, ya podemos crear objetos de esta clase y trabajar con ellos. Para ello, vamos a escribir un módulo estándar que defina el procedimiento **Main**; llamemos a esta módulo *MOrdenador*.

```
Module MOrdenador
  Public Sub Main()
    Dim miOrdenador As COrdenador = New COrdenador()
    miOrdenador.Marca = "Toshiba"
    miOrdenador.EncenderOrdenador()
    miOrdenador.Estado()
  End Sub
End Module
```

Analicemos el procedimiento **Main** para explicar lo que hace:

- La primera línea crea un objeto de la clase *COrdenador* y almacena una referencia al mismo en la variable *miOrdenador*. Esta variable la utilizaremos para acceder a ese objeto en las siguientes líneas.

- La línea siguiente establece el atributo *m_marca* del objeto referenciado por *miOrdenador*. Observe que los atributos se han declarado privados.

- En las dos últimas líneas el objeto recibe los mensajes *EncenderOrdenador* y *Estado*. La respuesta a esos mensajes es la ejecución de los métodos respectivos, que fueron explicados anteriormente.

Guarde esta clase con el nombre *MOrdenador.vb*. Después compílela y ejecútela. Podrá observar que los resultados son los siguientes:

```
El ordenador ha sido encendido
El estado del ordenador es el siguiente:
Marca: Toshiba
Procesador:
Peso: 0 kg.
El ordenador está encendido
La pantalla está activada
```

2. Este otro ejemplo muestra una clase que representa números racionales. Esta clase puede ser útil porque muchos números no pueden ser representados exactamente utilizando un número fraccionario. Por ejemplo, el número racional *1/3* representado como un número fraccionario sería *0,333333*, valor más fácil de manipular, pero a costa de perder precisión. Evidentemente, *1/3 * 3 = 1*, pero *0,333333 * 3 = 0,999999*.

Pensando en un número racional como si de un objeto se tratara, es fácil deducir que sus atributos son dos: el *numerador* y el *denominador*. Y los métodos aplicables sobre los números racionales son numerosos: suma, resta, multiplicación, simplificación, etc. Pero para hacerlo fácil, sólo añadiremos dos métodos sencillos: uno, *AsignarDatos*, para establecer los valores del numerador y del denominador; y otro, *VisualizarRacional*, para visualizar un número racional.

Abra el procesador de textos o el editor de su entorno integrado y edite la aplicación propuesta, como se muestra a continuación:

```
Class CRacional
   Private Numerador As Integer
   Private Denominador As Integer

   Public Sub AsignarDatos(num As Integer, den As Integer)
      Numerador = num
      If den = 0 Then den = 1 ' el denominador no puede ser cero
      Denominador = den
   End Sub

   Public Sub VisualizarRacional()
      System.Console.WriteLine(Numerador & "/" & Denominador)
   End Sub
End Class
```

Una vez editada la clase *CRacional*, guárdela en el disco con el nombre *CRacional.vb*. Para poder crear objetos de esta clase y trabajar con ellos, vamos a escribir un módulo estándar que defina el procedimiento **Main**. Llamemos a este módulo *Racionales*.

```
Module Racionales
   Public Sub Main()
      ' Punto de entrada a la aplicación
      Dim r1 As CRacional = New CRacional() ' crear un objeto CRacional

      r1.AsignarDatos(2, 5)
      r1.VisualizarRacional()
   End Sub
End Module
```

Analicemos el programa. Fijándonos en el procedimiento **Main,** vemos que se ha declarado un objeto *r1* de la clase *CRacional*.

```
Dim r1 As CRacional = New CRacional()
```

En el siguiente paso se envía el mensaje *AsignarDatos* al objeto *r1*. El objeto responde a este mensaje ejecutando su método *AsignarDatos* que almacena el valor 2 en su numerador y el valor 5 en su denominador; ambos valores han sido pasados como argumentos.

```
r1.AsignarDatos(2, 5)
```

Finalmente, se envía el mensaje *VisualizarRacional* al objeto *r1*. El objeto responde a este mensaje ejecutando su método *VisualizarRacional* que visualiza sus atributos numerador y denominador en forma de quebrado; en nuestro caso, el número racional 2/5.

```
r1.VisualizarRacional()
```

Para finalizar, compile la aplicación, ejecútela y observe que el resultado es el esperado.

EJERCICIOS PROPUESTOS

1.   Añada a la aplicación *MOrdenador.vb* los métodos descritos en el enunciado y que no añadimos, y además, el método *ApagarOrdenador*.

2.   Diseñe una clase *CCoche* que represente coches. Incluya los atributos *marca*, *modelo* y *color*; y los métodos que simulen, enviando mensajes, las acciones de arrancar el motor, cambiar de velocidad, acelerar, frenar y parar el motor.

3.   Añada a la aplicación *Racionales.vb* los métodos descritos en el enunciado y que no añadimos (sumar, restar, etc.), y además, un constructor con parámetros, así como los métodos que usted desee.

ELEMENTOS DEL LENGUAJE

En este capítulo veremos los elementos que aporta Visual Basic para escribir un programa. Algunos ya fueron explicados en el capítulo 2. En cualquier caso, considere este capítulo como soporte para los restantes; esto es, lo que se va a exponer en él, lo irá utilizando en menor o mayor medida en los capítulos sucesivos. Por lo tanto, limítese ahora simplemente a realizar un estudio con el fin de informarse de los elementos con los que contamos.

CARACTERES DE Visual Basic

Visual Basic utiliza el juego de caracteres Unicode (vea el apéndice C). De este juego de caracteres, los que frecuentemente utilizamos en español cuando escribimos código Visual Basic podríamos agruparlos así:

- Letras de la '*a*' a la '*z*' mayúsculas y minúsculas, además de las letras acentuadas, la '*ñ*', y el '_'.

- Dígitos: 0 1 2 3 4 5 6 7 8 9.

- Caracteres especiales: . , : ' " ( ) < / \ + & ^ * – = > % @ ! # $

- Terminadores de línea. Bajo este nombre genérico se agrupan los caracteres, nueva línea (NL), retorno de carro (CR), o bien retorno de carro más nueva línea (CR+NL), porque su finalidad es la misma, actuar como final de línea.

```
Module Test[NL]
  Public Sub Main()[NL]
    System.Console.WriteLine("Hola, qué tal estáis")[NL]
  End Sub[NL]
End Module[NL]
```

- Continuación de línea. Puesto que un terminador de línea indica a Visual Basic el final de una sentencia ¿cómo podemos escribir una misma sentencia en dos o más líneas? Pues utilizando los caracteres espacio en blanco más "_" (guión de subrayado) al final de cada línea que continua en la siguiente.

- Espacios en blanco. Los espacios en blanco en exceso son ignorados por el compilador. Por ejemplo, el código siguiente se comporta exactamente igual que el del ejemplo anterior:

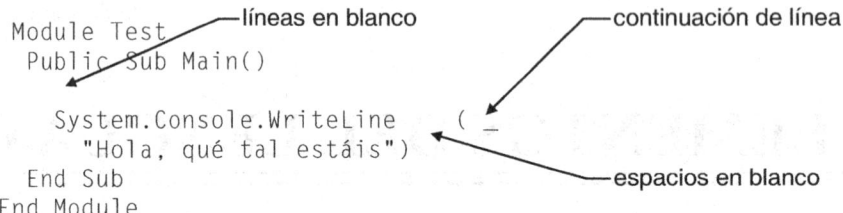

TIPOS

Los tipos en Visual Basic se clasifican en: tipos *valor* y tipos *referencia*. Una variable de un tipo *valor* almacena directamente un valor (datos en general), mientras que una variable de un tipo *referencia* lo que permite almacenar es una referencia a un objeto (posición de memoria donde está el objeto). Por ejemplo:

```
Dim suma As Integer = 0       ' suma almacena un entero.
Dim cta As CCuenta = Nothing ' cta permitirá almacenar una
                              ' referencia a un objeto CCuenta.
```

Tanto las clases como las matrices que estudiaremos más adelante, son tipos *referencia*.

En cuanto a los tipos *valor*, Visual Basic los clasifica de la forma siguiente: tipos primitivos, las estructuras y los tipos enumerados. A su vez, los tipos primitivos se clasifican en tipos enteros, tipos reales, el tipo **Boolean**, el tipo **Char**, y el tipo **Date**.

Tipos enteros:
  Byte, **Short**, **Integer**, **Long**.
Tipos reales:
  coma flotante: **Single**, **Double**.
  coma fija: **Decimal**.

Cada tipo primitivo tiene un rango diferente de valores: positivos y negativos en el caso de los tipos con signo como los enteros y los reales, positivos en el caso de tipos sin signo como **Char**, **True** y **False** en el caso del tipo **Boolean**, y una fecha y la hora en el caso del tipo **Date**. El tipo que se seleccione para declarar las variables de un determinado programa dependerá del rango y tipo de valores que vayan a almacenar cada una de ellas y de si éstos son enteros o fraccionarios. Para más detalles vea el capítulo 2.

Las estructuras son similares a las clases pero con algunas restricciones. Permiten declarar estructuras de datos que pueden contener atributos y métodos, pero a diferencia de las clases, son tipos de *valores*, no *referencias* a objetos. Por lo tanto, puesto que la labor que desempeñan puede suplirse perfectamente utilizando clases, no serán objeto de estudio en esta obra.

Todos los tipos primitivos expuestos tienen una estructura de datos asociada; por ejemplo, el tipo **Double** es un alias de **System.Double** (estructura **Double** del espacio de nombres **System**), **Char** es un alias de **System.Char**, **Boolean** es un alias de **System.Boolean**, **Integer** es un alias de **System.Int32**, etc. Por lo tanto, un dato de un tipo primitivo es un objeto.

Los tipos enumerados son tipos definidos por el usuario. Para crearlos se utiliza la palabra **Enum**. Por ejemplo:

```
Module Test
  Enum día
    lunes
    martes
    miércoles
    jueves
    viernes
    sábado
    domingo
  End Enum

  Public Sub Main()
    Dim díaSem As día = día.jueves
    If (díaSem = día.domingo) Then
      System.Console.Write("fiesta")
    Else
      System.Console.WriteLine(díaSem) ' escribe 3
    End If
  End Sub
End Module
```

Los valores con los que se forma un tipo enumerado se corresponden con las constantes enteras 0, 1, 2, etc. Según esto, en el ejemplo anterior *lunes* se corresponde con 0, *martes* con 1, *miércoles* con 2, etc. Análogamente al tipo *días*, puede definir cualquier otro tipo enumerado de datos. Esto, en algunas ocasiones, puede ayudar a escribir un código más legible.

LITERALES

Un literal es la expresión de un valor de alguno de los tipos expuestos anteriormente, de un tipo **String** (alias de **System.String**: clase para cadenas de caracteres) o la expresión **Nothing** (valor nulo para cualquier tipo *valor* o *referencia*). Por ejemplo, son literales: *0, 5, 3.14, "a"C, "hola"* y **Nothing**. En realidad son valores constantes.

Un literal en Visual Basic puede ser: un entero, un real, un valor booleano, un carácter, una cadena de caracteres, una fecha y hora, y **Nothing**.

Literales enteros

El lenguaje Visual Basic permite especificar un literal entero en base 10, 8 y 16.

En general, el signo + es opcional si el valor es positivo y el signo − estará presente siempre que el valor sea negativo. El tipo de un literal entero depende de su base, de su valor y de su sufijo. La sintaxis para especificar un literal entero es:

```
{[+]|-}literal_entero[{S|I|L}]
```

Si el literal no tiene sufijo, su tipo es el primero de los tipos **Integer** o **Long**, en este orden, en el que su valor pueda ser representado.

Si el literal tiene sufijo y este es *S* su tipo es **Short** siempre y cuando su valor pueda ser representado; si es *I* su tipo es **Integer** y si es *L* su tipo es **Long**.

Un *literal entero decimal* puede tener uno o más dígitos del *0* al *9*. Por ejemplo:

```
4326        constante entera Integer
4326L       constante entera Long
3426000000 constante entera Long
```

Un *literal entero octal* puede tener uno o más dígitos del *0* a *7*, precedidos por *&O* (& seguido de la letra O mayúscula o minúscula). Por ejemplo:

```
&0326       constante entera Integer en base 8
```

Un *literal entero hexadecimal* puede tener uno o más dígitos del *0* al *9* y letras de la *A* a la *F* (en mayúsculas o en minúsculas) precedidos por *&H* (*&* seguido de la letra *H* mayúscula o minúscula). Por ejemplo:

```
256        número decimal 256
&0400      número decimal 256 expresado en octal
&H100      número decimal 256 expresado en hexadecimal
-256       número decimal -256
-&0400     número decimal -256 expresado en octal
-&H100     número decimal -256 expresado en hexadecimal
```

Literales reales

Un literal real está formado por una *parte entera,* seguido por un *punto decimal*, y una *parte fraccionaria*. También se permite la notación científica, en cuyo caso se añade al valor una *e* o *E*, seguida por un exponente positivo o negativo.

$$\{[+]|-\}\,parte\text{-}entera.parte\text{-}fraccionaria[\{e|E\}\{[+]|-\}exponente]$$

donde *exponente* representa cero o más dígitos del *0* al *9* y *E* o *e* es el símbolo de exponente de la base 10 que puede ser positivo o negativo (*2E–5 = 2 × 10⁻⁵*). Si la constante real es positiva no es necesario especificar el signo y si es negativa lleva el signo menos (–). Por ejemplo:

```
-17.24
17.244283
.008e3
27E-3
```

Una constante real tiene siempre tipo **Double,** a no ser que se añada a la misma una *f* o *F*, en cuyo caso será de tipo **Single**, o *d* o *D*, en cuyo caso es de tipo **Decimal**. Por ejemplo:

```
17.24F     constante real de tipo Single
```

También se pueden utilizar los sufijos *r* o *R* para especificar explícitamente que se trata de una constante de tipo **Double**. Por ejemplo:

```
17.24R     constante real de tipo Double
```

Literales de un solo carácter

Los literales de un solo carácter son de tipo **Char**. Este tipo de literales está formado por un único carácter encerrado entre *comillas dobles* seguido del carácter de tipo **C**. Algunos ejemplos son:

```
"  " C      espacio en blanco
"x" C       letra minúscula x
```

Literales de cadenas de caracteres

Un literal de cadena de caracteres es una secuencia de caracteres encerrados entre *comillas dobles*. Por ejemplo:

```
"Paseo de Pereda 10, Santander"
"3.1415926"
""    ' cadena vacía
"Lenguaje ""Visual Basic""" ' produce: Lenguaje "Visual Basic"
```

El ejemplo siguiente muestra como escribir una cadena, por ejemplo porque es demasiado larga, en dos líneas:

```
System.Console.Write("Escriba un número entre 1 y 5," & _
                " o pulse Entrar")
```

Las cadenas de caracteres en Visual Basic son objetos de la clase **String** que estudiaremos más adelante. Esto es, cada vez que en un programa se utilice un literal de caracteres, Visual Basic crea de forma automática un objeto **String** con el valor del literal.

Las cadenas de caracteres se pueden concatenar (unir) empleando el operador &. Por ejemplo, la siguiente sentencia concatena las cadenas *"Distancia: "*, *distancia*, y *" Km."*.

```
System.Console.WriteLine("Distancia: " & distancia & " Km.")
```

Si alguna de las expresiones no se corresponde con una cadena, como se supone que ocurre con *distancia*, Visual Basic la convierte de forma automática en una cadena de caracteres. Más adelante aprenderá el porqué de esto.

Literales de fecha y hora

Los literales fecha y hora son de tipo **Date**. Este tipo de literales está formado por una fecha (mes, día, año separados por / o -) y una hora (horas, minutos, segundos separados por dos puntos, más AM o PM si el formato es de 12 horas) delimitados por el carácter #. Algunos ejemplos son:

```
#12/15/2012 10:00:00 AM#
#12/15/2012#
#10:05:00 PM#
#12-15-2012 15:00:00#
```

Cuando no se especifica la fecha se supone 01/01/0001 y cuando no se especifica la hora se supone 0:00:00.

IDENTIFICADORES

Los identificadores son nombres dados a tipos, literales, variables, clases, interfaces, métodos, espacios de nombres y sentencias de un programa. La sintaxis para formar un identificador es la siguiente:

$$\{ \mathit{letra} | \_ \} [\{ \mathit{letra} | \mathit{dígito} | \_ \}] \ldots$$

lo cual indica que un identificador consta de uno o más caracteres y que el *primer carácter* debe ser una *letra* o el *carácter de subrayado*. No pueden comenzar por un dígito ni pueden contener caracteres especiales. Si el primer carácter es el *carácter de subrayado*, debe escribirse, al menos, otro carácter a continuación.

Las letras pueden ser mayúsculas o minúsculas, pero Visual Basic no diferencia mayúsculas de minúsculas. Por ejemplo, los identificadores *Suma, suma* y *SUMA* son el mismo identificador.

Los identificadores pueden tener cualquier número de caracteres (realmente pueden tener hasta 16383 caracteres). Algunos ejemplos son:

```
Suma
Cálculo_Números_Primos
_ordenar
VisualizarDatos
```

PALABRAS CLAVE

Las palabras clave son identificadores predefinidos que tienen un significado especial para el compilador Visual Basic. Por lo tanto, un identificador definido por el usuario, no puede tener el mismo nombre que una palabra clave. El lenguaje Visual Basic, tiene las siguientes palabras clave:

AddHandler	AddressOf	AndAlso	Alias	And
Ansi	As	Assembly	Auto	Boolean
ByRef	Byte	ByVal	Call	Case
Catch	CBool	CByte	CChar	CDate
CDec	CDbl	Char	CInt	Class
CLng	CObj	Const	CShort	CSng
CStr	CType	Date	Decimal	Declare
Default	Delegate	Dim	DirectCast	Do
Double	Each	Else	ElseIf	End
Enum	Erase	Error	Event	Exit

```
False           Finally         For             Friend       Function
Get             GetType         GoSub           GoTo         Handles
If              Implements      Imports         In           Inherits
Integer         Interface       Is              Let          Lib
Like            Long            Loop            Me           Mod
Module          MustInherit     MustOverride    MyBase       MyClass
Namespace       New             Next            Not          Nothing
NotInheritable  NotOverridable  Object          On           Option  Op-
tional          Or              OrElse          Overloads    Overridable
Overrides       ParamArray      Preserve        Private      Property
Protected       Public          RaiseEvent      ReadOnly     ReDim
REM             RemoveHandler   Resume          Return       Select
Set             Shadows         Shared          Short        Single
Static          Step            Stop            String       Structure
Sub             SyncLock        Then            Throw        To
True            Try             TypeOf          Unicode      Until
Variant         When            While           With         WithEvents
WriteOnly       Xor
```

DECLARACIÓN DE CONSTANTES SIMBÓLICAS

Declarar una constante simbólica significa decirle al compilador Visual Basic el nombre de la constante y su valor. Esto se hace utilizando el calificador **Const**.

```
Module ElementosVB
  Const cte1 As Integer = 1
  Const cte2 As String = "Pulse una tecla para continuar"

  Public Sub Main()
    Const cte3 As Double = 3.1415926
  '  ...
  End Sub
'  ...
End Module
```

Como se observa en el ejemplo anterior, declarar una constante simbólica supone anteponer el calificador **Const** al tipo y nombre de la constante, que será iniciada con el valor deseado.

```
Const identificador As tipo = cte[, identificador As tipo = cte]...
```

Una vez que se haya declarado una constante, por definición, no se le puede asignar otro valor. Por ello, cuando se declara una constante debe ser iniciada con un valor. Por ejemplo, después de haber declarado *cte3* según se muestra en el ejemplo anterior, una sentencia como la siguiente daría lugar a un error:

```
cte3 = 3.14
```

¿Por qué utilizar constantes?

Utilizando constantes es más fácil modificar un programa. Por ejemplo, supongamos que un programa utiliza N veces una constante de valor *3.14*. Si hemos definido dicha constante como *Const Pi As Double = 3.14* y posteriormente necesitamos cambiar el valor de la misma a *3.1416*, sólo tendremos que modificar una línea, la que define la constante. En cambio, si no hemos declarado *Pi*, sino que hemos utilizado el valor *3.14* directamente N veces, tendríamos que realizar N cambios.

VARIABLES

Una variable representa un espacio de memoria para almacenar un valor de un determinado tipo. Dicho valor, a diferencia de una constante, puede cambiar durante la ejecución de un programa. La declaración de una variable se realiza según la sintaxis siguiente:

```
Dim identificador As tipo [, identificador As tipo]...
```

La declaración de una variable puede realizarse a nivel de un módulo o de una clase (en este caso recibe el nombre de atributo de la clase), a nivel del método (dentro de la definición de un método) o a nivel de un bloque de código. Dependiendo de dónde se declare, su uso estará limitado al módulo o a la clase, al método (procedimiento), o al bloque de código que la define. Este espacio del programa al que queda limitado una variable se denomina *ámbito* de esa variable.

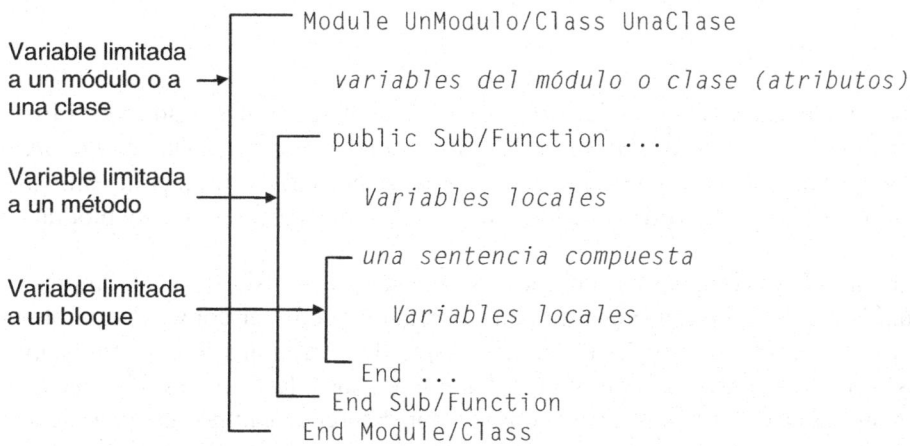

Una variable de un módulo o de una clase puede ser declarada en cualquier parte dentro del módulo o de la clase siempre que sea fuera de todo método y estará disponible para todo el código de ese módulo o clase.

Una variable declarada dentro de un método es una variable local al método. Los parámetros de un método son también variables locales al método. Y una variable declarada dentro de un bloque correspondiente a una sentencia compuesta también es una variable local a ese bloque.

En general, una *variable local* existe y tiene valor desde su punto de declaración hasta el final del bloque donde está definida. Cada vez que se ejecuta el bloque que la contiene, la variable local es nuevamente definida, y cuando finaliza la ejecución del mismo, la variable local deja de existir. Un elemento con carácter local es accesible solamente dentro del bloque al que pertenece.

Puede declarar varias variables para que sean del mismo tipo de datos. También puede especificar diferentes tipos para variables o grupos de variables diferentes. Cada variable toma el tipo de datos especificado en la primera cláusula **As** que se encontró después del nombre. Por ejemplo, a continuación se declaran tres variables de tipo **Short** (en dos grupos diferentes), una variable de tipo **Integer**, y dos variables de tipo **String**.

```
Module ElementosVB
  Dim día, mes As Short, año As Short = 2001

  Public Sub Main()
    Dim contador As Integer
    Dim Nombre As String = "", Apellidos As String
    día = 20
    Apellidos = "Ceballos"
    ' ...
  End Sub
  ' ...
End Module
```

Según lo expuesto, las variables *día*, *mes* y *año* son accesibles desde todos los procedimientos del módulo *ElementosVB*. En cambio, las variables *contador*, *Nombre* y *Apellidos* han sido declaradas en el bloque de código correspondiente al cuerpo del procedimiento **Main**; por lo tanto, sólo serán accesibles en este bloque.

Toda variable declarada en un bloque es iniciada por omisión por el compilador Visual Basic con el valor **Nothing** (esta constante puede ser convertida implícitamente a cualquier tipo); esto significa que las variables numéricas son iniciadas con *0*, los caracteres con nulos y las referencias a las cadenas de caracteres y el resto de las referencias a otros objetos con referencias nulas. Una variable también puede ser iniciada explícitamente, como muestra el ejemplo anterior. Por ejemplo la cadena *Nombre* fue iniciada con una cadena nula; en cambio *Apellidos* fue iniciada por Visual Basic con el valor **Nothing** (referencia nula: no hay cadena referenciada).

CONVERSIÓN ENTRE TIPOS PRIMITIVOS

En principio, Visual Basic permite convertir implícitamente un dato de cualquier tipo a cualquier otro tipo. Esto puede originar pérdidas de datos cuando un valor de un determinado tipo sea convertido a otro tipo con menor precisión o de capacidad más pequeña. Para detectar esta posible fuente de errores durante el diseño, podemos activar el chequeo de conversiones mediante la sentencia **Option Strict** que estudiaremos a continuación. Desde esta opción, las conversiones que puedan causar pérdida de información sólo podrán realizarse explícitamente; esto es, será el programador el que bajo su responsabilidad escribirá el código que obligue a realizar tales conversiones. Desde este punto de vista podremos hablar de conversiones implícitas y conversiones explícitas.

Cuando Visual Basic tiene que evaluar una expresión en la que intervienen operandos de diferentes tipos, primero convierte, sólo para realizar las operaciones solicitadas, los valores de los operandos al tipo del operando cuya precisión sea más alta. Cuando se trate de una asignación, convierte el valor de la derecha al tipo de la variable de la izquierda, si es que es posible. La figura siguiente resume los tipos colocados de izquierda a derecha de menos a más precisos; las flechas indican las conversiones implícitas seguras (desde cualquier tipo a todos los que figuran a su derecha):

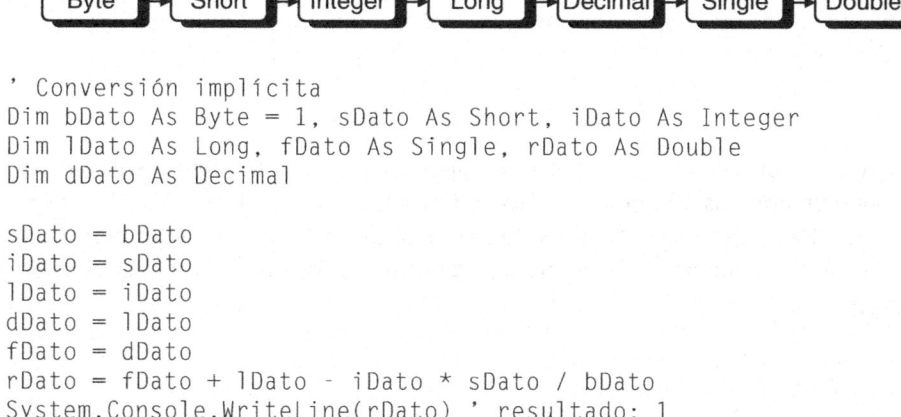

```
' Conversión implícita
Dim bDato As Byte = 1, sDato As Short, iDato As Integer
Dim lDato As Long, fDato As Single, rDato As Double
Dim dDato As Decimal

sDato = bDato
iDato = sDato
lDato = iDato
dDato = lDato
fDato = dDato
rDato = fDato + lDato - iDato * sDato / bDato
System.Console.WriteLine(rDato) ' resultado: 1
```

Asimismo, el tipo **Char** puede ser convertido implícitamente a **String**, cualquier tipo puede ser convertido a **Object**, y **Nothing** puede ser convertido a cualquier tipo. El tipo **Boolean** no admite una conversión implícita a ningún otro tipo.

Tenga presente que las conversiones implícitas de **Integer** a **Single**, de **Long** a **Single** o **Double**, o de **Decimal** a **Single** o **Double**, pueden dar lugar a una pérdida de precisión, pero no a un error durante la ejecución. En cambio, las conversiones inversas a las implícitas que hemos calificado seguras, no siempre son satisfactorias porque pueden fallar durante la ejecución si el valor a almacenar sobrepasa el rango permitido; por ejemplo, una conversión de **Long** a **Integer** puede provocar un desbordamiento. Normalmente los compiladores obligan a realizar este tipo conversiones de forma explícita, en cambio, en Visual Basic para forzar a esta situación hay que añadir al programa la sentencia:

```
Option Strict On
```

Esta sentencia hay que añadirla antes de cualquier otro código. Si no se añade, o se añade con el valor **Off** (valor por omisión), el chequeo de conversiones que pueden dar lugar a una pérdida de precisión o a un desbordamiento, no se hace; ahora bien, si se añade con el valor **On**, esas conversiones realizadas de forma implícita producirán un error durante la compilación; en este supuesto, las siguientes conversiones no serían permitidas:

```
fDato = rDato
lDato = fDato
iDato = lDato
sDato = iDato
dDato = rDato
bDato = sDato + iDato - lDato * fDato / rDato
```

En este caso, si deseamos forzar su ejecución, tendremos que recurrir a realizar las mismas de forma explícita; por ejemplo, mediante una función **CType** que tiene la sintaxis:

```
CType(expresión, tipo)
```

CType convierte la *expresión* al *tipo* especificado (los mismos resultados se pueden obtener con las funciones: CBool, CByte, CChar, CDate, CDbl, CDec, CInt, CLng, CObj, CShort y CSng). Si la expresión está fuera del rango permitido por *tipo*, se produce un error. El siguiente ejemplo muestra como realizar conversiones explicitas:

```
Option Strict On
Module Test
  Public Sub Main()
    Dim bDato As Byte = 1, sDato As Short, iDato As Integer
    Dim lDato As Long, fDato As Single, rDato As Double
    Dim dDato As Decimal

    ' Conversión explícita
    rDato = 2
    fDato = CType(rDato, Single) ' CSng(rDato) es equivalente
    lDato = CType(fDato, Long)
    iDato = CType(lDato, Integer)
```

```
    sDato = CType(iDato, Short)
    dDato = CType(rDato, Decimal)
    bDato = CType(sDato + iDato - lDato * fDato / rDato, Byte)
    System.Console.WriteLine(bDato) ' resultado: 2
  End Sub
End Module
```

La utilización apropiada de conversiones explícitas garantiza una evaluación consistente, pero siempre que se pueda es mejor evitarla ya que suprime la verificación de tipo proporcionada por el compilador (si se especificó *Option Strict On*) y por consiguiente puede conducir a resultados inesperados, o cuanto menos, a una pérdida de precisión en el resultado. Por ejemplo:

```
Dim r As Single
r = CType(System.Math.Sqrt(10), Single)
```

En el ejemplo anterior, el resultado se redondea perdiendo precisión ya que **Sqrt** devuelve un valor de tipo **Double**.

OPERADORES

Los operadores son símbolos que indican cómo son manipulados los datos. Se pueden clasificar en los siguientes grupos: aritméticos, relacionales, lógicos, unitarios, a nivel de bits, de asignación y operador condicional. En el capítulo 2 vimos los operadores aritméticos y los de relación. A continuación veremos el resto.

Operadores lógicos

El resultado de una operación lógica (AND, OR, XOR y NOT) es un valor booleano verdadero o falso (**True** o **False**). Las expresiones que dan como resultado valores booleanos (véanse los operadores de relación) pueden combinarse para formar expresiones *booleanas* utilizando los operadores lógicos indicados a continuación. Los operandos deben ser expresiones que de un resultado **Boolean**.

Operador	Operación
And o **AndAlso**	*AND*. Da como resultado **True** si al evaluar cada uno de los operandos el resultado es **True**. Si uno de ellos es **False**, el resultado es **False**. Si se utiliza **AndAlso** en lugar de **And** y el primer operando es **False**, el segundo operando no es evaluado.
Or u **OrElse**	*OR*. El resultado es **False** si al evaluar cada uno de los operandos el resultado es **False**. Si uno de ellos es **True**, el resultado

es **True**. Si se utiliza **OrElse** en lugar de **Or** y el primer operando es **True**, el segundo operando no es evaluado.

Not   *NOT*. El resultado de aplicar este operador es **False** si al evaluar su operando el resultado es **True**, y **True** en caso contrario.

Xor   *XOR*. Da como resultado **True** si al evaluar cada uno de los operandos el resultado de uno es **True** y el del otro **False**; en otro caso el resultado es **False**.

El resultado de una operación lógica cuando sus operandos son expresiones que producen un resultado de tipo **Boolean** es también de tipo **Boolean**. Por ejemplo:

```
Dim p As Integer = 10, q As Integer = 0
Dim r As Boolean

r = p <> 0 And q <> 0    ' da como resultado False
r = p <> 0 Or q > 0      ' da como resultado True
r = q < p And p <= 10    ' da como resultado True
r = Not r                ' si r es True, el resultado es False
```

Operadores unitarios

Los operadores unitarios se aplican a un solo operando y son los siguientes: **Not**, – y +. El operador **Not** ya lo hemos visto y los operadores + y – los vemos en la tabla siguiente:

Operador	Operación
+	Da como resultado el valor del operando. El operando debe de ser de tipo Byte, Short, Integer, Long, Single, Double, o Decimal.
–	Cambia de signo al operando. El operando puede ser de un tipo entero o real.

El siguiente ejemplo muestra cómo utilizar estos operadores:

```
Dim a As Integer = 2, b As Integer = -3, c As Integer

c = -a    ' resultado c = -2
c = +b    ' resultado c = b
```

Operadores a nivel de bits

El resultado de una operación lógica (AND, OR y XOR) será un valor entero cuando sus operandos sean expresiones que den lugar también a un valor entero. En este caso, las operaciones AND, OR y XOR serán realizadas bit por bit sobre sus operandos.

Operador	Operación
And	Operación AND a nivel de bits.
Or	Operación OR a nivel de bits.
Xor	Operación XOR a nivel de bits.
<<	Desplazamiento a la izquierda rellenando con ceros por la derecha.
>>	Desplazamiento a la derecha rellenando con el bit de signo por la izquierda.

Los operandos para los operadores **And**, **Or** y **Xor** tienen que ser de un tipo entero o enumerado. El siguiente ejemplo muestra cómo utilizar estos operadores:

```
Dim a As Integer = 255, r As Integer = 0, m As Integer = 32

r = a And &HF   ' r=15. Pone a cero todos los bits de a
                ' excepto los 4 bits de menor peso.
r = r Or m      ' r=47. Pone a 1 todos los bits de r que
                ' estén a 1 en m.
r = a Xor &H7   ' r=248. Suma lógica.
r = a >> 7      ' r=1. Desplazamiento de 7 bits a la derecha.
r = m << 1      ' r=64. Equivale a r = m * 2
r = m >> 1      ' r=16. Equivale a r = m / 2
```

Operadores de asignación

El resultado de una operación de asignación es el valor almacenado en el operando izquierdo, lógicamente después de que la asignación se haya realizado. El valor que se asigna es convertido implícita o explícitamente al tipo del operando de la izquierda (véase el apartado "Conversión entre tipos primitivos").

Operador	Operación
=	Asignación simple.
^=	Exponenciación más asignación.
*=	Multiplicación más asignación.
/=	División real más asignación.

\=	División entera más asignación.
+=	Suma más asignación.
−=	Resta más asignación.
<<=	Desplazamiento a la izquierda más asignación.
>>=	Desplazamiento a la derecha más asignación.
&=	Operación de concatenación de cadenas más asignación.

Los operandos tienen que ser del mismo tipo o bien, el operando de la derecha tiene que poder ser convertido implícitamente al tipo del operando de la izquierda. A continuación se muestran algunos ejemplos con estos operadores.

```
Dim x As Integer = 0, n As Integer = 10, i As Integer = 1

x += 1      ' Incrementa el valor de x en 1.
x -= 1      ' Decrementa el valor de x en 1.
x += 2      ' Realiza la operación x = x + 2.
i *= n - 3  ' Realiza la operación i = i * (n-3) y no
            ' i = i * n - 3.
```

Operador de concatenación

El operador de concatenación (&), permite generar una cadena de caracteres a partir de otras dos. La forma de utilizarlo es la siguiente:

var = expresión1 & expresión2

La variable *var* tiene que ser de tipo **String** u **Object** y si el tipo de *expresión1* o *expresión2* no es **String**, serán convertidas a **String**.

El operador & podrá ser reemplazado por el operador + sólo cuando *expresión1* y *expresión2* sean de tipo **String**. El siguiente ejemplo clarifica lo expuesto:

```
Dim s1, s2, s3 As String, n As Integer = 3
s2 = "Hola"
s3 = " amigos"
s1 = n & s3  ' s1 = "3 amigos"
s1 = s2 + s3 ' s1 = "Hola amigos"
```

PRIORIDAD Y ORDEN DE EVALUACIÓN

La tabla que se presenta a continuación resume las reglas de prioridad de todos los operadores. Las líneas se han colocado de mayor a menor prioridad. Los operadores escritos sobre una misma línea tienen la misma prioridad.

Una expresión entre paréntesis, siempre se evalúa primero. Los paréntesis tienen mayor prioridad y son evaluados de más internos a más externos.

Operador	Operación
`Procedimientos (métodos)`	Llamadas a procedimientos
`^`	Exponencial
`+ -`	Más y menos unitarios
`* /`	Multiplicación y división
`\`	División entera
`Mod`	Resto de una división
`+ -`	Suma y resta
`&`	Concatenación
`<<, >>`	Desplazamiento de bits
`=, <>, <, >, <=, >=, Like, Is, TypeOf...Is`	Comparación
`Not`	Negación
`And, AndAlso`	AND
`Or, OrElse`	OR
`Xor`	XOR

En Visual Basic, todos los operadores *binarios* son evaluados de izquierda a derecha. En el siguiente ejemplo, primero se divide z entre 2 y a continuación el resultado se resta de y, asignando el valor obtenido a x.

```
Dim x, y, z As Integer
y = 20 : z = 15
x = y - z \ 2 ' resultado x = 13
```

EJERCICIOS RESUELTOS

La siguiente aplicación utiliza objetos de una clase *CEcuacion* para evaluar ecuaciones de la forma:

$$ax^3 + bx^2 + cx + d$$

Una ecuación se puede ver como un objeto que envuelve el exponente del término de mayor grado, los coeficientes y los métodos que permitan manipularla. Para hacer sencillo el ejemplo que tratamos de exponer, el exponente del término de mayor grado lo suponemos fijo de valor 3, los coeficientes serán variables, y añadiremos dos métodos: uno que permita establecer la ecuación con la que deseamos trabajar y otro que permita evaluarla para un valor de x dado. Resumiendo, los objetos *CEcuacion* tendrán unos atributos que serán los coeficientes y unos métodos *Ecuación* y *ValorPara* para manipularlos.

El método *Ecuación* simplemente asignará los valores pasados como argumentos a los atributos representativos de los coeficientes de la ecuación.

El método *ValorPara* evaluará la ecuación para el valor de *x* pasado como argumento. Este método, utilizando la sentencia **Return**, devolverá como resultado el valor calculado. Observe que el tipo devuelto por el método es **Double**:

```
                              Parámetro que se pasará
                          ╱   como argumento
Public Function ValorPara(x As Double) As Double
  Dim resultado As Double                         Tipo del valor
  ' Realizar cálculos                             retornado
  Return resultado  ◄─────── Valor devuelto por
End Function                  el método
```

Según lo expuesto y aplicando los conocimientos adquiridos en los capítulos anteriores, escribamos en primer lugar la clase *CEcuacion* como se muestra a continuación.

```
Class CEcuacion
  ' El término de mayor grado tiene exponente 3 fijo
  Private c3, c2, c1, c0 As Double  ' coeficientes

  Public Sub Ecuación(a As Double, b As Double, _
                      c As Double, d As Double)
    c3 = a : c2 = b : c1 = c : c0 = d
  End Sub

  Public Function ValorPara(x As Double) As Double
    Dim resultado As Double
    resultado = c3 * x * x * x + c2 * x * x + c1 * x + c0
    Return resultado ' devolver el valor calculado
  End Function
End Class
```

El siguiente paso es escribir otro fichero fuente con un módulo *MiAplicacion*, por ejemplo, que utilice la clase de objetos *CEcuacion*. Este módulo puede ser de la forma siguiente:

```
Module MiAplicacion
  Public Sub Main()
    Dim ec1 As CEcuacion = New CEcuacion()
    ec1.Ecuación(1, -3.2, 0, 7)
```

```
    Dim r As Double = ec1.ValorPara(1)
    System.Console.WriteLine(r)
    r = ec1.ValorPara(1.5)
    System.Console.WriteLine(r)
  End Sub
End Module
```

Recuerde que el procedimiento **Main** es por donde empieza a ejecutarse la aplicación. Este procedimiento crea un objeto *ec1* de la clase *CEcuacion*, envía al objeto *ec1* el mensaje *Ecuación* para establecer los coeficientes de la ecuación y a continuación le envía el mensaje *ValorPara* con el objetivo de evaluar la ecuación para el valor de *x* pasado como argumento.

Una vez escrito el programa compílelo (*vbc MiAplicacion.vb CEcuacion.vb*). Después puede ejecutarlo (*MiAplicacion*) y observar los resultados. Incluso puede atreverse a evaluar otras ecuaciones para distintos valores de *x*.

EJERCICIOS PROPUESTOS

1. ¿Qué resultados se obtienen al realizar las operaciones siguientes? Si hay errores en la compilación, corríjalos y dé una explicación de por qué suceden.

```
Option Strict On
Module Test
  Public Sub Main()
    Dim a As Integer = 10, b As Integer = 3, c As Integer = 1
    Dim d, e As Integer
    Dim x, y As Single
    x = a \ b
    c = a < b And c
    d = a + b : b = b + 1
    a = a + 1
    e = a - b
    y = a / b
  End Sub
End Module
```

2. Escriba el valor Unicode de la '*q*' y de la '*Q*' sin consultar la tabla.

3. Escriba las sentencias necesarias para evaluar la siguiente ecuación para valores de *a = 5, b = -1.7, c = 2, d = 3.5, k = 3* y *x = 10.5*.

$$ax^4 + bx^3 - cx^2 + dx + k$$

4. Escriba de nuevo la clase *CEcuacion* realizada en el apartado "Ejercicios resueltos" para que utilice un constructor para establecer los coeficientes de las ecuaciones. Después, escriba un programa que utilice objetos *CEcuacion*.

ESTRUCTURA DE UN PROGRAMA

En este capítulo se estudiará cómo es la estructura de un programa Visual Basic. Partiendo de un programa ejemplo sencillo analizaremos cada una de las partes que componen su estructura, así tendrá un modelo para realizar sus propios programas. También aprenderá más acerca de las clases y del trabajo con métodos.

ESTRUCTURA DE UN PROGRAMA Visual Basic

Según lo estudiado hasta ahora, el código Visual Basic se agrupa en módulos que almacenamos en uno o más ficheros. A su vez, los ficheros se agrupan en proyectos, que se compilan en aplicaciones. Como norma general, cualquier código que escribamos perteneciente a una aplicación, cuando incluye sentencias del tipo indicado a continuación, debe seguir la secuencia:

1. Sentencias **Option**.
2. Sentencias **Imports**.
3. Procedimiento **Main**.
4. Sentencias **Module**, **Class** y **Namespace**, si procede.

Las sentencias **Option** establecen reglas para el código subsiguiente con el fin de prevenir errores de sintaxis y de lógica. Por ejemplo, la sentencia **Option Explicit** asegura que todas las variables están declaradas y escritas correctamente, y **Option Strict** ayuda a prevenir errores de lógica y pérdidas de datos que puedan producirse al trabajar entre variables de diferentes tipos.

Las sentencias **Imports** le permiten utilizar nombres de clases y de otros tipos definidos en el espacio de nombres importado sin tener que calificarlos.

El procedimiento **Main** es el "punto de entrada" de la aplicación, el primer procedimiento al cual se obtiene acceso al ejecutar el código.

Finalmente, las *clases* y los *módulos* forman la mayoría del código del fichero fuente.

Por otra parte, ya que Visual Basic es un lenguaje que permite la programación orientada a objetos, que además se apoya en la biblioteca de clases .NET, parece lógico que los programas que escribamos estén basados en objetos. Recuerde que un objeto es la concreción de una clase, y que una clase equivale a la generalización de un tipo específico de objetos. Muchas de las clases que utilizaremos pertenecen a la biblioteca .NET, por lo tanto ya están escritas y compiladas. Pero otras tendremos que escribirlas nosotros mismos, dependiendo del problema que tratemos de resolver en cada caso.

Según lo expuesto, la solución de cualquier problema no debe considerarse inmediatamente en términos de sentencias correspondientes a un lenguaje, sino de objetos naturales del problema mismo, abstraídos de alguna manera, que darán lugar a los objetos que intervendrán en la solución del programa. El empleo de este modelo de desarrollo de programas, nos conduce al diseño y programación orientada a objetos.

Para explicar cómo es la estructura de un programa Visual Basic, vamos a plantear un ejemplo sencillo. Se trata de un programa que muestra una tabla de equivalencia entre grados centígrados y grados *fahrenheit*, según se observa a continuación:

```
-30 C    -22,00 F
-24 C    -11,20 F
  .
  .
  .
 90 C    194,00 F
 96 C    204,80 F
```

La relación entre los grados centígrados y los grados *fahrenheit* viene dada por la expresión *grados fahrenheit = 9/5 * grados centígrados + 32*. Los cálculos los vamos a realizar para un intervalo de −30 a 100 grados centígrados con incrementos de 6.

Analicemos el problema. ¿De qué trata el programa? De grados. Entonces podemos pensar en objetos "grados" que encapsulen un valor en grados centígrados y los métodos necesarios para asignar al objeto ese valor, así como para obtener tanto el valor encapsulado como su equivalente en grados *fahrenheit*. En base a esto, podríamos escribir una clase *CGrados* como se puede observar a continuación y almacenarla en un fichero denominado *CGrados.vb*:

```
Public Class CGrados
  Private gradosC As Single ' grados centígrados

  Public Sub AsignarCentígrados(gC As Single)
    ' Establecer el atributo grados centígrados
    gradosC = gC
  End Sub

  Public Function ObtenerFahrenheit() As Single
    ' Retornar los grados fahrenheit equivalentes a gradosC
    Return 9 / 5 * gradosC + 32
  End Function


  Public Function ObtenerCentígrados() As Single
    Return gradosC ' retornar los grados centígrados
  End Function
End Class
```

El código anterior muestra que un objeto de la clase *CGrados* tendrá una estructura interna formada por el atributo:

- *gradosC*, grados centígrados,

y una interfaz de acceso formada por los métodos:

- *AsignarCentígrados* que permite asignar a un objeto un valor en grados centígrados.

- *ObtenerFahrenheit* que permite retornar el valor grados *fahrenheit* equivalente a *gradosC* grados centígrados.

- *ObtenerCentígrados* que permite retornar el valor almacenado en el atributo *gradosC*.

Sin casi darnos cuenta estamos abstrayendo (separando por medio de una operación intelectual) los elementos naturales que intervienen en el problema a resolver y construyendo objetos que los representan.

Recordando lo expuesto anteriormente, un programa Visual Basic tiene que tener un procedimiento principal **Main**, por donde empezará y terminará la ejecución del programa, además de otros que consideremos necesarios. ¿Cómo podemos imaginar esto de una forma gráfica? La figura siguiente da respuesta a esta pregunta:

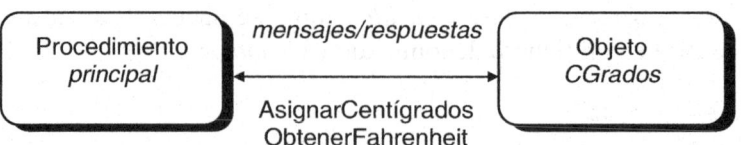

Entonces, ¿qué tiene que hacer el procedimiento principal? Pues, visualizar cuántos grados *fahrenheit* son −30 C, −24 C, ..., *n* grados centígrados, ..., 96 C. Y, ¿cómo hace esto? Enviando al objeto *CGrados* los mensajes *AsignarCentígrados* y *ObtenerFahrenheit* una vez para cada valor desde −30 a 100 grados centígrados con incrementos de 6. El objeto *CGrados* responderá ejecutando los métodos vinculados con los mensajes que recibe. Según esto, el módulo que contendrá el procedimiento principal, que almacenaremos en el fichero *ApGrados.vb*, puede ser el siguiente:

```
Option Strict On
Imports System    ' utilizar el espacio de nombres System

Module ApGrados
   ' Definición de constantes
   Const limInferior As Integer = -30
   Const limSuperior As Integer = 100
   Const incremento As Integer = 6

   Public Sub Main()
      ' Declaración de variables
      Dim grados As CGrados = New CGrados() ' objeto grados
      Dim gradosCent As Integer = limInferior
      Dim gradosFahr As Single = 0

      While (gradosCent <= limSuperior) ' mientras ... hacer:
         ' Asignar al objeto grados el valor en grados centígrados
         grados.AsignarCentígrados(gradosCent)
         ' Obtener del objeto grados los grados fahrenheit
         gradosFahr = grados.ObtenerFahrenheit()
         ' Escribir la siguiente línea de la tabla
         Console.WriteLine("{0, 8:d} C {1, 8:f2} F", gradosCent, gradosFahr)
         ' Siguiente valor
         gradosCent += incremento
      End While
   End Sub
End Module
```

Seguro que pensará que todo el proceso se podría haber hecho utilizando solamente el procedimiento principal, escribiendo todo el código en el procedimiento **Main**, lo cual es cierto. Pero, lo que se pretende es que pueda ver de una forma clara que, en general, un programa Visual Basic es un conjunto de objetos que se

comunican entre sí mediante mensajes con el fin de obtener el resultado persegui-
do, y que la solución del problema puede resultar más sencilla cuando consiga
realizar una representación del mismo en base a los objetos naturales que se dedu-
cen de su enunciado. Piense que en la realidad se enfrentará a problemas mucho
más complejos y, por lo tanto, la descomposición en objetos será vital para resol-
verlos.

No se preocupe si no entiende todo el código. Ahora lo que importa es que
aprenda cómo es la estructura de un programa, no por qué se escriben unas u otras
sentencias, cuestión que aprenderá más tarde en éste y en sucesivos capítulos.

A continuación vamos a realizar un estudio de las distintas partes que forman
la estructura de un programa. En el ejemplo realizado podemos observar que un
programa Visual Basic consta de:

- Sentencias **Option** (opciones).
- Sentencias **Imports** (establecen el ámbito donde localizar las clases de la bi-
  blioteca .NET utilizadas en nuestro programa).
- Un procedimiento principal (**Main**).
- Clases de objetos.

Sabemos también que una clase encapsula los atributos de los objetos que
describe y los métodos para manipularlos. Pues bien, cada método consta de:

- Definiciones y/o declaraciones.
- Sentencias a ejecutar.

Los apartados que se exponen a continuación explican brevemente cada uno
de estos componentes que aparecen en la estructura de un programa Visual Basic.

Espacios de nombres

Análogamente a como las carpetas o directorios ayudan a organizar los ficheros
en un disco duro, los espacios de nombres ayudan a organizar las clases en grupos
para facilitar el acceso a las mismas y proporcionan una forma de crear tipos glo-
bales únicos, evitando conflictos en el caso de clases de igual nombre pero de distintos fabricantes, ya que se diferenciarán en su espacio de nombres.

Un *espacio de nombres* es un conjunto de clases, lógicamente relacionadas
entre sí, agrupadas bajo un nombre (por ejemplo, el espacio de nombres **Sys-
tem.IO** agrupa las clases que permiten a un programa realizar la entrada y salida
de información); es como si las clases estuvieran dispuestas en paquetes, de hecho
en otros lenguajes estos conjuntos de clases reciben el nombre de *paquetes*.

La biblioteca de clases utilizada por Visual Basic (biblioteca .NET) está organizada en espacios de nombres dispuestos jerárquicamente. En la figura siguiente se muestra un ejemplo de algunos de ellos:

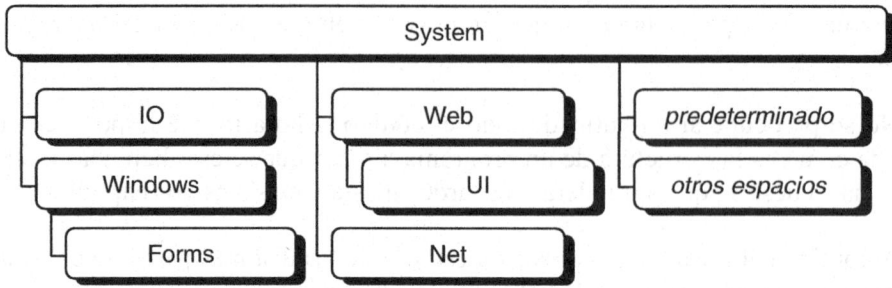

Algunos de los espacios de nombres que observamos en la figura anterior son: *System*, *System.IO*, *System.Web*, *System.Net*, *System.Windows.Forms*, etc.

Como se puede observar, los espacios de nombres pueden estar anidados; por ejemplo, **IO** y **Web** están anidados en **System**.

Como hemos dicho, cada espacio de nombres hace referencia a un conjunto de clases relacionadas entre sí de alguna forma, o bien simplemente puede incluir otros espacios de nombres. Por ejemplo, el espacio de nombres **System** contiene las clases y estructuras de uso más frecuente, como son las estructuras que definen los tipos primitivos, la clase **Math** de funciones matemáticas, la clase **Console** que aporta la funcionalidad para la entrada y salida estándar, etc. y anida otros espacios de nombres, como **IO**, **Web**, etc. A su vez, las clases, independientemente del espacio de nombres al que pertenezcan, forman una jerarquía cuya raíz es la clase **Object**.

Para crear un espacio de nombres se utiliza una declaración **Namespace**. Por ejemplo, el código siguiente crearía el espacio de nombres **System** que empaqueta las clases A y B y el espacio de nombres **Windows**, que a su vez empaqueta el espacio **Forms** que incluye las clases C y D:

```
Namespace System
  Class A
    ' cuerpo de la clase A
  End Class
  Class B
    ' cuerpo de la clase B
  End Class
  Namespace Windows
    Namespace Forms
      Class C
```

```
        ' cuerpo de la clase C
      End Class
      Class D
        ' cuerpo de la clase D
      End Class
    End Namespace
  End Namespace
End Namespace
```

El ejemplo anterior es equivalente a este otro:

```
Namespace System
  Class A
    ' cuerpo de la clase A
  End Class
  Class B
    ' cuerpo de la clase B
  End Class

  Namespace Windows.Forms
    Class C
      ' cuerpo de la clase C
    End Class
    Class D
      ' cuerpo de la clase D
    End Class
  End Namespace
End Namespace
```

Para referirnos a una *clase* de un espacio de nombres, tenemos que hacerlo utilizando su nombre completo, excepto cuando el espacio de nombres haya sido declarado explícitamente, como veremos a continuación. Por ejemplo, **System.Console** hace referencia a la *clase* **Console** del espacio de nombres **System**; **System.Windows.Forms.Button** hace referencia a la clase **Button** del espacio de nombres **System.Windows.Forms**, etc.

Las clases que guardamos en un fichero cuando escribimos un programa, pertenecen al espacio de nombres *predeterminado* (espacio sin nombre). Por ejemplo, la clase *CGrados* del programa anterior pertenece, por omisión, a este espacio de nombres. De esta forma Visual Basic asegura que toda clase pertenece a un espacio de nombres. No obstante, podíamos haber hecho que la clase *CGrados* perteneciera a un espacio de nombres concreto, por ejemplo *MisClases*, así:

```
Namespace MisClases
  Class CGrados
    ' ...
  End Class
End Namespace
```

Los espacios de nombres tienen acceso público, característica que no es modificable.

Protección de una clase

La protección de una clase determina la relación que tiene con otras clases de otros proyectos. Distinguimos básicamente dos niveles de protección: **Friend** y **Public**. Una clase con nivel de protección **Friend** sólo puede ser utilizada por las clases de su mismo proyecto (no está disponible para otros proyectos). En cambio, una clase con nivel de protección **Public** puede ser utilizada por cualquier otra clase de otro proyecto. ¿Qué se entiende por utilizar? Que una clase puede crear objetos de otra clase y manipularlos utilizando sus métodos.

Por ejemplo, supongamos que editamos las clases *clase1* y *clase2* como se indica a continuación y las almacenamos, respectivamente, en los ficheros *clase1.vb* y *clase2.vb*:

```
Public Class Clase1
  ' Cuerpo de Clase1
End Class

Class Clase2
  ' Cuerpo de Clase2
End Class
```

A continuación las compilamos y las guardamos en la biblioteca *misClases.dll*:

```
vbc /target:library /out:misClases.dll clase1.vb clase2.vb
```

Si ahora realizamos un programa como el siguiente,

```
Module Test
  Public Sub Main()
    Dim objC1 As Clase1 = New Clase1()
    Dim objC2 As Clase2 = New Clase2()
  End Sub
End Module
```

y lo compilamos incluyendo la biblioteca *misClases.dll* que hemos creado para que pueda utilizar las clases *Clase1* y *Clase2*,

```
vbc /reference:misClases.dll Test.vb
```

observaremos que se nos muestra un error indicando que la *Clase2* es inaccesible debido a su nivel de protección, se trata de una clase de uso *interno* (**Friend**), no sucede lo mismo con *Clase1*, puesto que es una clase de uso *público* (**Public**).

Por omisión una clase tiene el nivel de protección **Friend**; por ejemplo, la clase *CGrados* del ejemplo anterior tiene este nivel de protección. En cambio, cuando se desea que una clase sea de uso *público*, hay que calificarla como tal utilizando la palabra reservada **Public**. Echando un vistazo a la documentación de la biblioteca .NET, se puede observar que la clase **Console** del espacio **System** es pública, razón por la cual se ha podido utilizar en el programa *ApGrados*.

Sentencia Option Strict

Visual Basic generalmente permite conversiones entre todos los tipos de datos. Pero, debemos saber que cuando un valor de un determinado tipo es convertido a otro tipo de menor precisión o de menor capacidad pueden ocurrir pérdidas de datos. Además, un intento de almacenar un dato cuyo valor esté fuera del rango admitido por la variable destino, provocará un desbordamiento que puede producir un error de ejecución que detendrá el programa. La sentencia **Option Strict On** asegura durante el diseño, que seamos notificados de estos posibles errores para que podamos evitarlos. También obliga a especificar explícitamente el tipo de cualquier variable que se defina en el programa. Cuando utilicemos esta sentencia, debe aparecer antes de cualquier otro código.

Sentencia Imports

Un módulo o una clase, pueden hacer uso de las clases de cualquier espacio de nombres de dos formas:

1. Utilizando su nombre completo en todas las partes del código donde haya que referirse a ella. Por ejemplo:

```
System.Console.WriteLine("{0, 8:d} C {1, 8:f2} F", gradosCent, gradosFahr)
```

2. Indicando al compilador el espacio de nombres donde está la clase, lo que posibilita referirse a ella simplemente por su nombre. Para ello utilizaremos la sentencia **Imports**. Por ejemplo:

```
Imports System ' utilizar el espacio de nombres System

Module ApGrados
  ' ...
    Console.WriteLine("{0, 8:d} C {1, 8:f2} F", gradosCent, gradosFahr)
```

```
   ,   ...
   End Module
```

En un programa Visual Basic puede aparecer cualquier número de sentencias **Imports,** las cuales deben escribirse antes de cualquier otro código; en otras palabras, deben aparecer al principio.

Como se puede comprobar en el ejemplo anterior, declarar un espacio de nombres permite al programa referirse a sus clases más tarde sin utilizar el nombre del espacio. Esto es, la sentencia **Imports** sólo indica al compilador de Visual Basic dónde encontrar las clases, no trae nada dentro del programa actual.

En el caso concreto del ejemplo expuesto, si eliminamos la sentencia *Imports System*, el compilador mostrará un error para indicar que no puede encontrar la clase **Console**.

Definiciones y declaraciones

La declaración o la definición de una variable puede realizarse a *nivel de un módulo o de una clase* (en este último caso recibe el nombre de atributo de la clase) o a *nivel de un procedimiento* (método en una clase). Pero, la definición de un procedimiento siempre ocurre a nivel de un módulo o de una clase (nota: una declaración es una definición, a menos que no haya asignación de memoria).

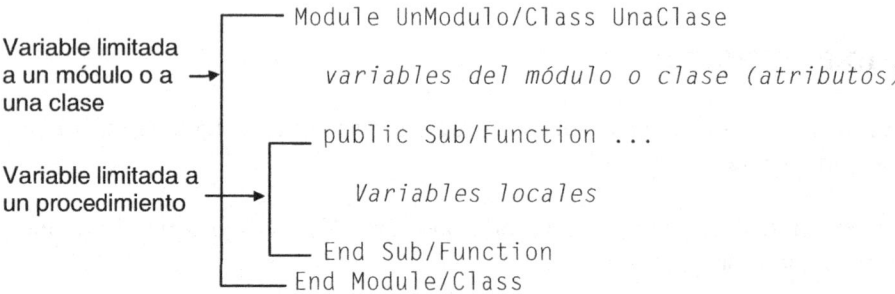

En un procedimiento, las definiciones o declaraciones se pueden realizar en cualquier lugar; o mejor dicho, en el lugar justo donde se necesiten y no necesariamente al principio del método, antes de todas las sentencias. Ídem en un módulo y en una clase.

Sentencia simple

Una *sentencia simple* es la unidad ejecutable más pequeña de un programa Visual Basic. Las sentencias controlan el flujo u orden de ejecución. Una sentencia Visual Basic puede formarse a partir de: una palabra clave (**For, While, If ... Else**, etc.), expresiones, declaraciones o llamadas a procedimientos. Cuando se escriba una sentencia hay que tener en cuenta las siguientes consideraciones:

- Toda sentencia simple termina con retorno de carro.

- Dos o más sentencias pueden aparecer sobre una misma línea, separadas una de otra por dos puntos (**:**), aunque esta forma de proceder no es aconsejable porque va en contra de la claridad que se necesita cuando se lee el código de un programa.

Sentencia compuesta o bloque

Una *sentencia compuesta* o bloque es una colección de sentencias simples que finalizan con **End**. Un bloque puede contener a otros bloques. Un ejemplo de una sentencia de este tipo es el siguiente:

```
While (gradosCent <= limSuperior) ' mientras ... hacer:
  grados.AsignarCentígrados(gradosCent)
  gradosFahr = grados.ObtenerFahrenheit()
  Console.WriteLine("{0, 8:d} C {1, 8:f2} F", gradosCent, gradosFahr)
  gradosCent += incremento
End While
```

Procedimientos

Un procedimiento es una colección de sentencias que ejecutan una tarea específica. En Visual Basic, la definición de un procedimiento nunca puede contener a la definición de otro; esto es, no se permiten procedimientos anidados.

Cuando un procedimiento pertenece a una clase recibe el nombre de *método*.

Definición de un procedimiento

La definición de un procedimiento consta de una *cabecera* y del *cuerpo* del procedimiento finalizado con **End**. La sintaxis para escribir un procedimiento es la siguiente:

```
[modificador] Sub nombre ([parámetros])
  declaraciones de variables locales
  sentencias
End Sub
```

```
[modificador] Function nombre ([parámetros]) As tipo_resultado
   declaraciones de variables locales
   sentencias
   [Return [(]expresión[)]]
End Sub
```

Las variables declaradas en el cuerpo de un procedimiento son locales a dicho procedimiento y por definición solamente son accesibles dentro del mismo.

Un *modificador* es una palabra clave que modifica el nivel de protección predeterminado del procedimiento. Véase el apartado "Protección de los miembros de una clase" expuesto un poco más adelante.

El *tipo del resultado* especifica qué tipo de expresión retorna un procedimiento **Function**. Éste, puede ser cualquier tipo primitivo o referenciado. El resultado de un procedimiento es devuelto por medio de la siguiente sentencia:

```
Return [(]expresión[)]
```

Precisamente, la diferencia entre un procedimiento **Sub** y otro **Function** es que este último permite devolver un valor mediante la sentencia **Return**.

La sentencia **Return** puede ser o no la última y puede aparecer más de una vez en el cuerpo del procedimiento **Function**. En el caso de que el procedimiento **Function** no incluya **Return**, devolverá un valor nulo.

La *lista de parámetros* de un procedimiento son las variables que reciben los valores de los argumentos especificados cuando se invoca al mismo. Consiste en una lista de cero, uno o más identificadores con sus tipos, separados por comas. A continuación se muestra un ejemplo:

```
Public Function Sumar(x As Double, y As Double) As Double
   ' ...
End Function
```

Procedimiento Main

Todo programa Visual Basic tiene un procedimiento denominado **Main**, y sólo uno. Este procedimiento es el punto de entrada al programa y también el punto de salida. Su definición es la que se muestra a continuación:

```
Public Sub Main()
   ' Cuerpo del procedimiento
End Sub
```

```
Public Function Main()
    ' Cuerpo del procedimiento
End Function
```

Como se puede observar, el procedimiento **Main** es público (**Public**), no devuelve nada, y no tiene parámetros. Cuando se declare en una clase, se deberá definir **Shared** (compartido). En un módulo, todos los miembros son implícitamente **Shared**.

El procedimiento **Main** puede también no ser **Public**, devolver un **Integer** y puede tener un parámetro de tipo **String** para almacenar los argumentos pasados en la línea de órdenes cuando se invoca al programa para su ejecución, concepto que estudiaremos posteriormente en otro capítulo.

```
Public Sub Main(args() As String)
    ' Cuerpo del procedimiento
End Sub

Public Function Main(args() As String) As Integer
    ' Cuerpo del procedimiento
End Function
```

Crear objetos de una clase

Sabemos que las clases son plantillas para crear objetos. Pero, ¿cómo se crea un objeto? Para crear un objeto de una clase hay que utilizar el operador **New**, análogamente a como muestra el ejemplo siguiente:

```
Dim grados As CGrados = New CGrados()
```

En este ejemplo se observa que para crear un objeto de la clase *CGrados* hay que especificar a continuación del operador **New** el nombre de la clase del objeto seguido de paréntesis. ¿Por qué paréntesis?, ¿es acaso *CGrados* un método? Así es. Recuerde que toda clase tiene al menos un método predeterminado especial denominado **New**, sin parámetros, que se invoca automáticamente cada vez que se crea un objeto; ese método se denomina *constructor* de la clase.

Cuando se crea un nuevo objeto utilizando **New**, Visual Basic asigna automáticamente la cantidad de memoria necesaria para ubicar ese objeto. Si no hubiera suficiente espacio de memoria disponible, el operador **New** lanzará una excepción **System.OutOfMemoryException** cuyo estudio posponemos. Después de saber esto quizás se pregunte: ¿Quién libera esa memoria y cuándo lo hace? La respuesta es otra vez la misma: Visual Basic se encarga de hacerlo en cuanto el objeto no se utilice, cosa que ocurre cuando ya no existe ninguna referencia al objeto. Por ejemplo, en el código que se muestra a continuación, la memoria asignada al objeto *grados* será liberada cuando finalice la ejecución de **Main**.

```
Public Sub Main()
  CGrados grados = New CGrados() ' objeto grados
  ' ...
End Sub
```

Ahora basta con que sepa que Visual Basic cuenta con una herramienta denominada *recolector de basura* que busca objetos que no se utilizan con el fin de destruirlos liberando la memoria que ocupan.

Cómo acceder a los miembros de un objeto

Para acceder desde un procedimiento de un módulo o desde un método de una clase a un miembro (atributo o método) de un objeto de otra clase diferente se utiliza la sintaxis siguiente: *objeto.miembro*. Por ejemplo:

```
miObjeto.atributo
miObjeto.metodo([argumentos])
```

Lógicamente, como pueden existir varios objetos de la misma clase, es necesario especificar de quién es el miembro. Si el miembro es a su vez un objeto, la sintaxis se extiende de igual forma: *objeto.mbroObjeto.miembro*. El operador punto (.) se evalúa de izquierda a derecha.

Cuando el miembro accedido es un método, la interpretación que se hace en programación orientada a objetos es que el objeto ha recibido un mensaje, el especificado por el nombre del método, y responde ejecutando ese método. Los mensajes que puede recibir un objeto se corresponden con los nombres de los métodos de su clase. Por ejemplo, una sentencia como:

```
grados.AsignarCentígrados(gradosCent)
```

se interpreta como que el objeto *grados* recibe el mensaje *AsignarCentígrados*. Entonces el objeto responde a ese mensaje ejecutando el método de su clase que tenga el mismo nombre. Lógicamente, como el método se ejecuta para un objeto concreto, el cuerpo del mismo no necesita especificar explícitamente de qué objeto es el miembro accedido (vea también **Me** en el apartado "Herencia" del capítulo 3). Esto es, en el ejemplo siguiente se sabe que *gradosC* pertenece al objeto que está respondiendo al mensaje *AsignarCentígrados*.

```
Public Sub AsignarCentígrados(gC As Single)
  ' Establecer el atributo grados centígrados
  gradosC = gC
End Sub
```

Es importante asimilar que un programa orientado a objetos sólo se compone de objetos que se comunican mediante mensajes. Desde este conocimiento, no tiene sentido pensar que un método se pueda invocar aisladamente, esto es, sin que exista un objeto para el que es invocado. Por ejemplo, si en el procedimiento **Main** de nuestro programa ejemplo pudiéramos escribir:

```
AsignarCentígrados(gradosCent)
```

seguro que nos preguntaríamos ¿a quién se asigna el valor *gradosCent*? Los métodos **Shared** que estudiaremos más tarde son una excepción a la regla.

Protección de los miembros de una clase

Los miembros de una clase son los atributos y los métodos, y su nivel de protección determina quién puede acceder a los mismos. Los niveles de protección a los que nos referimos son: *público*, *privado* y *protegido*.

Por ejemplo, en la clase *CGrados* del programa realizado al principio de este capítulo, hemos definido los atributos privados y los métodos, públicos:

```
Public Class CGrados
  Private gradosC As Single ' grados centígrados

  Public Sub AsignarCentígrados(gC As Single)
    ' Establecer el atributo grados centígrados
    gradosC = gC
  End Sub
  ' ...
End Class
```

Un miembro de una clase declarado *privado* (**Private**) puede ser accedido únicamente por los métodos de su clase. En el ejemplo anterior se puede observar que el atributo *gradosC* es privado y se accede a él por el método *AsignarCentígrados*.

Si un método de otra clase o un procedimiento de un módulo estándar, por ejemplo el procedimiento **Main** de *ApGrados*, incluyera una sentencia como la siguiente:

```
grados.gradosC = 30
```

el compilador Visual Basic mostraría un error que indicaría que el miembro *gradosC* no es accesible, por tratarse de un miembro privado de *CGrados*.

Un miembro de una clase declarado *público* (**Public**) es accesible desde cualquier método definido en su clase, en otra clase, o bien desde cualquier procedimiento de un módulo estándar. Por ejemplo, en el módulo *ApGrados*, se puede observar cómo el objeto *grados* de la clase *CGrados* creado en el procedimiento **Main** accede a su método *AsignarCentígrados* con el fin de modificar el valor de su miembro privado *gradosC*.

```
Module ApGrados
  ' ...
  Public Sub Main()
    ' Declaración de variables
    Dim grados As CGrados = New CGrados()
    ' ...
    While (gradosCent <= limSuperior) ' mientras ... hacer:
      ' Asignar al objeto grados el valor en grados centígrados
      grados.AsignarCentígrados(gradosCent)
      ' ...
    End While
  End Sub
End Module
```

Generalmente los atributos de una clase de objetos se declaran privados, estando así ocultos para otras clases, siendo posible el acceso a los mismos únicamente a través de los métodos públicos de dicha clase. El mecanismo de ocultación de miembros se conoce en la programación orientada a objetos como *encapsulación*: proceso de ocultar la estructura interna de datos de un objeto y permitir el acceso sólo a través de la interfaz pública definida, entendiendo por interfaz pública el conjunto de miembros públicos de una clase. ¿Qué beneficios reporta la encapsulación? Que un usuario de una determinada clase no pueda escribir código en base a la estructura interna del objeto, sino sólo en base a la interfaz pública; esta forma de proceder obliga a pensar en objetos y a trabajar con ellos.

Un miembro declarado *protegido* (**Protected**) se comporta exactamente igual que uno privado para los métodos de cualquier otra clase, excepto para los métodos de sus subclases con independencia del espacio de nombres al que pertenezcan, para las que se comporta como un miembro público.

El nivel de protección predeterminado para un miembro de una clase es el *privado* para los atributos y *público* para los métodos.

Miembro de un objeto o de una clase

Sabemos que una clase agrupa los atributos y los métodos que definen a los objetos de esa clase. Pero, cada objeto que creemos de esa clase ¿mantiene una copia tanto de los atributos como de los métodos? Lógicamente, cada objeto mantiene su propia copia de los atributos para almacenar sus datos particulares; pero, de los métodos sólo hay una copia para todos los objetos, lo cual también es lógico, porque cada objeto sólo requiere utilizarlos; por ejemplo, cuando necesite modificar sus atributos. Desde este análisis se dice que los miembros son del objeto; esto es, un mismo atributo tiene un valor específico para cada objeto, y un objeto ejecuta un método en respuesta a un mensaje recibido.

Esta forma de concebir los objetos puede suponer, en ocasiones, un desperdicio de espacio de almacenamiento; por ejemplo, volviendo a la clase *CCuentaAhorro* que expusimos en el capítulo 3, si suponemos que la cuota de mantenimiento es la misma para todas las cuentas de esta clase, sería más eficiente definir el atributo *cuotaMantenimiento* común a todos los objetos de la misma. En este caso, diremos que el atributo es de la clase de los objetos, no del objeto, y existe aunque no haya objetos definidos de la clase. Por lo tanto, un *atributo de la clase* almacena información común a todos los objetos de esa clase; esto es, cada objeto no mantiene una copia del mismo, sino que todos comparten una única copia.

Para especificar que un atributo va a ser compartido por todos los objetos de su clase, cuando se declare hay que anteponer la palabra reservada **Shared** al nombre del mismo.

Análogamente, un método declarado **Shared** es un método de la clase, por lo tanto no se ejecuta para un objeto particular, sino que se utiliza para actuar sobre un atributo **Shared** declarado privado, o bien para realizar alguna operación genérica al margen de los objetos de la clase. Veamos un ejemplo a continuación:

```
Class CCuentaAhorro
    Inherits CCuenta

    ' Atributos
    Private Shared cuotaMantenimiento As Double

    ' Métodos
    Public Sub New() ' constructor sin parámetros
    End Sub

    Public Sub New(nom As String, cue As String, sal As Double, _
                tipo As Double, mant As Double)
        MyBase.New(nom, cue, sal, tipo) ' invoca al constructor
                        ' CCuenta, esto es, al de la clase base
```

```
    asignarCuotaManten(mant)     ' inicia cuotaMantenimiento
  End Sub
```

```
  Public Shared Sub asignarCuotaManten(cantidad As Double)
    If (cantidad < 0) Then
      System.Console.WriteLine("Error: cantidad negativa")
      Return
    End If
    cuotaMantenimiento = cantidad
  End Sub
```

```
  Public Shared Function obtenerCuotaManten() As Double
    Return cuotaMantenimiento
  End Function

  Public Sub reintegro(cantidad As Double)
    ' ...
  End Sub
End Class
```

Para acceder a un miembro compartido de una clase (miembro **Shared**; **static** en otros lenguajes) puede utilizar un objeto de la clase, o bien el nombre de la clase, como puede verse en el ejemplo siguiente, lo cual es lógico porque nos estamos refiriendo, no a un objeto en particular de dicha clase sino a todos los objetos que el programa haya creado de la misma:

```
Module Test
  Public Sub Main()
    Dim cuenta01 As CCuentaAhorro = New CCuentaAhorro( _
                "Un nombre", "Una cuenta", 1000000, 3.5, 300)
    ' Cobrar cuota de mantenimiento
    cuenta01.reintegro(CCuentaAhorro.obtenerCuotaManten())
    ' ...
  End Sub
End Module
```

Utilizar una expresión como *cuenta01.obtenerCuotaManten()* en lugar de *CCuentaAhorro.obtenerCuotaManten()*, siendo *cuenta01* un objeto de la clase *CCuentaAhorro*, aunque sea correcta, no se aconseja porque puede resultar engañosa. Parece que nos estamos refiriendo al miembro *obtenerCuotaManten* del objeto *cuenta01*, cuando en realidad nos estamos refiriendo a la clase de objetos *CCuentaAhorro*. Si se hubiera utilizado un método no **Shared**, éste tendría que ser invocado a través de un objeto de su clase, lo que, siendo correcto, resultaría también engañoso por tratarse de un atributo de la clase y no del objeto.

El método *obtenerCuotaManten* del ejemplo anterior puede acceder a *cuotaMantenimiento* porque es un miembro compartido pero no podría incluir, por ejemplo, una sentencia como *obtenerTipoDeInterés()* porque *obtenerTipoDeInterés* no es un miembro **Shared**.

Ahora puede comprender por qué el procedimiento **Main** cuando está definido en una clase tiene que ser **Shared** (capítulo 3): para que pueda ser invocado, en este caso por el sistema, aunque no exista un objeto de su clase. Y también puede comprender por qué para llamar al método **WriteLine** de la clase **Console** de la biblioteca .NET, se utiliza la sintaxis:

```
System.Console.WriteLine( ... )
```

Porque echando un vistazo a la documentación de Visual Basic, observamos que el método **WriteLine** miembro de la clase **Console** del espacio de nombres **System** es público (**Public**) y compartido (**Shared**).

Clases versus módulos estándar

Todos los miembros (variables y procedimientos) de un módulo estándar (**Module**) son **Shared** por omisión (compartidos). Esto significa que cuando una parte de un programa cambia una variable *pública* definida en un módulo estándar, y posteriormente otra parte del mismo programa lee esa variable, ésta obtendrá el último valor almacenado. En cambio, los datos miembro definidos en una clase existen separadamente para cada objeto creado de esa clase.

De lo anterior se deduce que una variable *pública* definida en un módulo estándar es visible en todo el programa y existe hasta que finalice el programa, mientras que una variable pública miembro de una clase sólo puede ser accedida allí donde exista un objeto de esa clase, y existe mientras exista el objeto al que pertenece.

Referencias a objetos

Según lo que hemos aprendido hasta ahora, para crear un objeto de una clase hay que hacerlo explícitamente utilizando el operador **New**. Por ejemplo:

```
Dim grados As CGrados = New CGrados()
```

El operador **New** devuelve una referencia al nuevo objeto, que se almacena en una variable del tipo del objeto. En el ejemplo anterior, la referencia devuelta por el operador **New** es almacenada en la variable *grados* del tipo *CGrados*. La clase *CGrados* se encuadra dentro de lo que hemos denominado tipos *referencia*.

Gráficamente puede imaginarse una referencia y el objeto referenciado, ubicados en algún lugar del espacio de memoria correspondiente a su programa, así:

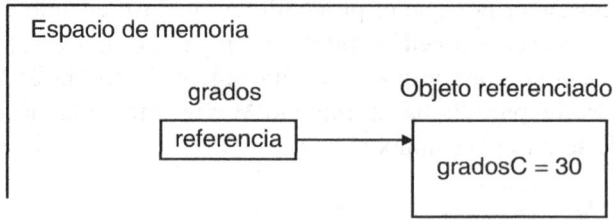

En realidad una referencia es la posición de memoria donde se localiza un objeto. Observará que anteriormente nos hemos referido a la referencia *grados* como el objeto *grados*. Esto es una forma de abreviar que no crea confusión, ya que *grados* es única y referencia un único objeto *CGrados*. Una expresión como "el objeto referenciado por la variable *grados*" resulta demasiado larga y no aporta más información. Expresándonos en estos términos, cuando se asigne un objeto a otro, o bien se pasen objetos como argumentos a procedimientos, lo que se está copiando son referencias, no el contenido de los objetos.

El siguiente ejemplo aclarará este concepto. Se trata de otra versión del programa *Racionales* que expusimos al final del capítulo 3, basada en la clase *CRacional* a la que hemos añadido dos constructores (uno sin parámetros y otro con dos parámetros) y un nuevo método compartido que permite sumar dos números racionales, devolviendo como resultado el número racional resultante de la suma.

```
public class CRacional

   ' Atributos
   Private Numerador As Integer
   Private Denominador As Integer

   ' Constructores
   Public Sub New()
   End Sub

   Public Sub New(num As Integer, den As Integer)
      AsignarDatos(num, den)
   End Sub

   ' Métodos
   Public Sub AsignarDatos(num As Integer, den As Integer)
      Numerador = num
      If (den = 0) Then den = 1 ' el denominador no puede ser cero
      Denominador = den
   End Sub
```

```
Public Sub VisualizarRacional()
  System.Console.WriteLine(Numerador & "/" & Denominador)
End Sub

Public Shared Function Sumar(a As CRacional, _
                            b As CRacional) As CRacional
  Dim r As CRacional = New CRacional() ' crear objeto CRacional
  Dim num As Integer = a.Numerador * b.Denominador + _
                       a.Denominador * b.Numerador
  Dim den As Integer = a.Denominador * b.Denominador
  r.AsignarDatos(num, den)
  Return r
  End Function
End Class
```

La clase *CRacional* encapsula una estructura de datos formada por dos enteros: *Numerador* y *Denominador*; y para acceder a esta estructura, además de los constructores, proporciona la interfaz pública formada por los métodos:

- *AsignarDatos*, que permite establecer el numerador y el denominador de un número racional.

- *VisualizarRacional*, que permite visualizar un racional en forma de quebrado.

- *Sumar*, que devuelve el número racional resultante de sumar otros dos pasados como argumentos.

Seguidamente, escriba el módulo *Racionales* que se muestra a continuación y guárdelo en el fichero *Racionales.vb*

```
Module Racionales
  Public Sub Main()
    ' Punto de entrada al programa
    Dim r1, r2 As CRacional
    r1 = New CRacional(2, 5)       ' crear un objeto CRacional
    r2 = r1

    r1.AsignarDatos(3, 7)
    r1.VisualizarRacional()        ' se visualiza 3/7
    r2.VisualizarRacional()        ' se visualiza 3/7

    Dim r3 As CRacional
    r2 = New CRacional(2, 5)       ' crear un objeto CRacional
    r3 = CRacional.Sumar(r1, r2) ' r3 = 3/7 + 2/5
    r3.VisualizarRacional()        ' se visualiza 29/35
  End Sub
End Module
```

Compile esta aplicación formada por los ficheros *Racionales.vb* y *CRacional.vb* y observe los resultados.

Analizada la clase *CRacional* pasemos a estudiar el procedimiento **Main** del módulo *Racionales*. La primera parte de este procedimiento declara dos variables *r1* y *r2* de tipo *CRacional*, crea un nuevo objeto *r1* de tipo *CRacional* asignándole el valor 2/5 (se invoca al constructor con dos parámetros), y asigna el valor de *r1* a *r2*.

A continuación, asigna a *r1* un nuevo valor 3/7, ¿cuál es el valor de *r2*? Comprobamos que es el mismo que el de *r1*. ¿Qué ha ocurrido? Que cuando se asignó *r1* a *r2*, simplemente se creó una nueva referencia al mismo objeto referenciado por *r1*. Por lo tanto, modificar el objeto al que se refiere *r1* es modificar el objeto al que se refiere *r2* porque *r1* y *r2* referencian el mismo objeto.

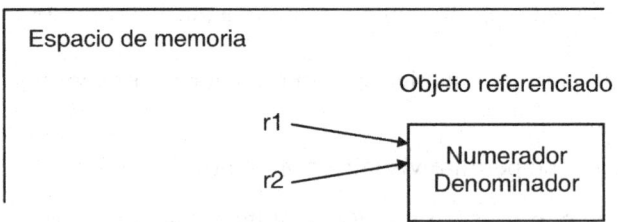

Si realmente lo que deseamos es que *r1* y *r2* señalen a objetos diferentes, hay que utilizar **New** con ambas referencias para crear objetos separados:

```
r1 = New CRacional(3, 7) ' crear un objeto CRacional r1
r2 = New CRacional(2, 5) ' crear un objeto CRacional r2
```

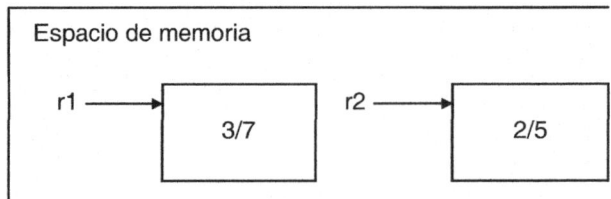

Como hemos visto, una variable que sea una referencia a un objeto se puede asignar a otra del mismo tipo. En cambio, no existe aritmética de referencias (por ejemplo, a una referencia no se le puede sumar un entero) ni tampoco se puede asignar directamente un entero a una referencia.

Pasando argumentos a los métodos

La última parte del procedimiento **Main** del ejemplo anterior crea un objeto *r2* y le asigna el valor 2/5. A continuación, invoca al método *Sumar* de su clase pasándole como argumentos los objetos *r1* y *r2* que queremos sumar; cuando se invoca a un método, el primer argumento es pasado al primer parámetro, el segundo argumento es pasado al segundo parámetro y así sucesivamente. El resultado devuelto por *Sumar* será un objeto *CRacional* que quedará referenciado por *r3*.

```
' ...
Dim r3 As CRacional
r2 = New CRacional(2, 5)      ' crear un objeto CRacional
r3 = CRacional.Sumar(r1, r2)  ' r3 = 3/7 + 2/5
r3.VisualizarRacional()       ' se visualiza 29/35
```

Analicemos el método *Sumar*. Este método tiene dos parámetros *a* y *b* de tipo *CRacional*. Después de que el método ha sido invocado desde **Main**, *a* y *b* señalan a los mismos objetos que *r1* y *r2*. Esto significa que los objetos pasados a los parámetros de un método son siempre referencias a dichos objetos, lo cual quiere decir que cualquier modificación que realice el método sobre esos objetos la está haciendo sobre los objetos originales. En cambio, las variables de alguno de los tipos primitivos estudiados en el capítulo 4 (**int**, **float**, **double**, etc.) pasan por valor por tratarse de estructuras, lo cual significa que se pasa una copia, por lo que cualquier modificación que se haga a esas variables dentro del método no afecta a la variable original; no obstante, Visual Basic también permite pasar este tipo de variables por referencia, cuestión que estudiaremos en el capítulo 9.

```
Public Shared Function Sumar(a As CRacional, _
                   b As CRacional) As CRacional
  Dim r As CRacional = New CRacional() ' crear un objeto CRacional
  Dim num As Integer = a.Numerador * b.Denominador + _
                   a.Denominador * b.Numerador
  Dim den As Integer = a.Denominador * b.Denominador
  r.AsignarDatos(num, den)
  Return r
End Function
```

A continuación, el método *Sumar* utiliza **New** para crear un nuevo objeto *r* (se invoca al constructor sin parámetros) al que asigna el resultado de la suma de los objetos *a* y *b*. Finalmente devuelve *r*. Otra vez más lo que se devuelve es una referencia que se copia en *r3*. Finalizado este proceso la variable *r* desaparece por ser local; no sucede lo mismo con el objeto que señalaba, ya que ahora está señalado por *r3*.

El recolector de basura de Visual Basic sólo eliminará un objeto cuando no exista ninguna referencia al mismo.

EJERCICIOS RESUELTOS

1. Vamos a realizar otra versión del programa Visual Basic que presentaba una tabla de equivalencia entre grados centígrados y grados *fahrenheit*, resuelto al principio de este capítulo. Recuerde que la relación entre los grados centígrados y los grados *fahrenheit* viene dada por la expresión *grados fahrenheit = 9/5 * grados centígrados + 32* y que los cálculos los realizamos para un intervalo de −30 a 100 grados centígrados con incrementos de 6.

Ahora todo el proceso lo vamos a hacer utilizando solamente un módulo estándar; esto es, escribiremos un módulo *ApGrados* que incluya el procedimiento **Main** y otro procedimiento con un parámetro que almacene los grados centígrados a convertir, y devuelva como resultado el valor equivalente en grados *fahrenheit*. El programa completo podría ser similar al siguiente:

```
' Conversión de grados centígrados a fahrenheit:
' F = 9/5 * C + 32
'
Module ApGrados
    ' Definición de constantes
    Const limInferior As Integer = -30
    Const limSuperior As Integer = 100
    Const incremento As Integer = 6

    Public Function ObtenerFahrenheit(gradosC As Single) As Single
        ' Retornar los grados fahrenheit equivalentes a gradosC
        Return 9 / 5 * gradosC + 32
    End Function

    Public Sub Main()
        ' Declaración de variables
        Dim gradosCent As Integer = limInferior
        Dim gradosFahr As Single = 0

        While (gradosCent <= limSuperior) ' mientras ... hacer:
            ' Obtener los grados fahrenheit equivalentes a gradosCent
            gradosFahr = ObtenerFahrenheit(gradosCent)
            ' Escribir la siguiente línea de la tabla
            System.Console.WriteLine("{0, 8:d} C {1, 8:f2} F", gradosCent, gradosFahr)
            ' Siguiente valor
            gradosCent += incremento
        End While
    End Sub
End Module
```

Es evidente que esta forma de implementar un programa puede resultar más sencilla porque no nos obliga a pensar en objetos, pero utilizando un lenguaje orientado a objetos es justamente lo que no debemos hacer. No obstante, para programas sencillos puede ser un modelo útil.

2. Siguiendo la recomendación dada en el párrafo anterior, vamos a presentar un nuevo diseño de este mismo programa, pero totalmente orientado a objetos.

Ahora todo el desarrollo lo vamos a realizar utilizando dos clases: la clase *CGrados* escrita en el planteamiento que hicimos de este ejercicio al principio de este capítulo, y otra clase *CApGrados* que incluya el método **Main**, por donde empezará y terminará la ejecución del programa. La clase *CGrados* la guardaremos en el fichero *CGrados.vb* y la clase *CApGrados* en el fichero *ApGrados.vb*.

```vb
' Conversión de grados centígrados a fahrenheit:
' F = 9/5 * C + 32
'
Option Strict On
Imports System    ' utilizar el espacio de nombres System

Class CApGrados
   ' Definición de constantes
   Const limInferior As Integer = -30
   Const limSuperior As Integer = 100
   Const incremento As Integer = 6

   Public Shared Sub Main()
      ' Declaración de variables
      Dim grados As CGrados = New CGrados() ' objeto grados
      Dim gradosCent As Integer = limInferior
      Dim gradosFahr As Single = 0

      While (gradosCent <= limSuperior) ' mientras ... hacer:
         ' Asignar al objeto grados el valor en grados centígrados
         grados.AsignarCentígrados(gradosCent)
         ' Obtener del objeto grados los grados fahrenheit
         gradosFahr = grados.ObtenerFahrenheit()
         ' Escribir la siguiente línea de la tabla
         Console.WriteLine("{0, 8:d} C {1, 8:f2} F", gradosCent, gradosFahr)
         ' Siguiente valor
         gradosCent += incremento
      End While
   End Sub
End Class

' Clase CGrados. Un objeto de esta clase almacena un valor
' en grados centígrados.
' Atributos:
```

```
'   gradosC
' Métodos:
'   AsignarCentígrados, ObtenerFahrenheit y ObtenerCentígrados
'
Public Class CGrados
   Private gradosC As Single ' grados centígrados

   Public Sub AsignarCentígrados(gC As Single)
      ' Establecer el atributo grados centígrados
      gradosC = gC
   End Sub

   Public Function ObtenerFahrenheit() As Single
      ' Retornar los grados fahrenheit equivalentes a gradosC
      Return 9 / 5 * gradosC + 32
   End Function

   Public Function ObtenerCentígrados() As Single
      Return gradosC ' retornar los grados centígrados
   End Function
End Class
```

Observe el método **Main** de la clase *ApGrados*, ha sido declarado **Shared** para que pueda ser invocado, en este caso por el sistema, aunque no exista un objeto de su clase.

EJERCICIOS PROPUESTOS

1. Modifique los límites inferior y superior de los grados centígrados, el incremento, y ejecute de nuevo el programa.

2. Cargue en su entorno de desarrollo integrado el programa *ApGrados.vb* y modifique la sentencia:
    ```
    Return 9/5 * gradosC + 32
    ```
    correspondiente al método *ObtenerFahrenheit* de la clase *CGrados*, como se muestra a continuación:
    ```
    Return 9\5 * gradosC + 32
    ```
    Después, compile y ejecute el programa. Explique lo que sucede.

3. Reconstruya el programa *ApGrados.vb* para que la clase *CGrados* y el módulo *ApGrados*, estén almacenados en un único fichero: *ApGrados.vb*.

CLASES DE USO COMÚN

Aunque las clases que hemos aprendido a escribir en los capítulos anteriores son la base de nuestras aplicaciones, la potencia, en la práctica, del lenguaje Visual Basic viene dada por su biblioteca de clases: la biblioteca .NET. Hay un espacio de nombres que destaca por las clases de propósito general que incluye: **System**.

El espacio de nombres **System** contiene clases que se aplican al lenguaje mismo. Por ejemplo, estructuras que encapsulan los tipos primitivos de datos, la clase **Console** que proporciona los métodos para manipular la entrada/salida (E/S) estándar, la clase **String** para manipular cadenas de caracteres, una clase **Math** que proporciona los métodos correspondientes a las funciones matemáticas de uso más frecuente, etc.

La entrada/salida queda reforzada con las clases aportadas por el espacio de nombres **System.IO** para el manejo de ficheros.

En este capítulo aprenderá cómo leer y escribir información desde sus aplicaciones, y a trabajar con las clases utilizadas más frecuentemente.

ENTRADA Y SALIDA

Frecuentemente un programa necesitará obtener información desde un origen o enviar información a un destino. Por ejemplo, obtener información desde el teclado, o bien enviar información a la pantalla. La comunicación entre el origen de cierta información y el destino se realiza mediante un *flujo* de información (en inglés *stream*).

Un *flujo* es un objeto que hace de intermediario entre el programa y el origen o el destino de la información. Esto es, el programa leerá o escribirá en el *flujo* sin importarle desde dónde viene la información o a dónde va y tampoco importa el tipo de los datos que se leen o escriben. Este nivel de abstracción hace que el programa no tenga que saber nada ni del dispositivo ni del tipo de información, lo que se traduce en una facilidad más a la hora de escribir programas.

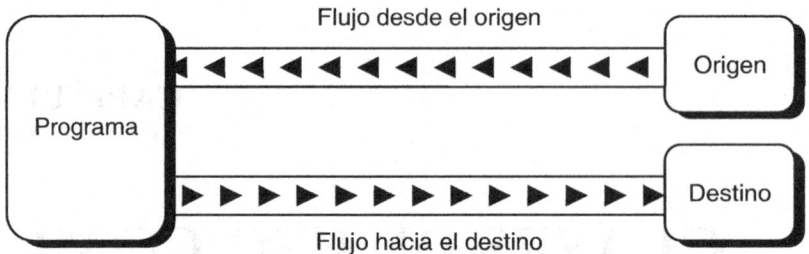

Entonces, para que un programa pueda obtener información desde un origen tiene que abrir un flujo y leer la información. Análogamente, para que un programa pueda enviar información a un destino tiene que abrir un flujo y escribir la información. Los algoritmos para leer y escribir datos son siempre más o menos los mismos:

Leer	Escribir
Abrir un flujo desde un origen	*Abrir un flujo hacia un destino*
Mientras haya información	*Mientras haya información*
Leer información	*Escribir información*
Cerrar el flujo	*Cerrar el flujo*

La figura siguiente muestra las clases relacionadas con flujos. **Console** pertenece al espacio **System** y el resto, a **System.IO**. Estas últimas están divididas en dos grupos distintos, ambos derivados indirectamente (línea de puntos) de la clase **Object** del espacio **System**. El grupo de la izquierda ha sido diseñado para trabajar con datos de tipo **Char** y el de la derecha con datos de tipo **Byte**.

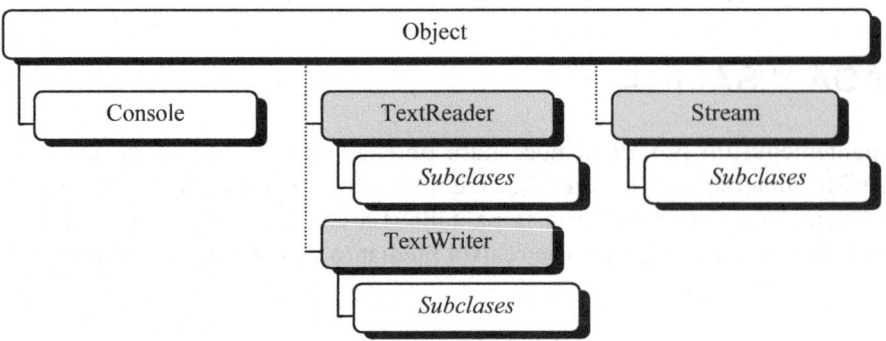

Las clases sombreadas son clases abstractas. Una clase abstracta no permite que se creen objetos de ella. Su misión es proporcionar miembros comunes que serán compartidos por todas sus subclases.

Cuando un programa Visual Basic se ejecuta, se abren automáticamente tres flujos identificados por las propiedades de la clase **Console** indicadas a continuación:

- Un flujo desde la entrada estándar (el teclado): **In**.
- Un flujo hacia la salida estándar (la pantalla): **Out**.
- Un flujo hacia la salida estándar de error (la pantalla): **Error**.

La propiedad **In** hace referencia a un objeto de la clase **System.IO.TextReader** y las propiedades **Out** y **Error** hacen referencia a objetos de la clase **System.IO.TextWriter**. Ambas serán estudiadas en el capítulo dedicado a ficheros de datos.

Flujos de entrada

Cuando un programa define un flujo de entrada, por ejemplo el definido por la propiedad **In** de la clase **Console**, dicho programa es destino de ese flujo de caracteres, y eso es todo lo que se necesita saber.

Dos métodos que tienen un especial interés porque permiten a un programa leer datos de la entrada estándar son:

```
Public Shared Function Read() As Integer
Public Shared Function ReadLine() As String
```

El método **Read** simplemente lee caracteres individuales del flujo de entrada estándar; concretamente lee el siguiente carácter disponible. Devuelve un entero (**Integer**) correspondiente al código del carácter leído, o bien un valor negativo cuando en un intento de leer se alcanza el final del flujo (esto es, no hay más datos).

Por ejemplo, el siguiente código lee un carácter del origen vinculado con el flujo **In** (entrada estándar):

```
Imports System

Module LeerUnCaracter
  Sub Main()
    Dim car As Char
    Console.Write("Introduzca un carácter: ")
```

```
    car = Convert.ToChar(System.Console.Read())
    Console.WriteLine(car)
  End Sub
End Module
```

El entero devuelto por el método **Read** es convertido en un carácter invocando al método **ToChar** de la clase **Convert** del espacio de nombres **System**.

El método **ReadLine** lee una línea del flujo vinculado con la entrada estándar; concretamente lee la siguiente línea disponible. Devuelve una referencia a un objeto **String** que envuelve la línea leída, o bien un valor **Nothing** cuando no hay datos disponibles.

Una línea está definida como una secuencia de caracteres seguidos por un retorno de carro (*CR*: *&000D*), un avance de línea (*LF*: *&000A*), o bien por ambos (propiedad **System.Environment.NewLine** de tipo **String**; este valor es automáticamente añadido al final del texto escrito por **WriteLine**). La cadena de caracteres devuelta no contiene el carácter o caracteres de terminación.

Por ejemplo, el siguiente código lee una línea del origen vinculado con el flujo **In** (entrada estándar) y la visualiza en la pantalla:

```
Imports System

Module LeerUnaCadena
  Public Sub Main()
    Dim sdato As String ' variable para almacenar una línea de texto
    Console.Write("Introduzca un texto: ")
    sdato = Console.ReadLine() ' leer una línea de texto
    Console.WriteLine(sdato)    ' escribir la línea leída
  End Sub
End Module
```

Analicemos el procedimiento **Main** del programa anterior. Primeramente define una referencia, *sdato*, a un objeto **String**; esto permitirá leer una cadena de caracteres. Después lee una línea de texto introducida a través del teclado y la visualiza.

Flujos de salida

Cuando un programa define un flujo de salida, por ejemplo el definido por la propiedad **Out** de la clase **Console**, el programa es el origen de ese flujo de bytes (es el que envía los bytes), y eso es todo lo que se necesita saber.

Dos métodos que tienen un especial interés, porque permiten a un programa escribir datos en la salida estándar, son:

```
Overloads Public Shared Sub Write([arg])
Overloads Public Shared Sub WriteLine([arg])
```

La palabra clave **Overloads** se utiliza para especificar explícitamente que una propiedad o un método (**Property, Sub** o **Function**) está sobrecargado (en el capítulo 3 se explicó lo que era un método sobrecargado).

Por ejemplo, el siguiente código (se presentan dos versiones) escribe un valor *n* en el destino vinculado con el flujo **Out** (salida estándar) y sitúa el punto de inserción en la línea siguiente:

```
Dim n As Double = 10.5
System.Console.WriteLine(n)                  ' escribe: 10,5
System.Console.WriteLine("Valor = " & n) ' escribe: Valor = 10,5
```

Recuerde que en los capítulos 1 y 2 ya fueron explicadas distintas formas de presentar los resultados en pantalla.

Los métodos **Write** y **WriteLine** son esencialmente los mismos; ambos escriben su argumento en el flujo de salida. La única diferencia entre ellos es que **WriteLine** añade la cadena **NewLine** (avance al principio de la línea siguiente) al final de su salida, y **Write** no. En otras palabras, la siguiente sentencia:

```
System.Console.Write("El valor no puede ser negativo" & _
                System.Environment.NewLine)
```

es equivalente a esta otra:

```
System.Console.WriteLine("El valor no puede ser negativo")
```

En el ejemplo anterior, se puede observar que **Write** añade al final de la cadena de caracteres un retorno de carro más un avance de línea que **WriteLine** no necesita añadir.

Los argumentos para **Write** y **WriteLine** pueden ser de cualquier tipo primitivo o referenciado: **Object, String, Char(), Char, Integer, Long, Single, Double, Boolean, Decimal**, etc. En adición, hay una versión extra de **WriteLine** que no tiene argumentos y lo que hace es escribir la cadena **NewLine**, lo que se traduce en un avance a la línea siguiente.

Como ejemplo, el siguiente programa utiliza **WriteLine** para escribir datos de varios tipos en la salida estándar.

```vbnet
Imports System

Module TestTiposDatos
    ' Tipos de datos
    Public Sub Main()
        Dim sCadena As String = "Lenguaje Visual Basic"
        Dim cMatrizCars() As Char = "abc" ' matriz de caracteres
        Dim dato_Integer As Integer = 4
        Dim dato_long As Long = Long.MinValue        ' mínimo valor Long
        Dim dato_Single As Single = Single.MaxValue ' máximo valor Single
        Dim dato_Double As Double = Math.PI          ' 3.1415926
        Dim dato_bool As Boolean = True

        Console.WriteLine(sCadena)
        Console.WriteLine(cMatrizCars)
        Console.WriteLine(dato_Integer)
        Console.WriteLine(dato_long)
        Console.WriteLine(dato_Single)
        Console.WriteLine(dato_Double)
        Console.WriteLine(dato_bool)
    End Sub
End Module
```

Los resultados que produce el programa anterior son los siguientes:

```
Lenguaje Visual Basic
abc
4
-9223372036854775808
3,402823E+38
3,14159265358979
True
```

Observe que se puede imprimir un objeto; el primer método **WriteLine** imprime un objeto **String**. Cuando se utiliza **Write** o **WriteLine** para imprimir un objeto, el dato impreso depende del tipo del objeto. En el ejemplo se puede observar que la impresión de un objeto **String** hace que se imprima la cadena de caracteres que almacena.

Salida con formato

Los métodos **Write** y **WriteLine** también permiten mostrar los datos según un formato. Para ello utilizaremos las siguientes formas de estos métodos:

```vbnet
Overloads Public Shared Sub Write(formato[, argumento]...)
Overloads Public Shared Sub WriteLine(formato[, argumento]...)
```

formato   Especifica cómo va a ser la salida. Es una cadena de caracteres formada por caracteres ordinarios y especificaciones de formato. El formato se lee de izquierda a derecha.

```
Dim edad As Integer = 0
Dim peso As Single = 0
' ...
```

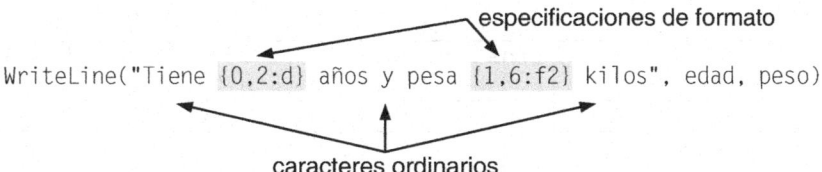

argumento   Representa el valor o valores a escribir. Cada argumento debe tener su correspondiente especificación de formato y en el mismo orden. Si hay más argumentos que especificaciones de formato, los argumentos en exceso se ignoran.

```
WriteLine("Tiene {0,2:d} años y pesa {1,6:f2} kilos", edad, peso)
```

Cuando se ejecute la sentencia anterior, los caracteres ordinarios se escribirán tal cual y las especificaciones de formato serán sustituidas por los valores correspondientes en la lista de argumentos. Así, para *edad* igual a 20 y *peso* igual 70.5 el resultado será:

```
Tiene 20 años y pesa  70,50 kilos
```

Una especificación de formato está compuesta por:

```
{posición[, ancho][:tipo[decimales]]}
```

Una especificación de formato siempre esta incluida entre {}. El significado de cada uno de los elementos se indica a continuación:

posición   Posición 0, 1, 2, etc., del argumento en la lista de argumentos.

ancho   Opcional. Mínimo número de posiciones para la salida. Si el ancho se omite o el valor a escribir ocupa más posiciones de las especificadas, el ancho es incrementado en lo necesario. Si este valor es negativo el resultado se justifica a la izquierda dentro del *ancho* especificado; si es positivo la justificación se hace a la derecha.

tipo   Opcional. Uno de los caracteres de la tabla mostrada a continuación.

decimales Opcional. Número mínimo de dígitos a mostrar en el caso de enteros
             o de decimales en el caso de fraccionarios. Cuando se especifica se
             escribe justo a continuación de *tipo*, sin espacios en blanco.

Carácter	Descripción	Ejemplos	Salida
C o c	Moneda	`Console.Write("{0,9:C2}", 4.5)`	4,50 €
		`Console.Write("{0,9:C2}", -4.5)`	-4,50 €
D o d	Enteros	`Console.Write("{0:D5}", 45)`	00045
		`Console.Write("{0,5:D}", 45)`	45
E o e	Científico	`Console.Write("{0:E}", 450000)`	4,500000E+005
F o f	Coma fija	`Console.Write("{0:F2}", 45)`	45,00
		`Console.Write("{0:F0}", 45)`	45
		`Console.Write("{0,8:F2}",45)`	45,00
		`Console.Write("{0,8:F2}",145.3)`	145,30
G o g	General	`Console.Write("{0:G}", 4.5)`	4,5
N o n	Numérico	`Console.Write("{0:N}", 4500000)`	4.500.000,00
P o p	%	`Console.Write("{0:P}", 0.12345)`	12,35 %
X o x	Hexadecimal	`Console.Write("{0:X}", 450)`	1C2
		`Console.Write("{0:X}", &Hff7a)`	FF7A

Excepciones

Cuando durante la ejecución de un programa ocurre un error que impide su continuación, por ejemplo, una entrada incorrecta de datos o un formato de salida no
correcto, Visual Basic lanza una excepción, que si no se captura da lugar a un
mensaje de error y detiene la ejecución (las excepciones se lanzan, no ocurren).
Ahora, si lo que deseamos es que la ejecución del programa no se detenga, habrá
que capturarla y manejarla adecuadamente en un intento de reanudar la ejecución.

Las excepciones en Visual Basic son objetos de subclases de **Exception**. El
espacio de nombres **System** define la clase base **SystemException** para las excepciones predefinidas; por ejemplo: aritméticas, de formato, intentar acceder a
un elemento de una matriz con un índice fuera de límites, etc.

Para capturar una excepción hay que hacer dos cosas: una, poner a prueba el
código que puede lanzar excepciones dentro de un bloque **Try**, y dos, manejar la
excepción cuando se lance, en un bloque **Catch** . Por ejemplo:

```
Try
  ' Código que puede lanzar una excepción
  Console.WriteLine("{0:f} + {1:f} = {2:d}", a, b, c)
Catch e As Exception
  ' Manejar una excepción de la clase Exception
```

```
    Console.WriteLine("Error: " + e.Message)
  End Try
```

En el ejemplo anterior, cuando se lance una excepción del tipo **Exception** porque se produjo un error debido a la ejecución de una operación de entrada/salida, el objeto *e* almacenará la información relativa al error ocurrido, información que puede ser manipulada a través de las propiedades y métodos de su clase; por ejemplo, **Message** muestra un mensaje indicando qué error ocurrió.

En el ejemplo anterior, al especificar que el tipo de excepciones que se desea atrapar son de la clase **Exception**, cabe cualquier excepción de cualquier clase derivada de **Exception**. Si quisiéramos filtrar un tipo particular de excepciones deberíamos indicarlo explícitamente. Por ejemplo, cuando ejecute el siguiente programa, observará que lanza una excepción de la clase **FormatException** por utilizar un formato **d** para mostrar un valor **Double**. Por lo tanto, dicha excepción será atrapada por el primer bloque **Catch**. En cambio, si la excepción fuera de otro tipo, sería atrapada por el segundo bloque **Catch**. Cuando una excepción se atrapa, se considera manipulada. Esto es todo lo que necesita saber por ahora.

```
Imports System

Module Test
  Public Sub Main()
    Dim a As Double = 10, b As Double = 20, c As Double = 0
    Try
      c = a + b
      Console.WriteLine("{0:f} + {1:f} = {2:d}", a, b, c)
    Catch e As FormatException
      Console.Write("Ha ocurrido un error de formato")
    Catch e As Exception
      Console.WriteLine("Error: " + e.Message)
    End Try
  End Sub
End Module
```

Trabajar con tipos de datos numéricos

Llegados a este punto sabemos cómo leer un carácter, o bien una cadena de caracteres, desde el flujo **In**, y cómo escribir una variable de cualquier tipo (valor o referencia) en el flujo **Out**.

Evidentemente, cualquier operación aritmética requiere de valores numéricos; pero, según lo expuesto, en el mejor de los casos del flujo **In** sólo se puede obtener una cadena de caracteres. Por ejemplo, el código siguiente perteneciente al programa *LeerUnaCadena* realizado anteriormente, permite leer del flujo **In** una cadena de caracteres que será almacenada en el objeto *sdato* de tipo **String**:

```
Console.Write("Introduzca un texto: ")
sdato = Console.ReadLine() ' leer una línea de texto
```

Si cuando se ejecute el método **ReadLine** del ejemplo anterior se teclea, por ejemplo, el dato *456*, estos dígitos serán almacenados en *sdato* como una cadena de caracteres. Ahora bien, para que esa cadena de tres caracteres pueda ser utilizada en una expresión aritmética, tiene que adquirir la categoría de valor numérico, lo que implica convertirla a un valor de alguno de los tipos primitivos. Esto puede hacerse utilizando los métodos proporcionados por las estructuras que encapsulan los tipos de datos numéricos, o bien por la clase **Convert** que proporciona métodos como, por ejemplo, **ToInt32** que permite convertir a **Integer** cualquier dato en cualquier otro tipo. Por ejemplo:

```
Dim sCadena As String
Dim dato_Integer As Integer

sCadena = Console.ReadLine()
dato_Integer = Convert.ToInt32(sCadena)
```

Lo mismo diríamos respecto a los métodos de la misma clase, **ToByte**, **ToInt16** (Short), **ToInt64** (Long), **ToSingle** (Single), **ToDouble**, **ToString**, etc.

Estructuras que encapsulan los tipos primitivos

El espacio de nombres **System** proporciona las estructuras **Byte**, **Char**, **Int16**, **Int32**, **Int64**, **Single**, **Double**, **Decimal**, y **Boolean**, entre otras, que encapsulan cada uno de los tipos primitivos estudiados en los capítulos anteriores, proporcionando así una funcionalidad añadida para manipularlos.

Analicemos, por ejemplo, la estructura **Int32**. Un objeto **Int32** encapsula un número entero (dato de tipo **Integer**) que puede ser manipulado utilizando sus métodos. Por ejemplo, hay métodos para convertir el entero en un **String** o un **String** en un entero. Veamos a continuación los atributos y métodos de esta estructura que tienen un mayor interés para nosotros:

Atributo	Descripción
MinValue	Valor más pequeño de tipo **Integer**.
MaxValue	Valor más grande de tipo **Integer**.

Método	Descripción
Parse(String)	Convierte una cadena a un valor **Integer**.
ToString()	Convierte un valor **Integer** en una cadena (objeto **String**).

El resto de las estructuras tienen métodos análogos y posiblemente incluirán otros atributos y métodos. Por ejemplo, la estructura **Single** proporciona, entre otros, los atributos y los métodos indicados a continuación:

Atributo	Descripción
Epsilon	Valor más pequeño positivo de tipo **Single**.
MinValue	Valor más pequeño de tipo **Single**.
MaxValue	Valor más grande de tipo **Single**.
NaN	No es un Número; constante de tipo **Single**.
NegativeInfinity	Valor infinito negativo de tipo **Single**.
PositiveInfinity	Valor infinito positivo de tipo **Single**.

Método	Descripción
IsInfinity(Single)	Devuelve **True** si el valor del argumento es $\pm\infty$.
IsNaN(Single)	Devuelve **True** si el argumento no es un número.
Parse(String)	Convierte una cadena a un valor **Single**.
ToString()	Convierte un valor **Single** en una cadena (objeto **String**).

Para la estructura **Double** haríamos una exposición análoga.

En lugar de **Parse** se podría utilizar **TryParse(String,** *resultado***)**. Este, a diferencia de **Parse**, no inicia una excepción si se produce un error en la conversión, sino que devuelve **False** y se asigna cero a *resultado*.

De acuerdo con lo expuesto, para obtener, por ejemplo, un entero a partir de una cadena de caracteres proporcionada por **ReadLine** habrá que ejecutar los siguientes pasos:

1. Leer la cadena de caracteres.
2. Convertir el objeto **String** en un entero.

El siguiente código responde a los puntos enunciados:

```
Dim sdato As String        ' variable para almacenar una cadena
Dim dato_Integer As Integer ' variable para almacenar un entero
```

```
Try
   sdato = Console.ReadLine()          ' leer una cadena de caracteres
   dato_Integer = Int32.Parse(sdato) ' convertir a entero

Catch e As Exception
   dato_Integer = 0
   Console.WriteLine("Dato incorrecto. Se asume un 0.")
End Try
```

En el ejemplo anterior se observa que una vez leída la cadena *sdato*, se invoca al método estático **Parse** de **Int32** (método **Shared**) para convertir el objeto **String** en un dato de tipo **Integer**. Si la cadena no es válida para ser convertida en un entero, se lanzará una excepción que será atrapada por el bloque **Catch** donde se asumirá un valor cero.

Análogamente, para convertir una cadena de caracteres que representa un número con coma decimal, en un valor de tipo **Single**, el código sería el siguiente:

```
Dim sdato As String          ' variable para almacenar una cadena
Dim dato_Single As Single ' variable para almacenar un Single

Try
   sdato = Console.ReadLine()          ' leer una cadena de caracteres
   dato_Single = Single.Parse(sdato) ' convertir a Single
Catch e As Exception
   dato_Single = 0
   Console.WriteLine("Dato incorrecto. Se asume un 0.")
End Try
```

Según lo expuesto, partiendo de la cadena devuelta por el método **ReadLine**, podemos escribir un método *datoInt* que la convierta en un número entero y devuelva este valor como resultado. Si el valor leído no fuera válido para convertirlo en un número entero, el método **Parse** lanzaría una excepción de tipo **FormatException** que podríamos manejar. Para no complicar el tema que estamos exponiendo, si se lanza una excepción del tipo descrito vamos a hacer que el método devuelva simplemente un valor significativo (por ejemplo, una constante miembro de la estructura). Según esto podríamos escribir el método *datoInt* así:

```
Public Shared Function datoInt() As Integer
   Try
      Return Int32.Parse(Console.ReadLine())
   Catch e As FormatException
      Return Int32.MinValue ' valor más pequeño
   End Try
End Function
```

Observe que el argumento del método **Parse** es la cadena de caracteres devuelta por el método **ReadLine**. Si se produce un error, por ejemplo, porque se introduce una cadena que no es convertible a un número entero, el sistema lanzará una excepción de tipo **FormatException** que será atrapada por el bloque **Catch**, lo que dará lugar a que el método *datoInt* devuelva el valor **MinValue** definido como una constante en la estructura **Int32**.

Análogamente, podemos escribir otros métodos para convertir una cadena válida, devuelta por el método **ReadLine**, en otros tipos de datos primitivos. Agrupemos todos estos métodos en una clase denominada *Leer*.

Clase Leer

El objetivo es escribir una clase *Leer* que incluya como miembros métodos análogos al implementado anteriormente, de manera que proporcione una interfaz que cualquier programa puede utilizar para obtener del teclado datos de cualquier tipo primitivo. El código que define esta clase se muestra a continuación. Observe que dicha clase es pública y que ha sido definida dentro del espacio de nombres *MisClases.ES* (mis clases de entrada salida):

```
Imports System
Namespace MisClases.ES ' espacio de nombres
   Public Class Leer      ' clase Leer
      Public Shared Function datoShort() As Short
         Try
            Return Int16.Parse(Console.ReadLine())
         Catch e As FormatException
            Return Int16.MinValue ' valor más pequeño
         End Try
      End Function

      Public Shared Function datoInt() As Integer
         Try
            Return Int32.Parse(Console.ReadLine())
         Catch e As FormatException
            Return Int32.MinValue ' valor más pequeño
         End Try
      End Function

      Public Shared Function datoLong() As Long
         Try
            Return Int64.Parse(Console.ReadLine())
         Catch e As FormatException
            Return Int64.MinValue ' valor más pequeño
         End Try
      End Function
```

```
Public Shared Function datoSingle() As Single
   Try
      Return Single.Parse(Console.ReadLine())
   Catch e As FormatException
      Return Single.NaN ' No es un Número; valor Single.
   End Try
End Function
```

```
Public Shared Function datoDouble() As Double
   Try
      Return Double.Parse(Console.ReadLine())
   Catch e As FormatException
      Return Double.NaN ' No es un Número; valor Double.
   End Try
 End Function
   End Class
End Namespace
```

En la clase *Leer*, se puede observar que todos los métodos, además de públicos, se han declarado **Shared** con el fin de que puedan ser invocados allí donde se necesiten, sin necesidad de que exista un objeto de dicha clase. Recuerde que la sintaxis para invocar a un método **Shared** es:

nombreClase.nombreMétodo

Una vez escrita la clase *Leer*, podemos utilizarla como soporte para otros programas. Como ejemplo, vamos a escribir un programa que lea un dato de cada uno de los tipos contemplados en *Leer* y muestre después los valores leídos. Recuerde que para que el módulo que vamos a escribir pueda utilizar la clase *Leer*, si ambos están en la misma carpeta de trabajo, debe compilar el programa así: *vbc LeerDatos.vb Leer.vb*, suponiendo, evidentemente, que las clases fueron almacenadas en los ficheros especificados en la orden *vbc*.

```
' Este programa utiliza la clase Leer del espacio de nombres
' MisClases.ES

Imports System
Imports MisClases.ES

Module LeerDatos
   Public Sub Main()
      Dim dato_Short As Short = 0
      Dim dato_Int As Integer = 0
      Dim dato_Long As Long = 0
      Dim dato_Single As Single = 0
      Dim dato_Double As Double = 0

      Console.Write("Dato Short: ")
```

```
        dato_Short = Leer.datoShort()
        Console.Write("Dato Integer: ")
        dato_Int = Leer.datoInt()
        Console.Write("Dato Long: ")
        dato_Long = Leer.datoLong()
        Console.Write("Dato Single: ")
        dato_Single = Leer.datoSingle()
        Console.Write("Dato Double: ")
        dato_Double = Leer.datoDouble()

        Console.WriteLine(dato_Short)
        Console.WriteLine(dato_Int)
        Console.WriteLine(dato_Long)
        Console.WriteLine(dato_Single)
        Console.WriteLine(dato_Double)
    End Sub
End Module
```

Después del trabajo realizado, ya tenemos una forma de leer datos numéricos introducidos a través del teclado. Esto nos permitirá escribir diversos programas que requieren de este proceso. Además, sabemos también cómo convertir números a cadenas de caracteres y viceversa.

¿DÓNDE SE UBICAN LAS CLASES QUE DAN SOPORTE?

Para que Visual Basic pueda utilizar una clase (por ejemplo la clase *Leer* implementada anteriormente) debe conocer dónde está almacenada en el sistema de ficheros. De otra forma, cuando se compile el programa se obtendrá un error que indica que esa clase no existe. Una solución sencilla al problema planteado puede ser alguna de las que se plantean a continuación:

1. Copiar las clases que dan soporte a la aplicación en la misma carpeta que el módulo aplicación, y obtener el fichero ejecutable a partir de todas ellas. Por ejemplo, si el módulo aplicación *LeerDatos.vb* necesita del soporte de la clase *Leer.vb*, copiamos esta última en la misma carpeta de *LeerDatos.vb* y construimos el fichero ejecutable según se indica a continuación:

```
vbc LeerDatos.vb Leer.vb
```

2. Construir una biblioteca con las clases que dan soporte (fichero *.dll*) y copiar esa biblioteca en la misma carpeta que la aplicación que necesite de sus servicios, para después construir el fichero ejecutable.

   Para construir una biblioteca de clases, hágalo de forma análoga a como se indica en el ejemplo siguiente:

```
vbc /target:library /out:MisClases.dll Leer.vb
```

Después, copie la biblioteca *MisClases.dll* en el directorio de la aplicación que necesita de sus servicios y construya el fichero ejecutable de forma análoga a como se indica en el ejemplo siguiente:

```
vbc /reference:MisClases.dll LeerDatos.vb
```

CARÁCTER FIN DE FICHERO

Desde el punto de vista de un usuario de un programa, un dispositivo de entrada o de salida estándar es tratado por el lenguaje Visual Basic como si de un fichero de datos en el disco se tratara. Un fichero de datos no es más que una colección de información. Los datos que introducimos por el teclado son una colección de información y los datos que visualizamos en el monitor son también una colección de información.

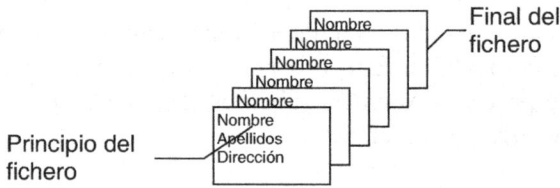

Todo fichero tiene un principio y un final. ¿Cómo sabe un programa que está leyendo datos de un fichero, que se ha llegado al final del mismo y por lo tanto no hay más datos? Por una marca de fin de fichero. En el caso de un fichero grabado en un disco esa marca estará escrita al final del mismo. En el caso del teclado la información procede de lo que nosotros tecleamos, por lo tanto si nuestro programa requiere detectar la marca de fin de fichero, tendremos que teclearla cuando demos por finalizada la introducción de información. Esto se hace pulsando las teclas *Ctrl+D* en UNIX o *Ctrl+Z* en una aplicación de consola en Windows.

Ya que un fichero o un dispositivo siempre es manejado a través de un flujo, hablar del final del flujo es sinónimo de hablar del final fichero. Por eso, de ahora en adelante nos referiremos al flujo en lugar de al fichero o dispositivo vinculado.

Recuerde que cuando el método **Read** intenta leer y se encuentra con el final del flujo, retorna un valor negativo. Análogamente, cuando el método **ReadLine** intenta leer del flujo y se encuentra con el final del mismo, retorna la constante **Nothing**. Para aclarar lo expuesto, el siguiente ejemplo solicita del teclado un dato *precio*. Entonces, si al mensaje "Precio:" respondemos escribiendo una cantidad, la variable *precio* almacenará ese valor, pero si respondemos pulsando las teclas *Ctrl+Z* (carácter fin de fichero), deberá almacenar el valor *NaN* de tipo **Single**.

```
Imports System

Module Test
  Public Sub Main()
    Dim sdato As String
    Dim precio As Single = 0.0F

    Console.Write("Precio: ")
    sdato = Console.ReadLine()
    If (sdato <> Nothing) Then
      precio = Single.Parse(sdato)
    Else
      precio = Single.NaN
    End If
    Console.WriteLine(precio)
    Console.WriteLine("Continúa el programa")
  End Sub
End Module
```

Cuando ejecute este programa puede proceder de cualquiera de las dos formas siguientes:

1. Introduciendo un dato válido:

    ```
    Precio: 123,45
    123,45
    Continúa el programa
    ```

2. Pulsando las teclas *Ctrl+Z* (marca de final del flujo):

    ```
    Precio: (se pulsan las teclas Ctrl+Z)
    NeuN
    Continúa el programa
    ```

Una aclaración. El programa anterior utiliza la sentencia **If** para verificar si se llegó al final del flujo, lo que sucederá cuando se pulsen las teclas *Ctrl+Z*. La expresión booleana *sdato <> Nothing* será **True** si se introdujo un dato válido para **ReadLine**, en cuyo caso se asignará a *precio* el resultado de convertir *sdato* a **Single**, y será **False** si se pulsaron las teclas *Ctrl+Z*, en cuyo caso se asignará a *precio* el valor *NaN*.

En capítulos posteriores utilizaremos *Ctrl+Z* como condición para finalizar la entrada de un número de datos, en principio indeterminado.

CARACTERES CR+LF

Cuando se están introduciendo datos a través del teclado y pulsamos la tecla *Entrar* se introducen también los caracteres retorno de carro más avance de línea, correspondientes a los caracteres Unicode *CR* y *LF* (*CR* es el Unicode 13 y *LF* es el Unicode 10).

Por ejemplo, el código siguiente lee un carácter:

```
Dim opción As Char

Console.Write("Opción (a, b o c): ")
opción = Convert.ToChar(Console.Read())
```

Cuando se ejecute el método **Read** del ejemplo anterior, si tecleamos la opción *b* y pulsamos la tecla *Entrar*:

```
b[Entrar]
```

antes de la lectura, el *buffer* de entrada contendrá la siguiente información:

b	CR	LF																

y después de la lectura:

CR	LF																	

ya que **Read** lee un solo carácter. Estos caracteres sobrantes pueden ocasionarnos problemas si a continuación se ejecuta otra sentencia de entrada que admita datos que sean caracteres. Por ejemplo:

```
Dim opción As Char
Dim sdato As String

Console.Write("Opción (a, b o c): ")
opción = Convert.ToChar(Console.Read())

Console.Write("Precio: ")
sdato = Console.ReadLine()
Console.WriteLine("Continúa el programa")
```

Si ejecutamos este código y tecleamos, por ejemplo, como opción *b* seguida de la pulsación de la tecla *Entrar*, se producirá el siguiente resultado:

```
Opción (a, b o c): b
Precio: Continúa el programa
```

A la vista del resultado, se observa que cuando se ejecutó **ReadLine** no se detuvo la ejecución del programa para introducir el dato solicitado ¿Por qué? Porque los caracteres sobrantes *CR* y *LF* son válidos para el método **ReadLine**. Recuerde que este método permite leer una cadena de caracteres hasta encontrar *CR*, *LF* *CR+LF*; estos caracteres son leídos pero no almacenados. Por este motivo es por lo que en el ejemplo, este método no necesita esperar a que introduzcamos uno o más caracteres para la variable *sdato*.

Del ejemplo anterior se deduce que un flujo lleva asociado un *buffer* (un *buffer* actúa como una memoria intermedia para lecturas/escrituras futuras), de tal forma que cuando un programa ejecute una sentencia de entrada (que solicite datos) los datos obtenidos del origen pueden ser depositados en el *buffer* en bloques más grandes que los que realmente está leyendo el programa (por ejemplo, cuando se leen datos de un disco la cantidad mínima de información transferida es un bloque equivalente a una unidad de asignación). Esto aumenta la velocidad de ejecución porque la siguiente vez que el programa necesite más datos no tendrá que esperar por ellos porque ya los tendrá en el *buffer*. Por otra parte, cuando se trate de una operación de salida, los datos no serán enviados al destino hasta que no se llene el *buffer* (o hasta que se fuerce el vaciado del mismo implícita o explícitamente), lo que reduce el número de accesos al dispositivo físico vinculado que siempre resulta mucho más lento que los accesos a memoria, aumentando por consiguiente la velocidad de ejecución.

La solución al problema planteado es limpiar los caracteres indeseables del *buffer* de entrada. Una forma sencilla de hacer esto es utilizar el propio método **ReadLine** para hacer una lectura "en falso", con la única intención de extraer todos los caracteres que haya:

```
Dim opción As Char
Dim sdato As String

Console.Write("Opción (a, b o c): ")
opción = Convert.ToChar(Console.Read())
Console.ReadLine() ' limpiar los caracteres CR+LF

Console.Write("Precio: ")
sdato = Console.ReadLine()
Console.WriteLine("Continúa el programa")
```

Un *buffer* se limpia automáticamente cuando está lleno (sólo si es de salida), cuando se cierra el flujo, o bien cuando el programa finaliza normalmente.

OTROS MÉTODOS DE LA CLASE Console

La clase **Console** agrega también características avanzadas que permiten controlar aspectos como la posición del cursor, los colores del fondo de la ventana y del texto, las dimensiones de la ventana y el tamaño del búfer donde se almacena la información que en ella aparece. Estas posibilidades no resultan imprescindibles para crear una aplicación de consola, pero permiten mejorar tanto el aspecto mostrado en la ventana como la interacción de la misma con el usuario.

Controlar la posición y los colores del texto

Los métodos que hemos utilizado hasta ahora, como **WriteLine** y **ReadLine**, no permiten controlar la posición en la que se muestran o solicitan los datos, ni tampoco establecer los colores del texto. Pues bien, antes de enviar o solicitar cualquier información a la consola con los métodos antes citados, podemos colocar el cursor en una posición determinada utilizando las propiedades **CursorLeft** y **CursorTop** o bien el método **SetCursorPosition**. Las propiedades son también de lectura, lo que permitirá recuperar la posición actual del cursor en cualquier momento.

También, a través de la propiedad **CursorVisible**, es posible ocultar y mostrar el cursor, así como cambiar su tamaño relativo mediante la propiedad **CursorSize**.

Asimismo, las propiedades **BackgroundColor** y **ForegroundColor** permiten establecer el color de fondo y el del texto, respectivamente. Estas propiedades pueden tomar cualquier valor de la enumeración **ConsoleColor**.

El método **Clear** se encarga de borrar todo el contenido de la consola y establecer el color de fondo asignado a **BackgroundColor**, mientras que la propiedad **Title** asigna el título que mostrará la ventana.

Por ejemplo, las sentencias mostradas a continuación generan el resultado que aparece en la figura siguiente:

```
Dim nombre, dirección, teléfono As String
Console.Title = "Datos del alumno"
Console.BackgroundColor = ConsoleColor.White
Console.Clear()
Console.ForegroundColor = ConsoleColor.Blue
Console.SetCursorPosition(5, 2)
Console.Write("Nombre :")
Console.SetCursorPosition(5, 4)
Console.Write("Dirección :")
```

```
Console.SetCursorPosition(5, 6)
Console.Write("Teléfono :")
Console.ForegroundColor = ConsoleColor.Black
Console.SetCursorPosition(20, 2)
nombre = Console.ReadLine()
Console.SetCursorPosition(20, 4)
dirección = Console.ReadLine()
Console.SetCursorPosition(20, 6)
teléfono = Console.ReadLine()
```

Dimensiones de la ventana de la consola

La consola del sistema asigna unas dimensiones predeterminadas a la ventana en la que se ejecuta, 80 columnas por 25 filas, aunque es posible enviar más de 25 líneas de información; las que no se puedan mostrar podremos recuperarlas de un búfer interno utilizando la barra de desplazamiento.

Para cambiar el tamaño de la ventana hay que utilizar las propiedades **WindowWidth** (ancho) y **WindowHeight** (alto). Las nuevas dimensiones no deben superar el ancho y alto máximos indicados por **LargestWindowWidth** y **LargestWindowHeight**, respectivamente. Y para controlar el tamaño del búfer en el que se almacena la información, disponemos de las propiedades **BufferWidth** y **BufferHeight**. No obstante, éste es un aspecto que normalmente se deja en manos del sistema que actúa según el tamaño de la ventana.

Como ejemplo, podemos añadir las dos sentencias siguientes al inicio del ejemplo anterior:

```
Console.WindowHeight = Console.LargestWindowHeight
Console.WindowWidth = Console.LargestWindowWidth
```

Detección de las pulsaciones del teclado

Los métodos **Read** y **ReadLine** de la clase **Console** no efectúan realmente su trabajo hasta que el usuario pulsa *Entrar*; pero, en ocasiones, necesitamos conocer el carácter tecleado para tomar una determinada acción.

Pues bien, el método **ReadKey** de la clase **Console**, conjuntamente con la propiedad **KeyAvailable**, nos permite saber si hay o no pulsaciones de tecla pendientes de procesar. También, podemos impedir que la combinación *Ctrl+C* interrumpa la ejecución de la aplicación asignando el valor **True** a la propiedad **TreatControlCAsInput**.

El método **ReadKey** devuelve una estructura de tipo **ConsoleKeyInfo** compuesta por tres miembros: **Key**, **KeyChar** y **Modifiers**. El primero indica la tecla pulsada, un valor correspondiente a la enumeración **ConsoleKey**, incluyendo las que no generan caracteres como las teclas de edición y función. Si la tecla genera un carácter podemos obtenerlo a través de **KeyChar**. Finalmente, **Modifiers** permite saber si estaba pulsada alguna de las teclas: *Mayús*, *Control* y *Alt*.

Por ejemplo, suponiendo que quisiéramos leer el teléfono de una determinada persona y asegurarnos de que el usuario sólo introducirá dígitos del 0 al 9, tendríamos que recurrir a un bucle en el que fuésemos leyendo carácter a carácter, comprobando si es un carácter válido, un dígito, y guardándolo. Esto es lo que hace el código siguiente:

```
Dim s As String = ""
Dim pulsación As ConsoleKeyInfo

Do
    pulsación = Console.ReadKey(True)

    If (Char.IsDigit(pulsación.KeyChar)) Then
        s += pulsación.KeyChar
        Console.Write(pulsación.KeyChar)
    End If
Loop While (pulsación.Key <> ConsoleKey.Enter)
```

Este código podría introducirse en un método *Leer* que devolviese como resultado el dato leído. De esta forma se evitaría su repetición cada vez que hubiese que facilitar este tipo de información.

MÉTODOS MATEMÁTICOS

La biblioteca de clases .NET incluye una clase llamada **Math** en su espacio de nombres **System**, la cual define un conjunto de operaciones matemáticas de uso común que pueden ser utilizadas por cualquier programa.

La clase **Math** contiene métodos para ejecutar operaciones numéricas elementales tales como raíz cuadrada, exponencial, logaritmo, y funciones trigonométricas. Este código muestra un ejemplo con el método raíz cuadrada:

```
Dim raíz_cuadrada As Double, n As Double = 345.0
raíz_cuadrada = Math.Sqrt(n)
Console.WriteLine("La raíz cuadrada de " & n & " es " & raíz_cuadrada)
```

La tabla siguiente resume los miembros de la clase **Math**. Todos los métodos de esta clase son públicos y **Shared** para que puedan ser invocados sin necesidad de definir un objeto de la clase.

Atributo/Método	Descripción
E	Constante correspondiente al número e (base del logaritmo neperiano o natural).
PI	Constante correspondiente al número π.
Abs(a As tipo)	Devuelve el valor absoluto de a. El tipo puede ser: **Decimal**, **Double**, **Single**, **Short**, **Integer** o **Long**.
Ceiling(a As Double)	Devuelve el valor **Double** sin decimales más pequeño que es mayor o igual que a.
Floor(a As Double)	Devuelve el valor **Double** sin decimales más grande que es menor o igual que a.
Max(a As tipo, b As tipo)	Devuelve el mayor de a y b. El tipo, igual en todos los casos, puede ser entero o real.
Min(a As tipo, b As tipo)	Devuelve el menor de a y b. El tipo, igual en todos los casos, puede ser entero o real.
Round(a As tipo)	Devuelve el entero más cercano a a. El tipo puede ser **Decimal** o **Double**.
Sqrt(a As Double)	Devuelve la raíz cuadrada de a (a no puede ser negativo).
Exp(a As Double)	Devuelve el valor de e^a.
Log(a As Double)	Devuelve el logaritmo en base e (natural) de a.
Log10(a As Double)	Devuelve el logaritmo en base 10 de a.

Atributo/Método	Descripción
Pow(*a* As Double, *b* As Double)	Devuelve el valor de a^b.
IEEERemainder(*f1* As Double, *f2* As Double**)**	
	Resto de una división entre números reales: $c=f1/f2$, siendo c el valor entero más cercano al valor real de *f1/f2*; por lo tanto, el resto puede ser positivo o negativo.
Acos(*a* As Double)	Arco, de *0.0* a π, cuyo coseno es *a*.
Asin(*a* As Double)	Arco, de $-\pi/2$ a $\pi/2$, cuyo seno es *a*.
Atan(*a*) As Double	Arco, de $-\pi/2$ a $\pi/2$, cuya tangente es *a*.
Atan2(*a* As Double, *b* As Double)	Convierte las coordenadas rectangulares (*b, a*) a polares: (r, θ).
Sin(*a* As Double)	Seno de *a* radianes.
Cos(*a* As Double)	Coseno de *a* radianes.
Tan(*a* As Double)	Tangente de *a* radianes.
Sinh(*a* As Double)	Seno hiperbólico de *a* radianes.
Cosh(*a* As Double)	Coseno hiperbólico de *a* radianes.
Tanh(*a* As Double)	Tangente hiperbólica de *a* radianes.
Sign(*a* As *tipo*)	Devuelve un valor (-1, 0, 1) indicando el signo de *a*. El *tipo* puede ser entero o real.

NÚMEROS ALEATORIOS

La biblioteca de clases .NET incluye una clase llamada **Random** en su espacio de nombres **System**, la cual define un conjunto de operaciones relacionadas con la obtención de números al azar. El código siguiente muestra un ejemplo de cómo obtener un número al azar entre 1 y 49:

```
Dim n As Integer = 0
Dim rnd As Random = new Random() ' crear un objeto de la clase Random
n = rnd.Next(1, 50)  ' obtener el siguiente número aleatorio
                     ' entre 1 y 49, ambos inclusive
Console.WriteLine(n) ' mostrar el número obtenido
```

En esta tabla se resumen los métodos más utilizados de la clase **Random**:

Método	Descripción
Next()	Devuelve un número entero positivo.

Método	Descripción
Next(*máx* As Integer)	Devuelve un número entero positivo menor que *máx*.
Next(*mín* As Integer, *máx* As Integer)	Devuelve un número entero positivo mayor o igual que *mín* y menor que *máx*.
NextDouble()	Devuelve un número mayor o igual que *0.0* y menor que *1.0*.

EJERCICIOS RESUELTOS

1. Realizar un programa que dé como resultado los intereses producidos y el capital total acumulado de una cantidad *c*, invertida a un interés *r* durante *t* días.

    La fórmula utilizada para el cálculo de los intereses es:

    $$I = \frac{c*r*t}{360*100}$$

    siendo:

    I = Total de intereses producidos.
    c = Capital.
    r = Tasa de interés nominal en tanto por ciento.
    t = Período de cálculo en días.

    La solución de este problema puede ser de la siguiente forma:

    - Primero definimos las variables que vamos a utilizar en los cálculos.

    ```
    Dim c, intereses, capital As Double
    Dim r As Single
    Dim t As Integer
    ```

    - A continuación leemos los datos *c*, *r* y *t*.

    ```
    Console.Write("Capital invertido: ")
    c = Leer.datoDouble()
    Console.Write("A un % anual del: ")
    r = Leer.datoSingle()
    Console.Write("Durante cuántos días: ")
    t = Leer.datoInt()
    ```

    - Conocidos los datos, realizamos los cálculos. Nos piden los intereses producidos y el capital acumulado. Los intereses producidos los obtenemos aplicando directamente la fórmula. El capital acumulado es el capital inicial más los intereses producidos.

```
intereses = c * r * t / (360 * 100)
capital = c + intereses
```

- Finalmente, escribimos el resultado.

```
Console.WriteLine("Intereses producidos... " & intereses)
Console.WriteLine("Capital acumulado...... " & capital)
```

Observe que el desarrollo de un programa, en general, consta de tres bloques colocados en el siguiente orden:

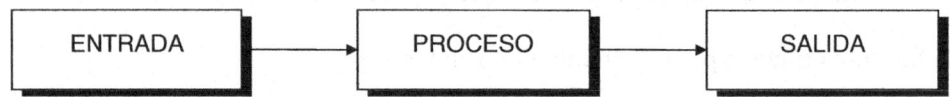

El programa completo se muestra a continuación. Observe que se ha utilizado para la entrada de datos los métodos de la clase *Leer* implementada anteriormente en este mismo capítulo.

```
' Este programa utiliza la clase Leer del espacio de nombres
' MisClases.ES
Imports System
Imports MisClases.ES

Module Intereses
   Public Sub Main()
      Dim c, intereses, capital As Double
      Dim r As Single
      Dim t As Integer

      Console.Write("Capital invertido: ")
      c = Leer.datoDouble()
      Console.Write("A un % anual del: ")
      r = Leer.datoSingle()
      Console.Write("Durante cuántos días: ")
      t = Leer.datoInt()

      intereses = c * r * t / (360 * 100)
      capital = c + intereses

      Console.WriteLine()
      Console.WriteLine("Intereses producidos... " & intereses)
      Console.WriteLine("Capital acumulado...... " & capital)
   End Sub
End Module
```

2. Realice un programa que dé como resultado las soluciones reales x_1 y x_2 de una ecuación de segundo grado, de la forma:

$$ax^2 + bx + c = 0$$

Las soluciones de una ecuación de segundo grado vienen dadas por la fórmula:

$$x_i = \frac{-b \pm \sqrt{b^2 - 4ac}}{2a}$$

Las soluciones son reales sólo si b^2-4ac es mayor o igual que 0. Con lo aprendido hasta ahora, la solución de este problema puede desarrollarse de la forma siguiente:

- Primero definimos las variables necesarias para los cálculos:

```
Dim a, b, c, d, x1, x2 As Double
```

- A continuación leemos los coeficientes a, b y c de la ecuación:

```
System.Console.Write("Coeficiente a: ") : a = Leer.datoDouble()
System.Console.Write("Coeficiente b: ") : b = Leer.datoDouble()
System.Console.Write("Coeficiente c: ") : c = Leer.datoDouble()
```

- Nos piden calcular las raíces reales. Para que existan raíces reales tiene que cumplirse que $b^2-4ac \geq 0$; si no, las raíces son complejas conjugadas. Entonces, si hay raíces reales las calculamos; en otro caso, salimos del programa.

  Para salir de un programa, en general para salir de un proceso sin hacer nada más, Visual Basic proporciona la sentencia **return**.

```
d = b * b - 4 * a * c
If (d < 0) Then
   ' Si d es menor que 0
   Console.WriteLine("Las raíces son complejas.")
   Return ' salir
End If
' Si d es mayor o igual que 0
Console.WriteLine("Las raíces reales son:")
```

- Si hay raíces reales las calculamos aplicando la fórmula.

```
d = Math.Sqrt(d)
x1 = (-b + d) / (2 * a)
x2 = (-b - d) / (2 * a)
```

El método **Sqrt** calcula la raíz cuadrada de su argumento. En el ejemplo, se calcula la raíz cuadrada de *d* y se almacena el resultado de nuevo en *d*.

- Por último escribimos los resultados obtenidos.

```
System.Console.WriteLine("x1 = " & x1 & ", x2 = " & x2)
```

El programa completo se muestra a continuación:

```
' Este programa utiliza la clase Leer del espacio de nombres
' MisClases.ES
Imports System
Imports MisClases.ES

Module Ecuacion
  Public Sub Main()
    Dim a, b, c, d, x1, x2 As Double

    Console.Write("Coeficiente a: ") : a = Leer.datoDouble()
    Console.Write("Coeficiente b: ") : b = Leer.datoDouble()
    Console.Write("Coeficiente c: ") : c = Leer.datoDouble()

    d = b * b - 4 * a * c
    If (d < 0) Then
      ' Si d es menor que 0
      Console.WriteLine("Las raíces son complejas.")
      Return ' salir
    End If

    ' Si d es mayor o igual que 0
    Console.WriteLine("Las raíces reales son:")
    d = Math.Sqrt(d)
    x1 = (-b + d) / (2 * a)
    x2 = (-b - d) / (2 * a)

    Console.WriteLine("x1 = " & x1 & ", x2 = " & x2)
  End Sub
End Module
```

EJERCICIOS PROPUESTOS

1. Realice un programa que calcule el volumen de una esfera, que viene dado por la fórmula:

$$v = \frac{4}{3}\pi r^3$$

2. Realice un programa que pregunte el nombre y el año de nacimiento y dé como resultado:

```
Hola nombre, en el año 2030 tendrás n años
```

3. Realice un programa que evalúe el polinomio:

$$p = 3x^5 - 5x^3 + 2x - 7$$

y visualice el resultado con el siguiente formato:

```
Para x = valor, 3x^5 - 5x^3 + 2x - 7 = resultado
```

4. Realice el mismo programa anterior, pero empleando ahora coeficientes variables:

$$ax^5 - bx^3 + cx - 7$$

5. Ejecute el siguiente programa, explique lo que ocurre y realice las modificaciones que sean necesarias para su correcto funcionamiento.

```
Imports System

Module Test
   Public Sub Main()
      Dim car As Char

      Console.Write("Carácter: ")
      car = Convert.ToChar(Console.Read())
      Console.WriteLine(car)

      Console.Write("Carácter: ")
      car = Convert.ToChar(Console.Read())
      Console.WriteLine(car)
   End Sub
End Module
```

6. Indique qué resultado da el siguiente programa. A continuación ejecute el programa y compare los resultados.

La función **Chr** del espacio de nombres **Microsoft.VisualBasic**, devuelve el carácter asociado con el entero especificado. Y la función **Asc** del mismo espacio de nombres, devuelve el código (valor de tipo **Integer**) asociado con el carácter especificado.

```
Imports System
Imports Microsoft.VisualBasic
```

```
Module Test
  Public Sub Main()
    Dim car1 As Integer = Asc("A"c)
    Dim car2 As Integer = 65
    Dim car3 As Integer = 0

    car3 = car1 + Asc("a"c) - Asc("A"c)
    Console.WriteLine(Chr(car3) & " " & car3)

    car3 = car2 + 32
    Console.WriteLine(Chr(car3) & " " & car3)
  End Sub
End Module
```

Este programa puede realizarse también utilizando los métodos de la clase **Convert** del espacio de nombres **System** explicada anteriormente en este mismo capítulo:

```
Imports System

Module Test
  Public Sub Main()
    Dim car1 As Integer = Convert.ToInt32("A"c)
    Dim car2 As Integer = 65
    Dim car3 As Integer = 0

    car3 = car1 + Convert.ToInt32("a"c) - Convert.ToInt32("A"c)
    Console.WriteLine(Convert.ToChar(car3) & " " & car3) ' a 97

    car3 = car2 + 32
    Console.WriteLine(Convert.ToChar(car3) & " " & car3) ' a 97
  End Sub
End Module
```

CAPÍTULO 7

© F.J.Ceballos/RA-MA

SENTENCIAS DE CONTROL

Frecuentemente surge la necesidad de ejecutar unas sentencias u otras en función del valor que tomen una o más expresiones en un instante determinado durante la ejecución del programa. Por ejemplo, en el capítulo anterior, cuando calculábamos las raíces de una ecuación de segundo grado, vimos que en función del valor del discriminante las raíces podían ser reales o complejas. En un caso como éste, surge la necesidad de que sea el propio programa el que tome la decisión, en función del valor del discriminante, de si lo que tiene que calcular son dos raíces reales o dos raíces complejas conjugadas.

Asimismo, en más de una ocasión habrá que ejecutar un conjunto de sentencias un número determinado de veces, o bien hasta que se cumpla una determinada condición. Por ejemplo, en el capítulo anterior hemos visto cómo leer un carácter de la entrada estándar. Pero si lo que queremos es leer, no un carácter sino todos los que escribamos por el teclado hasta detectar la marca de fin de fichero, tendremos que utilizar una sentencia repetitiva.

En este capítulo aprenderá a escribir código para que un programa tome decisiones y para que sea capaz de ejecutar bloques de sentencias repetidas veces.

SENTENCIA If

La sentencia **If** permite a un programa tomar una decisión para ejecutar una acción u otra, basándose en el resultado verdadero o falso de una expresión. La sintaxis para utilizar esta sentencia es la siguiente (la parte especificada entre [] es opcional):

```
If [(]condición[)] Then sentencia 1 [Else sentencia 2]
```

o bien:

```
If [(]condición[)] Then
   sentencia 1
[Else
   sentencia 2]
End If
```

donde *condición* es una expresión booleana, y *sentencia 1* y *sentencia 2* representan a una o más sentencias simples. Cuando se utiliza el primer formato y como *sentencia 1* y/o *sentencia 2* se escriben varias sentencias simples, hay que separar unas de otras por dos puntos; este es uno de los motivos por los que se utiliza más el segundo formato; en este caso, lo más normal es que cada sentencia simple se finalice pulsando la tecla *Entrar*.

Una sentencia **If** se ejecuta de la forma siguiente:

1.   Se evalúa la condición y se obtiene un resultado verdadero o falso.

2.   Si el resultado es verdadero (**True**), se ejecutará lo indicado por la *sentencia 1*.

3.   Si el resultado es falso (**False**), la *sentencia 1* se ignora y se ejecutará lo indicado por la *sentencia 2* si la cláusula **Else** se ha especificado.

4.   En cualquier caso, la ejecución continúa en la siguiente sentencia ejecutable que haya a continuación de la sentencia **If**.

A continuación se exponen algunos ejemplos para que vea de una forma sencilla cómo se utiliza la sentencia **If** (como autor de este libro, he decidido encerrar la condición entre paréntesis por compatibilidad con otros lenguajes).

```
If (x <> 0) Then
   b = a / x
End If
b = b + 1
```

En este ejemplo, la condición viene impuesta por la expresión $x <> 0$. Entonces $b = a / x$, que sustituye a la *sentencia 1* del formato general, se ejecutará si la expresión es verdadera (valor de x distinto de 0) y no se ejecutará si la expresión es falsa (valor de x igual a 0). En cualquier caso, se continúa la ejecución en la línea siguiente, $b = b + 1$. Veamos otro ejemplo:

```
If (a < b) Then c = c + 1
' siguiente línea del programa
```

En este otro ejemplo, la condición viene impuesta por una expresión $a < b$. Si al evaluar la condición se cumple que a es menor que b, entonces se ejecuta la sentencia $c = c + 1$. En otro caso, esto es, si a es mayor o igual que b, se continúa en la línea siguiente, ignorándose la sentencia $c = c + 1$.

En el ejemplo siguiente, la condición viene impuesta por la expresión $a <> 0$ $\&\& b <> 0$. Si al evaluar la condición se cumple que a y b son distintas de cero, entonces se ejecuta la sentencia $x = i$. En otro caso, la sentencia $x = i$ se ignora, continuando la ejecución en la línea siguiente.

```
If (a <> 0 And b <> 0) Then
   x = i
End If
' siguiente línea del programa
```

En el ejemplo siguiente, si se cumple que a es igual a $b*5$, se ejecutan las sentencias $x = 4$ y $a = a + x$. En otro caso, se ejecuta la sentencia $b = 0$. En ambos casos, la ejecución continúa en la siguiente línea del programa.

```
If (a = b * 5) Then
   x = 4
   a = a + x
Else
   b = 0
End If
' siguiente línea del programa
```

En este otro ejemplo que se muestra a continuación, la sentencia **Return** se ejecutará solamente cuando *car* (variable de tipo **Char**) sea igual al carácter *s*.

```
If (car = "s"C) Then
   ' ...
   Return
End If
```

ANIDAMIENTO DE SENTENCIAS If

Cuando se observa el formato general de la sentencia **If** cabe una pregunta: ¿se puede escribir otra sentencia **If** como *sentencia 1* o *sentencia 2*? La respuesta es sí. Esto es, las sentencias **If ... Else** pueden estar anidadas. Por ejemplo:

```
If (condición 1) Then
   If (condición 2) Then
     sentencia 1
   End If
Else
   sentencia 2
End If
```

Al evaluarse las condiciones anteriores, pueden presentarse los casos que se indican en la tabla siguiente:

condición 1	condición 2	se ejecuta: sentencia 1	sentencia 2
F	F	no	sí
F	V	no	sí
V	F	no	no
V	V	sí	no

(V = verdadero, F = falso, no = no se ejecuta, sí = sí se ejecuta)

En el ejemplo anterior los **End** definen perfectamente que la cláusula **Else** está emparejada con el primer **If**. ¿Qué sucede si el ejemplo anterior lo escribimos de esta otra forma?

```
If (condición 1) Then
  If (condición 2) Then
    sentencia 1
  Else
    sentencia 2
  End If
End If
```

Ahora tampoco hay duda de a qué **If** pertenece la cláusula **Else**: se corresponde con el segundo **If**. En este caso, al evaluarse las *condiciones 1* y *2*, pueden presentarse los casos que se indican en la tabla siguiente:

condición 1	condición 2	se ejecuta: sentencia 1	sentencia 2
F	F	no	no
F	V	no	no
V	F	no	sí
V	V	sí	no

(V = verdadero, F = falso, no = no se ejecuta, sí = sí se ejecuta)

Es importante observar que una vez que se ejecuta una acción como resultado de haber evaluado las condiciones impuestas, la ejecución del programa continúa en la siguiente línea a la estructura a que dan lugar las sentencias **If ... Else** anidadas. Por ejemplo, si en el ejemplo siguiente ocurre que *a* no es igual a *0*, la ejecución continúa en la siguiente línea del programa.

```
If (a = 0) Then
  If (b <> 0) Then
    s = s + b
  Else
    s = s + a
```

```
   End If
End If
' siguiente línea del programa
```

Si en lugar de la solución anterior, lo que deseamos es que se ejecute $s = s + a$ cuando a no es igual a 0, entonces tendremos que incluir el segundo **If** sin la cláusula **Else** como *sentencia 1* del primer **If**; esto es:

```
If (a = 0) Then
   If (b <> 0) Then
      s = s + b
   End If
Else
   s = s + a
End If
' siguiente línea del programa
```

Como ejercicio sobre la teoría expuesta, vamos a realizar una aplicación que dé como resultado el menor de tres números a, b y c. La forma de proceder es comparar cada número con los otros dos una sola vez. La simple lectura del código que se muestra a continuación es suficiente para entender el proceso seguido.

```
' Este programa utiliza la clase Leer del espacio de nombres
' MisClases.ES
Imports System
Imports MisClases.ES

Module Menor
   ' Menor de tres números a, b y c
   Public Sub Main()
     Dim a, b, c, menor As Single

      ' Leer los valores de a, b y c
      Console.Write("a : ") : a = Leer.datoSingle()
      Console.Write("b : ") : b = Leer.datoSingle()
      Console.Write("c : ") : c = Leer.datoSingle()

      ' Obtener el menor
      If (a < b) Then
        If (a < c) Then
          menor = a
        Else
          menor = c
        End If
      Else
        If (b < c) Then
          menor = b
        Else
          menor = c
```

```
      End If
    End If
    Console.WriteLine("Menor = " & menor)
  End Sub
End Module
```

ESTRUCTURA Else If

La estructura presentada a continuación, aparece con bastante frecuencia y es por lo que se le da un tratamiento por separado, aunque podría ser sustituida perfectamente por sentencias **If** anidadas. Su formato general es:

```
If [(]condición 1[)] Then
    sentencia 1
ElseIf [(]condición 2[)] Then
    sentencia 2
ElseIf [(]condición 3[)] Then
    sentencia 3
.
.
.
Else
    sentencia n
End If
```

La evaluación de esta estructura sucede así: si se cumple la *condición 1*, se ejecuta la *sentencia 1*, y si no se cumple, se examinan secuencialmente las condiciones siguientes hasta el último **Else**, ejecutándose la sentencia correspondiente al primer **ElseIf**, cuya *condición* sea cierta. Si todas las condiciones son falsas, se ejecuta la *sentencia n* correspondiente al último **Else**. En cualquier caso, se continúa en la primera sentencia ejecutable que haya a continuación de la estructura. Las *sentencias 1, 2, ..., n* pueden ser una o más sentencias simples.

Por ejemplo, al efectuar una compra en un cierto almacén, si adquirimos más de 100 unidades de un mismo artículo, nos hacen un descuento de un 40 %; entre 25 y 100 un 20 %; entre 10 y 24 un 10 %; y no hay descuento para una adquisición de menos de 10 unidades. Se pide calcular el importe a pagar. La solución se presentará de la siguiente forma:

```
Código artículo....... 111
Cantidad comprada..... 100
Precio unitario....... 100

Descuento............. 20%
Total................. 8000
```

En la solución presentada como ejemplo, se puede observar que como la cantidad comprada está entre 25 y 100, el descuento aplicado es de un 20%.

La solución de este problema puede ser de la forma siguiente:

- Primero definimos las variables que vamos a utilizar en los cálculos.

```
Dim ar, cc As Integer
Dim pu, desc As Single
```

- A continuación leemos los datos *ar*, *cc* y *pu*.

```
Console.Write("Código artículo....... ")
ar = Leer.datoInt()
Console.Write("Cantidad comprada..... ")
cc = Leer.datoInt()
Console.Write("Precio unitario....... ")
pu = Leer.datoSingle()
```

- Conocidos los datos, realizamos los cálculos y escribimos el resultado.

```
If (cc > 100) Then
   desc = 40.0F     ' descuento 40%
ElseIf (cc >= 25) Then
   desc = 20.0F     ' descuento 20%
ElseIf (cc >= 10) Then
   desc = 10.0F     ' descuento 10%
Else
   desc = 0.0F      ' descuento 0%
End If
Console.WriteLine("Descuento............ " & desc & "%")
Console.WriteLine("Total................ " & _
                  cc * pu * (1 - desc / 100))
```

Se puede observar que las condiciones se han establecido según los descuentos de mayor a menor. Como ejercicio, piense o pruebe que ocurriría si establece las condiciones según los descuentos de menor a mayor. La aplicación completa se muestra a continuación.

```
' Este programa utiliza la clase Leer del espacio de nombres
' MisClases.ES
Imports System
Imports MisClases.ES

Module Descuento
   Public Sub Main()
      Dim ar, cc As Integer
      Dim pu, desc As Single
```

```
      Console.Write("Código artículo....... ")
      ar = Leer.datoInt()
      Console.Write("Cantidad comprada..... ")
      cc = Leer.datoInt()
      Console.Write("Precio unitario....... ")
      pu = Leer.datoSingle()
      Console.WriteLine()

      If (cc > 100) Then
         desc = 40.0F    ' descuento 40%
      ElseIf (cc >= 25) Then
         desc = 20.0F    ' descuento 20%
      ElseIf (cc >= 10) Then
         desc = 10.0F    ' descuento 10%
      Else
         desc = 0.0F     ' descuento 0%
      End If
      Console.WriteLine("Descuento............ " & desc & "%")
      Console.WriteLine("Total................ " & _
                        cc * pu * (1 - desc / 100))
   End Sub
End Module
```

SENTENCIA Select

La sentencia **Select** permite ejecutar una de varias acciones en función del valor de una expresión. Es una sentencia especial para decisiones múltiples. La sintaxis para utilizar esta sentencia es:

```
Select [Case] [(]expresión-test[)]
   Case expresión 1
     [sentencias 1]
   [Case expresión 2]
     [sentencias 2]
   [Case expresión 3]
     [sentencias 3]
   .
   .
   .
   [Case Else]
     [sentencias n]
End Select
```

donde *expresión-test* es una expresión numérica o alfanumérica, y *expresión 1*, *expresión 2...* representan una lista de expresiones que puede tener cualquiera de las formas siguientes:

expresión[*, expresión*] . . .
expresión **To** *expresión*
Is *operador-de-relación expresión*
combinación de las anteriores separadas por comas

Aquí, *expresión* es cualquier expresión numérica o de caracteres del mismo tipo que *expresión-test*. Por ejemplo:

```
Case Is < x        ' expresión-test < x
Case 3             ' expresión-test = 3
Case x To 20       ' expresión-test = x, x+1, ...,20
Case 3, x          ' expresión-test = 3, x
Case -1, x To 5    ' expresión-test = -1, x, x+1, ...,5
Case "sí", "SI"    ' expresión-test = "sí", "SI"
Case Is >= 10      ' expresión-test >= 10
```

Cuando se utiliza la forma *expresión* **To** *expresión*, el valor más pequeño debe aparecer en primer lugar.

Cuando se ejecuta una sentencia **Select**, Visual Basic evalúa la *expresión-test* y busca el primer **Case** que incluya el valor evaluado, ejecutando a continuación el correspondiente bloque de sentencias. Si no existe un valor igual a la *expresión-test*, entonces se ejecutan las sentencias a continuación de **Case Else**, si se ha especificado. En cualquier caso, el control pasa a la siguiente sentencia a **End Select**. Por ejemplo:

```
Select Case x
  Case 1
    text = "1"
  Case 2, 3
    text = "2 o 3"
  Case 4 To 9
    text = "4 a 9"
  Case Else
    text = "otro valor"
End Select
```

En este ejemplo, si *x* vale 1, se asigna "1" a la variable *text*; si vale 2 o 3, se asigna "2 o 3" a *text*; si vale 4, 5, 6, 7, 8 o 9, se asigna "4 a 9" a *text*; y en cualquier otro caso, se asigna "otro valor" a la variable *text*. Cuando se produce una coincidencia, se ejecuta sólo el código que hay hasta el siguiente **Case**, o hasta **End Select** si se trata del último **Case**.

Para ilustrar la sentencia **Select**, vamos a realizar un programa que lea una fecha representada por dos enteros, *mes* y *año*, y dé como resultado los días correspondientes al *mes*. Esto es:

```
Mes (##): 5
Año (####): 2005
```

```
El mes 5 del año 2005 tiene 31 días
```

Hay que tener en cuenta que febrero puede tener 28 días, o bien 29 si el año es bisiesto. Un año es bisiesto cuando es múltiplo de 4 y no de 100 o cuando es múltiplo de 400. Por ejemplo, el año 2000 por las dos primeras condiciones no sería bisiesto, pero sí lo es porque es múltiplo de 400; el año 2100 no es bisiesto porque aunque sea múltiplo de 4, también lo es de 100 y no es múltiplo de 400.

La solución de este problema puede ser de la siguiente forma:

- Primero definimos las variables que vamos a utilizar en los cálculos.

```
Dim días, mes, año As Integer
```

- A continuación leemos los datos *mes* y *año*.

```
System.Console.Write("Mes (##): ") : mes = Leer.datoInt()
System.Console.Write("Año (####): ") : año = Leer.datoInt()
```

- Después comparamos el *mes* con las constantes 1, 2, ..., 12. Si *mes* es 1, 3, 5, 7, 8, 10 ó 12 asignamos a *días* el valor 31. Si *mes* es 4, 6, 9 u 11 asignamos a *días* el valor 30. Si *mes* es 2, verificaremos si el *año* es bisiesto, en cuyo caso asignamos a *días* el valor 29 y si no es bisiesto, asignamos a *días* el valor 28. Si *mes* no es ningún valor de los anteriores enviaremos un mensaje al usuario indicándole que el mes no es válido. Todo este proceso lo realizaremos con una sentencia **Select**.

```
Select Case (mes)
  Case 1, 3, 5, 7, 8, 10, 12
    días = 31
  Case 4, 6, 9, 11
    días = 30
  Case 2   ' febrero
    ' Es el año bisiesto?
    If ((año Mod 4 = 0) And (año Mod 100 <> 0) Or (año Mod 400 = 0)) Then
      días = 29
    Else
      días = 28
    End If
  Case Else
    Console.WriteLine("El mes no es válido")
End Select
```

Cuando una constante coincida con el valor de *mes*, se ejecutan las sentencias especificadas entre esa cláusula **Case** y la siguiente, siguiendo la ejecución del programa en la sentencia siguiente a **End Select**.

- Por último, si el *mes* es válido, escribimos el resultado solicitado.

```
If (mes >= 1 And mes <= 12) Then
   Console.WriteLine("El mes " & mes & " del año " & año & _
                     " tiene " & días & " días")
```

El programa completo se muestra a continuación:

```
' Este programa utiliza la clase Leer del espacio de nombres
' MisClases.ES
Imports System
Imports MisClases.ES

Module CDiasMes
  ' Días correspondientes a un mes de un año dado

  Public Sub Main()
    Dim días, mes, año As Integer

    Console.Write("Mes (##): ") : mes = Leer.datoInt()
    Console.Write("Año (####): ") : año = Leer.datoInt()

    Select Case (mes)
      Case 1, 3, 5, 7, 8, 10, 12
        días = 31
      Case 4, 6, 9, 11
        días = 30
      Case 2  ' febrero
        ' Es el año bisiesto?
        If ((año Mod 4 = 0) And (año Mod 100 <> 0) Or (año Mod 400 = 0)) Then
          días = 29
        Else
          días = 28
        End If
      Case Else
        Console.WriteLine("El mes no es válido")
    End Select
    If (mes >= 1 And mes <= 12) Then
      Console.WriteLine("El mes " & mes & " del año " & año & _
                        " tiene " & días & " días")
    End If
  End Sub
End Module
```

Se deja como ejercicio para el lector declarar la variable *mes* de tipo **String**, lo que permitirá sustituir los meses 1, 2, ..., 12 por las cadenas de caracteres correspondientes (enero, febrero, ..., diciembre).

SENTENCIA While

La sentencia **While** ejecuta una o más sentencias cero o más veces, dependiendo del valor de una expresión booleana. Su sintaxis es:

```
While [()condición[)]
   sentencias
End While
```

donde *condición* es cualquier expresión booleana y *sentencias* es un bloque de una o más sentencias.

La ejecución de la sentencia **While** sucede así:

1. Se evalúa la *condición* y se obtiene un resultado verdadero o falso.

2. Si el resultado es falso (**False**), el bloque de *sentencias* no se ejecuta y se pasa el control a la siguiente sentencia en el programa.

3. Si el resultado de la evaluación es verdadero (**True**), se ejecuta el bloque de *sentencias* y el proceso descrito se repite desde el punto 1.

Por ejemplo, el siguiente código que podrá ser incluido en cualquier aplicación, solicita obligatoriamente una de las dos respuestas posibles: *s/n* (sí o no).

```
Imports System

Module Test
  Public Sub Main()
    Dim car As Char

    Console.Write("Desea continuar s/n (sí o no) ")
    car = Convert.ToChar(Console.Read())
    ' Eliminar los caracteres disponibles en el flujo de entrada
    Console.ReadLine()
    While (car <> "s"c And car <> "n"c)
      Console.Write("Desea continuar s/n (sí o no) ")
      car = Convert.ToChar(Console.Read())
      Console.ReadLine()
    End While
  End Sub
End Module
```

Observe que antes de ejecutarse la sentencia **While** se visualiza el mensaje "Desea continuar s/n (sí o no)" y se inicia la condición; esto es, se asigna un carácter a la variable *car* que interviene en la condición de la sentencia **While**.

La sentencia **While** se interpreta de la forma siguiente: mientras el valor de *car* no sea igual al carácter *s* ni al carácter *n*, visualizar el mensaje "Desea continuar *s/n* (sí o no)" y leer otro carácter. Esto obliga al usuario a escribir el carácter *s* o *n* en minúsculas.

El ejemplo anterior requiere leer un solo carácter pero, si tuviéramos que leer una cadena de caracteres, ¿cómo sabrá el programa cuándo finaliza la entrada de información? Esto se puede hacer incluyendo en el **While** una condición de terminación como: leer datos hasta alcanzar la marca de fin de fichero. Recuerde que para el flujo estándar de entrada, esta marca se produce cuando se pulsan las teclas *Ctrl+D* en UNIX, o bien *Ctrl+Z* en aplicaciones Windows de consola, y que cuando **Read** lee una marca de fin de fichero, devuelve un valor negativo. Por ejemplo, el siguiente programa visualiza el código Unicode de cada uno de los caracteres del texto introducido por el teclado.

```
Imports System

Module Test
  ' Código Unicode de cada uno de los caracteres de un texto
  Public Sub Main()
    Const CR As Integer = 13, LF As Integer = 10
    Dim car As Integer

    Console.WriteLine("Introduzca texto.")
    Console.WriteLine("Para terminar pulse Ctrl+z\n")
    car = Console.Read()
    While (car > -1)
      If (car <> CR And car <> LF) Then
        Console.WriteLine("El código Unicode de " & _
                    Convert.ToChar(car) & " es " & car)
      End If
      car = Console.Read()
    End While
  End Sub
End Module
```

Una solución posible de este programa es la siguiente:

```
hola[Entrar]
El código Unicode de h es 104
El código Unicode de o es 111
El código Unicode de l es 108
El código Unicode de a es 97
```

```
adiós[Entrar]
El código Unicode de a es 97
El código Unicode de d es 100
El código Unicode de i es 105
El código Unicode de ó es 243
El código Unicode de s es 115
[Ctrl][z]
```

El resultado mostrado permite observar que el bucle **While** se está ejecutando sin pausa mientras hay caracteres en el flujo de entrada. Cuando dicho flujo queda vacío y se ejecuta el método **Read** de nuevo, la ejecución se detiene a la espera de nuevos datos. Lógicamente, habrá comprendido que aunque se lea carácter a carácter se puede escribir, hasta pulsar *Entrar*, un texto cualquiera.

Los caracteres *CR* y *LF* introducidos al pulsar *Entrar* son ignorados porque así se ha programado.

Bucles anidados

Cuando se incluye una sentencia **While** dentro de otra sentencia **While**, en general una sentencia **While**, **Do**, o **For** dentro de otra de ellas, estamos en el caso de bucles anidados. Por ejemplo:

```
Public Sub Main()
  Dim i As Integer = 1, j As Integer = 1
  While (i <= 3)     ' mientras i sea menor o igual que 3
    System.Console.Write("Para i = " & i & ": ")
    While (j <= 4)   ' mientras j sea menor o igual que 4
      System.Console.Write("j = " & j & ", ")
      j += 1 ' aumentar j en una unidad
    End While
    System.Console.WriteLine() ' avanzar a una nueva línea
    i += 1 ' aumentar i en una unidad
    j = 1 ' iniciar j de nuevo a 1
  End While
End Sub
```

Al ejecutar este método se obtiene el siguiente resultado:

```
Para i = 1: j = 1, j = 2, j = 3, j = 4,
Para i = 2: j = 1, j = 2, j = 3, j = 4,
Para i = 3: j = 1, j = 2, j = 3, j = 4,
```

Este resultado demuestra que el bucle exterior se ejecute tres veces, y por cada una de éstas, el bucle interior se ejecuta a su vez cuatro veces. Es así como se ejecutan los bucles anidados: por cada iteración del bucle externo, el interno se ejecuta hasta finalizar todas sus iteraciones.

Observe también que cada vez que finaliza la ejecución de la sentencia **While** interior, avanzamos a una nueva línea, incrementamos el valor de i en una unidad e iniciamos de nuevo j al valor 1.

Como aplicación de lo expuesto, vamos a realizar un programa que imprima los números z, comprendidos entre *1* y *50*, que cumplan la expresión:

$$z^2 = x^2 + y^2$$

donde z, x e y son números enteros positivos. El resultado se presentará de la forma siguiente:

Z	X	Y
5	3	4
13	5	12
10	6	8
...	...	...
50	30	40

La solución de este problema puede ser de la siguiente forma:

- Primero definimos las variables que vamos a utilizar en los cálculos.

```
Dim x As Integer = 1, y As Integer = 1, z As Integer = 0
```

- A continuación escribimos la cabecera de la solución.

```
Dim TH As Char = Convert.ToChar(&H9) ' tab horizontal
Console.WriteLine("Z" & TH & "X" & TH & "Y")
Console.WriteLine("_____")
```

- Después, para $x = 1$, e $y = 1, 2, 3, ...$, para $x = 2$, e $y = 2, 3, 4, ...$, para $x = 3$, e $y = 3, 4, ...$, hasta $x = 50$, calculamos la $\sqrt{x^2 + y^2}$; llamamos a este valor z (observe que y es igual o mayor que x para evitar que se repitan pares de valores como $x=3$, $y=4$ y $x=4$, $y=3$). Si z es exacto, escribimos z, x e y. Esto es, para los valores descritos de x e y, hacemos los cálculos:

```
z = Math.Sqrt(x * x + y * y) ' z es una variable entera
If (z * z = x * x + y * y)    ' ¿la raíz cuadrada fue exacta?
   System.Console.WriteLine(z & TH & x & TH & y)
```

Además, siempre que obtengamos un valor *z* mayor que *50* lo desecharemos y continuaremos con un nuevo valor de *x* y los correspondientes valores de *y*.

El programa completo se muestra a continuación:

```
Imports System

Module Pitagoras
  ' Teorema de Pitágoras
  Public Sub Main()
    Dim x As Integer = 1, y As Integer = 1, z As Integer = 0
    Dim TH As Char = Convert.ToChar(&H9) ' tab horizontal

    Console.WriteLine("Z" & TH & "X" & TH & "Y")
    Console.WriteLine("_____")
    While (x <= 50)
      ' Calcular z. Como z es un entero, almacena
      ' la parte entera (redondeada) de la raíz cuadrada
      z = Math.Sqrt(x * x + y * y)
      While (y <= 50 And z <= 50)
        ' Si la raíz cuadrada anterior fue exacta,
        ' escribir z, x e y
        If (z * z = x * x + y * y) Then
          Console.WriteLine(z & TH & x & TH & y)
        End If
        y = y + 1
        z = Math.Sqrt(x * x + y * y)
      End While
      x = x + 1 : y = x
    End While
  End Sub
End Module
```

SENTENCIA Do ... Loop While

La sentencia **Do ... Loop While** ejecuta una o más sentencias una o más veces, dependiendo del valor de una expresión booleana. Su sintaxis es la siguiente:

```
Do
  sentencias
Loop While [(]condición[)]
```

donde *condición* es cualquier expresión booleana y *sentencias* es un bloque de una o más sentencias. Existen otras versiones que no explicaremos en esta obra, simplemente por guardar la compatibilidad con otros lenguajes.

La ejecución de una sentencia **Do ... Loop While** sucede de la siguiente forma:

1. Se ejecuta el bloque de sentencias de **Do**.

2. Se evalúa la expresión correspondiente a la *condición* de finalización del bucle y se obtiene un resultado verdadero o falso.

3. Si el resultado es falso (**False**), se pasa el control a la siguiente sentencia en el programa.

4. Si el resultado es verdadero (**True**), el proceso descrito se repite desde el punto 1.

Por ejemplo, el siguiente código obliga al usuario a introducir un valor positivo:

```
Dim n As Double
Do ' ejecutar las sentencias siguientes
  System.Console.Write("Número: ")
  n = Leer.datoDouble()
Loop While (n < 0)    ' mientras n sea menor que 0
```

Cuando se utiliza una sentencia **Do ... Loop While** el bloque de sentencias se ejecuta al menos una vez, porque la condición se evalúa al final. En cambio, cuando se ejecuta una sentencia **While** puede suceder que el bloque de sentencias no se ejecute, lo que ocurrirá siempre que la condición sea inicialmente falsa.

Como ejercicio, vamos a realizar un programa que calcule la raíz cuadrada de un número *n* por el método de Newton. Este método se enuncia así: sea r_i la raíz cuadrada aproximada de *n*. La siguiente raíz aproximada r_{i+1} se calcula en función de la anterior así:

$$r_{i+1} = \frac{\dfrac{n}{r_i} + r_i}{2}$$

El proceso descrito se repite hasta que la diferencia en valor absoluto de las dos últimas aproximaciones calculadas, sea tan pequeña como nosotros queramos (teniendo en cuenta los límites establecidos por el tipo de datos utilizado). Según esto, la última aproximación será una raíz válida, cuando se cumpla que:

$$abs(r_i - r_{i+1}) \leq \varepsilon$$

La solución de este problema puede ser de la siguiente forma:

- Primero definimos las variables que vamos a utilizar en los cálculos.

```
Dim n As Double          ' número
Dim aprox As Double      ' aproximación a la raíz cuadrada
Dim antaprox As Double   ' anterior aproximación a la raíz cuadrada
Dim epsilon As Double    ' coeficiente de error
```

- A continuación leemos los datos *n, aprox* y *epsilon*.

```
System.Console.Write("Número: ")
n = Leer.datoDouble()
System.Console.Write("Raíz cuadrada aproximada: ")
aprox = Leer.datoDouble()
System.Console.Write("Coeficiente de error: ")
epsilon = Leer.datoDouble()
```

- Después, se aplica la fórmula de Newton.

```
Do
  antaprox = aprox
  aprox = (n / antaprox + antaprox) / 2
Loop While (Math.Abs(aprox - antaprox) >= epsilon)
```

Al aplicar la fórmula por primera vez, la variable *antaprox* contiene el valor aproximado a la raíz cuadrada que hemos introducido a través del teclado. Para sucesivas veces, *antaprox* contendrá la última aproximación calculada.

- Cuando la condición especificada en la sentencia **Do ... Loop While** mostrada anteriormente sea falsa, el proceso habrá terminado. Sólo queda imprimir el resultado.

```
Console.WriteLine("La raíz cuadrada de {0:F2} es {1:F2}", n, aprox)
```

El programa completo se muestra a continuación. Para no permitir la entrada de número negativos, se ha utilizado una sentencia **Do ... Loop While** que preguntará por el valor solicitado mientras el introducido sea negativo.

```
' Este programa utiliza la clase Leer del espacio de nombres
' MisClases.ES
Imports System
Imports MisClases.ES

Module RaizCuadrada
  ' Raíz cuadrada. Método de Newton.
  Public Sub Main()
    Dim n As Double          ' número
    Dim aprox As Double      ' aproximación a la raíz cuadrada
```

```
Dim antaprox As Double ' anterior aproximación a la raíz cuadrada
Dim epsilon As Double  ' coeficiente de error

Do
   Console.Write("Número: ")
   n = Leer.datoDouble()
Loop While (n < 0)

Do
   Console.Write("Raíz cuadrada aproximada: ")
   aprox = Leer.datoDouble()
Loop While (aprox <= 0)

Do
   Console.Write("Coeficiente de error: ")
   epsilon = Leer.datoDouble()
Loop While (epsilon <= 0)

Do
   antaprox = aprox
   aprox = (n / antaprox + antaprox) / 2
Loop While (Math.Abs(aprox - antaprox) >= epsilon)

   Console.WriteLine("La raíz cuadrada de {0:F2} es {1:F2}", n, aprox)
   End Sub
End Module
```

Si ejecuta este programa para un valor de *n* igual a *10*, obtendrá la siguiente solución:

```
Número: 10
Raíz cuadrada aproximada: 1
Coeficiente de error: 1e-4
La raíz cuadrada de    10,00 es    3,16
```

SENTENCIA For

La sentencia **For** permite ejecutar una o más sentencias, repetidamente un número de veces conocido. Su sintaxis es la siguiente:

```
For variable = expresión 1 To expresión 2 [Step expresión 3]
   sentencias
Next
```

- *variable* representa la variable de control que será iniciada con el valor de la *expresión 1*,
- *expresión 2* representa el valor final que tomará la *variable*, y

- *expresión 3* representa el valor positivo o negativo en el que se incrementa la *variable* de control cada vez que se ejecuta *sentencia*, lo cual ocurrirá mientras *variable* no alcance el valor de la *expresión 2*. El valor de *expresión 3* es 1 por omisión.
- *sentencias* es un bloque de una o más sentencias.

La ejecución de la sentencia **For** sucede de la siguiente forma:

1. Se inicia la *variable* con el valor de la *expresión 1*.

2. Se evalúa la condición *variable* <= *expresión 2* para valores positivos o 0 de la *expresión 3*, o bien *variable* >= *expresión 2* para valores negativos.

   a) Si el resultado es verdadero (**True**), se ejecuta el bloque de sentencias, se modifica *variable* según la expresión *variable* += *expresión 3* que da lugar a la progresión de la condición, y se vuelve al punto 2.

   b) Si el resultado es falso (**False**), la ejecución de la sentencia **For** se da por finalizada y se pasa el control a la siguiente sentencia en el programa.

Por ejemplo, la siguiente sentencia **For** imprime los números del *1* al *100*. Literalmente dice: desde *i* igual a *1* hasta 100 (o mientras *i* sea menor o igual que *100*) incrementando la *i* de uno en uno, escribir el valor de *i*.

```
Dim i As Integer
For i = 1 To 100
  System.Console.Write(i & " ")
Next
```

El siguiente ejemplo imprime los múltiplos de 7 que hay entre 7 y 112. Se puede observar que, en este caso, la variable progresa hacia el valor final con incrementos de 7.

```
Dim k As Integer
For k = 7 To 112 Step 7
  System.Console.Write(k & " ")
Next
```

En el siguiente ejemplo se puede observar la utilización de un incremento negativo.

```
Dim i As Integer
For i = 50 To 1 Step -1
  System.Console.Write(i & " ")
Next
```

Este otro ejemplo que ve a continuación, imprime los valores desde 1 hasta 10 con incrementos de 0.5.

```
Dim i As Single
For i = 1 To 10 Step 0.5F
  System.Console.Write(i & " ")
Next
```

El ejemplo siguiente imprime las letras del abecedario en orden inverso.

```
Dim car As Integer
For car = Convert.ToInt32("z"c) To Convert.ToInt32("a"c) Step -1
  System.Console.Write(Convert.ToChar(car) & " ")
Next
```

El ejemplo siguiente indica cómo se pude producir un bucle infinito. Para salir de un bucle infinito tiene que pulsar las teclas *Ctrl+C*.

```
Dim i As Integer
For i = 1 To 50 Step 0
  System.Console.Write(i & " ")
Next
```

Como aplicación de la sentencia **For** vamos a imprimir un tablero de ajedrez en el que las casillas blancas se simbolizarán con una B y las negras con una N. Asimismo, el programa deberá marcar con * las casillas a las que se puede mover un alfil desde una posición dada. La solución será similar a la siguiente:

```
Posición del alfil:
  fila     3
  columna 4

B * B N B * B N
N B * B * B N B
B N B * B N B N
N B * B * B N B
B * B N B * B N
* B N B N B * B
B N B N B N B *
N B N B N B N B
```

Desarrollo del programa:

- Primero definimos las variables que vamos a utilizar en los cálculos.

```
Dim falfil, calfil As Integer ' posición inicial del alfil
Dim fila, columna As Integer  ' posición actual del alfil
```

• Leer la fila y la columna en la que se coloca el alfil.

```
System.Console.Write("  fila    ") : falfil = Leer.datoInt()
System.Console.Write("  columna ") : calfil = Leer.datoInt()
```

• Partiendo de la fila 1, columna 1 y recorriendo el tablero por filas,

```
For fila = 1 To 8
  For columna = 1 To 8
    ' Pintar el tablero de ajedrez
  Next
  System.Console.WriteLine() ' cambiar de fila
Next
```

imprimir un *, una B o una N dependiendo de las condiciones especificadas a continuación:

◊ Imprimir un * si se cumple, que la suma o diferencia de la fila y columna actuales, coincide con la suma o diferencia de la fila y columna donde se coloca el alfil.

◊ Imprimir una B si se cumple que la fila más la columna actuales es par.

◊ Imprimir una N si se cumple que la fila más la columna actuales es impar.

```
' Pintar el tablero de ajedrez
If ((fila + columna = falfil + calfil) Or _
   (fila - columna = falfil - calfil)) Then
  System.Console.Write("* ")
ElseIf ((fila + columna) Mod 2 = 0) Then
  System.Console.Write("B ")
Else
  System.Console.Write("N ")
End If
```

El programa completo se muestra a continuación.

```
' Este programa utiliza la clase Leer del espacio de nombres
' MisClases.ES
Imports System
Imports MisClases.ES

Module Ajedrez
  ' Imprimir un tablero de ajedrez.
  Public Sub Main()
    Dim falfil, calfil As Integer ' posición inicial del alfil
    Dim fila, columna As Integer  ' posición actual del alfil

    Console.WriteLine("Posición del alfil:")
    Console.Write("  fila    ") : falfil = Leer.datoInt()
```

```
    Console.Write(" columna ") : calfil = Leer.datoInt()
    Console.WriteLine() ' dejar una línea en blanco

    ' Pintar el tablero de ajedrez
    For fila = 1 To 8
      For columna = 1 To 8
        If ((fila + columna = falfil + calfil) Or _
            (fila - columna = falfil - calfil)) Then
          Console.Write("* ")
        ElseIf ((fila + columna) Mod 2 = 0) Then
          Console.Write("B ")
        Else
          Console.Write("N ")
        End If
      Next
      Console.WriteLine() ' cambiar de fila
    Next

    End Sub
End Module
```

SENTENCIA For Each

Repite un grupo de sentencias para cada elemento de una matriz o de una colección. Esta sentencia será estudiada con detalle en el capítulo dedicado a matrices.

SENTENCIAS Try ... Catch

En el capítulo anterior expusimos que cuando durante la ejecución de un programa se produce un error que impide su continuación, Visual Basic lanza una excepción que hace que se visualice un mensaje acerca de lo ocurrido y se detenga la ejecución. Cuando esto ocurra, si no deseamos que la ejecución del programa se detenga, habrá que utilizar **Try** para poner en alerta al programa acerca del código que puede lanzar una excepción y utilizar **Catch** para capturar y manejar cada excepción que se lance. Por ejemplo, si ejecuta la aplicación *Test* que se muestra un poco más adelante, lanzará la excepción del tipo **System.DivideByZeroException** que se indica a continuación:

```
Excepción no controlada: System.DivideByZeroException: Intento de
dividir por cero at Test.Main() in Test.vb:line 8
```

La información dada por el mensaje anterior, además del tipo de excepción, especifica que ha ocurrido una división por cero en la línea 8 del método **Main** almacenado en el fichero fuente *Test.vb*.

```
Module Test
   Public Sub Main()
      Dim dato1, dato2, dato3 As Integer

      System.Console.WriteLine("Se inicia la aplicación")
      dato1 += 1
      dato3 = dato1 \ dato2
      dato2 += 1
      ' Otras sentencias
      System.Console.WriteLine(dato1 & " " & dato2 & " " & dato3)
   End Sub
End Module
```

Modifiquemos esta aplicación con la intención de capturar la excepción lanzada. El resultado puede ser el siguiente:

```
Module Test
   Public Sub Main()
      Dim dato1, dato2, dato3 As Integer

      System.Console.WriteLine("Se inicia la aplicación")
      Try
         dato1 += 1
         dato3 = dato1 \ dato2
         dato2 += 1
         ' Otras sentencias
      Catch e As System.DivideByZeroException
         ' Manejar una excepción de tipo DivideByZeroException
         System.Console.WriteLine("Error: " & e.Message)
         dato3 = dato1
      End Try
      System.Console.WriteLine(dato1 & " " & dato2 & " " & dato3)
   End Sub
End Module
```

Ahora, si la sentencia *dato3 = dato1 \ dato2* da lugar a una división por cero, Visual Basic detendrá temporalmente la ejecución de la aplicación y lanzará una excepción de tipo **DivideByZeroException** que será capturada por el bloque **Catch**. La ejecución del programa se reanudará a partir de la primera sentencia perteneciente al bloque **Catch** y continuará hasta el final del programa. Se puede observar que la opción que se ha tomado ante la excepción lanzada ha sido suponer una división entre 1; esto es: *dato3 = dato1*. El resultado cuando finalice la aplicación será:

```
Se inicia la aplicación
Error: Intento de dividir por cero.
1 0 1
```

EJERCICIOS RESUELTOS

1. Escribir una clase *CFecha* que permita crear objetos que encapsulen una fecha correcta. El dato año deberá ser igual o mayor que 2000. Se debe tener en cuenta que febrero puede tener 28 ó 29 días si el año es bisiesto.

    La clase proporcionará una interfaz que permita al usuario construir un objeto con una fecha determinada (por omisión la fecha será 1/1/2000), establecer una nueva fecha y obtener el día, el mes o el año.

```
Imports System
Public Class CFecha
   Private día As Integer = 1
   Private mes As Integer = 1
   Private año As Integer = 2000

   Public Sub New()
   End Sub

   Public Sub New(d As Integer, m As Integer, a As Integer)
      EstablecerFecha(d, m, a)
   End Sub

   Public Sub EstablecerFecha(d As Integer, m As Integer, a As Integer)
      día = d : mes = m : año = a
      If (Not FechaCorrecta()) Then
         día = 1 : mes = 1 : año = 2000
         Console.WriteLine("Fecha no correcta. Se asume 1/1/2000")
      End If
   End Sub

   Public Function ObtenerDía() As Integer
      Return día
   End Function

   Public Function ObtenerMes() As Integer
      Return mes
   End Function

   Public Function ObtenerAño() As Integer
      Return año
   End Function

   Private Function FechaCorrecta() As Boolean
      Dim día_correcto As Boolean = True
      Dim mes_correcto As Boolean = True
      Dim año_correcto As Boolean = True
```

```
      año_correcto = año >= 2000

      Select Case (mes)
         Case 1, 3, 5, 7, 8, 10, 12
            día_correcto = día >= 1 And día <= 31
         Case 4, 6, 9, 11
            día_correcto = día >= 1 And día <= 30
         Case 2  ' febrero
            ' Es el año bisiesto?
            If ((año Mod 4 = 0) And (año Mod 100 <> 0) Or (año Mod 400 = 0)) Then
               día_correcto = día >= 1 And día <= 29
            Else
               día_correcto = día >= 1 And día <= 28
            End If
         Case Else
            mes_correcto = False
      End Select
      Return día_correcto And mes_correcto And año_correcto
   End Function
End Class
```

A continuación, escribir un programa que utilizando la clase anterior cree un objeto *CFecha* y después muestre la fecha que encapsula.

```
' Este programa utiliza la clase Leer del espacio de nombres
' MisClases.ES
Imports System
Imports MisClases.ES

Module Test
   Public Sub Main()
      Dim día, mes, año As Integer
      Console.Write("Día: ") : día = Leer.datoInt()
      Console.Write("Mes: ") : mes = Leer.datoInt()
      Console.Write("Año: ") : año = Leer.datoInt()

      Dim fecha As CFecha = New CFecha(día, mes, año)

      Console.WriteLine("Fecha: " & fecha.ObtenerDía() & "/" & _
                         fecha.ObtenerMes() & "/" & _
                         fecha.ObtenerAño())
   End Sub
End Module
```

2.   Realizar un programa que a través de un menú permita realizar las operaciones de *sumar*, *restar*, *multiplicar*, *dividir* y *salir*. Las operaciones constarán solamente de dos operandos. El menú será visualizado por un método sin argumentos, que devolverá como resultado la opción elegida. La ejecución será de la forma siguiente:

```
   1. sumar
   2. restar
   3. multiplicar
   4. dividir
   5. salir
```

```
Seleccione la operación deseada: 1
Dato 1 ([Entrar] para Dato1 = resultado anterior): 2,5
Dato 2: 3,2
Resultado = 5,7
```

Si a la solicitud del *Dato 1* se responde pulsando la tecla *Entrar*, se asumirá el resultado anterior como *Dato 1*.

La solución de este problema puede ser de la siguiente forma. Primero definimos una clase *CCalculadora* con los atributos *operando1*, *operando2* y *resultado*, y los métodos *EstablecerOperandos*, *Resultado*, *menú*, *Sumar*, *Restar*, *Multiplicar* y *Dividir*.

```vbnet
' Este programa utiliza la clase Leer del espacio de nombres
' MisClases.ES
Imports System
Imports System.Environment 'para NewLine
Imports MisClases.ES

Public Class CCalculadora
   ' Simulación de una calculadora
   Private m_operando1 As Double
   Private m_operando2 As Double
   Private m_resultado As Double

   Public Sub EstablecerOperandos(op1 As Double, op2 As Double)
     m_operando1 = op1
     m_operando2 = op2
   End Sub

   Public Function Resultado() As Double
     Return m_resultado
   End Function

   Public Function menú() As Integer
     Dim op As Integer
     Do
       Console.WriteLine("  1. sumar")
       Console.WriteLine("  2. restar")
       Console.WriteLine("  3. multiplicar")
       Console.WriteLine("  4. dividir")
       Console.WriteLine("  5. salir")
       Console.Write(NewLine & "Seleccione la operación deseada: ")
```

```
      op = Leer.datoInt()
   Loop While (op < 1 Or op > 5)
   Return op
End Function

Public Function Sumar() As Double
   m_resultado = m_operando1 + m_operando2
   Return m_resultado
End Function

Public Function Restar() As Double
   m_resultado = m_operando1 - m_operando2
   Return m_resultado
End Function

Public Function Multiplicar() As Double
   m_resultado = m_operando1 * m_operando2
   Return m_resultado
End Function

Public Function Dividir() As Double
   m_resultado = m_operando1 / m_operando2
   Return m_resultado
   End Function
End Class
```

Observe que los métodos *Sumar*, *Restar*, *Multiplicar* y *Dividir*, además de almacenar el resultado de la operación que realizan, lo devuelven. Esto es sólo una cuestión de eficacia; de esta forma podremos emplear una llamada al método como argumento en cualquier operación.

A continuación escribimos un módulo *Test* que utilizando un objeto *CCalculadora* simule el trabajo con una calculadora. El procedimiento **Main** de este módulo primero solicitará la operación a realizar. Si la operación elegida no fue *salir*, solicitará los operandos *dato1* y *dato2*. Después realizará la operación elegida con los datos introducidos y mostrará el resultado. Las operaciones descritas formarán parte de un bucle infinito formado por una sentencia **While** con el fin de poder encadenar distintas operaciones.

El programa completo se muestra a continuación.

```
' Este programa utiliza la clase Leer del espacio de nombres
' MisClases.ES

Imports System
Imports System.Environment 'para NewLine
Imports MisClases.ES
```

```
Module Test
  Public Sub Main()
    Dim MiCalculadora As CCalculadora = New CCalculadora()
    Dim dato1, dato2 As Double
    Dim operación As Integer = 0

    While (True)
      operación = MiCalculadora.menú()
      If (operación <> 5) Then
        ' Leer datos
        Console.Write("Dato 1 ([Entrar] para Dato1 = resultado anterior): ")
        dato1 = Leer.datoDouble()
        If (Double.IsNaN(dato1)) Then ' se pulsó [Entrar]
          dato1 = MiCalculadora.Resultado()
        End If
        Console.Write("Dato 2: ") : dato2 = Leer.datoDouble()
        MiCalculadora.EstablecerOperandos(dato1, dato2)

        ' Realizar la operación
        Select Case (operación)
          Case 1
            MiCalculadora.Sumar()
          Case 2
            MiCalculadora.Restar()
          Case 3
            MiCalculadora.Multiplicar()
          Case 4
            MiCalculadora.Dividir()
        End Select
        ' Escribir el resultado
        Console.WriteLine("Resultado = " & _
                        MiCalculadora.Resultado() & NewLine)
      Else
        Return
      End If
    End While
  End Sub
End Module
```

El método **IsNaN** de la clase **Double** es un método **Shared** que devuelve **True** si su argumento se corresponde con un dato no numérico y **False** en otro caso.

EJERCICIOS PROPUESTOS

1. Realice un programa que calcule e imprima la suma de los múltiplos de 5 comprendidos entre dos valores *a* y *b*. El programa no permitirá introducir valores negativos para *a* y *b*, y verificará que *a* es menor que *b*. Si *a* es mayor que *b*, intercambiará estos valores.

2. Realice un programa que permita evaluar la serie:

$$\sum_{a=0}^{b} \frac{1}{x+ay}$$

3. Si quiere averiguar su número de Tarot, sume los números de su fecha de nacimiento y a continuación redúzcalos a un único dígito; por ejemplo si su fecha de nacimiento fuera 17 de Octubre de 1970, los cálculos a realizar serían:

    $$17 + 10 + 1970 = 1997 \Rightarrow 1 + 9 + 9 + 7 = 26 \Rightarrow 2 + 6 = 8$$

    lo que quiere decir que su número de Tarot es el 8.

    Realice un programa que pida una fecha *día*, *mes* y *año* (*día*, *mes* y *año* son enteros) y dé como resultado el número de Tarot. El programa verificará si la fecha es correcta, esto es, los valores están dentro de los rangos permitidos.

4. Realice un programa para jugar con el ordenador a acertar números. El ordenador piensa un número y nosotros debemos acertar cuál es, en un número de intentos determinado. Por cada intento sin éxito el ordenador nos irá indicando si el número especificado es mayor o menor que el pensado por él. El número pensado por el ordenador se puede obtener multiplicando por una constante el valor devuelto por el método **Random** de la clase **Math**, y los números pensados por nosotros los introduciremos por el teclado.

5.   Realice un programa que calcule las raíces de la ecuación:

$$ax^2 + bx + c = 0$$

teniendo en cuenta los siguientes casos:

1)   Si a es igual a 0 y b es igual a 0, imprimiremos un mensaje diciendo que la ecuación es degenerada.

2)   Si a es igual a 0 y b no es igual a 0, existe una raíz única con valor $-c/b$.

3)   En los demás casos, utilizaremos la fórmula siguiente:

$$x_i = \frac{-b \pm \sqrt{b^2 - 4ac}}{2a}$$

La expresión $d = b^2 - 4ac$ se denomina discriminante.

-   Si d es mayor o igual que 0, entonces hay dos raíces reales.

-   Si d es menor que 0, entonces hay dos raíces complejas de la forma:

$$x + yj, \ x - yj$$

Indique con literales apropiados los datos a introducir, así como los resultados obtenidos.

MATRICES

Hasta ahora sólo hemos tenido que trabajar con algunas variables en cada uno de los programas que hemos realizado. Sin embargo, en más de una ocasión tendremos que manipular conjuntos más grandes de valores. Por ejemplo, para calcular la temperatura media del mes de agosto necesitaremos conocer los 31 valores correspondientes a la temperatura media de cada día. En este caso, podríamos utilizar una variable para introducir los 31 valores, uno cada vez, y acumular la suma en otra variable. Pero ¿qué ocurrirá con los valores que vayamos introduciendo? que cuando tecleemos el segundo valor, el primero se perderá; cuando tecleemos el tercero, el segundo se perderá, y así sucesivamente. Cuando hayamos introducido todos los valores podremos calcular la media, pero las temperaturas correspondientes a cada día se habrán perdido. ¿Qué podríamos hacer para almacenar todos esos valores? Pues, podríamos utilizar 31 variables diferentes; pero ¿qué pasaría si fueran 100 o más valores los que tuviéramos que registrar? Además de ser muy laborioso el definir cada una de las variables, el código se vería enormemente incrementado.

En este capítulo, aprenderá a registrar conjuntos de valores, todos del mismo tipo, en unas estructuras de datos llamadas *matrices*. Asimismo, aprenderá a registrar cadenas de caracteres, que no son más que conjuntos de caracteres, o bien, si lo prefiere, matrices de caracteres.

Si las matrices son la forma de registrar conjuntos de valores, todos del mismo tipo (**Integer**, **Single**, **Double**, **Char**, **String**, etc.), ¿qué haremos para almacenar un conjunto de valores relacionados entre sí, pero de diferentes tipos? Por ejemplo, almacenar los datos relativos a una persona como su *nombre*, *dirección*, *teléfono*, etc. Ya hemos visto que esto se hace definiendo una clase; en este caso, podría ser la clase de objetos *persona*. Posteriormente podremos crear también matrices de objetos, cuestión que aprenderemos más adelante.

INTRODUCCIÓN A LAS MATRICES

Una matriz es una estructura homogénea, compuesta por varios elementos, todos del mismo tipo y almacenados consecutivamente en memoria. A cada elemento se puede acceder directamente por el nombre de la variable matriz seguido de uno o más subíndices encerrados entre paréntesis.

En general, la representación de las matrices se hace mediante variables suscritas o de subíndices y pueden tener una o varias dimensiones (subíndices). A las matrices de una dimensión se les llama también listas y a las de dos dimensiones, tablas.

Desde un punto de vista matemático, en más de una ocasión necesitaremos utilizar variables subindicadas tales como:

$$v = \left[a_0, a_1, a_2, ..., a_i, ..., a_n \right]$$

en el caso de un subíndice, o bien:

$$m = \begin{pmatrix} a_{00} & a_{01} & a_{02} & ... & a_{0j} & ... & a_{0n} \\ a_{10} & a_{11} & a_{12} & ... & a_{1j} & ... & a_{1n} \\ ... & ... & ... & ... & ... & ... & ... \\ a_{i0} & a_{i1} & a_{i2} & ... & a_{ij} & ... & a_{in} \end{pmatrix}$$

si se utilizan dos subíndices. Esta misma representación se puede utilizar desde un lenguaje de programación recurriendo a las matrices que acabamos de definir y que a continuación se estudian.

Por ejemplo, supongamos que tenemos una matriz unidimensional de enteros llamada m, la cual contiene 10 elementos. Estos elementos se identificarán de la siguiente forma:

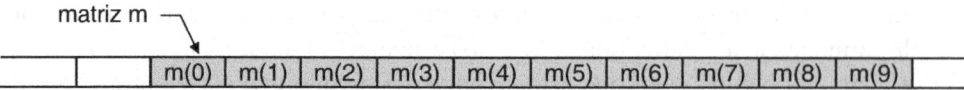

Observe que los subíndices son enteros consecutivos, y que el primer subíndice vale 0. Un subíndice puede ser cualquier expresión entera positiva.

Asimismo, una matriz de dos dimensiones se representa mediante una variable con dos subíndices (filas, columnas); una matriz de tres dimensiones se representa mediante una variable con tres subíndices etc. El número máximo de dimensiones está limitado (en esta versión a 60) y el número máximo de elementos, dentro de los límites establecidos por el compilador, para una matriz depende de la memoria disponible.

Entonces, las matrices según su dimensión se clasifican en unidimensionales y multidimensionales; y según su contenido, en numéricas, de caracteres y de referencias a objetos.

En Visual Basic, el tipo de una matriz es un tipo referenciado derivado de la clase abstracta **System.Array**. Cada elemento de una matriz unidimensional puede ser de un tipo primitivo, o bien una referencia a un objeto; y cada elemento de una matriz multidimensional puede ser también de un tipo primitivo, o bien una referencia a otra matriz. A continuación se estudia todo esto detalladamente.

MATRICES NUMÉRICAS UNIDIMENSIONALES

Igual que sucede con otras variables, antes de utilizar una matriz hay que declararla. La declaración de una matriz especifica el nombre de la matriz y el tipo de elementos de la misma.

Para crear y utilizar una matriz hay que realizar tres operaciones: declararla, crearla e iniciarla.

Declarar una matriz

La declaración de una matriz de una dimensión se hace de la forma siguiente:

```
Dim nombre() As tipo
```

donde *tipo* indica el tipo de los elementos de la matriz, que pueden ser de cualquier tipo primitivo o referenciado; y *nombre* es un identificador que nombra a la matriz. Los paréntesis modifican la definición normal del identificador para que sea interpretado por el compilador como una matriz.

Las siguientes líneas de código son ejemplos de declaraciones de matrices:

```
Dim m() As Integer
Dim temperatura() As Single
Dim ordenador() As COrdenador    ' COrdenador es una clase de objetos
```

La primera línea declara una matriz de elementos de tipo **Integer**; la segunda, una matriz de elementos de tipo **Single**; y la tercera una matriz de objetos *COrdenador*.

Note que las declaraciones no especifican el tamaño de la matriz. El tamaño será especificado cuando se cree la matriz, operación que se hará durante la ejecución del programa.

Crear una matriz

Después de haber declarado una matriz, el siguiente paso es crearla o construirla. Crear una matriz significa reservar la cantidad de memoria necesaria para contener todos sus elementos y asignar al nombre de la matriz una referencia a ese bloque. Esto puede expresarse genéricamente así:

```
nombre = New tipo(ind_sup) {}
```

donde *nombre* es el nombre de la matriz previamente declarada; *tipo* es el tipo de los elementos de la matriz; e *ind_sup* es una expresión entera positiva menor o igual que la precisión de un **Long**, que especifica el índice superior de la matriz y coincide con el número de elementos de la matriz menos uno.

El hecho de utilizar el operador **New** significa que *Visual Basic implementa las matrices como objetos*, por lo tanto serán tratadas como cualquier otro objeto.

Las siguientes líneas de código crean las matrices declaradas en el ejemplo anterior:

```
m = New Integer(9) {}
temperatura = New Single(30) {}
ordenador = New COrdenador(24) {}
```

La primera línea crea una matriz identificada por *m* con 10 elementos de tipo **Integer**; es decir, puede almacenar 10 valores enteros; el primer elemento es *m(0)* (se lee: *m sub-cero*), el segundo *m(1)*, ..., y el último *m(9)*. La segunda crea una matriz *temperatura* de 31 elementos de tipo **Single**. Y la tercera crea una matriz *ordenador* de 25 elementos, cada uno de los cuales puede referenciar a un objeto *COrdenador*. Una matriz de objetos es una matriz de referencias a dichos objetos.

Es bastante común declarar y crear la matriz utilizando una sola sentencia. Esto puede hacerse así:

```
Dim nombre() As tipo = New tipo(ind_sup) {}
```

Las siguientes líneas de código declaran y crean las matrices expuestas en los ejemplos anteriores:

```
Dim m() As Integer = New Integer(9) {}
Dim temperatura() As Single = New Single(30) {}
Dim ordenador() As COrdenador = New COrdenador(24) {}
```

También es bastante común declarar y crear una matriz utilizando la forma abreviada, cuya sintaxis es la siguiente:

```
Dim nombre(ind_sup) As tipo
```

Las siguientes líneas de código declaran y crean las matrices expuestas en los ejemplos anteriores:

```
Dim m(9) As Integer
Dim temperatura(30) As Single
Dim ordenador(24) As COrdenador
```

Cuando se crea una matriz, el tamaño de la misma puede ser también especificado durante la ejecución a través de una variable a la que se asignará como valor el número de elementos requeridos. Por ejemplo, la última línea de código del ejemplo siguiente crea una matriz con el número de elementos especificados por la variable *nElementos*:

```
Dim nElementos As Integer
System.Console.Write("Número de elementos de la matriz: ")
nElementos = Leer.datoInt()
Dim m(nElementos - 1) As Integer
```

Iniciar una matriz

Una matriz es un objeto; por lo tanto, cuando se crea, sus elementos son automáticamente iniciados, igual que sucedía con las variables miembro de una clase. Si la matriz es numérica, sus elementos son iniciados a 0 y si no es numérica, a un valor análogo al 0; por ejemplo, los caracteres son iniciados al valor '\u0000', un elemento booleano a **False** y las referencias a objetos, a **Nothing**.

Si deseamos iniciar una matriz con otros valores diferentes a los predeterminados, podemos hacerlo de la siguiente forma:

```
Dim temperatura() As Single = {10.2F, 12.3F, 3.4F, 14.5F, 16.7F}
Dim días_semana() As String = {"lunes", "martes", "miércoles", _
                "jueves", "viernes", "sábado", "domingo"}
```

El ejemplo anterior crea una matriz *temperatura* de tipo **Single** con tantos elementos como valores se hayan especificado entre llaves y una matriz *días_semana* con siete elementos de tipo **String**.

Las declaraciones anteriores son la forma abreviada de las siguientes:

```
Dim temperatura() As Single = New Single() _
                    {10.2F, 12.3F, 3.4F, 14.5F, 16.7F}
Dim días_semana() As String = New String() _
                    {"lunes", "martes", "miércoles", _
                    "jueves", "viernes", "sábado", "domingo"}
```

También, como se puede observar en las declaraciones siguientes, podría especificarse el índice superior de la matriz, aunque en este caso es redundante:

```
Dim temperatura() As Single = New Single(4) _
                    {10.2F, 12.3F, 3.4F, 14.5F, 16.7F}
Dim días_semana() As String = New String(6) _
                    {"lunes", "martes", "miércoles", _
                    "jueves", "viernes", "sábado", "domingo"}
```

Acceder a los elementos de una matriz

Para acceder al valor de un elemento de una matriz se utiliza el nombre de la matriz, seguido de un subíndice entre paréntesis. Esto es, un elemento de una matriz no es más que una variable subindicada; por lo tanto, se puede utilizar exactamente igual que cualquier otra variable. Por ejemplo, en las operaciones que se muestran a continuación intervienen elementos de una matriz *m*:

```
Dim m(99) As Integer
Dim k, a As Integer
' ...
a = m(1) + m(99)
k = 50
m(k) += 1
m(k + 1) = m(k)
```

Observe que para referenciar un elemento de una matriz se puede emplear como subíndice una constante, una variable o una expresión de tipo entero. El subíndice especifica la posición del elemento dentro de la matriz. La primera posición es la 0.

Si se intenta acceder a un elemento con un subíndice menor que cero o mayor que el número de elementos de la matriz menos uno, Visual Basic lanzará una excepción de tipo **IndexOutOfRangeException**, indicando que el subíndice está fuera de los límites establecidos cuando se creó la matriz. Por ejemplo, cuando se ejecute la última línea de código del ejemplo siguiente Visual Basic lanzará una excepción, puesto que intenta asignar el valor del elemento de subíndice 99 al elemento de subíndice 100, que está fuera del rango 0 a 99 válido.

```
Integer() m = New Integer(99)
Integer k = 0, a = 0
' ...
k = 99
m(k+1) = m(k)
```

¿Cómo podemos asegurarnos de no exceder accidentalmente el final de una matriz? Verificando la longitud de la matriz mediante su propiedad **Length**. Por ejemplo:

```
Dim n As Integer = m.Length ' número de elementos de la matriz m
```

Métodos de una matriz

La clase **Array** del espacio de nombres **System** proporciona un conjunto de métodos que pueden ser utilizados con las matrices (ver el capítulo 9). Entre ellos cabe ahora destacar **Equals** (*Boolean Equals(Object obj)*) y **Clone** (*Object Clone()*). El primero permite verificar si dos referencias se refieren a un mismo objeto, y el segundo permite duplicar un objeto, en nuestro caso una matriz (**Object** es un alias de **System.Object**).

Por ejemplo, el código expuesto a continuación crea una matriz *m2* que es una copia de otra matriz existente *m1*. Después pregunta si *m1* es igual a *m2*; el resultado será **False** puesto que *m1* y *m2* se refieren a matrices diferentes.

```
Dim m1() As Integer = {10, 20, 30, 40, 50}
Dim m2() As Integer = m1.Clone() ' m2 es una copia de m1
If (m1.Equals(m2)) Then
   System.Console.WriteLine("m1 y m2 se refieren a la misma matriz")
Else
   System.Console.WriteLine("m1 y m2 se refieren a matrices diferentes")
End If
```

Trabajar con matrices unidimensionales

Para practicar con la teoría expuesta hasta ahora, vamos a realizar un programa que asigne datos a una matriz unidimensional *m* de *nElementos* elementos y, a continuación, como comprobación del trabajo realizado, escriba el contenido de dicha matriz. La solución será similar a la siguiente:

```
Número de elementos de la matriz: 10
Introducir los valores de la matriz.
m(0)= 1
m(1)= 2
m(2)= 3
...

1 2 3 ...

Fin del proceso.
```

Para ello, en primer lugar definimos la variable *nElementos* para fijar el número de elementos de la matriz, creamos la matriz *m* con ese número de elementos y definimos el subíndice *i* para acceder a los elementos de dicha matriz.

```
Dim nElementos As Integer
nElementos = Leer.datoInt()
Dim m(nElementos - 1) As Integer ' crear la matriz m
Dim i As Integer ' subíndice
```

El paso siguiente es asignar un valor desde el teclado a cada elemento de la matriz.

```
For i = 0 To nElementos - 1
  Console.Write("m(" & i & ") = ")
  m(i) = Leer.datoInt()
Next
```

Una vez leída la matriz la visualizamos para comprobar el trabajo realizado.

```
For i = 0 To nElementos - 1
  Console.Write(m(i) & " ")
Next
```

El programa completo se muestra a continuación:

```
' Este programa utiliza la clase Leer del espacio de nombres
' MisClases.ES
Imports System
Imports System.Environment
Imports MisClases.ES

Module MatrizUnidimensional
   ' Creación de una matriz unidimensional
   Public Sub Main()
     Dim nElementos As Integer
     Console.Write("Número de elementos de la matriz: ")
     nElementos = Leer.datoInt()
```

```
      Dim m(nElementos - 1) As Integer ' crear la matriz m
      Dim i As Integer ' subíndice

      Console.WriteLine("Introducir los valores de la matriz.")
      For i = 0 To nElementos - 1
        Console.Write("m(" & i & ") = ")
        m(i) = Leer.datoInt()
      Next

      ' Visualizar los elementos de la matriz
      Console.WriteLine()
      For i = 0 To nElementos - 1
        Console.Write(m(i) & " ")
      Next
      Console.WriteLine()
      Console.WriteLine(NewLine & "Fin del proceso.")
    End Sub
End Module
```

El ejercicio anterior nos enseña cómo leer una matriz y cómo escribirla. El paso siguiente es aprender a trabajar con los valores almacenados en la matriz. Por ejemplo, pensemos en un programa que lea la nota media obtenida por cada alumno de un determinado curso, las almacene en una matriz y dé como resultado la nota media del curso.

Igual que hicimos en el programa anterior, en primer lugar crearemos una matriz *nota* con un número determinado de elementos solicitado a través del teclado. No se permitirá que este valor sea negativo. En este caso interesa que la matriz sea de tipo **Single** para que sus elementos puedan almacenar un valor con decimales. También definiremos un índice *i* para acceder a los elementos de la matriz, y una variable *suma* para almacenar la suma total de todas las notas.

```
Dim nAlumnos As Integer ' número de alumnos (valor no negativo)
Do
  Console.Write("Número de alumnos: ")
  nAlumnos = Leer.datoInt()
Loop While (nAlumnos < 1)
Dim nota(nAlumnos - 1) As Single ' crear la matriz nota
Dim i As Integer        ' subíndice
Dim suma As Single ' suma total de las notas medias
```

El paso siguiente será almacenar en la matriz las notas introducidas a través del teclado.

```
For i = 0 To nota.Length - 1
  Console.Write("Nota media del alumno " & (i + 1) & ": ")
  nota(i) = Leer.datoSingle()
Next
```

Finalmente se suman todas las notas y se visualiza la nota media. La suma se almacenará en la variable *suma*. Una variable utilizada de esta forma recibe el nombre de acumulador. Es importante que observe que inicialmente su valor es cero.

```
For i = 0 To nota.Length - 1
  suma += nota(i)
Next
Console.WriteLine("Nota media del curso: " & suma / nAlumnos)
```

El programa completo se muestra a continuación.

```
' Este programa utiliza la clase Leer del espacio de nombres
' MisClases.ES

Imports System
Imports MisClases.ES

Module MatrizUnidimensional
  ' Trabajar con una matriz unidimensional
  Public Sub Main()
    Dim nAlumnos As Integer ' número de alumnos (valor no negativo)
    Do
      Console.Write("Número de alumnos: ")
      nAlumnos = Leer.datoInt()
    Loop While (nAlumnos < 1)

    Dim nota(nAlumnos - 1) As Single ' crear la matriz nota
    Dim i As Integer        ' subíndice
    Dim suma As Single ' suma total de las notas medias

    Console.WriteLine("Introducir las notas medias del curso.")
    For i = 0 To nota.Length - 1
      Console.Write("Nota media del alumno " & (i + 1) & ": ")
      nota(i) = Leer.datoSingle()
    Next

    ' Sumar las notas medias
    For i = 0 To nota.Length - 1
      suma += nota(i)
    Next

    ' Visualizar la nota media del curso
    Console.WriteLine()
    Console.WriteLine("Nota media del curso: " & suma / nAlumnos)
  End Sub
End Module
```

Los dos bucles **For** de la aplicación anterior podrían reducirse a uno como se indica a continuación. No se ha hecho por motivos didácticos.

```
For i = 0 To nota.Length - 1
  Console.Write("Nota media del alumno " & (i + 1) & ": ")
  nota(i) = Leer.datoSingle()
  suma += nota(i)
Next
```

CADENAS DE CARACTERES

Una cadena de caracteres en Visual Basic es un objeto de la clase **String** del espacio de nombres **System** (**String** es un alias de **System.String**). Para entenderlo, piense en un objeto **String** como en una cadena de caracteres almacenada en una matriz unidimensional de elementos de tipo **Char**. Por ejemplo:

```
Dim cadena(39) As Char
```

El ejemplo anterior define una matriz *cadena* de 40 caracteres, *cadena(0)* a *cadena(39)*, cada uno de ellos iniciado con el valor nulo (ASCII 0 ó **Nothing**).

En realidad, una cadena de caracteres es una matriz de enteros, porque a cada carácter le corresponde un entero entre 0 y 65535 (código Unicode). Por ejemplo, a la '*a*' le corresponde el valor 97, a la '*b*' el valor 98, etc. (recuerde que los primeros 128 códigos Unicode coinciden con los primeros 128 códigos ASCII y ANSI; capítulo 2, tipo **Char**). Desde este punto de vista, todo lo explicado para matrices de enteros es aplicable a cadenas de caracteres.

Por otra parte, en los capítulos anteriores ya vimos cómo leer cadenas de caracteres utilizando el método **Read**. Entonces, almacenar una cadena de caracteres en una matriz supondrá ejecutar repetidas veces el método **Read** y guardar cada carácter leído en el siguiente elemento libre de esa matriz de caracteres. Por ejemplo, el código siguiente define la variable *cadena* como una matriz de caracteres de longitud 40 y después establece un bucle para leer los caracteres que se tecleen hasta que se pulse la tecla *Entrar* o hasta que se complete la matriz. Cada carácter leído se almacena en el siguiente elemento libre de *cadena*. Finalmente se escribe el contenido de *cadena*, el número de caracteres almacenados, y la dimensión de la matriz. Se puede observar que el valor dado por el atributo **Length** no es el número de caracteres almacenado en *cadena*, sino la dimensión de la matriz.

```
Dim cadena(39) As Char ' matriz de 40 caracteres
Dim i, car As Integer
Const CR As Integer = 13 ' retorno de carro
```

```
System.Console.Write("Introducir un texto: ")
car = System.Console.Read()
While (car <> CR And i < cadena.Length)
  cadena(i) = Convert.ToChar(car)
  i += 1
  car = System.Console.Read()
End While
System.Console.Write("Texto introducido:      ")
System.Console.WriteLine(cadena)
System.Console.WriteLine("Longitud del texto:     " & i)
System.Console.WriteLine("Dimensión de la matriz: " & cadena.Length)
System.Console.ReadLine() ' limpiar el buffer de entrada
```

Asimismo, también vimos cómo utilizar el método **ReadLine** de la clase **Console** para leer una cadena de caracteres. El método **ReadLine** lee hasta encontrar el carácter *CR*, *LF* o los caracteres *CR+LF* introducidos al pulsar la tecla *Entrar*; estos caracteres son leídos pero no almacenados, simplemente son interpretados como delimitadores. Por ejemplo, el código siguiente define una referencia, *cadena*, a un objeto **String** y utilizando el método **ReadLine**, lee una línea de texto desde el teclado. Con la información leída, el método **ReadLine** crea un objeto **String** y devuelve una referencia al mismo que es almacenada en *cadena*. Finalmente, la llamada a **WriteLine** permite visualizar el objeto **String**.

```
Dim cadena As String ' referencia a una línea de texto

System.Console.Write("Introduzca un texto: ")
cadena = System.Console.ReadLine() ' leer una línea de texto
System.Console.WriteLine(cadena)    ' escribir la línea leída
```

Comparando el método **Read** con el método **ReadLine**, se puede observar que este último proporciona una forma más cómoda de leer cadenas de caracteres de un flujo y además, devuelve un objeto **String** cuyos métodos, como veremos a continuación, hacen muy fácil la manipulación de cadenas.

Clase String

La clase **String**, que pertenece al espacio de nombres **System**, proporciona métodos para examinar caracteres individuales de una cadena de caracteres, comparar cadenas, buscar y extraer subcadenas, copiar cadenas, convertir cadenas a mayúsculas o a minúsculas, etc. A continuación veremos algunos de los métodos más comunes, pero antes sepa que un objeto **String** representa una cadena de caracteres no modificable. Por lo tanto, una operación como convertir a mayúsculas no modificará el objeto original sino que devolverá un nuevo objeto con la cadena resultante de esa operación.

Asimismo, el lenguaje Visual Basic proporciona, además del operador &, el operador + para concatenar objetos **String**, así como soporte para convertir otros objetos a objetos **String**. Cuando se utiliza el operador + ambos operandos tienen que ser cadenas de caracteres. Por ejemplo, en la siguiente línea de código, Visual Basic debe convertir las expresiones que aparecen entre paréntesis en objetos **String**, antes de realizar la concatenación.

```
System.Console.WriteLine("Dimensión de la matriz: " & cadena.Length)
```

La línea de código anterior es equivalente a la siguiente:

```
System.Console.WriteLine("Dimensión de la matriz: " + _
                        (cadena.Length).ToString())
```

Observar que en la primera versión del ejemplo expuesto no se puede utilizar el operador + pero en la segunda sí, por ser los dos operandos cadenas de caracteres.

New(*cad()* As Char)

En el capítulo 3 dijimos que toda clase tiene al menos un método predeterminado especial denominado **New**, que es necesario invocar para crear un objeto; se trata del *constructor* de la clase. La clase **String** proporciona múltiples formas de su constructor **New**; la más útil quizás sea la aquí expuesta, que permite crear un objeto **String** a partir de una matriz de caracteres. Por ejemplo:

```
Dim cadena(39) As Char   ' matriz de 40 caracteres
' ...
Dim str As String = New String(cadena)
System.Console.WriteLine("Texto introducido: " + str)
```

ToString()

Este método devuelve el propio objeto **String** que recibe el mensaje **ToString**. Por ejemplo, el siguiente código copia la referencia *str1* en *str2* (no crea un objeto nuevo referenciado por *str2*, a partir de *str1*). El resultado es que las dos variables, *str1* y *str2*, permiten acceder al mismo objeto **String**.

```
Dim str1 As String = "abc", str2 As String
str2 = str1.ToString() ' equivale a str2 = str1
```

La misma operación puede ser realizada utilizando la expresión *str2 = str1* (vea también el apartado "Referencias a objetos" en el capítulo 5).

Para verificar si dos referencias en general lo son al mismo objeto podemos utilizar el método **ReferenceEquals** de la clase **Object**. Por ejemplo, partiendo del código anterior, la siguiente sentencia mostrará "True", indicando que *str1* y *str2* hacen referencia al mismo objeto **String**; en otro caso, mostraría "False":

```
System.Console.WriteLine(System.Object.ReferenceEquals(str1, str2))
```

En general, el método **ToString** suele estar redefinido en cada clase de objetos con el fin de devolver un **String** correspondiente al valor que representan. Por ejemplo:

```
Dim cadena(39) As Char ' matriz de 40 caracteres
' ...
Dim str As String = (cadena.Length).ToString()
```

CopyTo(*IndFuente* As Integer, *destino()* As Char, *IndDes* As Integer, *nCars* As Integer)

Este método permite copiar, total o parcialmente, el contenido de un objeto **String** en una matriz de caracteres. Esto es, copia *nCars* caracteres desde la posición *IndFuente* del objeto **String** que recibe el mensaje **CopyTo**, en la matriz *destino* a partir de su posición *IndDes*. Por ejemplo, las siguientes líneas de código copian el **String** *texto* en una matriz de caracteres *cadChar*:

```
Dim texto As String = "un texto"
Dim cadChar(texto.Length - 1) As Char
texto.CopyTo(0, cadChar, 0, texto.Length)
```

Concat(*str1* As String, *str2* As String)

Este método **Shared** devuelve como resultado un nuevo objeto **String** resultado de concatenar el **String** *str1* con el *str2*. Por ejemplo, el código que se muestra a continuación da como resultado la cadena "Ayer llovió":

```
Dim str1 As String = "Ayer ", str2 As String = "llovió"
Dim str3 As String = System.String.Concat(str1, str2)
```

CompareTo(*otroString* As String)

Este método compara lexicográficamente el **String** especificado, con el objeto **String** que recibe el mensaje **CompareTo** (el método **Equals** realiza la misma operación). El resultado devuelto es un entero:

< 0 si el **String** que recibe el mensaje es menor que el *otroString*,

= 0 si el **String** que recibe el mensaje es igual que el *otroString* y

> 0 si el **String** que recibe el mensaje es mayor que el *otroString*.

En otras palabras, el método **CompareTo** permite saber si una cadena está en orden alfabético antes (es menor) o después (es mayor) que otra y el proceso que sigue es el mismo que nosotros ejercitamos cuando lo hacemos mentalmente, comparar las cadenas carácter a carácter distinguiendo las mayúsculas de las minúsculas. La comparación se realiza sobre los valores Unicode de cada carácter. El siguiente ejemplo compara dos cadenas y escribe "abcde" porque esta cadena está antes por orden alfabético.

```
Dim str1 As String = "abcde", str2 As String = "abcdefg"
If (str1.CompareTo(str2) < 0) Then ' si str1 es menor que str2,
  System.Console.WriteLine(str1)
End If
```

Hay dos métodos más: **Compare** y **CompareOrdinal**, ambos **Shared**. El método **Compare** permite especificar un tercer parámetro de tipo **Boolean**; cuando este parámetro toma el valor **False**, este método se comporta igual que **CompareTo** y cuando toma el valor **True** no distingue mayúsculas de minúsculas. Por ejemplo, el resultado de ejecutar el siguiente programa es que *str1* y *str2* son iguales.

```
Module Test
  Public Sub Main()
    Dim str1 As String = "La provincia de Santander es muy bonita"
    Dim str2 As String = "La provincia de SANTANDER es muy bonita"
    Dim strtemp As String
    Dim resultado As Integer
    resultado = System.String.Compare(str1, str2, True)

    If (resultado > 0) Then
      strtemp = "mayor que "
    ElseIf (resultado < 0) Then
      strtemp = "menor que "
    Else
      strtemp = "igual a "
    End If
    System.Console.WriteLine(str1 + " es " + strtemp + str2)
  End Sub
End Module
```

El método **CompareOrdinal**, a diferencia de los otros dos, no tiene en cuenta la cultura nacional.

El siguiente ejemplo escribe *abc > Abc* porque "abc" está después por orden alfabético que "Abc", ya que las mayúsculas están antes por orden alfabético. Esto es así porque en la tabla Unicode las mayúsculas tienen asociado un valor entero menor que las minúsculas.

```
Dim str1 As String = "abc", str2 As String = "Abc"
If (System.String.CompareOrdinal(str1, str2) < 0) Then
    System.Console.WriteLine(str1 & " < " & str2)
ElseIf (System.String.CompareOrdinal(str1, str2) > 0) Then
    System.Console.WriteLine(str1 & " > " & str2)
End If
```

Utilizando el método **CompareTo** el resultado en España sería *abc < Abc* porque según la cultura nacional española las minúsculas están antes por orden alfabético que las mayúsculas.

Length

Esta propiedad devuelve un entero correspondiente a la longitud o número de caracteres Unicode (tipo **Char**) del objeto **String** que recibe el mensaje **Length**.

El siguiente ejemplo escribe como resultado: Longitud: 39

```
Dim str1 As String = "La provincia de Santander es muy bonita"
System.Console.WriteLine("Longitud: " & str1.Length)
```

ToLower()

Este método convierte a minúsculas las letras mayúsculas del objeto **String** que recibe el mensaje **ToLower**. El resultado es un nuevo objeto **String** en minúsculas.

ToUpper()

Este método convierte a mayúsculas las letras minúsculas del objeto **String** que recibe el mensaje **ToUpper**. El resultado es un nuevo objeto **String** en mayúsculas. El siguiente ejemplo almacena en *str1* la cadena *str2* en mayúsculas.

```
Dim str1 As String, str2 As String = "Santander, tu eres novia del mar..."
str1 = str2.ToUpper()
```

Trim()

Este método devuelve un objeto **String** resultado de eliminar los espacios en blanco que pueda haber al principio y al final del objeto **String** que recibe el mensaje **Trim**.

StartsWith(*prefijo* As String)

Este método devuelve un valor **True** si el *prefijo* especificado coincide con el principio del objeto **String** que recibe el mensaje **StartsWith**.

EndsWith(*sufijo* As String)

Este método devuelve un valor **True** si el *sufijo* especificado coincide con el final del objeto **String** que recibe el mensaje **EndsWith**. Un poco más adelante se muestra un ejemplo.

Substring(*pos* As Integer, *ncars* As Integer)

Este método retorna un nuevo **String** que encapsula una subcadena de la cadena almacenada por el objeto **String** que recibe el mensaje **Substring**. La subcadena estará formada por *ncars* a partir de *pos* (el primer carácter está en la posición cero), o por los caracteres que haya hasta el final, si *ncars* no se especifica.

El siguiente ejemplo, elimina los espacios en blanco que haya al principio y al final de *str1*, verifica si *str1* finaliza con "gh" y en caso afirmativo obtiene de *str1* una subcadena *str2* formada por los 3 caracteres de *str1* que hay a partir del que está en la posición 2 incluido éste.

```
Dim str1 As String = " abcdefgh ", str2 As String
str1 = str1.Trim()
If (str1.EndsWith("gh")) Then
  str2 = str1.Substring(2, 3) ' str2 = "cde"
End If
```

Chars(*i* As Integer)

Esta propiedad devuelve el carácter del objeto **String** que recibe el mensaje, que está en la posición especificada. Como el índice del primer carácter es el 0, la posición especificada tiene que estar entre los valores 0 y **Length** - 1, de lo contrario Visual Basic lanzará una excepción.

```
Dim str1 As String = "abcdefgh"
Dim car As Char = str1.Chars(2) ' car = "c"C
```

IndexOf(*str* As String)

Este método devuelve el índice de la primera ocurrencia de la subcadena especificada por *str* en el objeto **String** que recibe el mensaje **IndexOf**. Si *str* no existe **IndexOf** devuelve -1. Puede comenzar la búsqueda por el final en lugar de hacerlo por el principio utilizando el método **LastIndexOf**.

IndexOfAny(*cad()* As Char)

Este método devuelve el índice de la primera ocurrencia de cualquier carácter en *cad*, en el objeto **String** que recibe el mensaje **IndexOfAny**. Si no hay coincidencias, **IndexOfAny** devuelve -1. Puede comenzar la búsqueda por el final en lugar de hacerlo por el principio utilizando el método **LastIndexOfAny**.

Replace(*str* As String, *nuevaStr* As String)

Este método devuelve un nuevo **String**, resultado de reemplazar todas las ocurrencias *str* por *nuevaStr* en el objeto **String** que recibe el mensaje **Replace**. Si la subcadena *str* no existiera, entonces se devuelve el objeto **String** original.

```
Dim str1 As String = "abcdefghabcdefgh", str2 As String
str2 = str1.Replace("de", "xxx") ' resultado: abcxxxfghabcxxxfgh
```

Insert(*pos* As Integer, *str* As String)

Este método devuelve un nuevo **String**, resultado de insertar la subcadena *str* en el objeto **String** que recibe el mensaje, a partir de la posición *pos*.

Split(*seps()* As Char)

Este método devuelve una matriz de objetos **String** con las subcadenas que hay en el objeto **String** que recibe el mensaje, delimitadas por los separadores especificados en la matriz de caracteres *seps*.

```
Dim str1 As String = "hola, ¿que tal?. Bien"
Dim seps() As Char = {","c, "."c}
Dim cad() As String = str1.Split(seps)
```

Clase StringBuilder

Del estudio de la clase **String** sabemos que un objeto de esta clase no es modificable. Se puede observar y comprobar que los métodos que actúan sobre un objeto **String** con la intención de modificarlo no lo hacen, sino que devuelven un objeto nuevo con las modificaciones solicitadas. En cambio, un objeto **String-Builder** es un objeto modificable tanto en contenido como en tamaño.

Algunos de los métodos más interesantes que proporciona la clase **String-Builder**, perteneciente al espacio de nombres **System.Text**, son los siguientes:

New([*arg*])

Este método permite crear un objeto de la clase **StringBuilder**. Se trata del constructor de la clase. El siguiente ejemplo muestra algunas formas de invocar a este método:

```
Imports System.Text
' ...
Dim strb1 As StringBuilder = New StringBuilder()
Dim strb2 As StringBuilder = New StringBuilder(80)
Dim strb3 As StringBuilder = New StringBuilder("abcde")

System.Console.WriteLine(strb1.ToString + " " & strb1.Length & " " & strb1.Capacity)
System.Console.WriteLine(strb2.ToString & " " & strb2.Length & " " & strb2.Capacity)
System.Console.WriteLine(strb3.ToString & " " & strb3.Length & " " & strb3.Capacity)
```

La ejecución de las líneas de código del ejemplo anterior, da lugar a los siguientes resultados:

```
0 16
0 80
abcde 5 16
```

A la vista de los resultados podemos deducir que cuando **StringBuilder** se invoca sin argumentos construye un objeto vacío con una capacidad inicial para 16 caracteres; cuando se invoca con un argumento entero, construye un objeto vacío con la capacidad especificada; y cuando se invoca con un **String** como argumento construye un objeto con la secuencia de caracteres proporcionada por el argumento y una capacidad igual $2^n > strb.Length$ para $n >= 4$.

Length

Esta propiedad devuelve la longitud o número de caracteres Unicode del objeto **StringBuilder** que recibe el mensaje **Length**.

Capacity

Esta propiedad devuelve la capacidad en caracteres Unicode (tipo **Char**) del objeto **StringBuilder** que recibe el mensaje **Capacity**.

Append(x As tipo)

Este método permite añadir la cadena de caracteres resultante de convertir el argumento x en un objeto **String**, al final del objeto **StringBuilder** que recibe el mensaje **Append**. El *tipo* del argumento x puede ser **Boolean, Char, Char(), Integer, Long, Single, Double, String, Object**, etc. La longitud del objeto **StringBuilder** se incrementa en la longitud correspondiente al **String** añadido.

Insert(índice As Integer, x As tipo)

Este método permite insertar la cadena de caracteres resultante de convertir el argumento x en un objeto **String**, en el objeto **StringBuilder** que recibe el mensaje **Insert**. Los caracteres serán añadidos a partir de la posición especificada por el argumento *índice*. El *tipo* del argumento x puede ser **Boolean, Char, Char(), Integer, Long, Single, Double, String, Object**, etc. La longitud del objeto **StringBuilder** se incrementa en la longitud correspondiente al **String** insertado.

El siguiente ejemplo crea un objeto **StringBuilder** con la cadena "Mes de del año", a continuación inserta la cadena "Abril " a partir de la posición 7, y finalmente añade al final, la cadena representativa del entero 2010. El resultado será "Mes de Abril del año 2010".

```
Dim strb As StringBuilder = New StringBuilder("Mes de del año ")
strb.Insert("Mes de ".Length, "Abril ") ' "Mes de ".Length=7
strb.Append(2010)
```

Remove(p As Integer, n As Integer)

Este método elimina n caracteres a partir de la posición p del objeto **StringBuilder** que recibe el mensaje **Remove**. La longitud del objeto se reduce en n y la capacidad se mantiene.

Partiendo del ejemplo anterior, el siguiente ejemplo elimina la subcadena "Abril " del objeto *strb* y añade en su misma posición la cadena "Mayo ". El resultado será "Mes de Mayo del año 2010".

```
Dim strb As StringBuilder = New StringBuilder("Mes de del año ")
strb.Insert(7, "Abril ")
strb.Append(2010)
strb.Remove(7, 6)
strb.Insert(7, "Mayo ")
```

Replace(*str* As String, *nuevaStr* As String, *p* As Integer, *n* As Integer)

Este método reemplaza todas las ocurrencias de *str* que haya entre las posiciones *p* y *p+n-1* del objeto **StringBuilder** que recibe el mensaje **Replace**, por *nuevaStr*. Si *p* y *n* no se especifican, se toman los valores 0 a **Length** - 1. Según lo expuesto, el ejemplo anterior, puede escribirse también así:

```
Dim strb As StringBuilder = New StringBuilder("Mes de del año ")
strb.Insert(7, "Abril ")
strb.Append(2010)
strb.Replace("Abril", "Mayo")
```

Chars(*i* As Integer)

Esta propiedad devuelve el carácter del objeto **StringBuilder**, que está en la posición especificada. Como el índice del primer carácter es el 0, la posición especificada tiene que estar entre los valores 0 y **Length** - 1, de lo contrario Visual Basic lanzará un excepción.

```
Dim str As StringBuilder = New StringBuilder("abcdefgh")
Dim car As Char = str.Chars(2) ' car = "c"C
```

ToString()

Este método devuelve como resultado un nuevo **String** copia del objeto **String-Builder** que recibe el mensaje **ToString**.

El siguiente ejemplo copia en *str* la cadena almacenada en *strb*.

```
Dim strb As StringBuilder = New StringBuilder("abcde")
Dim str As String = strb.ToString()
```

Trabajar con cadenas de caracteres

El siguiente ejemplo lee una cadena de caracteres y a continuación visualiza el símbolo y el valor Unicode de cada uno de los caracteres de la cadena. La solución será de la forma:

```
Introduzca un texto: Hola ¿qué tal?
Carácter = 'H', código Unicode = 72
Carácter = 'o', código Unicode = 111
...
```

El problema consiste en declarar una referencia, *cadena*, a un objeto **String** y asignarle una cadena de caracteres leída desde el teclado utilizando el método **ReadLine**. Una vez creado el objeto **String**, se accede a cada uno de sus elementos para visualizar el carácter que contiene y su valor Unicode.

Observar que el método **WriteLine** visualiza un elemento de tipo **Char** como un carácter; por lo tanto, para visualizar su valor Unicode es necesario convertirlo explícitamente a **Integer**. El programa completo se muestra a continuación.

```
Imports System

Module ValorUnicode
  ' Examinar una cadena de caracteres almacenada en un String
  Public Sub Main()
    Dim cadena As String = Nothing  ' referencia a una cadena de
                                    ' caracteres
    Console.Write("Introduzca un texto: ")
    cadena = Console.ReadLine() ' leer una línea de texto

    ' Examinar la cadena de caracteres
    Dim i As Integer
    Do
      Console.WriteLine("Carácter = " & cadena.Chars(i) & _
        ", código Unicode = " & Convert.ToInt32(cadena.Chars(i)))
      i += 1
    Loop While (i < cadena.Length)
  End Sub
End Module
```

A continuación vamos a escribir un programa que lea una cadena de caracteres de la entrada estándar, la almacene en un objeto **StringBuilder** y utilizando un procedimiento *MinusculasMayusculas*, convierta todos los caracteres de la cadena a mayúsculas (la función realizada por este procedimiento será la misma que la realizada por **ToUpper**).

El procedimiento *MinusculasMayusculas* recibirá como parámetro la cadena de caracteres que contiene el texto a convertir. Dicha cadena estará encapsulada en un objeto **StringBuilder** para poder modificarla.

```
Public Sub MinusculasMayusculas(str As StringBuilder)

End Sub
```

Para escribir el cuerpo del procedimiento, observe la tabla Unicode en los apéndices de este libro, y compruebe que los caracteres *'A'*, ..., *'Z'*, *'a'*, ... , *'z'* están consecutivos y en orden ascendente de su código (valores 65 a 122). Entonces, pasar un carácter de minúsculas a mayúsculas es tan sencillo como restar al valor entero (código Unicode) asociado con el carácter, la diferencia entre los códigos de ese carácter en minúscula y el mismo en mayúscula. Por ejemplo, la diferencia *'a'-'A'* es *97 - 32 = 65*, y es la misma que *'b'-'B'*, que *'c'-'C'*, etc. Por lo tanto, el método *MinusculasMayusculas* lo que tiene que hacer es acceder a cada carácter de la cadena y comprobar si se trata de una minúscula, en cuyo caso modificará la misma cambiando el valor Unicode correspondiente a ese carácter, por el valor Unicode correspondiente al mismo carácter en mayúscula. Esto es:

```
Public Sub MinusculasMayusculas(str As StringBuilder)
  Dim i As Integer = 0
  Dim desp As Integer = Convert.ToInt32("a"c) - Convert.ToInt32("A"c)
  Dim car As Char
  For i = 0 To str.Length - 1
    car = str.Chars(i)
    If (car >= "a"c And car <= "z"c) Then
      str.Chars(i) = Convert.ToChar(Convert.ToInt32(car) - desp)
    End If
  Next
End Sub
```

Observe que por ser **Chars** una propiedad es posible utilizarla tanto a la derecha como a la izquierda del operador de asignación; esto es, según convenga podemos obtener su valor o asignarla un nuevo valor.

El programa completo se muestra a continuación:

```
Imports System
Imports System.Text

Module Cadenas
  ' Convertir una cadena a mayúsculas
  Public Sub MinusculasMayusculas(str As StringBuilder)
    Dim i As Integer = 0
    Dim desp As Integer = Convert.ToInt32("a"c) - Convert.ToInt32("A"c)
    Dim car As Char
    For i = 0 To str.Length - 1
      car = str.Chars(i)
      If (car >= "a"c And car <= "z"c) Then
        str.Chars(i) = Convert.ToChar(Convert.ToInt32(car) - desp)
      End If
    Next
  End Sub

  Public Sub Main()
    Dim scadena As String = Nothing
    Dim bcadena As StringBuilder = Nothing
```

```
    Console.Write("Introduzca un texto: ")
    scadena = Console.ReadLine() ' leer una línea de texto
    ' Construir un objeto StringBuilder a partir de la cadena
    bcadena = New StringBuilder(scadena)

    ' Convertir minúsculas a mayúsculas
    MinusculasMayusculas(bcadena) ' llamar al método
    System.Console.WriteLine(bcadena)    ' escribir el resultado
  End Sub
End Module
```

Observe que cuando se llama al método *MinusculasMayusculas*, lo que en realidad se pasa es una referencia al objeto **StringBuilder**. Por lo tanto, el método llamado y el método que llama trabajan sobre el mismo objeto, con lo que los cambios realizados por uno u otro son visibles para ambos.

La solución que se ha dado al problema planteado no contempla los caracteres típicos de nuestra lengua como la *ñ* o las vocales acentuadas. Este trabajo queda como ejercicio para el lector.

MATRICES MULTIDIMENSIONALES Y DE REFERENCIAS

Según lo estudiado a lo largo de este capítulo podemos decir que cada elemento de una matriz unidimensional es de un tipo primitivo, o bien una referencia a un objeto. Entonces ¿cómo procederíamos si necesitáramos almacenar las temperaturas medias de cada día durante los 12 meses de un año?, o bien ¿cómo procederíamos si necesitáramos almacenar la lista de nombres de los alumnos de una determinada clase? Razonando un poco, llegaremos a la conclusión de que utilizar matrices unidimensionales para resolver los problemas planteados supondrá posteriormente un difícil acceso a los datos almacenados; esto es, responder a las preguntas: ¿cuál es la temperatura media del 10 de mayo?, o bien ¿cuál es el nombre del alumno número 25 de la lista? será mucho más sencillo si los datos los almacenamos en forma de tabla; en el caso de las temperaturas, una tabla de 12 filas (tantas como meses) por 31 columnas (tantas como los días del mes más largo); y en el caso de los nombres, una tabla de tantas filas como alumnos, y tantas columnas como el número de caracteres del nombre más largo. Por lo tanto, una solución fácil para los problemas planteados exige el uso de matrices de dos dimensiones.

Una matriz multidimensional, como su nombre indica, es una matriz de dos o más dimensiones. Visual Basic soporta matrices multidimensionales, y también matrices de matrices con las que se pueden obtener los mismos resultados; esto es, matrices unidimensionales que a su vez referencian a otras matrices unidimensionales, y así sucesivamente, hasta llegar a obtener el número de dimensiones deseadas.

Matrices numéricas

La definición de una matriz numérica de varias dimensiones puede hacerse de cualquiera de las dos formas siguientes:

```
Dim nombre(,...) As tipo = New tipo(expr-1,expr-2,...) {}
Dim nombre(expr-1,expr-2,...) As tipo
```

donde *tipo* es un tipo primitivo entero o real. El número de elementos de una matriz multidimensional es el producto de $(expr-1 + 1) \times (expr-2 + 1) \times \dots$ Por ejemplo, cualquiera de las dos líneas de código siguientes crea una matriz de dos dimensiones con $(1+1) \times (2+1) = 6$ elementos de tipo **Integer**:

```
Dim m(,) As Integer = New Integer(1,2) {}
Dim m(1,2) As Integer
```

A partir de cualquiera de las líneas de código anterior, Visual Basic crea una matriz bidimensional *m* con 2 filas y 3 columnas. Gráficamente podemos imaginarla así:

matriz m	col 0	col 1	col 2
fila 0	m_{00}	m_{01}	m_{02}
fila 1	m_{10}	m_{11}	m_{12}

Para acceder a los elementos de la matriz *m*, puesto que se trata de una matriz de dos dimensiones, utilizaremos dos subíndices, el primero indicará la fila y el segundo la columna donde se localiza el elemento, según se puede observar en la figura anterior. Por ejemplo, la primera sentencia del ejemplo siguiente asigna el valor *x* al elemento que está en la fila 1, columna 2; y la segunda, asigna el valor de este elemento al que está en la fila 0, columna 1.

```
m(1,2) = x
m(0,1) = m(1,2)
```

Para crear una matriz de *n* dimensiones procederemos de forma análoga. Por ejemplo, el siguiente código crea una matriz de tres dimensiones con un número de elementos igual a: $d1 \times d2 \times d3$.

```
Dim d1 As Integer = 2, d2 As Integer = 3, d3 As Integer = 4
Dim m(d1 - 1, d2 - 1, d3 - 1) As Integer
```

La definición de la matriz anterior puede también hacerse así:

```
Dim m(,,) As Integer = New Integer(d1 - 1, d2 - 1, d3 - 1) {}
```

Una matriz numérica de varias dimensiones puede también implementarse utilizando matrices de matrices. Desde esta perspectiva, la definición de una matriz numérica de varias dimensiones se hace de la forma siguiente:

```
Dim nombre_matriz(d1)()()... As tipo
   nombre_matriz(0) = New tipo(d2)()... {}
   ...
   nombre_matriz(d1) = New tipo(d2)()... {}
      ...
```

donde *tipo* es un tipo primitivo entero o real. El número de elementos de una matriz multidimensional, en el caso de que sea rectangular, se calcula realizando el producto de $(d1+1) \times (d2+1) \times$ ... Cuando el número de elementos de las matrices referenciadas por otra matriz sea diferente (submatrices), estaremos en el caso de matrices dentadas.

Por ejemplo, la línea de código siguiente crea una matriz de dos dimensiones con $2 \times 3 = 6$ elementos de tipo **Integer**:

```
' Matriz de 2 filas (0 y 1) por 3 columnas (0, 1 y 2):
' declarar una matriz de matrices de 2 elementos
Dim m(1)() As Integer
' iniciar cada elemento con una matriz de 3 elementos
m(0) = New Integer(2) {}
m(1) = New Integer(2) {}
```

La definición anterior puede realizarse también de cualquiera de las tres formas siguientes:

```
Dim m()() As Integer = {New Integer(2) {}, New Integer(2) {}}

Dim m()() As Integer = New Integer(1)() {}
m(0) = New Integer(2) {}
m(1) = New Integer(2) {}

Dim m()() As Integer = New Integer(1)() _
   {New Integer(2) {}, New Integer(2) {}}
```

A partir del código anterior, Visual Basic crea una matriz unidimensional *m* con 2 elementos *m(0)* y *m(1)* que son referencias a otras dos matrices unidimensionales de 3 elementos. Gráficamente podemos imaginarlo así:

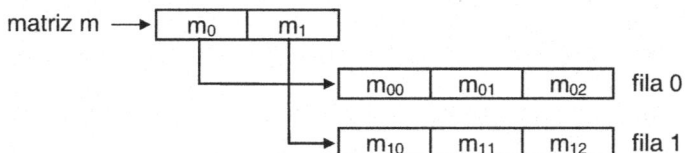

Evidentemente, el tipo de los elementos de la matriz referenciada por *m* es **Integer()** y el tipo de los elementos de las matrices referenciadas por *m(0)* y *m(1)* es **Integer**. Además, puede comprobar la existencia y la longitud de las matrices unidimensionales referenciadas por *m*, *m(0)* y *m(1)* utilizando el código siguiente:

```
' ...
System.Console.WriteLine(m.Length)      ' resultado: 2
System.Console.WriteLine(m(0).Length) ' resultado: 3
System.Console.WriteLine(m(1).Length) ' resultado: 3
```

Para acceder a los elementos de esta matriz *m* de matrices utilizaremos un subíndice para indicar a qué elemento de *m* deseamos acceder. Si el elemento accedido es a su vez una matriz, utilizaremos otro subíndice para indicar a qué elemento de esa matriz deseamos acceder, y así sucesivamente. Por ejemplo, la primera sentencia del ejemplo siguiente asigna el valor *x* al elemento de índice *2* de la matriz referenciada por *m(0)* (elemento *0* de la matriz *m*). Si equiparamos *m* a una matriz de 2 filas por 3 columnas diríamos que estamos asignando el valor *x* al elemento que está en la fila 1, columna 2; siguiendo un razonamiento análogo, la segunda sentencia asigna el valor de este elemento al elemento *m(0)(1)*.

```
m(1)(2) = x
m(0)(1) = m(1)(2)
```

Si hubiéramos iniciado la fila 0 y la fila 1 con un número de elementos diferente, estaríamos en el caso de una matriz dentada. Por ejemplo:

```
' Matriz de 2 filas: 0 y 1:
'    fila 0: 7 elementos (0 a 6).
'    fila 1: 4 elementos (0 a 3)
Dim m()() As Integer = {New Integer(6) {}, New Integer(3) {}}
```

Para crear una matriz de *n* dimensiones utilizando matrices de matrices procederemos de forma análoga. Por ejemplo, el siguiente código crea una matriz de tres dimensiones con *d1×d2×d3* elementos:

```
Dim i, j As Integer
' Matriz de d1*d2*d3 elementos:
Dim d1 As Integer = 2, d2 As Integer = 3, d3 As Integer = 4
' Declarar una matriz de matrices de d1 elementos
Dim m(d1 - 1)()() As Integer
```

```
' Iniciar cada elemento de m con una matriz de matrices de d2 elementos
For i = 0 To d1 - 1
  m(i) = New Integer(d2 - 1)() {}
  ' Iniciar cada elemento de m(i) con una matriz de d3 elementos
  For j = 0 To d2 - 1
    m(i)(j) = New Integer(d3 - 1) {}
  Next
Next
```

Cuando una matriz de matrices tiene forma rectangular, que es cuando las submatrices son todas de la misma longitud, es más eficiente utilizar una matriz multidimensional. En el ejemplo anterior, para la construcción de la matriz *m* ha sido necesario crear 9 objetos (una matriz externa de *d1* elementos, dos submatrices de *d2* elementos y seis submatrices más de *d3* elementos). En contraposición,

```
Dim d1 As Integer = 2, d2 As Integer = 3, d3 As Integer = 4
Dim m(d1 - 1, d2 - 1, d3 - 1) As Integer
```

crea un solo objeto, una matriz de tres dimensiones, y lleva a cabo la creación en un única sentencia.

Como ejemplo de aplicación de matrices multidimensionales, vamos a realizar un programa que asigne datos a una matriz *m* de dos dimensiones y a continuación escriba las sumas correspondientes a las filas de la matriz. La ejecución del programa presentará el aspecto siguiente:

```
Número de filas de la matriz:    2
Número de columnas de la matriz: 2
Introducir los valores de la matriz.
m(0,0) = 2
m(0,1) = 5
m(1,0) = 3
m(1,1) = 6

Suma de la fila 0: 7
Suma de la fila 1: 9
Fin del proceso.
```

En primer lugar definimos las variables que almacenarán el número de filas y de columnas de la matriz, y a continuación leemos esos valores desde el teclado, desechando cualquier valor negativo.

```
Dim nfilas, ncols As Integer    ' filas y columnas de la matriz
Do
   Console.Write("Número de filas de la matriz:    ")
   nfilas = Leer.datoInt()
Loop While (nfilas < 1) ' no permitir un valor cero o negativo
```

```
Do
  Console.Write("Número de columnas de la matriz: ")
  ncols = Leer.datoInt()
Loop While (ncols < 1) ' no permitir un valor cero o negativo
```

Después, creamos la matriz *m* con el número de filas y columnas especificado, definimos las variables *fila* y *col* para utilizarlas como subíndices fila y columna, respectivamente, y la variable *sumafila* para almacenar la suma de los
elementos de una fila:

```
Dim m(nfilas - 1, ncols - 1) As Single ' crear la matriz m
Dim fila, col As Integer ' subíndices
Dim sumafila As Single    ' suma de los elementos de una fila
```

El paso siguiente es asignar un valor desde el teclado a cada elemento de la
matriz.

```
For fila = 0 To nfilas - 1
  For col = 0 To ncols - 1
    Console.Write("m(" & fila & "," & col & ") = ")
    m(fila, col) = Leer.datoSingle()
  Next
Next
```

Una vez leída la matriz, calculamos la suma de cada fila y visualizamos los
resultados para comprobar el trabajo realizado.

```
For fila = 0 To nfilas - 1
  sumafila = 0
  For col = 0 To ncols - 1
    sumafila += m(fila, col)
  Next
  Console.WriteLine("Suma de la fila " & fila & ": " & sumafila)
Next
```

El programa completo se muestra a continuación.

```
' Este programa utiliza la clase Leer del espacio de nombres
' MisClases.ES
Imports System
Imports MisClases.ES

Module MatrizMultidimensional
  ' Creación de una matriz multidimensional.
  ' Suma de las filas de una matriz de dos dimensiones.

  Public Sub Main()
    Dim nfilas, ncols As Integer    ' filas y columnas de la matriz
```

```
      Do
        Console.Write("Número de filas de la matriz:      ")
        nfilas = Leer.datoInt()
      Loop While (nfilas < 1) ' no permitir un valor cero o negativo

      Do
        Console.Write("Número de columnas de la matriz: ")
        ncols = Leer.datoInt()
      Loop While (ncols < 1) ' no permitir un valor cero o negativo

      Dim m(nfilas - 1, ncols - 1) As Single ' crear la matriz m
      Dim fila, col As Integer ' subíndices
      Dim sumafila As Single    ' suma de los elementos de una fila

      Console.WriteLine("Introducir los valores de la matriz.")
      For fila = 0 To nfilas - 1
        For col = 0 To ncols - 1
          Console.Write("m(" & fila & "," & col & ") = ")
          m(fila, col) = Leer.datoSingle()
        Next
      Next

      ' Visualizar la suma de cada fila de la matriz
      Console.WriteLine()
      For fila = 0 To nfilas - 1
        sumafila = 0
        For col = 0 To ncols - 1
          sumafila += m(fila, col)
        Next
        Console.WriteLine("Suma de la fila " & fila & ": " & sumafila)
      Next
      Console.WriteLine("Fin del proceso.")
    End Sub
End Module
```

Seguramente habrá pensado que la suma de cada fila se podía haber hecho simultáneamente a la lectura tal como se indica a continuación.

```
For fila = 0 To nfilas - 1
  sumafila = 0
  For col = 0 To ncols - 1
    Console.Write("m(" & fila & "," & col & ") = ")
    m(fila, col) = Leer.datoSingle()
    sumafila += m(fila, col)
  Next
  Console.WriteLine("Suma de la fila " & fila & ": " & sumafila)
Next
```

No obstante, esta forma de proceder presenta una diferencia a la hora de visualizar los resultados, y es que la suma de cada fila se presenta a continuación de haber leído los datos de la misma.

```
Número de filas de la matriz:    2
Número de columnas de la matriz: 2
Introducir los valores de la matriz.
m(0,0) = 2
m(0,1) = 5
Suma de la fila 0: 7
m(1,0) = 3
m(1,1) = 6
Suma de la fila 1: 9
Fin del proceso.
```

Con este último planteamiento, una solución para escribir los resultados al final sería almacenarlos en una matriz unidimensional y mostrar posteriormente la matriz. Este trabajo se deja como ejercicio para el lector, al igual que la realización del mismo ejemplo pero utilizando matrices de matrices.

Matrices de cadenas de caracteres

Las matrices de cadenas de caracteres son matrices multidimensionales, generalmente de dos dimensiones, en las que cada fila se corresponde con una cadena de caracteres. Entonces, según lo estudiado, una fila puede serlo de una matriz bidimensional, o bien estar representada por un objeto matriz unidimensional, un objeto **String** o un objeto **StringBuilder**.

Por ejemplo, a partir de la línea de código siguiente, Visual Basic crea una matriz bidimensional m con FxC elementos de tipo **Char**:

```
Dim m(F - 1, C - 1) As Char
```

Gráficamente podemos imaginarla así:

m	$m_{0,0}$	$m_{0,1}$	$m_{0,2}$	...	$m_{0,C-1}$	fila 0
	$m_{1,0}$	$m_{1,1}$	$m_{1,2}$	...	$m_{1,C-1}$	fila 1
	$m_{2,0}$	$m_{2,1}$	$m_{2,2}$	...	$m_{2,C-1}$	fila 2
	...	...	...	...	...	...
	$m_{F-1,0}$	$m_{F-1,1}$	$m_{F-1,2}$	...	$m_{F-1,C-1}$	fila F-1

Pero, manejar cadenas de caracteres almacenadas así resulta laborioso porque todo el trabajo hay que hacerlo accediendo individualmente a cada carácter. Para comprenderlo, analicemos el siguiente programa que lee f cadenas de caracteres, las almacena en una matriz m de dos dimensiones y luego las muestra:

```
Module Test
  Public Sub Main()
    Dim nFilas As Integer = 3, nCarsPorFila As Integer = 60
    Dim car, f, c As Integer, CR As Integer = 13

    ' Definir la matriz de caracteres
    Dim m(nFilas - 1, nCarsPorFila - 1) As Char

    ' Leer las cadenas de caracteres
    System.Console.WriteLine("Introducir cadenas:")
    For f = 0 To nFilas - 1
      c = 0
      ' Leer una cadena
      car = System.Console.Read()
      While (car <> CR And c < nCarsPorFila)
        m(f, c) = System.Convert.ToChar(car)
        c += 1 ' posición del siguiente carácter
        car = System.Console.Read()
      End While
      System.Console.ReadLine() ' Limpiar el buffer de entrada
    Next

    ' Escribir las cadenas de caracteres
    For f = 0 To nFilas - 1
      c = 0
      ' Escribir una cadena
      While (c < nCarsPorFila)
        System.Console.Write(m(f, c))
        c += 1
      End While
      System.Console.WriteLine() ' cambiar de línea
    Next
  End Sub
End Module
```

¿De qué longitud son las cadenas leídas? Independientemente del número de caracteres leídos para cada una de las filas, todas son de la misma longitud: *nCarsPorFila* caracteres (recuerde que las matrices de caracteres son iniciadas con nulos); para verificarlo puede recurrir a la expresión *m.GetLength(1)*. El método **GetLength** devuelve el número de elementos de la dimensión especificada. En cambio, la propiedad **Length** devuelve el número total de elementos de la matriz. Evidentemente, esta forma de proceder supone un derroche de espacio de memoria, que se puede evitar haciendo que cada fila de la matriz *m* tenga una longitud igual al número de caracteres que almacena. Esto puede hacerse utilizando matrices de matrices. Apliquemos esta teoría al programa anterior.

El proceso que seguiremos para solucionar el problema planteado es el siguiente:

- Definimos la matriz de matrices unidimensionales, que serán las filas de una supuesta lista.

```
Dim m(nFilas - 1)() As Char
```

No asignamos memoria para cada una de las cadenas porque no conocemos su longitud ($m(0)$ = **Nothing**, $m(1)$ = **Nothing**, etc.). Por lo tanto, este proceso lo desarrollaremos paralelamente a la lectura de cada una de ellas.

- Leemos las cadenas de caracteres. Para poder leer una cadena, necesitamos definir una matriz de caracteres que vamos a denominar *cadena*. Ésta será una matriz unidimensional de longitud *nCarsPorFila* caracteres, por ejemplo.

```
Dim cadena(nCarsPorFila - 1) As Char
```

Una vez leída la cadena, conoceremos cuántos caracteres se han leído; entonces, reservamos memoria (**New**) para almacenar ese número de caracteres, almacenamos la referencia al bloque de memoria reservado en el siguiente elemento vacío de la matriz de matrices *m* y copiamos *cadena* en el nuevo bloque asignado (fila de la matriz *m*). Este proceso lo repetiremos para cada una de las cadenas que leamos.

```
For f = 0 To nFilas - 1
  c = 0

  ' Leer una cadena
  car = System.Console.Read()
  While (car <> CR And c < nCarsPorFila)
    cadena(c) = System.Convert.ToChar(car)
    c += 1 ' posición del siguiente carácter = caracteres leídos
    car = System.Console.Read()
  End While
  System.Console.ReadLine() ' Limpiar el buffer de entrada

  ' Añadir una submatriz de longitud c a m
  m(f) = New Char(c) {}

  ' Copiar la cadena leída en m(f)
  For k = 0 To c - 1
    m(f)(k) = cadena(k)
  Next
Next
```

Gráficamente puede imaginarse el proceso descrito de acuerdo a la siguiente estructura de datos:

La sentencia *m(f) = New Char(c) {}* asigna para cada valor de *f* un espacio de memoria de *c* caracteres (en la figura: *fila 0, fila 1, fila 2*, etc.), en el que se copia la cadena leída a través de la matriz unidimensional *cadena*.

- Una vez leída la matriz la visualizamos. El programa completo se muestra a continuación.

```
Module Test
  Public Sub Main()
    Dim nFilas As Integer = 3, nCarsPorFila As Integer = 60
    Dim car, f, c, k As Integer, CR As Integer = 13

    ' Declarar una matriz de matrices
    Dim m(nFilas - 1)() As Char
    ' Una cadena
    Dim cadena(nCarsPorFila - 1) As Char
    ' Leer las cadenas de caracteres
    System.Console.WriteLine("Introducir cadenas:")
    For f = 0 To nFilas - 1
      c = 0
      ' Leer una cadena
      car = System.Console.Read()
      While (car <> CR And c < nCarsPorFila)
        cadena(c) = System.Convert.ToChar(car)
        c += 1 ' posición del siguiente carácter = caracteres leídos
        car = System.Console.Read()
      End While
      System.Console.ReadLine() ' Limpiar el buffer de entrada
      ' Añadir una submatriz de longitud c a m
      m(f) = New Char(c) {}
      ' Copiar la cadena leída en m(f)
      For k = 0 To c - 1
        m(f)(k) = cadena(k)
      Next
    Next
    ' Escribir las cadenas de caracteres
    For f = 0 To nFilas - 1
      System.Console.WriteLine(m(f))
    Next
  End Sub
End Module
```

Una vez expuesto cómo trabajar con matrices de caracteres, el siguiente paso es demostrar que para la mayoría de los problemas en los que intervienen cadenas de caracteres resulta mucho más sencillo utilizar objetos **String** o **StringBuilder**.

Matrices de objetos String o StringBuilder

Visual Basic proporciona las clases **String** y **StringBuilder** para hacer de las cadenas de caracteres objetos con sus atributos particulares, los cuales podrán ser accedidos por los métodos de sus clases. Desde este nivel de abstracción el trabajo con matrices de cadenas de caracteres resultará mucho más sencillo.

Para ilustrar la forma de trabajar con matrices de cadenas de caracteres, vamos a realizar un programa que lea una lista de nombres y los almacene en una matriz de objetos **String**. Una vez construida la matriz, visualizaremos su contenido. La solución tendrá el aspecto siguiente:

```
Número de filas de la matriz:  10
Escriba los nombres que desea introducir.
Puede finalizar pulsando las teclas [Ctrl][Z].
Nombre(0): Mª del Carmen
Nombre(1): Francisco
Nombre(2): Javier
Nombre(3): [Ctrl][Z]

¿Desea visualizar el contenido de la matriz? (s/n): s

Mª del Carmen
Francisco
Javier
```

La solución pasa por realizar los siguientes puntos:

- Definimos la matriz de objetos **String**:

```
Dim nombre(nFilas - 1) As String
```

Cada elemento de esta matriz será iniciado por Visual Basic con el valor **Nothing**, indicando así que la matriz inicialmente no referencia a ningún objeto **String**; esto es, la matriz está vacía.

- Leemos las cadenas de caracteres. Para poder leer una cadena, utilizaremos el método **ReadLine**. Recuerde que este método devuelve una referencia a un objeto **String** que almacena la información leída; referencia que asignaremos al siguiente elemento vacío de la matriz *nombre*. Este proceso lo repetiremos para cada uno de los nombres que leamos. Recuerde también que si el método

ReadLine intenta leer del flujo y se encuentra con el final del mismo, retornará la constante **Nothing**.

```
For fila = 0 To nFilas - 1
   System.Console.Write("Nombre(" & fila & "): ")
   nombre(fila) = System.Console.ReadLine()
   ' Si se pulsó [Ctrl][Z], salir del bucle (Exit For)
   If (nombre(fila) = Nothing) Then Exit For
Next
```

Gráficamente puede imaginarse el proceso descrito de acuerdo con la siguiente estructura de datos, aunque para trabajar resulte más fácil pensar en una matriz unidimensional cuyos elementos *nombre(0)*, *nombre(1)*, etc. son cadenas de caracteres.

nombre	$nombre_0$	→	objeto String
	$nombre_1$	→	objeto String
	$nombre_2$	→	objeto String
	...	→	...

- Una vez leídos todos los nombres deseados, los visualizamos si la respuesta a la petición de realizar este proceso es afirmativa.

El programa completo se muestra a continuación.

```
' Este programa utiliza la clase Leer del espacio de nombres
' MisClases.ES
Imports System
Imports MisClases.ES

Module MatrizCadenas
   Public Sub Main()
     Dim nFilas, fila As Integer

     Do
       Console.Write("Número de filas de la matriz:  ")
       nFilas = Leer.datoInt()
     Loop While (nFilas < 1)  ' no permitir un valor cero o negativo

     ' Matriz de cadenas de caracteres
     Dim nombre(nFilas - 1) As String

     Console.WriteLine("Escriba los nombres que desea introducir.")
     Console.WriteLine("Puede finalizar pulsando las teclas [Ctrl][Z].")
     For fila = 0 To nFilas - 1
       Console.Write("Nombre(" & fila & "): ")
       nombre(fila) = Console.ReadLine()
```

```
            ' Si se pulsó [Ctrl][Z], salir del bucle
            If (nombre(fila) = Nothing) Then Exit For
        Next
        Console.WriteLine()
        nFilas = fila ' número de filas leídas

        Dim respuesta As Char
        Do
            Console.Write("Desea continuar s/n (sí o no) ")
            respuesta = Convert.ToChar(Console.Read())
            Console.ReadLine() ' limpiar el flujo de entrada
        Loop While (respuesta <> "s"c And respuesta <> "n"c)

        If (respuesta = "s"c) Then
            ' Visualizar la lista de nombres
            Console.WriteLine()
            For fila = 0 To nFilas - 1
                Console.WriteLine(nombre(fila))
            Next
        End If
    End Sub
End Module
```

Si en lugar de utilizar objetos **String** utilizamos objetos **StringBuilder**, las modificaciones son mínimas. Puede verlas en el código mostrado a continuación:

```
Dim nombre(nFilas - 1) As StringBuilder
Dim sNombre As String

Console.WriteLine("Escriba los nombres que desea introducir.")
Console.WriteLine("Puede finalizar pulsando las teclas [Ctrl][Z].")
For fila = 0 To nFilas - 1
    Console.Write("Nombre(" & fila & "): ")
    snombre = Console.ReadLine()
    ' Si se pulsó [Ctrl][Z], salir del bucle
    If (sNombre = Nothing) Then Exit For
    nombre(fila) = New StringBuilder(sNombre)
Next
```

SENTENCIA For Each

La sentencia **For Each** es similar a la sentencia **For**, con la diferencia de que ahora un bloque de una sentencia o más sentencias se ejecuta repetidamente por cada elemento de una colección de objetos o de una matriz. Esto es especialmente útil cuando no conocemos cuántos elementos hay en la colección o en la matriz. Su sintaxis es la siguiente:

```
For Each (elemento In colección/matriz)
  sentencia;
```

donde *elemento* se corresponde en cada ejecución de la *sentencia* con el siguiente elemento de la colección o de la matriz indicada. Sin embargo, hay que tener en cuenta que este *elemento* es de sólo lectura, por lo que no se puede utilizar para modificar los valores de la colección.

Por ejemplo, para mostrar el contenido de la matriz *nombre* del ejercicio anterior, podríamos escribir también el siguiente código:

```
Dim siguienteNombre As StringBuilder
For Each siguienteNombre In nombre
  If (siguienteNombre Is Nothing) Then Exit For
  Console.WriteLine(siguienteNombre)
Next
```

MODIFICAR EL TAMAÑO DE UNA MATRIZ

Se puede modificar el tamaño de una matriz existente, en cualquier instante de la ejecución de un programa. Esto puede hacerse de dos formas, asignando una matriz diferente a la misma variable, o utilizando la sentencia **ReDim**. En cualquier caso el número de dimensiones no se puede modificar, pero sí se puede modificar la longitud de cualquiera de las dimensiones.

Por ejemplo, observe el siguiente código; la primera sentencia define una matriz *m* de tamaño 4×5 elementos, y la última asigna a *m* una nueva matriz de tamaño 2×3 elementos. Observe que el número de dimensiones (2) no se modifica.

```
Dim m(3, 4) As Integer ' matriz de 4 filas por 5 columnas
' ...
m = New Integer(1, 2) {}
```

Cuando se modifica una matriz de la forma explicada en el ejemplo anterior, los valores de los elementos conservados, se pierden. Esto puede evitarse utilizando la sentencia **ReDim** con la cláusula **Preserve**. En este caso sólo se permite modificar la longitud de la última dimensión. Por ejemplo, observe el siguiente código; la primera sentencia define una matriz *m* de tamaño 3×4 elementos, y la última asigna a *m* un nuevo tamaño de 3×8 elementos. Observe que sólo se modifica la última dimensión. Los valores de los 4 primeros elementos de las 3 filas se conservan.

```
Dim m(2, 3) As Integer ' matriz de 4 filas por 5 columnas
' ...
ReDim Preserve m(2, 7)
```

Cuando no se conozca la longitud actual de una dimensión *d* (la primera dimensión es la 0) se puede utilizar el método **GetUpperBound** de la clase **Array** (*GetUpperBound(d)* da el mismo resultado que la expresión *GetLength(d)-1*), el cual devuelve como valor el índice más alto que se puede utilizar para esa dimensión. Por ejemplo, el siguiente código es equivalente al anterior:

```
Dim m(2, 3) As Integer ' matriz de 3 filas por 4 columnas
' ...
ReDim Preserve m(m.GetUpperBound(0), m.GetUpperBound(1) + 4)
```

COLECCIONES

Una colección funciona de forma muy parecida a una matriz con la salvedad de que sus elementos pueden ser manipulados utilizando los métodos de la clase que la definen. La sintaxis para definir una colección es la siguiente:

```
Dim colección As New Collection()
```

Existen diferentes métodos que podemos utilizar para manipular los elementos de una colección. Por ejemplo, el método **Add** permite añadir un elemento a la colección, mientras que el método **Remove** se utiliza para eliminar un elemento dado de la misma.

La ventaja de las colecciones sobre las matrices es que cuando se elimina un elemento de una colección, la lista de elementos corre una posición a la izquierda ocupando el espacio del elemento eliminado y cuando se añade un elemento a la colección ésta aumenta en un elemento. En el caso de las matrices estos procesos tendríamos que programarlos.

A continuación se muestra un ejemplo sencillo del uso de las colecciones para poner en práctica lo que acabamos de comentar:

```
Dim MiColección As New Collection()
MiColección.Add("uno")
MiColección.Add("dos")
MiColección.Add("tres")

Dim i As Integer
Dim s As String = ""
MiColección.Remove(2)
For i = 1 To MiColección.Count
  s += MiColección(i) & " " ' o bien s += MiColección.Item(i) & " "
Next
Console.WriteLine(s)
```

Otras operaciones que se pueden llevar a cabo una vez que se ha creado una colección son las siguientes:

- **Clear**. Método para quitar todos los elementos de la colección.
- **Count**. Propiedad para averiguar cuántos elementos tiene la colección.
- **Contains**. Método para comprobar si un determinado elemento está presente.
- **Item**. Propiedad para acceder a un determinado elemento de la colección.
- **For Each...Next**. Sentencia para recorrer toda la colección.

EJERCICIOS RESUELTOS

1. Realice un programa que lea una lista de valores introducida por el teclado. A continuación, y sobre la lista, tiene que buscar los valores máximo y mínimo, y escribirlos.

La solución de este problema puede ser de la siguiente forma:

- Definimos la matriz que va a contener la lista de valores y el resto de las variables necesarias en el programa.

```
Dim nElementos As Integer ' número de elementos (valor no negativo)

Do
   Console.Write("Número de valores que desea introducir: ")
   nElementos = Leer.datoInt()
Loop While (nElementos < 1)

Dim dato(nElementos - 1) As Single ' crear la matriz dato
Dim i As Integer        ' subíndice
Dim max, min As Single ' valor máximo y valor mínimo
```

- A continuación leemos los valores que forman la lista. La entrada de datos finalizará cuando se tecleen todos los valores, o bien cuando se teclee un valor no numérico; por ejemplo, pulsar simplemente la tecla *Entrar*. Hagamos un breve repaso de la clase *Leer* que implementamos en el capítulo 6. Los métodos de esta clase devuelven el número entero o decimal introducido a través del teclado. Ahora bien, cuando el valor tecleado no se corresponde con un número, los métodos implementados para leer un entero devuelven el valor **MinValue** (valor mínimo) y los implementados para leer un real, devuelven el valor **NaN** (no es un número).

```
For i = 0 To dato.Length - 1
   Console.Write("dato(" & i & ")= ")
   dato(i) = Leer.datoSingle()
```

```
   If (Single.IsNaN(dato(i))) Then Exit For
Next

nElementos = i ' número de valores leídos
```

El código anterior establece un bucle para leer datos hasta completar la matriz. Si por cualquier circunstancia se decide terminar la entrada de datos antes que se complete la matriz, pulsando, por ejemplo, la tecla *Entrar*, el método *datosSingle* devolverá el valor **NaN**. Para detectar si esto ha ocurrido debemos utilizar el método **IsNaN** de la estructura **Single** (**Single** es un alias de **System.Single**). Se trata de un método **Shared** que devuelve **True** si su argumento se corresponde con un dato no numérico, y **False** en otro caso.

- Una vez leída la lista de valores, calculamos el máximo y el mínimo. Para ello suponemos inicialmente que el primer valor es el máximo y el mínimo (como si todos los valores fueran iguales). Después comparamos cada uno de estos dos valores con los restantes de la lista. El valor de la lista comparado pasará a ser el nuevo mayor si es más grande que el mayor actual y pasará a ser el nuevo menor si es más pequeño que el menor actual.

```
min = dato(0) : max = dato(0)
For i = 0 To nElementos - 1
  If (dato(i) > max) Then max = dato(i)
  If (dato(i) < min) Then min = dato(i)
Next
```

- Finalmente, escribimos el resultado.

```
System.Console.WriteLine("Valor máximo: " & max)
System.Console.WriteLine("Valor mínimo: " & min)
```

El programa completo se muestra a continuación.

```
' Este programa utiliza la clase Leer del espacio de nombres
' MisClases.ES

Imports System
Imports MisClases.ES

Module ValoresMaxMin
  ' Obtener el máximo y el mínimo de un conjunto de valores
  Public Sub Main()
    Dim nElementos As Integer ' número de elementos (valor no negativo)
    Do
      Console.Write("Número de valores que desea introducir: ")
      nElementos = Leer.datoInt()
    Loop While (nElementos < 1)
```

```
        Dim dato(nElementos - 1) As Single ' crear la matriz dato
        Dim i As Integer        ' subíndice
        Dim max, min As Single ' valor máximo y valor mínimo

        Console.WriteLine("Introducir los valores. " & _
                        "Para finalizar pulse [Entrar]")
        For i = 0 To dato.Length - 1
          Console.Write("dato(" & i & ")= ")
          dato(i) = Leer.datoSingle()
          If (Single.IsNaN(dato(i))) Then Exit For
        Next
        nElementos = i ' número de valores leídos

        ' Obtener los valores máximo y mínimo
        If (nElementos > 0) Then
          min = dato(0) : max = dato(0)
          For i = 0 To nElementos - 1
            If (dato(i) > max) Then max = dato(i)
            If (dato(i) < min) Then min = dato(i)
          Next
          ' Escribir los resultados
          Console.WriteLine("Valor máximo: " & max)
          Console.WriteLine("Valor mínimo: " & min)
        Else
          Console.WriteLine("No hay datos.")
        End If
      End Sub
End Module
```

2. Escribir un programa que cuente el número de veces que aparece cada una de las letras de un texto introducido por el teclado y a continuación imprima el resultado. Para hacer el ejemplo sencillo, vamos a suponer que el texto sólo contiene letras minúsculas del alfabeto inglés (no hay ni letras acentuadas, ni la *ll*, ni la *ñ*). La solución podría ser de la forma siguiente:

```
Introducir un texto.
Para finalizar pulsar [Ctrl][z]

las matrices mas utilizadas son las unidimensionales
y las bidimensionales.
[Ctrl][z]

a b c d e f g h i j k l m n o p q r s t u v w x y z
---------------------------------------------------
9 1 1 3 5 0 0 0 9 0 0 6 4 6 3 0 0 111 2 2 0 0 0 1 1
```

Antes de empezar el problema, vamos a analizar algunas de las operaciones que después utilizaremos en el programa. Por ejemplo, apoyándonos en las definiciones siguientes:

```
Dim a As Integer = Convert.ToInt32("a"c)
Dim z As Integer = Convert.ToInt32("z"c)
```

la expresión $z - a + 1$ da como resultado 26. Recuerde que cada carácter tiene asociado un valor entero (código Unicode) que es el que utiliza la máquina internamente para manipularlo. Así por ejemplo la 'z' tiene asociado el entero 122, la 'a' el 97, etc. Según esto, la evaluación de la expresión $z - a + 1$ es: $122 - 97 + 1 = 26$.

Por la misma razón, si además de las declaraciones anteriores realizamos estas otras,

```
Dim c(255) As Integer
Dim car As Integer = a    ' a tiene asignado el entero 97
```

la siguiente sentencia asigna a $c(97)$ el valor 10,

```
c(a) = 10
```

y esta otra sentencia que se muestra a continuación realiza la misma operación, lógicamente, suponiendo que *car* tiene asignado el código Unicode de 'a'.

```
c(car) = 10
```

Entonces, si leemos un carácter (de la 'a' a la 'z'),

```
car = System.Console.Read()
```

y a continuación realizamos la operación,

```
c(car) += 1
```

¿qué elemento de la matriz c se ha incrementado? La respuesta es el de subíndice igual al código correspondiente al carácter leído. Hemos hecho coincidir el carácter leído con el subíndice de la matriz (cuando el índice de una matriz se corresponde con un dato, se dice que la matriz es asociativa). Así cada vez que leamos una 'a' se incrementará el contador $c(97)$; tenemos entonces un contador de 'a'. Análogamente diremos para el resto de los caracteres.

Pero ¿qué pasa con los elementos $c(0)$ a $c(96)$? Según hemos planteado el problema inicialmente, quedarían sin utilizar (el enunciado decía: con qué frecuencia aparecen los caracteres de la 'a' a la 'z'). Esto, aunque no presenta ningún problema, se puede evitar así:

```
c(car - a) += 1   ' a tiene asignado el entero 97
```

Para *car* igual a '*a*' se trataría del elemento *c(0)* y para *car* igual a '*z*' se trataría del elemento *c(25)*. De esta forma podemos definir una matriz de enteros justamente con un número de elementos igual al número de caracteres de la '*a*' a la '*z*' (26 caracteres según la tabla Unicode). El primer elemento será el contador de '*a*', el segundo el de '*b*', y así sucesivamente.

Un contador es una variable que inicialmente vale cero (suponiendo que la cuenta empieza desde uno) y que después se incrementa en una unidad cada vez que ocurre el suceso que se desea contar.

El programa completo se muestra a continuación:

```
Imports System

Module MatrizAsociativa
    ' Frecuencia con la que aparecen las letras en un texto.
    Public Sub Main()
        ' Crear la matriz c con z-a+1 elementos.
        ' VB.NET inicia los elementos de la matriz a cero.
        Dim a As Integer = Convert.ToInt32("a"c)
        Dim z As Integer = Convert.ToInt32("z"c)
        Dim c(z - a + 1) As Integer
        Dim car As Integer ' subíndice

        ' Entrada de datos y cálculo de la tabla de frecuencias
        Console.WriteLine("Introducir un texto.")
        Console.WriteLine("Para finalizar pulsar [Ctrl][z]")
        Console.WriteLine()

        car = Console.Read()
        While (car <> -1)
            ' Si el carácter leído está entre la 'a' y la 'z'
            ' incrementar el contador correspondiente
            If (car >= a And car <= z) Then
                c(car - a) += 1
            End If
            ' Leer el siguiente carácter del texto y contabilizarlo
            car = Console.Read()
        End While

        ' Mostrar la tabla de frecuencias
        Console.WriteLine()

        ' Visualizar una cabecera "a b c ... "
        For car = a To z
            Console.Write("  " & Convert.ToChar(car))
        Next
        Console.WriteLine()
```

```
      Console.WriteLine(" ------------------------------" & _
      "--------------------------------------")
      ' Visualizar la frecuencia con la que han aparecido los caracteres
      For car = a To z
        Console.Write("{0,3:D}", c(car - a))
      Next
      Console.WriteLine()
    End Sub
End Module
```

EJERCICIOS PROPUESTOS

1. Se desea realizar un histograma con los pesos de los alumnos de un determinado curso.

    ```
    Peso      Número de alumnos
    - - - - - - - - - - - - - - - - - - - - - - - - -
     21       **
     22       ****
     23       **************
     24       ******
     ..        ...
    ```

    El número de asteriscos se corresponde con el número de alumnos del peso especificado.

    Realice un programa que lea los pesos e imprima el histograma correspondiente. Suponer que los pesos están comprendidos entre los valores 10 y 100 Kg. En el histograma sólo aparecerán los pesos que se corresponden con uno o más alumnos.

2. Realice un programa que lea una cadena de n caracteres e imprima el resultado que se obtiene cada vez que se realice una rotación de un carácter a la derecha sobre dicha cadena. El proceso finalizará cuando se haya obtenido nuevamente la cadena de caracteres original. Por ejemplo,

    ```
    HOLA AHOL LAHO OLAH HOLA
    ```

3. La mediana de una lista de n números se define como el valor que es menor o igual que los valores correspondientes a la mitad de los números, y mayor o igual que los valores correspondientes a la otra mitad. Por ejemplo, la mediana de:

    ```
    16 12 99 95 18 87 10
    ```

    es 18, porque este valor es menor que 99, 95 y 87 (mitad de los números) y mayor que 16, 12 y 10 (otra mitad).

Realice un programa que lea un número impar de valores y dé como resultado la mediana. La entrada de valores finalizará cuando se detecte la marca de fin de fichero.

4.   Analice el programa que se muestra a continuación e indique el significado que tiene el resultado que se obtiene.

```
Module Test
  Public Sub Visualizar(ByVal car As Byte)
    Dim i, bit As Integer
    For i = 7 To 0 Step -1
      If ((car And (1 * (2^i))) <> 0) Then
        bit = 1
      Else
        bit = 0
      End If
      System.Console.Write(bit)
    Next
    System.Console.WriteLine()
  End Sub

  Public Function HaceAlgo(ByVal car As Byte) As Byte
    Return ((car And &H1) * (2^7)) Or ((car And &H2) * (2^5)) Or _
           ((car And &H4) * (2^3)) Or ((car And &H8) * (2^1)) Or _
           ((car And &H10)\ (2^1)) Or ((car And &H20)\ (2^3)) Or _
           ((car And &H40)\ (2^5)) Or ((car And &H80)\ (2^7))
  End Function

  Public Sub Main()
    Dim car As Byte
    System.Console.Write("Introduce un carácter Unicode: ")
    car = System.Console.Read()
    Visualizar(car)
    System.Console.WriteLine("Carácter resultante:")
    car = HaceAlgo(car)
    Visualizar(car)
  End Sub
End Module
```

5.   Análogamente a como se construye una matriz de objetos **String**, cree una matriz de objetos de una clase *CPersona*. Repita el proceso utilizando una colección.

MÁS SOBRE PROCEDIMIENTOS

En los capítulos anteriores aprendimos lo que es un programa, cómo escribirlo y qué hacer para que el ordenador lo ejecute y muestre los resultados perseguidos; adquirimos conocimientos generales acerca de la programación orientada a objetos; aprendimos acerca de los elementos que aporta Visual Basic; analizamos cómo era la estructura de una programa Visual Basic; aprendimos a leer datos desde el teclado y a visualizar resultados sobre el monitor; estudiamos las estructuras de control; y aprendimos a trabajar con matrices.

En este capítulo, utilizando los conocimientos adquiridos hasta ahora, vamos a centrarnos en cuestiones más específicas como, pasar argumentos a procedimientos, escribir procedimientos que devuelvan matrices, copiar matrices, pasar argumentos en la línea de órdenes, ordenar los elementos de una matriz, o bien buscar un elemento en una matriz, entre otras cosas.

PASAR UNA MATRIZ COMO ARGUMENTO A UN PROCEDIMIENTO

En el capítulo 5 se expuso cómo definir un procedimiento y se explicó cómo pasar argumentos a un procedimiento (a estas alturas el lector habrá asimilado que el hecho de utilizar la palabra procedimiento o método es sólo una tradición dependiendo del contexto, o bien, si lo prefiere, una cuestión de gustos, puesto que ambos nombres se refieren a una misma unidad de código). Recuerde que los objetos pasados como argumentos a un procedimiento son siempre referencias a dichos objetos, lo cual significa que cualquier modificación que se haga sobre esos objetos dentro del procedimiento afecta a los objetos originales, y las matrices son objetos. En cambio, las variables de un tipo primitivo se pasan por valor, lo cual significa que se pasa una copia, por lo que cualquier modificación que se haga sobre esas variables dentro del procedimiento no afecta a la variable original.

Para aclarar lo expuesto, el siguiente ejemplo implementa un procedimiento con un parámetro de tipo **Double(,)**, que permite multiplicar por 2 los elementos de una matriz numérica de dos dimensiones pasada como argumento.

```
Module Test
  Public Sub MultiplicarPorDosMatriz2D(x(,) As Double)
    Dim f, c As Integer

    For f = 0 To x.GetUpperBound(0)
      For c = 0 To x.GetUpperBound(1)
        x(f, c) *= 2
      Next
    Next
  End Sub

  Public Sub Main()
    Dim m(,) As Double = {{10, 20, 30}, {40, 50, 60}}
    Dim f, c As Integer

    MultiplicarPorDosMatriz2D(m)
    ' Visualizar la matriz por filas
    For f = 0 To m.GetUpperBound(0)
      For c = 0 To m.GetUpperBound(1)
        System.Console.Write(m(f, c) & " ")
      Next
      System.Console.WriteLine()
    Next
  End Sub
End Module
```

La matriz *m* podría haberse definido también así:

```
Dim m As Double(,) = {{10, 20, 30}, {40, 50, 60}}
```

El método **GetUpperBound** de la clase **Array** permite obtener el índice más alto de la dimensión pasada como argumento del objeto matriz que recibe este mensaje. La primera dimensión es la 0, la segunda la 1, y así sucesivamente.

La aplicación anterior se ejecuta de la forma siguiente: el procedimiento **Main** crea e inicia una matriz *m* de dos dimensiones de tipo **Double**. Después invoca al procedimiento *MultiplicarPorDosMatriz2D* pasando como argumento la matriz *m*; esto implica que el procedimiento tenga un parámetro declarado así: *x(,) As Double*. Por ser *m* un objeto, el parámetro *x* recibe una referencia a la matriz *m*; esto es, *x* almacenará la posición de memoria donde se encuentra la matriz, no una copia de su contenido. Por lo tanto, ahora el procedimiento *MultiplicarPorDosMatriz2D* tiene acceso a la misma matriz que el procedimiento **Main**. Gráficamente puede imaginárselo así:

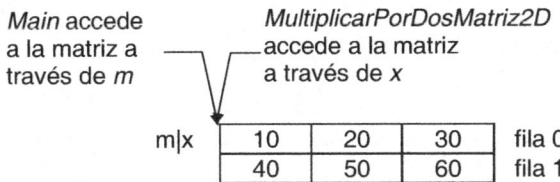

¿Cuál es el resultado? Que cuando el procedimiento **Main** visualice los elementos de la matriz *m*, éstos aparecerán con los cambios introducidos por el procedimiento *MultiplicarPorDosMatriz2D*. Esto es, ambos procedimientos trabajan sobre la misma matriz.

PROCEDIMIENTO QUE RETORNA UNA MATRIZ

Según vimos en el capítulo 5, un procedimiento puede retornar un valor de cualquier tipo primitivo, o bien una referencia a cualquier clase de objetos. Por lo tanto, en el caso de que un procedimiento devuelva una matriz, lo que realmente devuelve es una referencia a la matriz. Aclaremos esto con un ejemplo.

La aplicación siguiente implementa un procedimiento que tiene un parámetro de tipo **Double(,)** y permite copiar una matriz numérica bidimensional pasada como argumento, en otra matriz. El procedimiento devuelve como resultado la copia realizada.

```
Module Test
  Public Function CopiarMatriz2D(x(,) As Double) As Double(,)
    Dim z(x.GetUpperBound(0), x.GetUpperBound(1)) As Double
    Dim f, c As Integer

    For f = 0 To x.GetUpperBound(0)
      For c = 0 To x.GetUpperBound(1)
        z(f, c) = x(f, c)
      Next
    Next
    Return z
  End Function

  Public Sub Main()
    Dim m1(,) As Double = {{10, 20, 30}, {40, 50, 60}}
    Dim f, c As Integer

    ' Copiar una matriz utilizando un procedimiento
    Dim m2(,) As Double = CopiarMatriz2D(m1)
    m1(0, 0) = 77 ' modificar un elemento de la matriz original

    ' Visualizar la matriz m2
```

```
    For f = 0 To m2.GetUpperBound(0)
      For c = 0 To m2.GetUpperBound(1)
        System.Console.Write(m2(f, c) & " ")
      Next
    Next
    System.Console.WriteLine()
  End Sub
End Module
```

La aplicación anterior se ejecuta de la forma siguiente: el procedimiento
Main crea e inicia una matriz de dos dimensiones de tipo **Double** referenciada
por *m1*, y declara una referencia *m2* a una matriz de dos dimensiones del mismo
tipo. Después invoca al procedimiento *CopiarMatriz2D* pasando como argumento
la matriz *m1*. Esto implica que ese procedimiento tenga un parámetro declarado
así: *x(,) As Double*, para que pueda recibir una referencia a la matriz *m1*. A continuación, *CopiarMatriz2D* crea una matriz *z* de las mismas características que *x*,
copia los elementos de *x* en *z* y devuelve como resultado *z*. Finalmente, la referencia devuelta por *CopiarMatriz2D* es almacenada por el procedimiento **Main** en
m2, que, como comprobación, visualiza esa matriz.

Evidentemente, el procedimiento *CopiarMatriz2D* podría haberse diseñado
según el siguiente prototipo, trabajo que se deja como ejercicio para el lector.

```
Public Sub CopiarMatriz2D(dest(,) As Double, orig(,) As Double)
```

Otra forma de realizar una copia de una matriz es utilizando el método **Clone**
expuesto anteriormente. Por ejemplo, el código mostrado a continuación copia
una matriz de dos dimensiones referenciada por *m1* en otra matriz referenciada
por *m2*:

```
Dim m2(,) As Double = m1.Clone()
```

Cuando se trate de una matriz de matrices hay que tener presente que el método **Clone** sólo copia las referencias a las submatrices. Por ejemplo, la matriz *m1*
de dimensiones $f \times c$ del ejemplo anterior puede ser reemplazada por una matriz de
una dimensión de *f* elementos que sean referencias a otras tantas matrices de una
dimensión de *c* elementos. Según esto, le será fácil entender el código mostrado a
continuación, el cual copia una matriz de matrices referenciada por *m1* en otra
matriz referenciada por *m2*:

```
Dim m1(1)() As Double
m1(0) = New Double(2) {10, 20, 30}
m1(1) = New Double(2) {40, 50, 60}

' Copiar una matriz de matrices utilizando el método Clone
Dim m2()() As Double = m1.Clone()
```

```
For f = 0 To m1.Length - 1
  m2(f) = m1(f).Clone()
Next
```

Otra forma más de realizar una copia de una matriz es utilizando el método **Copy** de la clase **Array**. Se trata de un método público y **Shared** para copiar matrices multidimensionales, cuya sintaxis es la siguiente:

```
Sub Copy(Array origen, Integer posición_origen,
         Array destino, Integer posición_destino,
         Integer longitud)
```

donde *origen* es la matriz origen de los datos, *posición_origen* el índice de inicio en la matriz origen, *destino* es la matriz destino de los datos, *posición_destino* el índice de inicio en la matriz destino y *longitud* es el número de elementos que se desean copiar.

Por ejemplo, el código mostrado a continuación, copia una matriz de dos dimensiones referenciada por *m1* en otra matriz referenciada por *m2*:

```
Dim m1(,) As Double = {{10, 20, 30}, {40, 50, 60}}

' Copiar una matriz utilizando el método Copy
Dim m2(m1.GetUpperBound(0), m1.GetUpperBound(1)) As Double
System.Array.Copy(m1, 0, m2, 0, m1.Length)
```

Si en lugar de tratarse de una matriz de dos dimensiones se trata de una matriz de matrices, habrá que utilizar el método **Copy** para copiar cada submatriz de datos. Por ejemplo, el código mostrado a continuación, copia una matriz de matrices referenciada por *m1* en otra matriz referenciada por *m2*:

```
Dim m1(1)() As Double
m1(0) = New Double(2) {10, 20, 30}
m1(1) = New Double(2) {40, 50, 60}

' Copiar una matriz de matrices utilizando el método Copy
Dim m2(1)() As Double
m2(0) = New Double(2) {}
m2(1) = New Double(2) {}
For f = 0 To m1.Length - 1
  System.Array.Copy(m1(f), 0, m2(f), 0, m1(f).Length)
Next
```

PASAR UN ARGUMENTO POR VALOR O POR REFERENCIA

Cuando un procedimiento Visual Basic invoca a otro procedimiento y le pasa un argumento de un tipo primitivo, pasa una copia de ese argumento. Por ejemplo:

```
Public Sub Incrementar10(param As Integer)
   param += 10
End Sub

Public Sub Main()
   Dim arg As Integer = 1234
   Incrementar10(arg)
   System.Console.WriteLine(arg)
End Sub
```

La línea sombreada del ejemplo anterior invoca al procedimiento *Incrementar10* y copia el valor del argumento *arg* en el parámetro *param* del procedimiento. Esto significa que el argumento ha sido pasado por valor. Por lo tanto, cualquier modificación que haga el procedimiento sobre *param* no afectará a la variable original. Según lo expuesto el procedimiento **Main** mostrará el resultado 1234, valor original de *arg*.

¿Qué hay que hacer para que un procedimiento pueda modificar el valor original del argumento que se le pasa? Pasar dicho argumento por referencia.

Según lo estudiado hasta ahora, cuando se pasa un argumento que es un objeto (tipo referenciado), Visual Basic no hace una copia del objeto sobre el parámetro correspondiente del procedimiento, sino que informa al procedimiento acerca del lugar de la memoria donde está ese objeto para que pueda acceder al mismo, lo que se denomina pasar un argumento por referencia. Esto es, lo que se copia en el parámetro del procedimiento es la referencia al objeto. Para proceder en el mismo sentido con una variable de un tipo primitivo hay que utilizar la palabra reservada **ByRef** (por omisión se supone **ByVal**: por valor) como se muestra en el ejemplo siguiente:

```
Public Sub Incrementar10(ByRef param As Integer)
   param += 10
End Sub

Public Sub Main()
   Dim arg As Integer = 1234
   Incrementar10(arg)
   System.Console.WriteLine(arg)
End Sub
```

En el ejemplo anterior, el procedimiento **Main** define una variable *arg* de tipo **Integer** iniciada con el valor 1234. Después invoca al procedimiento *Incrementar10* pasándole como argumento una referencia a esa variable, lo que supone declarar su parámetro *param* como una referencia (**ByRef**) a un **Integer**. Ahora *param* hace referencia al mismo entero que *arg*. Por lo tanto, todos los cambios realizados por el procedimiento afectarán a la variable original. Como consecuencia, el resultado mostrado por **Main** será ahora 1244.

Quizás ahora esté más claro por qué decimos que los objetos en Visual Basic, cuando se pasan como parámetros a un procedimiento, son pasados por referencia: porque no se pasa una copia del objeto, sino el lugar de la memoria (referencia) donde está ese objeto, razón por la cual ese procedimiento puede acceder y modificar el objeto, pero lo que no puede hacer es cambiar la referencia origen para que apunte a otro objeto; esto es, el objeto se ha pasado por referencia, pero la referencia (la variable que nombra ese objeto) se ha pasado por valor (se ha hecho una copia de ella). Según lo expuesto ¿cuál es el resultado del siguiente programa?

```
Module Test
   Public Sub Clonar(org(,) As Integer, des(,) As Integer)
     Dim i, j As Integer
     For i = 0 To org.GetUpperBound(0)
       For j = 0 To org.GetUpperBound(1)
         des(i, j) = org(i, j)
       Next
     Next
   End Sub

   Public Sub Main()
     Dim m1(,) As Integer = {{1, 2, 3, 4}, {1, 2, 3, 4}}
     Dim m2(,) As Integer
     Clonar(m1, m2)
     ' ...
     System.Console.WriteLine(m2(1, 3))
   End Sub
End Module
```

En el ejemplo anterior, el procedimiento **Main** define e inicia una matriz de dos dimensiones *m1* de tipo **Integer** y define también otra referencia *m2* del mismo tipo que la referencia *m1*. La diferencia entre *m1* y *m2* está en que *m1* tiene un objeto matriz asignado y *m2* no; esto es, el valor de *m2* es **Nothing**. Después, invoca al procedimiento *Clonar* pasándole como argumentos *m1* y *m2*; por lo tanto, *des* tomará el valor **Nothing**. Resulta evidente que no se puede copiar el contenido de un objeto sobre otro que no existe; intentarlo dará lugar a un error durante la ejecución en la línea sombreada. Solución, que el procedimiento *Clonar* asigne a *des* un objeto matriz del mismo tamaño que el referenciado por *org*, como se puede observar en el código siguiente:

```
Public Sub Clonar(org(,) As Integer, des(,) As Integer)
  Dim i, j As Integer
  des = New Integer(org.GetUpperBound(0), org.GetUpperBound(1)) {}
  For i = 0 To org.GetUpperBound(0)
    For j = 0 To org.GetUpperBound(1)
      des(i, j) = org(i, j)
    Next
  Next
End Sub
```

Un intento de ejecutar este programa, de nuevo producirá el mismo error que antes, pero ahora en la sentencia del procedimiento **Main** que muestra el valor *m2(1, 3)*. ¿Por qué? ¿Acaso *m2* no es una referencia a la matriz creada por *Clonar*? Pues no; el hecho de que *Clonar* haya asignado a *des* una referencia a un objeto matriz no significa que también la haya asignado a *m2*; recuerde que *des* era una copia de *m2*, por lo tanto sólo se ha modificado la copia. La solución según lo explicado anteriormente es pasar el argumento *m2* por referencia lo que supone modificar el procedimiento *Clonar* como se observa a continuación:

```
Public Sub Clonar(org(,) As Integer, ByRef des(,) As Integer)
  Dim i, j As Integer
  des = New Integer(org.GetUpperBound(0), org.GetUpperBound(1)) {}
  For i = 0 To org.GetUpperBound(0)
    For j = 0 To org.GetUpperBound(1)
      des(i, j) = org(i, j)
    Next
  Next
End Sub
```

Ahora *des* es una referencia a *m2*, esto es, un sinónimo de *m2*. Por lo tanto, cualquier cambio que haga el procedimiento *Clonar* sobre *des* afectará por igual a la variable original *m2*.

PASAR ARGUMENTOS EN LA LÍNEA DE ÓRDENES

Muchas veces, cuando invocamos a un programa desde el sistema operativo, necesitamos escribir uno o más argumentos a continuación del nombre del programa, separados por un espacio en blanco. Por ejemplo, piense en la orden *ls -l* del sistema operativo UNIX o en la orden de consola *dir /p* del sistema operativo Windows. Tanto *ls* como *dir* son programas, y *-l* y */p* son opciones o argumentos en la línea de órdenes que pasamos al programa para que tenga un comportamiento diferente al que tiene de forma predeterminada; es decir, cuando no se pasan argumentos.

De la misma forma, nosotros podemos construir aplicaciones Visual Basic que admitan argumentos a través de la línea de órdenes ¿Qué procedimiento recibirá esos argumentos? El procedimiento **Main**, ya que este procedimiento es el punto de entrada a la aplicación y también el punto de salida. Su definición, una vez más, es como se muestra a continuación:

```
Public Sub Main(args() As String)
  ' Cuerpo del procedimiento
End Sub

Public Function Main(args() As String) As Integer
  ' Cuerpo del procedimiento
End Function
```

Como se puede observar, el procedimiento **Main** tiene un argumento *args* que es una matriz unidimensional de tipo **String**. El nombre *args* puede ser cualquier otro. Esta matriz almacenará los argumentos pasados en la línea de órdenes cuando se invoque a la aplicación para su ejecución de la forma que se observa a continuación. Observe que cada argumento está separado por un espacio.

MiAplicación argumento1 argumento2...

Cada elemento de la matriz *args* referencia a un argumento, de manera que *args(0)* contiene el primer argumento de la línea de órdenes, *args(1)* el segundo, etc. Por ejemplo, supongamos que tenemos una aplicación Visual Basic denominada *Test* que acepta los argumentos *-n* y *-l*. Entonces, podríamos invocar a esta aplicación escribiendo en la línea de órdenes del sistema operativo la siguiente orden:

Test -n -l

Esto hace que automáticamente la matriz *args* de referencias a objetos **String** se cree para contener dos objetos **String**: uno con el primer argumento y otro con el segundo. Puede imaginarla de cualquiera de las dos formas siguientes:

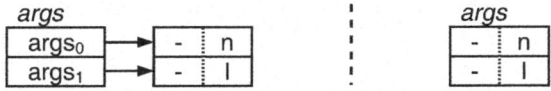

Para clarificar lo expuesto vamos a realizar una aplicación que simplemente visualice los valores de los argumentos que se la han pasado en la línea de órdenes. Esto nos dará una idea de cómo acceder desde un programa a esos argumentos. Supongamos que la aplicación se denomina *Test* y que sólo admite los argumentos *-n*, *-k* y *-l*. Esto quiere decir que podremos especificar de cero a tres argumentos. Los argumentos repetidos y no válidos se desecharán. Por ejemplo, la siguiente línea invoca a la aplicación *Test* pasándole los argumentos *-n* y *-l*:

```
Test -n -l
```

El código de la aplicación propuesta, se muestra a continuación.

```
Module Test
  Public Sub Main(args() As String)
    ' Código común a todos los casos
    System.Console.WriteLine("Argumentos: ")
    If (args.Length = 0) Then
      ' Escriba aquí el código que sólo se debe ejecutar cuando
      ' no se pasan argumentos
      System.Console.WriteLine("     ninguno")
    Else
      Dim argumento_k, argumento_l, argumento_n As Boolean
      Dim i As Integer
      ' ¿Qué argumentos se han pasado?
      For i = 0 To args.Length - 1
        If (args(i).CompareTo("-k") = 0) Then argumento_k = True
        If (args(i).CompareTo("-l") = 0) Then argumento_l = True
        If (args(i).CompareTo("-n") = 0) Then argumento_n = True
      Next

      If (argumento_k) Then ' si se pasó el argumento -k:
        ' Escriba aquí el código que sólo se debe ejecutar cuando
        ' se pasa el argumento -k
        System.Console.WriteLine("     -k")
      End If

      If (argumento_l) Then ' si se pasó el argumento -l:
        ' Escriba aquí el código que sólo se debe ejecutar cuando
        ' se pasa el argumento -l
        System.Console.WriteLine("     -l")
      End If

      If (argumento_n) Then ' si se pasó el argumento -n:
        ' Escriba aquí el código que sólo se debe ejecutar cuando
        ' se pasa el argumento -n
        System.Console.WriteLine("     -n")
      End If
    End If
    ' Código común a todos los casos
  End Sub
End Module
```

Al ejecutar este programa, invocándolo como se ha indicado anteriormente, se obtendrá el siguiente resultado:

```
Argumentos:
    -1
    -n
```

PROCEDIMIENTOS RECURSIVOS

Se dice que un procedimiento es recursivo si se llama a sí mismo. El compilador Visual Basic permite cualquier número de llamadas recursivas a un procedimiento. Cada vez que el procedimiento es llamado, sus parámetros y sus variables locales son iniciados.

¿Cuándo es eficaz escribir un procedimiento recursivo? La respuesta es sencilla, cuando el proceso a programar sea por definición recursivo. Por ejemplo, el cálculo del factorial de un número, *n! = n(n-1)!*, es por definición un proceso recursivo que se enuncia así: *factorial(n) = n * factorial(n-1)*

Por lo tanto, la forma idónea de programar este problema es implementando un procedimiento recursivo. Como ejemplo, a continuación se muestra un programa que visualiza el factorial de un número. Para ello, se ha escrito un procedimiento *factorial* que recibe como parámetro un número entero positivo y devuelve como resultado el factorial de dicho número.

```
Imports System
Imports MisClases.ES

Module Test
  ' Cálculo del factorial de un número
  Public Function factorial(ByVal n As Integer) As Long
    If (n = 0) Then
      Return 1
    Else
      Return n * factorial(n - 1)
    End If
  End Function

  Public Sub Main()
    Dim numero As Integer
    Dim fac As Long

    Console.Write("¿Número? ")
    numero = Leer.datoInt()
    Try
      fac = factorial(numero)
      Console.WriteLine("El factorial de " & numero & " es: " & fac)
```

```
    Catch e As OverflowException
       Console.WriteLine(e.Message)
      End Try
    End Sub
End Module
```

En la tabla siguiente se ve el proceso seguido por el procedimiento *factorial*, durante su ejecución para *n = 4*.

Nivel de recursión	Proceso de ida	Proceso de vuelta
0	factorial(4)	24
1	4 * factorial(3)	4 * 6
2	3 * factorial(2)	3 * 2
3	2 * factorial(1)	2 * 1
4	1 * factorial(0)	1 * 1

Cada llamada al procedimiento *factorial* aumenta en una unidad el nivel de recursión. Cuando se llega a *n = 0*, se obtiene como resultado el valor *1* y se inicia la vuelta hacia el punto de partida, reduciendo el nivel de recursión en una unidad cada vez. La columna del centro especifica cómo crece la pila de llamadas hasta obtener un resultado que permita iniciar el retorno por la misma, dando solución a cada una de las llamadas pendientes. Gráficamente podemos representar este proceso así:

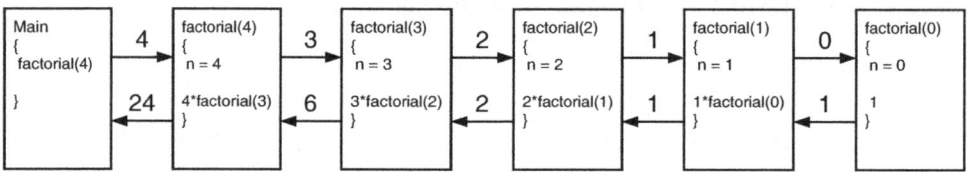

Observe que la ejecución de *factorial* se inicia cinco veces; cuando se resuelve *factorial(0)* hay todavía cuatro llamadas pendientes de resolver; cuando se resuelve *factorial(1)* hay todavía tres llamadas pendientes de resolver; etc. Observe también que el parámetro *n* es una variable local al procedimiento, por eso está presente con su valor local en cada una de las ejecuciones.

Conclusión, por cada ejecución recursiva del procedimiento, se necesita cierta cantidad de memoria para almacenar las variables locales y el estado en curso del proceso de cálculo con el fin de recuperar dichos datos cuando se acabe una ejecución y haya que reanudar la anterior. Por este motivo, en aplicaciones prácticas es imperativo demostrar que el nivel máximo de recursión es, no sólo finito, sino realmente pequeño.

Según lo expuesto, los algoritmos recursivos son particularmente apropiados cuando el problema a resolver o los datos a tratar se definen en forma recursiva. Sin embargo, el uso de la recursión debe evitarse cuando haya una solución obvia por iteración.

LA CLASE Array

La clase **Array** del espacio de nombres **System** contiene varios métodos **Shared** para manipular matrices. Algunos de estos métodos, como **Equals**, **Clone**, **Copy** y **GetLength** ya los hemos visto; otros, como **Clear**, **Sort**, **BinarySearch** y **Reverse** los veremos a continuación.

Clear

Este método permite asignar un valor *0* o **Nothing** a todos los elementos de una matriz, o bien a cada elemento de un rango especificado. La sintaxis expresada de forma genérica para utilizar este método es la siguiente:

```
Shared Sub Clear(m As Array, desdeInd As Integer, longitud As Integer)
```

donde *m* es la matriz, *desdeInd* es el índice del primer elemento del rango y *longitud* el número de elementos del mismo.

Como ejemplo, puede probar los resultados que produce el siguiente código:

```
Dim a() As Double = {55,50,45,40,35,30,25,20,15,10}
System.Array.Clear(a, 0, a.Length)
```

Sort

Este método permite ordenar los elementos de una matriz unidimensional en orden ascendente utilizando el algoritmo *quicksort*. Se trata de un algoritmo muy eficiente ya que el tiempo requerido para realizar la ordenación es muy pequeño. La sintaxis expresada de forma genérica para utilizar este método es la siguiente:

```
Shared Sub Sort(m As Array)
Shared Sub Sort(m As Array, desdeInd As Integer, longitud As Integer)
```

donde *m* es la matriz a ordenar. Cuando sólo queramos ordenar un rango de elementos, utilizaremos el segundo formato de **Sort** donde *desdeInd* es el índice del primer elemento del rango y *longitud* el número de elementos del mismo.

Como ejemplo, puede probar los resultados que produce el siguiente código:

```
Dim a() As Double = {55,50,45,40,35,30,25,20,15,10}
System.Array.Sort(a)
```

Este otro ejemplo, ordena la matriz de objetos **String** y después muestra el contenido de dicha matriz:

```
Dim str As String
Dim a() As String = {"ccc","ddd","aaa","eee","bbb"}
System.Array.Sort(a)
For Each str In a
   System.Console.WriteLine(str)
Next
```

BinarySearch

Este método permite buscar un valor en una matriz unidimensional que esté ordenada ascendentemente utilizando el algoritmo de *búsqueda binaria*. Se trata de un algoritmo muy eficiente en cuanto a que el tiempo requerido para realizar una búsqueda es muy pequeño. La sintaxis expresada de forma genérica para utilizar este método es la siguiente:

```
Shared Function BinarySearch(m As Array, clave As Object) As Integer
```

donde *m* representa la matriz, *clave* es el valor que se desea buscar.

El valor devuelto es un entero correspondiente al índice del elemento que coincide con el valor buscado. Si el valor buscado no se encuentra, entonces el valor devuelto es: –*(punto de inserción) – 1* (complemento a 1). El valor de *punto de inserción* es el índice del elemento de la matriz donde debería encontrarse el valor buscado. La expresión "–*(punto de inserción) – 1*" garantiza que el índice devuelto será mayor o igual que cero sólo si el valor buscado es encontrado.

Como ejemplo, analice el siguiente código:

```
Dim a() As Double = {10,15,20,25,30,35,40,45,50,55} ' matriz ordenada
Dim i As Integer
i = System.Array.BinarySearch(a, 25.0)   ' i = 3
i = System.Array.BinarySearch(a, 27.0)   ' i = -5
i = System.Array.BinarySearch(a, 5.0)    ' i = -1
i = System.Array.BinarySearch(a, 60.0)   ' i = -11
```

Reverse

Este método permite invertir la secuencia de todos los elementos de una matriz unidimensional, o bien de los elementos en un rango especificado. La sintaxis expresada de forma genérica para utilizar este método es la siguiente:

```
Shared Sub Reverse(m As Array)
Shared Sub Reverse(m As Array, desdeInd As Integer, longitud As Integer)
```

donde *m* es la matriz. Cuando sólo queramos invertir la secuencia de un rango de elementos, utilizaremos el segundo formato de **Reverse** donde *desdeInd* es el índice del primer elemento del rango y *longitud* el número de elementos del mismo.

Un ejemplo de cómo utilizar este método es el siguiente:

```
Dim a() As Double = {10,15,20,25,30,35,40,45,50,55}
System.Array.Reverse(a)
```

EJERCICIOS RESUELTOS

1. Utilizando el método **NextDouble** de la clase **Random** del espacio de nombres **System**, realizar un programa que muestre 6 números aleatorios diferentes entre 1 y 49 ordenados ascendentemente.

   Para producir enteros aleatorios en un intervalo dado puede utilizar la fórmula: *parte_entera_de((límiteSup - límiteInf + 1) * random + límiteInf)*, siendo *random* un valor mayor o igual que *0* y menor que *1*.

   La solución al problema planteado puede ser de la siguiente forma:

   • Definimos el rango de los números que deseamos obtener, una matriz para almacenarlos y un objeto **Random** que recibirá los mensajes **NextDouble**.

   ```
   Dim límiteSup As Integer = 49, límiteInf As Integer = 1
   Dim n(5) As Integer
   Dim rnd As Random = New Random()
   ```

   • Obtenemos el siguiente número aleatorio y verificamos si ya existe en la matriz, en cuyo caso lo desechamos y volvemos a obtener otro. Este proceso lo repetiremos hasta haber generado todos los números solicitados.

   ```
   Dim i, k As Integer
   For i = 0 To n.Length - 1
     n(i) = Math.Floor((límiteSup - límiteInf + 1) * _
                        rnd.NextDouble() + límiteInf)
   ```

```
    For k = 0 To i - 1
      If (n(k) = n(i)) Then ' ya existe
        i -= 1   ' i será incrementada por el For externo
        Exit For ' salir de este For
      End If
    Next
  Next
```

La sentencia **For** externa define cuántos números se van a generar. Cuando se genera un número se almacena en la siguiente posición de la matriz. Después, la sentencia **For** interna compara el último número generado con todos los anteriormente generados. Si ya existe, se decrementa el índice *i* de la matriz para que cuando sea incrementado de nuevo por el **For** externo apunte al elemento repetido y sea sobrescrito por el siguiente número generado.

- Una vez obtenidos todos los números, ordenamos la matriz y la visualizamos.

```
Array.Sort(n)
For i = 0 To n.Length - 1
  System.Console.Write(n(i) & " ")
Next
```

El programa completo se muestra a continuación.

```
Imports System

Module RandomVb
  ' Obtener números aleatorios dentro de un rango
  Public Sub Main()
    Dim límiteSup As Integer = 49, límiteInf As Integer = 1
    Dim n(5) As Integer
    ' Crear un objeto de la clase Random
    Dim rnd As Random = New Random()

    Dim i, k As Integer
    For i = 0 To n.Length - 1
      ' Obtener un número aleatorio
      n(i) = Math.Floor((límiteSup - límiteInf + 1) * _
                        rnd.NextDouble() + límiteInf)
      ' Verificar si ya existe el último número obtenido
      For k = 0 To i - 1
        If (n(k) = n(i)) Then ' ya existe
          i -= 1   ' i será incrementada por el For externo
          Exit For ' salir de este For
        End If
      Next
    Next
    ' Ordenar la matriz
```

```
      Array.Sort(n)
      ' Mostrar la matriz
      For i = 0 To n.Length - 1
        System.Console.Write(n(i) & " ")
      Next
      System.Console.WriteLine()
    End Sub
End Module
```

2. Realice un programa que partiendo de dos matrices de cadenas de caracteres or-
    denadas ascendentemente, construya y visualice una tercera matriz también orde-
    nada ascendentemente. La idea que se persigue es construir la tercera lista
    ordenada; no construirla y después ordenarla empleando el método **Sort**.

    Para ello, el procedimiento **Main** proporcionará las dos matrices e invocará a
    un procedimiento cuyo prototipo será el siguiente:

```
Public Function Fusionar(String() lista1, String() lista2, _
                         String() lista3) As Integer
```

    El primer parámetro y el segundo del procedimiento *Fusionar* son las dos ma-
    trices de partida, y el tercero es la matriz que almacenará los elementos de las dos
    anteriores.

    El proceso de fusión consiste en:

a) Partiendo de que ya están construidas las dos matrices de partida, tomar un
    elemento de cada una de las matrices.

b) Comparar los dos elementos (uno de cada matriz) y almacenar en la matriz re-
    sultado el menor.

c) Tomar el siguiente elemento de la matriz a la que pertenecía el elemento al-
    macenado en la matriz resultado, y volver al punto b).

d) Cuando no queden más elementos en una de las dos matrices de partida, se
    copian directamente en la matriz resultado, todos los elementos que queden en
    la otra matriz.

    El programa completo se muestra a continuación.

```
Module FusionarListas
    ' Fusionar dos listas ordenadas
    Public Function Fusionar(ByVal listaA() As String, _
                             ByVal listaB() As String, _
                             ByVal listaC() As String) As Integer
```

```vb
    Dim ind, indA, indB, indC As Integer

    If (listaA.Length + listaB.Length = 0) Then
       Return 0
    End If

    ' Fusionar las listas A y B en la C
    While (indA < listaA.Length And indB < listaB.Length)
       If (listaA(indA).CompareTo(listaB(indB)) < 0) Then
          listaC(indC) = listaA(indA)
          indC += 1 : indA += 1
       Else
          listaC(indC) = listaB(indB)
          indC += 1 : indB += 1
       End If
    End While

    ' Los dos bucles siguientes son para prever el caso de que,
    ' lógicamente una lista finalizará antes que la otra.
    For ind = indA To listaA.Length - 1
       listaC(indC) = listaA(ind)
       indC += 1
    Next

    For ind = indB To listaB.Length - 1
       listaC(indC) = listaB(ind)
       indC += 1
    Next

    Return 1
End Function

Public Sub Main()
    ' Iniciamos las listas a ordenar (puede sustituir este
    ' proceso, por otro de lectura con el fin de tomar los
    ' datos de la entrada estándar).
    Dim lista1() As String = {"Ana", "Carmen", "David", _
                            "Francisco", "Javier", "Jesús", _
                            "José", "Josefina", "Luis", _
                            "María", "Patricia", "Sonia"}

    Dim lista2() As String = {"Agustín", "Belén", "Daniel", _
                            "Fernando", "Manuel", _
                            "Pedro", "Rosa", "Susana"}

    ' Declarar la matriz que va a almacenar el resultado de
    ' fusionar las dos anteriores
    Dim lista3(lista1.Length + lista2.Length) As String

    ' Fusionar lista1 y lista2 y almacenar el resultado en lista3.
```

```
' El método "Fusionar" devolverá un 0 cuando no se pueda
' realizar la fusión.
Dim ind, r As Integer
r = Fusionar(lista1, lista2, lista3)

' Escribir la matriz resultante
If (r <> 0) Then
  For ind = 0 To lista3.Length - 1
    System.Console.WriteLine(lista3(ind))
  Next
Else
  System.Console.WriteLine("Error")
End If
End Sub
End Module
```

Observe que el procedimiento *Fusionar* copia referencias. Como se expuso anteriormente en este mismo capítulo, esta forma de proceder ahorra memoria y no causa problemas porque los **String** son objetos no modificables; por lo tanto, no hay posibilidad de que una parte del código pueda modificar un objeto **String** compartido por otra parte de código.

EJERCICIOS PROPUESTOS

1. Realice un programa que se comporte como un diccionario Inglés-Español; esto es, solicitará una palabra en inglés y escribirá la correspondiente palabra en español. Para hacer más sencillo el ejercicio, el número de parejas de palabras será variable, pero limitado a un máximo de 100. Por ejemplo, suponer que introducimos las siguientes parejas de palabras:

   book   libro
   green   verde
   mouse   ratón

   Una vez finalizada la introducción de las listas de palabras pasamos al modo traducción, de forma que si tecleamos *green*, la respuesta ha de ser *verde*. Si la palabra no se encuentra se emitirá un mensaje que lo indique.

   El programa constará al menos de dos procedimientos:

   a) *crearDiccionario*. Este procedimiento creará el diccionario.
   b) *traducir*. Este procedimiento realizará la labor de traducción.

2. Un cuadrado mágico se compone de números enteros comprendidos entre *1* y n^2, donde *n* es un número impar que indica el orden de la matriz cuadrada que con-

tiene los números que forman dicho cuadrado mágico. La matriz que forma este cuadrado mágico, cumple que la suma de los valores que componen cada fila, cada columna y cada diagonal es la misma. Por ejemplo, un cuadrado mágico de orden *3*, implica un valor de *n* = *3* lo que dará lugar a una matriz de *3* por *3*. Por lo tanto, los valores de la matriz estarán comprendidos entre *1* y *9* y dispuestos de la forma siguiente:

```
8  1  6
3  5  7
4  9  2
```

Realice un programa que visualice un cuadrado mágico de orden impar *n*. El programa verificará que *n* es impar y que está comprendido entre 3 y 15.

Una forma de construirlo puede ser: situar el número *1* en el centro de la primera línea, el número siguiente en la casilla situada encima y a la derecha, y así sucesivamente. Es preciso tener en cuenta que el cuadrado se cierra sobre sí mismo, esto es, la línea encima de la primera es la última y la columna a la derecha de la última es la primera. Siguiendo esta regla, cuando el número caiga en una casilla ocupada, se elige la casilla situada debajo del último número situado.

Se deberán realizar al menos los procedimientos siguientes:

a) *esImpar*. Este procedimiento verificará si *n* es impar.
b) *cuadradoMágico*. Este procedimiento construirá el cuadrado mágico.

3. Realice un programa que:

a) Lea dos cadenas de caracteres denominadas *cadena1* y *cadena2* y un número entero *n*.

b) Llame a un procedimiento:

```
Function compcads(cadena1() As Char, cadena2() As Char, _
              n As Integer) As Integer
```

que compare los *n* primeros caracteres de *cadena1* y de *cadena2*, y devuelva como resultado un valor entero:

0   si *cadena1* y *cadena2* son iguales
1   si *cadena1* es mayor que *cadena2* (los *n* primeros caracteres)
−1   si *cadena1* es menor que *cadena2* (los *n* primeros caracteres)

Si *n* es menor que 1 o mayor que la longitud de la menor de las cadenas, la comparación se hará sin tener en cuenta este parámetro.

c) Escriba la cadena que sea menor según los *n* primeros caracteres (esto es, la que esté antes por orden alfabético).

4. Escriba un programa para evaluar la expresión *(ax + by)ⁿ*. Para ello, tenga en cuenta las siguientes expresiones:

$$(ax+by)^n = \sum_{k=0}^{n} \binom{n}{k}(ax)^{n-k}(by)^k$$

$$\binom{n}{k} = \frac{n!}{k!(n-k)!}$$

$$n! = n*(n-1)*(n-2)*...*2*1$$

a) Escriba un procedimiento cuyo prototipo sea:

```
Function factorial(n As Integer) As Long
```

El procedimiento *factorial* recibe como parámetro un entero y devuelve el factorial del mismo.

b) Escriba un procedimiento con el prototipo:

```
Function combinaciones(n As Integer, k As Integer) As Long
```

El procedimiento *combinaciones* recibe como parámetros dos enteros *n* y *k*, y devuelve como resultado el valor de $\binom{n}{k}$.

c) Escriba un procedimiento que tenga el prototipo:

```
Function potencia(base As Integer, exponente As Integer) As Long
```

El procedimiento *potencia* recibe como parámetros dos enteros, *base* y *exponente*, y devuelve como resultado el valor de *base^{exponente}*.

d) El procedimiento **Main** leerá los valores de *a*, *b*, *n*, *x* e *y*, y utilizando los procedimientos anteriores escribirá como resultado el valor de *(ax + by)ⁿ*.

TRABAJAR CON FICHEROS

Todos los programas realizados hasta ahora obtenían los datos necesarios para su ejecución de la entrada estándar y visualizaban los resultados en la salida estándar. Por otra parte, una aplicación podrá retener los datos que manipula en su espacio de memoria, sólo mientras esté en ejecución; es decir, cualquier dato introducido se perderá cuando la aplicación finalice.

Por ejemplo, si hemos realizado un programa con la intención de construir una agenda, lo ejecutamos y almacenamos los datos *nombre*, *apellidos* y *teléfono* de cada uno de los componentes de la agenda en una matriz, los datos estarán disponibles mientras el programa esté en ejecución. Si finalizamos la ejecución del programa y lo ejecutamos de nuevo, tendremos que volver a introducir otra vez todos los datos.

La solución para hacer que los datos persistan de una ejecución a otra es almacenarlos en un fichero en el disco en vez de en una matriz en memoria. Entonces, cada vez que se ejecute la aplicación que trabaja con esos datos, podrá leer del fichero los que necesite y manipularlos. Nosotros procedemos de forma análoga en muchos aspectos de la vida ordinaria; almacenamos los datos en fichas y guardamos el conjunto de fichas en lo que generalmente denominamos fichero o archivo.

Desde el punto de vista informático, un fichero o archivo es una colección de información que almacenamos en un soporte magnético para poderla manipular en cualquier momento. Esta información se almacena como un conjunto de registros, los cuales contienen, generalmente, los mismos campos. Cada campo almacena un dato de un tipo predefinido o de un tipo definido por el usuario. El registro más simple estaría formado por un carácter.

Por ejemplo, si quisiéramos almacenar en un fichero los datos relativos a la agenda de teléfonos a la que nos hemos referido anteriormente, podríamos diseñar cada registro con los campos *nombre*, *dirección* y *teléfono*. Según esto y desde un punto de vista gráfico, puede imaginarse la estructura del fichero así:

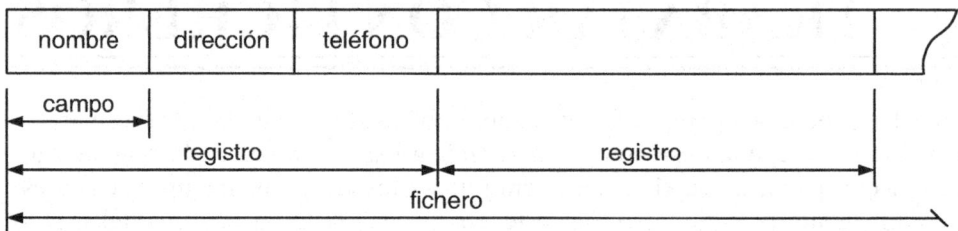

Cada campo almacenará el dato correspondiente. El conjunto de campos descritos forma lo que hemos denominado registro, y el conjunto de todos los registros forman un fichero que almacenaremos, por ejemplo, en el disco bajo un nombre.

Por lo tanto, para manipular un fichero que identificamos por un nombre, son tres las operaciones que tenemos que realizar: abrir el fichero, escribir o leer registros del fichero y cerrar el fichero. En la vida ordinaria hacemos lo mismo, abrimos el cajón que contiene las fichas (fichero), tomamos una ficha (registro) para leer datos o escribir datos y, finalizado el trabajo con la ficha, la dejamos en su sitio y cerramos el cajón de fichas (fichero).

En programación orientada a objetos, hablaremos de objetos más que de registros, y de sus atributos más que de campos.

Podemos agrupar los ficheros en dos tipos: ficheros de la aplicación (son los ficheros *.vb*, *.exe*, etc. que forman la aplicación) y ficheros de datos (son los que proveen de datos a la aplicación). A su vez, Visual Basic ofrece dos tipos diferentes de acceso a los ficheros de datos: secuencial y aleatorio.

Para dar soporte al trabajo con ficheros, la biblioteca de Visual Basic proporciona varias clases de entrada/salida (E/S) que permiten leer y escribir datos a, y desde, ficheros y dispositivos (en el capítulo 6 trabajamos con algunas de ellas).

VISIÓN GENERAL DE LOS FLUJOS DE E/S

Sabemos que la comunicación entre un programa y el origen o el destino de cierta información, se realiza mediante un *flujo* de información (en inglés *stream*) que no es más que un objeto que hace de intermediario entre el programa, y el origen o el destino de la información. De esta forma, el programa leerá o escribirá en el *flujo* sin importarle desde dónde viene la información o a dónde va.

Este nivel de abstracción hace que un programa no tenga que saber nada del dispositivo, lo que se traduce en una facilidad más a la hora de escribir programas, ya que los algoritmos para leer y escribir datos serán siempre más o menos los mismos:

Leer	Escribir
Abrir un flujo desde un fichero	*Abrir un flujo hacia un fichero*
Mientras haya información	*Mientras haya información*
Leer información	*Escribir información*
Cerrar el flujo	*Cerrar el flujo*

El espacio de nombres **System.IO** de la biblioteca .NET contiene una colección de clases que soportan estos algoritmos para leer y escribir. Por ejemplo, la clase **FileStream** subclase de **Stream** permite escribir o leer datos de un fichero byte a byte; análogamente, las clases **StreamWriter** y **StreamReader** subclases de **TextWriter** y **TextReader**, respectivamente, permiten escribir y leer los caracteres; y las clases **BinaryReader** y **BinaryWriter** permiten leer y escribir datos de cualquier tipo primitivo en binario y cadenas de caracteres.

La figura siguiente muestra las clases descritas y su posición en la jerarquía de clases definida en la biblioteca .NET (las clases sombreadas son clases abstractas). Todas ellas serán estudiadas a continuación:

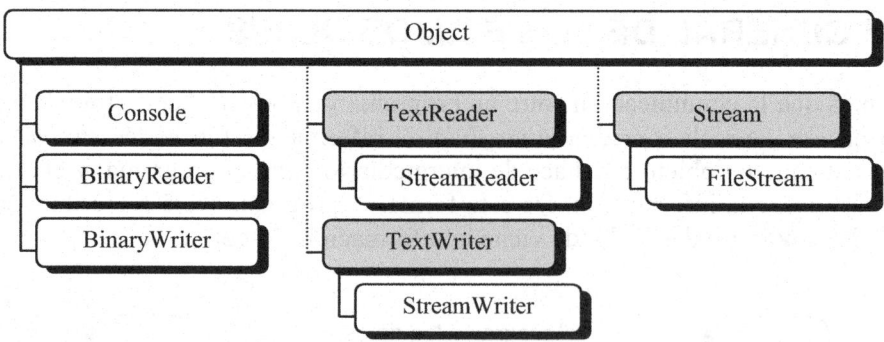

ABRIENDO FICHEROS PARA ACCESO SECUENCIAL

El tipo de acceso más simple a un fichero de datos es el secuencial. Un fichero abierto para *acceso secuencial* es un fichero que puede almacenar registros de cualquier longitud, incluso de un sólo byte. Cuando la información se escribe registro a registro, éstos son colocados uno a continuación de otro, y cuando se lee, se empieza por el primer registro y se continúa al siguiente hasta alcanzar el final.

Este tipo de acceso generalmente se utiliza con ficheros de texto en los que se escribe toda la información desde el principio hasta el final y se lee de la misma forma. En cambio, los ficheros de texto no son los más apropiados para almacenar grandes series de números, porque cada número es almacenado como una secuencia de bytes; esto significa que un número entero de nueve dígitos ocupa nueve bytes en lugar de los cuatro requeridos para un entero. De ahí que a continuación se expongan distintos tipos de flujos: de bytes y de caracteres para el tratamiento de texto, y binarios para el tratamiento de números.

Flujos de bytes

Los datos pueden ser escritos o leídos de un fichero byte a byte utilizando un flujo de la clase **FileStream**.

FileStream

Un flujo de la clase **FileStream** permite leer y escribir bytes en un fichero. Esta clase, además de los métodos que hereda de la clase **Stream**, proporciona los constructores siguientes:

```
Sub New(nombre As String, modo As FileMode)
Sub New(nombre As String, modo As FileMode, acceso As FileAccess)
```

El primer constructor abre un flujo de entrada y salida (para leer y escribir) vinculado con el fichero especificado por *nombre*, mientras que el segundo hace lo mismo, pero con la posibilidad de especificar el tipo de acceso (leer, escribir, o leer y escribir).

El parámetro *nombre* es una cadena de caracteres que especifica la ruta donde está guardado o se guardará el fichero. Dicha cadena puede escribirse de alguna de las dos formas siguientes:

```
"c:\\temp\\doc.txt"
"c:\temp\doc.txt"
```

El parámetro *modo*, del tipo enumerado **FileMode**, puede tomar uno de los valores siguientes:

CreateNew   Crear un nuevo fichero. Si el fichero existe se lanzará una excepción del tipo **IOException**.

Create   Crear un nuevo fichero. Si el fichero existe será sobrescrito.

Open   Abrir un fichero existente. Si el fichero no existe se lanzará una excepción del tipo **FileNotFoundException**.

OpenOrCreate   Abrir un fichero si existe; si no, se crea un nuevo fichero.

Truncate   Abrir un fichero existente. Una vez abierto, el fichero será truncado a cero bytes de longitud.

Append   Abrir un fichero para añadir datos al final del mismo si existe, o crear un nuevo fichero si no existe.

El parámetro *acceso*, del tipo enumerado **FileAccess**, puede tomar uno de los valores siguientes:

Read   Permite acceder al fichero para realizar operaciones de lectura.

ReadWrite   Permite acceder al fichero para realizar operaciones de lectura y escritura.

Write   Permite acceder al fichero para realizar operaciones de escritura.

Un ejemplo aclarará los conceptos expuestos. La siguiente aplicación Visual Basic, definida por el módulo *EscribirBytes* mostrado a continuación, lee una línea de texto desde el teclado y la guarda en un fichero denominado *texto.txt*. Para ello:

1. Define una matriz *buffer* de 81 bytes.

```
Dim buffer(80) As Byte
```

2. Define un flujo *fs* hacia un fichero denominado *texto.txt*. Tenga presente que si el fichero existe, se borrará en el momento de definir el flujo que, en este caso, puede ser accedido sólo para escribir.

```
Dim fs As FileStream
fs = New FileStream("texto.txt", FileMode.Create, _
                    FileAccess.Write)
```

3. Lee una línea de texto desde el teclado de longitud *nbytes* (*nbytes* < 81) y la almacena en *buffer*.

```
car = Console.Read()
While (car <> CR And nbytes < buffer.Length)
   buffer(nbytes) = Convert.ToByte(car)
   nbytes += 1
   car = Console.Read()
End While
```

4. Escribe explícitamente la línea de texto en el flujo (implícitamente la escribe en el fichero). Esto se hace cuando el flujo recibe el mensaje **Write**, lo que origina que se ejecute el método **Write**, en este caso con tres parámetros: el primero es una referencia a la matriz que contiene los bytes que deseamos escribir, el segundo es la posición en la matriz del primer byte que se desea escribir, y el tercero, el número de bytes a escribir.

```
fs.Write(buffer, 0, nbytes)
```

El programa completo se muestra a continuación:

```
Imports System
Imports System.IO

Module EscribirBytes
   Public Sub Main()
      Dim fs As FileStream
      Dim buffer(80) As Byte
      Dim nbytes, car As Integer
      Dim CR As Integer = 13

      Try
         ' Crear un flujo hacia el fichero texto.txt
         fs = New FileStream("texto.txt", _
                         FileMode.Create, FileAccess.Write)
         Console.WriteLine( _
           "Escriba el texto que desea almacenar en el fichero:")
         car = Console.Read()
         While (car <> CR And nbytes < buffer.Length)
            buffer(nbytes) = Convert.ToByte(car)
```

```
        nbytes += 1
        car = Console.Read()
      End While

      ' Escribir la línea de texto en el fichero
      fs.Write(buffer, 0, nbytes)
    Catch e As IOException
      Console.WriteLine("Error: " + e.Message)
    End Try
  End Sub
End Module
```

Cuando ejecute la aplicación escriba una línea de texto y pulse la tecla *Entrar*. A continuación, en la línea de órdenes del sistema, teclee *type texto.txt* en Windows, o bien *cat texto.txt* en UNIX, para mostrar el texto del fichero y comprobar que todo ha funcionado como esperaba.

Si lo que desea es añadir información al fichero, cree el flujo hacia el mismo como se indica a continuación:

```
fs = New FileStream("texto.txt", FileMode.Append,
                    FileAccess.Write)
```

En este caso, si el fichero no existe se crea y si existe, los datos que se escriban en él se añadirán al final.

Es una buena costumbre cerrar un flujo cuando ya no se vaya a utilizar más, para lo cual se invocará a su método **Close**. En la biblioteca de Visual Basic puede observar en la documentación que el método **Close** de **FileStream** declara que puede lanzar también una excepción de la clase **IOException**.

En los casos en los que sea necesario realizar alguna acción antes de salir de un método (por ejemplo, cerrar un fichero) ponga el código adecuado dentro de un bloque **Finally** colocado a continuación de un bloque **Try** o de un bloque **Catch**. El bloque **Finally** deber ser siempre el último.

Aplicando lo expuesto a la aplicación anterior, el código quedaría así:

```
Try
  ' ...
  ' Escribir la línea de texto en el fichero
  fs.Write(buffer, 0, nbytes)
Catch e As IOException
  Console.WriteLine("Error: " + e.Message)
Finally
  If (Not fs Is Nothing) Then fs.Close()
End Try
```

La ejecución del bloque **Finally** queda garantizada independientemente de que finalice o no la ejecución del bloque **Try**. Quiere esto decir que aunque se abandone la ejecución del bloque **Try** porque, por ejemplo, se ejecute una sentencia **Return**, el bloque **Finally** se ejecuta.

Quizás haya pensado invocar al método **Close** después de haber ejecutado el método **Write** dentro del bloque **Try**:

```
Try
  ' ...
  ' Escribir la línea de texto en el fichero
  fs.Write(buffer, 0, nbytes)
  If (Not fs Is Nothing) Then fs.Close()
Catch e As IOException
  Console.WriteLine("Error: " + e.Message)
End Try
```

Aunque esta forma de proceder también es válida no es tan eficiente como la anterior, porque ¿qué sucedería si el método **Write** lanzara una excepción? No se ejecutaría **Close**, aunque finalmente el sistema se encargaría de cerrar el flujo.

El siguiente ejemplo es una aplicación Visual Basic que lee el texto guardado en el fichero *texto.txt* creado por la aplicación anterior y lo almacena en una matriz denominada *buffer*.

La aplicación definida por el módulo *LeerBytes* mostrada a continuación, realiza lo siguiente:

1. Define las matrices *bBuffer* y *cBuffer* de 81 bytes.

    ```
    Dim cBuffer(80) As Char
    Dim bBuffer(80) As Byte
    ```

2. Define un flujo *fe* desde un fichero denominado *texto.txt*. Tenga presente que si el fichero no existe, se lanzará una excepción que lo indicará.

    ```
    Dim fe As FileStream
    fe = New FileStream("texto.txt, _
                     FileMode.Open, FileAccess.Read)
    ```

3. Lee el texto desde el flujo y lo almacena en *bBuffer*. Esto se hace cuando el flujo recibe el mensaje **Read**, lo que origina que se ejecute el método **Read**, en este caso con tres parámetros: el primero es una referencia a la matriz que almacenará los bytes leídos, el segundo es la posición en la matriz del primer byte que se desea almacenar y el tercero, el número máximo de bytes que se

leerán. El método devuelve el número de bytes leídos o −1 si no hay más datos porque se ha alcanzado el final del fichero.

```
nbytes = fe.Read(bBuffer, 0, 81)
```

4. Crea un objeto **String** con los datos leídos. Como el constructor **String** utilizado requiere como primer argumento una matriz de tipo **Char**, previamente se copia la matriz *bBuffer* de tipo **Byte** en otra *cBuffer* de tipo **Char**.

```
Array.Copy(bBuffer, cBuffer, bBuffer.Length)
Dim str As String = New String(cBuffer, 0, nbytes)
```

El programa completo se muestra a continuación:

```
Imports System
Imports System.IO

Module LeerBytes
   Public Sub Main()
      Dim fe As FileStream
      Dim cBuffer(80) As Char
      Dim bBuffer(80) As Byte
      Dim nbytes As Integer

      Try
        ' Crear un flujo desde el fichero texto.txt
        fe = New FileStream("texto.txt", _
                        FileMode.Open, FileAccess.Read)

        ' Leer del fichero una línea de texto
        nbytes = fe.Read(bBuffer, 0, 81)

        ' Crear un objeto String con el texto leído
        Array.Copy(bBuffer, cBuffer, bBuffer.Length)
        Dim str As String = New String(cBuffer, 0, nbytes)
        ' Mostrar el texto leído
        Console.WriteLine(str)
      Catch e As IOException
        Console.WriteLine("Error: " + e.Message)
      Finally
        ' Cerrar el fichero
        If (Not fe Is Nothing) Then fe.Close()
      End Try
   End Sub
End Module
```

Flujos de caracteres

Los datos pueden ser escritos o leídos de un fichero carácter a carácter en un formato portable (UTF-8: *UCS Transformation Format*, formato de 8 bits en el que cada carácter Unicode emplea 1 o más bytes) utilizando flujos de las clases **StreamWriter** y **StreamReader**, subclases de **TextWriter** y **TextReader**, respectivamente.

StreamWriter

Un flujo de la clase **StreamWriter** permite escribir caracteres en un fichero. Esta clase, además de los métodos que hereda de la clase **TextWriter**, proporciona los constructores siguientes:

```
Sub New(nombre As String)
Sub New(flujo As Stream)
```

El primer constructor abre un flujo de salida (para escribir) hacia el fichero especificado por *nombre* (ver la clase **FileStream**), mientras que el segundo hace lo mismo, pero desde otro flujo existente de la clase **Stream** o de sus derivadas.

Como ejemplo, la siguiente aplicación definida por el módulo *EscribirCars*, lee líneas de texto desde el teclado y la guarda en un fichero denominado *doc.txt*.

```
Imports System
Imports System.IO
Imports System.Environment

Module EscribirCars
  Public Sub Main()
    Dim sw As StreamWriter
    Dim str As String

    Try
      ' Crear un flujo hacia el fichero doc.txt
      sw = New StreamWriter("doc.txt")

      Console.WriteLine( _
        "Escriba las líneas de texto a almacenar en el fichero." _
        + NewLine + "Finalice cada línea pulsando la tecla " _
        + "<Entrar>." + NewLine + "Para finalizar pulse sólo " _
        + "la tecla <Entrar>." + NewLine)

      ' Leer una línea de la entrada estándar
      str = Console.ReadLine()
      While (str.Length <> 0)
        ' Escribir la línea leída en el fichero
```

```
        sw.WriteLine(str)
        ' Leer la línea siguiente
        str = Console.ReadLine()
      End While
    Catch e As IOException
      Console.WriteLine("Error: " + e.Message)
    Finally
      If (Not sw Is Nothing) Then sw.Close()
    End Try
  End Sub
End Module
```

El programa anterior crea un fichero *doc.txt* que almacena las líneas de texto introducidas a través del teclado. Si el fichero existe, se trunca a longitud cero. Si no queremos que esto suceda, podemos crear un flujo utilizando un constructor según el segundo formato expuesto; por ejemplo:

```
Module EscribirCars
  Public Sub Main()
    Dim fs As FileStream
    Dim sw As StreamWriter
    Dim str As String

    Try
      ' Crear un flujo hacia el fichero doc.txt
      fs = New FileStream("doc.txt", FileMode.Append, _
                          FileAccess.Write)
      sw = New StreamWriter(fs)
      ' ...
```

Observe que un flujo de la clase **StreamWriter** actúa como un filtro; esto es, los datos enviados al destino son transformados mediante alguna operación; en este caso, sufren una conversión a un formato portable (UTF-8) cuando son almacenados y viceversa cuando son recuperados a través de un flujo de la clase **StreamReader**.

Según lo expuesto, una aplicación basada en el código anterior, escribirá en el filtro *sw* los datos a almacenar en el fichero *doc.txt*, flujo que a su vez está conectado al flujo *fs* abierto hacia ese fichero. La figura siguiente muestra de forma gráfica lo expuesto:

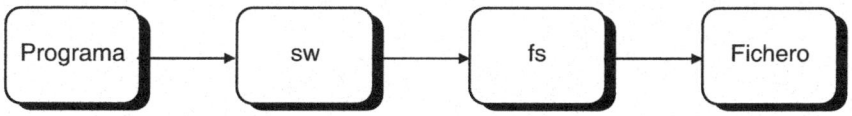

El procedimiento genérico para utilizar un filtro, como al que nos estamos refiriendo, es básicamente así:

- Se crea un flujo asociado con un origen o destino de los datos.
- Se asocia un filtro con el flujo anterior.
- Finalmente, el programa leerá o escribirá datos a través de ese filtro.

La funcionalidad de la clase **StreamWriter** está soportada por varios métodos entre los que cabe destacar **Write**, **WriteLine**, **Flush** y la propiedad **Base-Stream**. **Write** permite escribir cualquier dato de un tipo primitivo pero como una cadena caracteres (esto ocupa bastante espacio de disco, por eso la biblioteca .NET nos ofrece como alternativa las clases **BinaryWriter** y **BinaryReader** que veremos un poco más adelante), matrices de caracteres, objetos **String**, y en general cualquier objeto de la clase **Object** o de sus subclases. **WriteLine** hace lo mismo que Write y además añade los caracteres *CR+LF*. **Flush** limpia el *buffer* de salida volcando la información en el fichero vinculado con el flujo. La propiedad **BaseStream** permite acceder al flujo subyacente (en la figura anterior a *fs*) a través del cual podremos invocar a sus métodos particulares. Para más información recurra a la ayuda proporcionada con el SDK.

StreamReader

Un flujo de la clase **StreamReader** permite leer caracteres desde un fichero. Esta clase, además de los métodos que hereda de la clase **TextReader**, proporciona los constructores siguientes:

```
Sub New(nombre As String)
Sub New(flujo As Stream)
```

El primer constructor abre un flujo de entrada (para leer) desde el fichero especificado por *nombre* (ver la clase **FileStream**), mientras que el segundo hace lo mismo, pero desde otro flujo existente de la clase **Stream** o de sus derivadas.

Como ejemplo, la siguiente aplicación definida por el módulo *LeerCars*, lee líneas de texto desde el fichero denominado *doc.txt* y las muestra en la salida estándar.

```
Imports System
Imports System.IO

Module LeerCars
   Public Sub Main()
      Dim sr As StreamReader
      Dim str As String

      Try
         ' Crear un flujo desde el fichero doc.txt
         sr = New StreamReader("doc.txt")
         ' Leer del fichero una línea de texto
```

```
      str = sr.ReadLine()
      While (str <> Nothing)
        ' Mostrar la línea leída
        Console.WriteLine(str)
        ' Leer la línea siguiente
        str = sr.ReadLine()
      End While
    Catch e As IOException
      Console.WriteLine("Error: " + e.Message)
    Finally
      ' Cerrar el fichero
      If (Not sr Is Nothing) Then sr.Close()
    End Try
  End Sub
End Module
```

La funcionalidad de esta clase está soportada por varios métodos entre los que cabe destacar **Read**, **ReadLine**, **Peek** y **DiscardBufferedData**. **Read** permite leer un carácter o un conjunto caracteres. **ReadLine** permite leer una línea. Una línea está definida como una secuencia de caracteres seguidos por *CR*, *LF*, o bien por *CR+LF*. La cadena de caracteres devuelta no contiene el carácter o caracteres de terminación. **Peek** permite obtener el siguiente carácter a leer pero sin extraerlo del *buffer* asociado con el flujo. **DiscardBufferedData** permite eliminar los caracteres que actualmente hay en el *buffer* asociado con el flujo. Para más información recurrir a la ayuda proporcionada con el SDK.

Clases File, Directory y Path

Estas clases soportan la manipulación del nombre de un fichero o de un directorio que puede existir en el sistema de ficheros de la máquina; por lo tanto, sus métodos permitirán interrogar al sistema sobre todas las características de ese fichero o directorio. Todos los métodos de estas clases son **Shared** para que puedan ser invocados sin necesidad de que exista un objeto de ellas.

Para referirnos a un fichero o a un directorio, lo más sencillo es formar un **String** a partir de su nombre al que podremos añadir opcionalmente su ruta de acceso (relativa o absoluta). Por ejemplo, las siguientes rutas son válidas:

```
"c:\\MiDir\\MiFichero.txt"
"c:\MiDir\MiFichero.txt"
"c:\MiDir"
"MiDir\\MiSubDir\\MiFichero.txt"
"MiDir\MiSubDir\MiFichero.txt"
"MiDir\MiSubDir"
"MiFichero.txt"
"\\\\MiServidor\\MiDirCompartido\\MiFichero.txt"
```

La tabla siguiente resume algunos de los métodos de la clase **File**:

Método	Significado
Copy	Copia un fichero existente en un nuevo fichero.
Delete	Borra un fichero.
Exists	Determina si un fichero existe.
GetAttributes	Obtiene los atributos de un fichero.
Move	Mueve un fichero a una nueva localización.
SetAttributes	Establece los atributos de un fichero.

Esta otra tabla resume algunos de los métodos de la clase **Directory**:

Método	Significado
CreateDirectory	Crea todos los directorios y subdirectorios especificados por la ruta pasada como argumento.
Delete	Borra un directorio y su contenido.
Exists	Determina si un directorio existe.
GetFiles	Obtiene los ficheros de un directorio.
GetParent	Conduce al directorio padre.
Move	Mueve un directorio y su contenido a una nueva ruta.

La tabla siguiente resume algunos de los métodos de la clase **Path**:

Método	Significado
ChangeExtension	Cambia la extensión de un fichero.
Combine	Combina dos rutas.
GetDirectoryName	Retorna la ruta de un fichero.
GetExtension	Retorna la extensión de la ruta especificada.
GetFileName	Retorna el nombre y la extensión de la ruta especificada.
GetFileNameWithoutExtension	Retorna el nombre sin la extensión de la ruta especificada.
GetPathRoot	Retorna la raíz de la ruta especificada.
HasExtension	Determina si una ruta tiene extensión.
IsPathRoot	Determina si la ruta incluye la raíz.

Para más detalles sobre los métodos anteriores recurra a la ayuda proporcionada con el SDK.

Como ejemplo, utilizando las capacidades de la clase **File** podemos modificar la aplicación *LeerCars* para que solicite un nombre de un fichero existente:

```
' ...
Dim sr As StreamReader
```

```
Dim str As String

Try
   ' Obtener el nombre del fichero de la entrada estándar
   Do
     Console.Write("Nombre del fichero: ")
     str = Console.ReadLine()
   Loop While (Not File.Exists(str))

   ' Crear un flujo desde el fichero str
   sr = New StreamReader(str)

   ' Leer del fichero una línea de texto
   str = sr.ReadLine()
   ' ...
```

Análogamente, utilizando las capacidades de la clase **File** podemos modificar la aplicación *EscribirCars* para que verifique si existe el fichero en el que se van a escribir los datos leídos desde el teclado:

```
' ...
Dim sw As StreamWriter
Dim str As String

Try
   ' Obtener el nombre del fichero de la entrada estándar
   Console.Write("Nombre del fichero: ")
   str = Console.ReadLine()

   Dim resp As Char = "s"c
   If (File.Exists(str)) Then
     Console.Write("El fichero existe ¿desea sobrescribirlo? (s/n) ")
     resp = Convert.ToChar(Console.Read())
     ' Saltar los bytes no leídos del flujo de entrada estándar
     Console.ReadLine()
   End If
   If (resp <> "s"c) Then Return

   ' Crear un flujo hacia el fichero doc.txt
   sw = New StreamWriter(str)
   ' ...
```

Flujos de datos de tipos primitivos

Muchas aplicaciones requieren escribir en un fichero datos de tipos primitivos (**Boolean, Byte, Double, Single, Long, Integer, Short,** etc.) no como cadenas de caracteres, sino en formato binario para posteriormente recuperarlos como tal. Para estos casos, el espacio de nombres **System.IO** proporciona las clases **Binary-**

Reader y **BinaryWriter**, las cuales permiten leer y escribir, respectivamente, datos de cualquier tipo primitivo en formato binario y cadenas de caracteres en formato UTF-8. Entonces, ¿por qué no se han analizado previamente? Pues, simplemente porque no pueden utilizarse con los dispositivos ASCII de E/S estándar. Un flujo **BinaryReader** sólo puede leer datos almacenados en un fichero a través de un flujo **BinaryWriter**.

A continuación podrá observar que los flujos de estas clases, análogamente a los flujos de caracteres vistos anteriormente, actúan como filtros conectados a un flujo de la clase **Stream**, otra razón por la que **BinaryReader** y **BinaryWriter** no pueden utilizarse con los dispositivos de E/S estándar, puesto que los flujos **In** y **Out** no son de la clase **Stream** (véase el capítulo 6). El procedimiento para utilizar un filtro ya fue descrito anteriormente.

BinaryWriter

Un flujo de la clase **BinaryWriter** permite a una aplicación escribir datos de cualquier tipo primitivo. Se puede crear un flujo de esta clase utilizando el siguiente constructor:

```
Sub New(flujo As Stream)
```

Este constructor abre un flujo de salida (para escribir) hacia el fichero vinculado con otro flujo existente de la clase **Stream** o de sus derivadas.

Veamos un ejemplo. Las siguientes líneas de código definen un flujo *bw* que permitirá escribir datos de tipos primitivos en un fichero *datos.dat*:

```
Dim fs As FileStream
fs = New FileStream("datos.dat", FileMode.Create, FileAccess.Write)
Dim bw As BinaryWriter = New BinaryWriter(fs)
```

Un programa que quiera almacenar datos en el fichero *datos.dat*, escribirá tales datos en el filtro *bw*, que a su vez está conectado al flujo *fs* abierto hacia ese fichero. La figura siguiente muestra de forma gráfica lo expuesto:

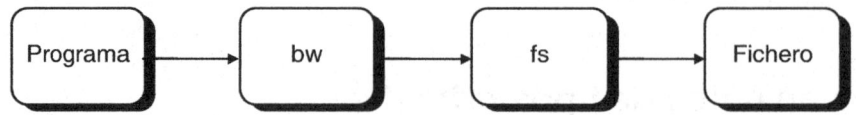

El siguiente fragmento de código muestra cómo utilizar el flujo anterior para almacenar los datos *nombre*, *dirección* y *teléfono* en un fichero especificado por *nombreFichero*:

```
Dim fs As FileStream
```

```
fs = New FileStream("datos.dat", FileMode.Create, FileAccess.Write)
Dim bw As BinaryWriter = New BinaryWriter(fs)

' Almacenar el nombre, la dirección y el teléfono en el fichero
bw.Write("un nombre")
bw.Write("una dirección")
bw.Write(942334455L)

bw.Close() : fs.Close()
```

Los métodos más utilizados de esta clase se resumen en la tabla siguiente:

Método/propiedad	Descripción
Write(Byte)	Escribe un valor de tipo **Byte**.
Write(Byte())	Escribe una matriz unidimensional de bytes.
Write(Char)	Escribe un valor de tipo **Char**.
Write(Char())	Escribe una matriz unidimensional de caracteres.
Write(Short)	Escribe un valor de tipo **Short**.
Write(Integer)	Escribe un valor de tipo **Integer**.
Write(Long)	Escribe un valor de tipo **Long**.
Write(Decimal)	Escribe un valor de tipo **Decimal**.
Write(Single)	Escribe un valor de tipo **Single**.
Write(Double)	Escribe un valor de tipo **Double**.
Write(String)	Escribe una cadena de caracteres en formato UTF-8; el primer o los dos primeros bytes especifican el número de bytes de datos escritos a continuación.
BaseStream	Obtiene el flujo subyacente (*fs* en la figura anterior).
Close	Cierra el flujo y libera los recursos adquiridos.
Flush	Limpia el *buffer* asociado con el flujo.
Seek	Establece el puntero de L/E en el flujo.

BinaryReader

Un flujo de la clase **BinaryReader**, permite a una aplicación leer datos de cualquier tipo primitivo escritos por un flujo de la clase **BinaryWriter**. Se puede crear un flujo de esta clase utilizando el siguiente constructor:

```
Sub New(flujo As Stream)
```

Este constructor abre un flujo de entrada (para leer) desde el fichero vinculado con otro flujo existente de la clase **Stream** o de sus derivadas.

Veamos un ejemplo. Las siguientes líneas de código definen un flujo *br* que permitirá leer datos de tipos primitivos desde un fichero *datos.dat*:

```
Dim fs As FileStream
fs = New FileStream("datos.dat", FileMode.Open, FileAccess.Read)
Dim br As BinaryReader = New BinaryReader(fs)
```

Un programa que quiera leer datos del fichero *datos.dat*, leerá tales datos del filtro *br*, que a su vez está conectado al flujo *fs* abierto desde ese fichero. La figura siguiente muestra de forma gráfica lo expuesto:

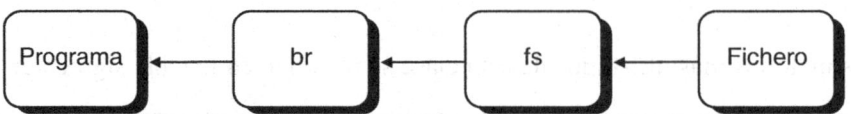

El siguiente fragmento de código muestra cómo utilizar el flujo anterior para leer los datos *nombre, dirección* y *teléfono* desde un fichero especificado por *nombreFichero*:

```
Dim fs As FileStream
fs = New FileStream("datos.dat", FileMode.Open, FileAccess.Read)
Dim br As BinaryReader = New BinaryReader(fs)
' ...
' Leer el nombre, la dirección y el teléfono desde el fichero
nombre = br.ReadString()
dirección = br.ReadString()
teléfono = br.ReadInt64()
br.Close() : fs.Close()
```

Los métodos más utilizados de esta clase se resumen en la tabla siguiente:

Método/propiedad	Descripción
ReadByte	Devuelve un valor de tipo **Byte**.
ReadBytes	Devuelve un valor de tipo **Byte()** (matriz de bytes).
ReadChar	Devuelve un valor de tipo **Char**.
ReadChars	Devuelve un valor de tipo **Char()** (matriz de caracteres).
ReadInt16	Devuelve un valor de tipo **Short**.
ReadInt32	Devuelve un valor de tipo **Integer**.
ReadInt64	Devuelve un valor de tipo **Long**.
ReadDecimal	Devuelve un valor de tipo **Decimal**.
ReadSingle	Devuelve un valor de tipo **Single**.
ReadDouble	Devuelve un valor de tipo **Double**.
ReadString	Devuelve una cadena de caracteres en formato UTF-8; el primer o los dos primeros bytes especifican el número de bytes de datos que serán leídos a continuación.
BaseStream	Obtiene el flujo subyacente (*fs* en la figura anterior).
Close	Cierra el flujo y libera los recursos adquiridos.
PeekChar	Obtiene el siguiente carácter sin extraerlo.

Un ejemplo de acceso secuencial

Después de la teoría expuesta hasta ahora acerca del trabajo con ficheros, habrá observado que la metodología de trabajo se repite. Es decir, para escribir datos en un fichero:

- Definimos un flujo hacia el fichero en el que deseamos escribir datos.
- Leemos los datos del dispositivo de entrada o de otro fichero y los escribimos en nuestro fichero. Este proceso se hace normalmente registro a registro. Para ello, utilizaremos los métodos proporcionados por la interfaz del flujo.
- Cerramos el flujo.

Para leer datos de un fichero existente:

- Abrimos un flujo desde el fichero del cual queremos leer los datos.
- Leemos los datos del fichero y los almacenamos en variables de nuestro programa con el fin de trabajar con ellos. Este proceso se hace normalmente registro a registro. Para ello, utilizaremos los métodos proporcionados por la interfaz del flujo.
- Cerramos el flujo.

Esto pone de manifiesto que un fichero no es más que un medio permanente de almacenamiento de datos, dejando esos datos disponibles para cualquier programa que necesite manipularlos. Lógicamente, los datos serán recuperados del fichero en el mismo orden y con el mismo formato con el que fueron escritos, de lo contrario los resultados serán inesperados. Es decir, si en el ejercicio siguiente los datos son guardados en el orden: una cadena, otra cadena y un **Long**, tendrán que ser recuperados en este orden y con este mismo formato. Sería un error recuperar primero un **Long** después una cadena y finalmente la otra cadena, o recuperar primero una cadena, después un **Single** y finalmente la otra cadena; etc.

Escribir en un fichero

Como ejemplo, vamos a realizar una aplicación que lea de la entrada estándar grupos de datos (registros), definidos de la forma que se indica a continuación, y los almacene en un fichero.

```
Dim nombre, dirección As String
Dim teléfono As Long
```

Para ello, escribiremos una aplicación *CrearListaTfnos* con dos procedimientos: *crearFichero* y **Main**:

```
Imports System
```

```
Imports System.IO
Imports MisClases.ES ' espacio de nombres de la clase Leer

Module CrearListaTfnos
  Public Sub crearFichero(fichero As String)
   ' Cuerpo del procedimiento
  End Sub

  Public Sub Main()
   ' Cuerpo del procedimiento
  End Sub
End Module
```

El procedimiento *crearFichero* recibe como parámetro un objeto **String** que almacena el nombre del fichero que se desea crear, y realiza las tareas siguientes:

- Crea un flujo hacia el fichero especificado por el objeto **String**, que permite escribir datos de tipos primitivos y cadenas de caracteres.

- Lee grupos de datos *nombre*, *dirección* y *teléfono* de la entrada estándar y los escribe en el fichero.

- Si durante su ejecución, él o alguno de los métodos invocados por él lanza una excepción del tipo **IOException** no atrapada por ellos, será atrapada por el método que lo invoque, en nuestro caso por **Main** (véase el apartado "Excepciones" en el capítulo 6).

Según lo expuesto, el procedimiento *crearFichero* puede escribirse así:

```
Public Sub crearFichero(ByVal fichero As String)
  Dim bw As BinaryWriter ' salida de datos hacia el fichero
  Dim resp As Char
  Try
   ' Crear un flujo hacia el fichero que permita escribir
   ' datos de tipos primitivos y cadenas de caracteres.
   bw = New BinaryWriter(New FileStream( _
            fichero, FileMode.Create, FileAccess.Write))

   ' Declarar los datos a escribir en el fichero
   Dim nombre, dirección As String
   Dim teléfono As Long

   ' Leer datos de la entrada estándar y escribirlos
   ' en el fichero
   Do
     Console.Write("nombre:    ") : nombre = Console.ReadLine()
     Console.Write("dirección: ") : dirección = Console.ReadLine()
     Console.Write("teléfono:  ") : teléfono = Leer.datoLong()
```

```
      ' Almacenar un nombre, una dirección y un teléfono en
      ' el fichero
      bw.Write(nombre)
      bw.Write(dirección)
      bw.Write(teléfono)

      Console.Write("¿desea escribir otro registro? (s/n) ")
      resp = Convert.ToChar(Console.Read())
      ' Eliminar los caracteres sobrantes en el flujo de entrada
      Console.ReadLine()
    Loop While (resp = "s"c)
  Finally
    ' Cerrar el flujo
    If (Not bw Is Nothing) Then bw.Close()
  End Try
End Sub
```

El procedimiento **Main** realiza las tareas siguientes:

- Crea un objeto **String** a partir del nombre del fichero leído desde la entrada estándar.

- Verifica si el fichero existe.

- Si no existe, o bien si existe y se desea sobrescribir, invoca al procedimiento *crearFichero* pasando como argumento el objeto **String** que almacena el nombre del fichero.

Según lo expuesto, el procedimiento **Main** puede escribirse así:

```
Public Sub Main()
  Dim nombreFichero As String        ' nombre del fichero

  Try
    ' Obtener el nombre del fichero
    Console.Write("Nombre del fichero: ")
    nombreFichero = Console.ReadLine()

    ' Verificar si el fichero existe
    Dim resp As Char = "s"c
    If (File.Exists(nombreFichero)) Then
      Console.Write("El fichero existe. ¿Desea sobrescribirlo? (s/n) ")
      resp = Convert.ToChar(Console.Read())
      ' Eliminar los caracteres sobrantes en el flujo de entrada
      Console.ReadLine()
    End If
    If (resp = "s"c) Then
      crearFichero(nombreFichero)
    End If
```

```
   Catch e As IOException
      Console.WriteLine("Error: " + e.Message)
   End Try
End Sub
```

Más sobre excepciones

Cuando un procedimiento lanza una excepción, el sistema es responsable de encontrar a alguien que la atrape con el objetivo de manipularla. El conjunto de esos "alguien" es el conjunto de procedimientos especificados en la pila de llamadas hasta que ocurrió el error. Por ejemplo, cuando se ejecute el procedimiento *crear-Fichero* y se invoque al método *datoLong*, la *pila de llamadas* crecerá como se observa en la figura siguiente:

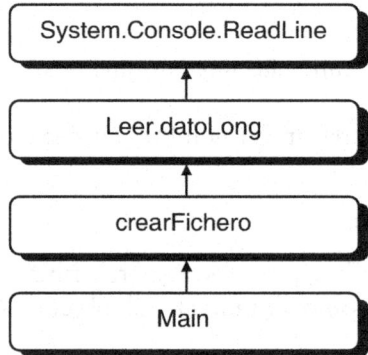

Si al ejecutarse el método **ReadLine** ocurriera un error, éste lanzaría una excepción de la clase **IOException** que interrumpiría el flujo normal de ejecución. Después, el sistema buscaría en la pila de llamadas hacia abajo y comenzando por el propio método que produjo el error, uno que implemente un manejador (bloque **Catch**) que pueda atrapar esta excepción. Si el sistema, descendiendo por la pila de llamadas, no encontrara este manejador, el programa terminaría.

Leer de un fichero

Para leer el fichero creado por la aplicación anterior, vamos a escribir otra aplicación *MostrarListaTfnos* compuesta por dos procedimientos: *mostrarFichero* y **Main**.

El procedimiento *mostrarFichero* recibe como parámetro un objeto **String** que almacena el nombre del fichero que se desea leer y realiza las tareas siguientes:

- Si el fichero especificado existe, crea un flujo desde el mismo para leer datos de tipos primitivos y cadenas de caracteres.

- Lee un grupo de datos *nombre, dirección* y *teléfono* desde el fichero y los muestra. Cuando se alcance el final del fichero el método utilizado para leer lanzará una excepción del tipo **EndOfStreamException**, instante en el que finalizará la ejecución de este procedimiento.

- Si durante su ejecución alguno de los métodos invocados lanza una excepción **IOException**, este procedimiento no la atrapará, dejando esta labor a algún método en la pila de llamadas (en nuestro caso, al procedimiento **Main**).

El procedimiento **Main** recibe como parámetro el nombre del fichero que se desea leer y realiza las tareas siguientes:

- Verifica si al ejecutar la aplicación se pasó un argumento con el nombre del fichero cuyo contenido se desea visualizar.

- Si no se pasó un argumento, la aplicación solicitará el nombre del fichero.

- Invoca al procedimiento *mostrarFichero* pasando como argumento el nombre del fichero cuyo contenido se desea visualizar.

Según lo expuesto, la aplicación *MostrarListaTfnos* puede escribirse así:

```
Imports System
Imports System.IO

Module MostrarListaTfnos
   Public Sub mostrarFichero(ByVal fichero As String)
      Dim br As BinaryReader    ' flujo entrada de datos
                                ' desde el fichero
      Try
         ' Verificar si el fichero existe
         If (File.Exists(fichero)) Then
            ' Si existe, abrir un flujo desde el mismo para leer
            br = New BinaryReader(New FileStream( _
                     fichero, FileMode.Open, FileAccess.Read))

            ' Declarar los datos a leer desde el fichero
            Dim nombre, dirección As String
            Dim teléfono As Long

            Do
               ' Leer un nombre, una dirección y un teléfono desde el
               ' fichero. Cuando se alcance el final del fichero el
               ' método utilizado para leer lanzará una excepción del
               ' tipo EndOfStreamException.
               nombre = br.ReadString()
               dirección = br.ReadString()
               teléfono = br.ReadInt64()
```

```
            ' Mostrar los datos nombre, dirección y teléfono
            Console.WriteLine(nombre)
            Console.WriteLine(dirección)
            Console.WriteLine(teléfono)
            Console.WriteLine()
          Loop While (True)
        Else
          Console.WriteLine("El fichero no existe")
        End If
      Catch e As EndOfStreamException
        Console.WriteLine("Fin del listado")
      Finally
        ' Cerrar el flujo
        If (Not br Is Nothing) Then br.Close()
      End Try
    End Sub

    Public Sub Main(args() As String)
      Try
        If (args.Length = 0) Then
          ' Obtener el nombre del fichero
          Console.Write("Nombre del fichero: ")
          Dim nombreFichero As String = Console.ReadLine()
          mostrarFichero(nombreFichero)
        Else
          mostrarFichero(args(0))
        End If
      Catch e As IOException
        Console.WriteLine("Error: " + e.Message)
      End Try
    End Sub
End Module
```

ABRIENDO FICHEROS PARA ACCESO ALEATORIO

Hasta este punto, hemos trabajado con ficheros de acuerdo con el siguiente esquema: abrir el fichero, leer o escribir hasta el final del mismo, y cerrar el fichero. Pero no hemos leído o escrito a partir de una determinada posición dentro del fichero. Esto es particularmente importante cuando necesitamos modificar algunos de los valores contenidos en el fichero o cuando necesitemos extraer una parte concreta dentro del mismo.

La clase **Stream** del espacio de nombres **System.IO**, así como su derivada **FileStream**, proporcionan métodos que permiten este tipo de acceso directo. Además, un flujo de esta clase permite realizar tanto operaciones de lectura como de escritura sobre el fichero vinculado con el mismo.

Un fichero accedido aleatoriamente es comparable a una matriz. En una matriz para acceder a uno de sus elementos utilizamos un índice. En un fichero accedido aleatoriamente el índice es sustituido por un puntero de lectura o escritura (L/E). Dicho puntero es situado automáticamente al principio del fichero cuando éste se abre para leer y/o escribir, excepto cuando se abre para añadir que se coloca al final. Por lo tanto, una operación de lectura o de escritura comienza en la posición donde esté el puntero dentro del fichero; finalmente, su posición coincidirá justo a continuación del último byte leído o escrito.

Propiedades y métodos para acceso aleatorio

La clase **FileStream**, que se deriva directamente de **Stream**, implementa las propiedades **Position** y **Length** y el método **Seek** que combinados entre sí facilitan el acceso aleatorio a un fichero.

Position

Esta propiedad devuelve la posición actual en bytes del puntero de L/E en el fichero. Piense en el puntero de L/E análogamente a como lo hace cuando piensa en el índice de una matriz. Este puntero marca siempre la posición donde se iniciará la siguiente operación de lectura o de escritura en el fichero. También permite establecer dicha posición, incluso más allá del final del fichero; esta acción no cambia la longitud del fichero; la longitud del fichero sólo cambiará si a continuación, realizamos una operación de escritura. Su sintaxis es:

```
Public Position As Long
```

Length

Esta otra propiedad devuelve la longitud del fichero en bytes. Su sintaxis es:

```
Public Length As Long
```

El siguiente ejemplo utiliza las propiedades **Position** y **Length** para verificar si se ha llegado al final del fichero vinculado con el flujo *fs*:

```
If( fs.Length = fs.Position )
  System.Console.WriteLine("Fin del fichero.")
End If
```

Seek

El método **Seek** mueve el puntero de L/E a una nueva localización desplazada *desp* bytes de la posición *pos* del fichero. Los desplazamientos pueden ser positi-

vos o negativos. El desplazamiento requerido puede ir más allá del final del fichero; esta acción no cambia la longitud del fichero; la longitud del fichero sólo cambiará si a continuación, realizamos una operación de escritura. Su sintaxis es:

```
Public Function Seek(desp As Long, pos As SeekOrigin) As Long
```

La posición *pos* es un valor del tipo enumerado **SeekOrigin** que define las siguientes constantes:

pos	Descripción
Begin	Hace referencia a la primera posición en el fichero.
Current	Hace referencia a la posición actual del puntero de L/E.
End	Hace referencia a la última posición en el fichero.

Según lo expuesto y suponiendo un flujo, por ejemplo *fs*, definido así:

```
Dim fs As FileStream
fs = New FileStream("datos", FileMode.Open, FileAccess.Read)
```

las dos líneas de código siguientes sitúan el puntero de L/E, la primera *desp* bytes
antes del final del fichero y la segunda *desp* bytes después de la posición actual.

```
fs.Seek(-desp, SeekOrigin.End)
fs.Seek(desp, SeekOrigin.Current)
```

En cambio, si el flujo (por ejemplo *br*) está definido así:

```
Dim fs As FileStream
fs = New FileStream("datos", FileMode.Open, FileAccess.Read)
Dim br As BinaryReader = New BinaryReader(fs)
```

como el flujo *br* no soporta el método **Seek** tendremos que recurrir a través de su
propiedad **BaseStream** al método **Seek** del flujo *fs* que subyace bajo *br*. Por
ejemplo, la línea de código siguiente sitúa el puntero de L/E *desp* bytes después
de la posición actual en el fichero vinculado con *br*:

```
br.BaseStream.Seek(desp, SeekOrigin.Current)
```

Igual que ocurría al trabajar con ficheros accedidos secuencialmente, los datos
que deseemos escribir en un fichero accedido aleatoriamente deben guardarse uno
a uno utilizando el método adecuado de la clase del flujo vinculado. Por ejemplo,
las siguientes líneas de código escriben en el fichero "datos" a partir de la posición *desp* del mismo, los atributos *nombre*, *dirección* y *teléfono* relativos a un objeto *CPersona*:

```
Dim objeto As CPersona
Dim fs As FileStream
// ...
fs = New FileStream("datos", FileMode.OpenOrCreate, _
                    FileAccess.ReadWrite)
bw = New BinaryWriter(fs)
bw.BaseStream.Seek(desp, SeekOrigin.Begin)
bw.Write(obj.obtenerNombre())
bw.Write(obj.obtenerDirección())
bw.Write(obj.obtenerTeléfono())
```

Si para nuestros propósitos pensamos en los atributos *nombre, dirección* y *teléfono* como si de un registro se tratara, ¿cuál es el tamaño en bytes de ese registro? Si escribimos más registros, ¿todos tienen el mismo tamaño? Evidentemente no; el tamaño de cada registro dependerá del número de caracteres almacenados en los **String** *nombre* y *dirección* (*teléfono* es un dato de tamaño fijo, 8 bytes, puesto que se trata de un **Long**) ¿a cuento de qué viene esta exposición?

Al principio de este apartado dijimos que el acceso aleatorio a ficheros es particularmente importante cuando necesitamos modificar algunos de los valores contenidos en el fichero, o bien cuando necesitamos extraer una parte concreta dentro del fichero. Esto puede resultar bastante complicado si las unidades de grabación que hemos denominado registros no son todas iguales, ya que intervienen los factores de: posición donde comienza un registro y longitud del registro. Tenga presente que cuando necesite reemplazar el registro *n* de un fichero por otro, no debe sobrepasarse el número de bytes que actualmente tiene. Todo esto es viable llevando la cuenta en una matriz de la posición de inicio de cada uno de los registros y de cada uno de los campos si fuera preciso (esta información se almacenaría en un fichero índice para su utilización posterior), pero resulta mucho más fácil si todos los registros tienen la misma longitud.

Como ejemplo, supongamos que deseamos mantener una lista de teléfonos. Cada elemento de la lista será un objeto persona con los atributos *nombre, dirección* y *teléfono*. A su vez, la lista de teléfonos será otro objeto que encapsule un flujo vinculado con un fichero y muestre una interfaz que permita añadir, eliminar y buscar una persona en la lista. Cada registro del fichero contendrá los atributos *nombre, dirección* y *teléfono* de cada uno de los objetos persona que forman la lista.

La clase CPersona

La clase de objetos persona (que denominaremos *CPersona*) encapsulará el nombre, la dirección y el teléfono de cada una de las personas de la lista; asimismo proporcionará la funcionalidad necesaria para establecer u obtener los datos de cada persona individual.

El listado siguiente muestra un ejemplo de una clase *CPersona* que define los atributos privados *nombre*, *dirección* y *teléfono* relativos a una persona, y los métodos públicos que forman la interfaz de esta clase de objetos. Esto es:

- Constructores, con y sin argumentos, para iniciar un objeto persona.

- Métodos de acceso (*asignar...* y *obtener...*) para cada uno de los atributos.

- Un método denominado *tamaño* que devuelve la longitud en bytes correspondiente a los atributos de un objeto *CPersona*.

```vb
' Definición de la clase CPersona
'
public class CPersona
   ' Atributos
   Private nombre As String
   Private dirección As String
   Private teléfono As Long

   ' Métodos
   Public Sub New()

   End Sub

   Public Sub New(nom As String, dir As String, tel As Long)
      nombre = nom
      dirección = dir
      teléfono = tel
   End Sub

   Public Sub asignarNombre(nom As String)
      nombre = nom
   End Sub

   Public Function obtenerNombre() As String
      Return nombre
   End Function

   Public Sub asignarDirección(dir As String)
      dirección = dir
   End Sub

   Public Function obtenerDirección() As String
      Return dirección
   End Function

   Public Sub asignarTeléfono(tel As Long)
      teléfono = tel
   End Sub
```

```
Public Function obtenerTeléfono() As Long
   Return teléfono
End Function

Public Function tamaño() As Integer
   ' Longitud en bytes de los atributos (un Long = 8 bytes)
   Return nombre.Length * 2 + dirección.Length * 2 + 8
   End Function
End Class
```

Un método como *asignarNombre* simplemente asigna el nombre pasado como argumento al atributo *nombre* del objeto que recibe el mensaje. Y un método como *obtenerNombre* devuelve el atributo *nombre* del objeto que recibe el mensaje. La explicación para los otros métodos es análoga. Por ejemplo:

```
Dim obj As CPersona = New CPersona()
obj.asignarNombre("Javier")
System.Console.WriteLine(obj.obtenerNombre()) ' escribe: Javier
```

La clase CListaTfnos

El listado siguiente muestra un ejemplo de lo que puede ser la clase lista de teléfonos, que denominaremos *CListaTfnos*. Define los atributos privados *fs*, flujo de entrada y salida vinculado con el fichero que almacenará la lista de teléfonos, *bw*, flujo hacia *fs*, *br*, flujo desde *fs*, *nregs*, número de registros, *tamañoReg*, tamaño del registro en bytes (hemos supuesto que la suma de las longitudes de *nombre*, *dirección* y *teléfono* no superarán los 140 bytes), y *regsEliminados*, indica si se eliminó algún registro (**True** si se eliminó algún registro y **False** en caso contrario), así como los métodos que se describen a continuación.

Constructor CListaTfnos

Cuando desde algún método se crea un objeto *CListaTfnos* ¿qué esperamos que ocurra? Lógicamente que se cargue la lista de teléfonos especificada, o bien que se cree una nueva cuando el fichero especificado no exista. Por ejemplo:

```
Dim fichero As String = "listatfnos.dat"
Dim listatfnos As CListaTfnos = New CListaTfnos(fichero)
```

Este ejemplo indica que la lista de teléfonos, *listatfnos*, se cargará desde un fichero almacenado en el disco denominado *listatfnos.dat* y si este fichero no existe, se creará uno nuevo con ese nombre. Para ello, el constructor de la clase *CListaTfnos* abrirá un flujo para acceso aleatorio tanto para escribir como para leer del fichero especificado, almacenará una referencia al mismo en el atributo *fs* de la clase, abrirá un flujo *bw* hacia *fs* que permita escribir datos de cualquier tipo primitivo y cadenas de caracteres, abrirá un flujo *br* desde *fs* que permita leer datos cualquier tipo primitivo y cadenas de caracteres, y en *nregs*, almacenará el número de registros existentes en el fichero. Un atributo más, *tamañoRegs*, especificará el tamaño que hayamos previsto para cada registro y otro, *regsEliminados*, tomará el valor **True** cuando se marque algún registro para eliminar. En nuestro caso, la información almacenada en un registro se corresponde con el *nombre*, *dirección* y *teléfono* de un objeto *CPersona*.

Ateniéndonos a lo explicado, veamos a continuación el esqueleto de la clase *CListaTfnos* y el constructor de la misma:

```
' Definición de la clase CListaTfnos.
'
Imports System
Imports System.IO

Public Class CListaTfnos
    Private fs As FileStream           ' flujo subyacente
    Private bw As BinaryWriter         ' flujo hacia el fichero
    Private br As BinaryReader         ' flujo desde el fichero
    Private nregs As Integer           ' número de registros
    Private tamañoReg As Integer = 140 ' tamaño del registro en bytes
    Private regsEliminados As Boolean = False ' True si se
                                       ' eliminaron registros

    Public Sub New(fichero As String)
        If (Directory.Exists(fichero)) Then
            Throw New IOException(Path.GetFileName(fichero) & " no es un fichero")
        End If
        fs = New FileStream(fichero, FileMode.OpenOrCreate, FileAccess.ReadWrite)
        bw = New BinaryWriter(fs)
        br = New BinaryReader(fs)

        ' Como es casi seguro que el último registro no ocupe el
        ' tamaño fijado, utilizamos Ceiling para redondear por encima.
        nregs = Math.Ceiling(fs.Length / tamañoReg)
    End Sub

    Public Sub cerrarFichero()
        bw.Close() : br.Close() : fs.Close()
    End Sub

    Public Function númeroDeRegs() As Integer
        Return nregs ' número de registros
    End Function

    Public Function escribirReg(i As Integer, obj As CPersona) As Boolean
        ' ...
    End Function
```

```
Public Sub añadirReg(obj As CPersona)
' ...
End Sub

Public Function leerReg(i As Integer) As CPersona
' ...
End Function

Public Function eliminarReg(tel As Long) As Boolean
' ...
End Function

Public Function tieneRegsEliminados() As Boolean
' ...
End Function

Public Function buscarReg(str As String, pos As Integer) As Integer
' ...
End Function
End Class
```

Observe que el constructor de la clase verifica si el argumento pasado corresponde a un nombre de directorio existente; si es así, lanza una excepción del tipo **IOException** (*Throw New IOException(mensaje)*) para que sea atrapada por el método que lo invoque (en este caso, la ejecución del constructor se abandona); en otro caso, abre un flujo que permitirá acceder aleatoriamente al fichero especificado para leer y escribir, y calcula el número de registros de dicho fichero. Si el fichero no existe, se crea con cero registros.

En general, hemos previsto que cualquier excepción del tipo **IOException** que se lance debido a un error de E/S, sea atrapada en la función **Main**.

Para entender el cálculo de la variable *nregs*, recuerde que el desplazamiento realizado con **Seek** puede ir más allá del final del fichero; esta acción no cambiará la longitud del fichero, a no ser que a continuación, realicemos una operación de escritura; por eso, el tamaño del último registro será menor o igual que *tamañoReg*. Esto es, para que todos los registros del fichero tengan la misma longitud, como veremos en el método *escribirReg*, antes de escribir el siguiente registro realizaremos un desplazamiento múltiplo de *tamañoReg*:

```
' Situar el puntero de L/E en el registro i
bw.BaseStream.Seek(i * tamañoReg, SeekOrigin.Begin)
' Escribir el registro i
```

Escribir un registro en el fichero

El método *escribirReg* se ha diseñado para que permita escribir los atributos de un objeto *CPersona* dentro del fichero a partir de una posición determinada. Tiene dos parámetros: el primero indica el número de registro que se desea escribir, que puede coincidir con un registro existente, en cuyo caso se sobrescribirá este último, o bien con el número del siguiente registro que se puede añadir al fichero; y el segundo, hace referencia al objeto *CPersona* cuyos atributos deseamos escribir. El método devolverá un valor **True** si se ejecuta satisfactoriamente y **False** en otro caso.

```
Public Function escribirReg(i As Integer, obj As CPersona) As Boolean
   If (i >= 0 And i <= nregs) Then
      If (obj.tamaño() + 4 > tamañoReg) Then
         Console.WriteLine("tamaño del registro excedido")
      Else
         ' Situar el puntero de L/E
         bw.BaseStream.Seek(i * tamañoReg, SeekOrigin.Begin)
         bw.Write(obj.obtenerNombre())
         bw.Write(obj.obtenerDirección())
         bw.Write(obj.obtenerTeléfono())
         Return True
      End If
   Else
      Console.WriteLine("número de registro fuera de límites")
   End If
   Return False
End Function
```

Se observa que lo primero que hace el método es verificar si el número de registro es válido (cuando *i* sea igual a *nregs* es porque se quiere añadir un registro al final del fichero). El primer registro es el cero. Después comprueba que el tamaño de los atributos del objeto *CPersona* más 4 no supere el tamaño establecido para el registro (más 4 porque cada vez que **Write** escribe un **String**, añade 1 ó 2 bytes iniciales para dejar constancia del número de bytes que se escriben; esto permitirá posteriormente al método **ReadString** saber cuántos bytes tiene que leer). Si el tamaño está dentro de los límites permitidos, sitúa el puntero de L/E en la posición de inicio correspondiente a ese registro dentro del fichero y escribe los atributos del objeto uno a continuación de otro (vea la definición de **Seek**).

Añadir un registro al final del fichero

El método *añadirReg* tiene como misión añadir un nuevo registro al final del fichero. Para ello, invoca al método *escribirReg* pasando como argumentos la posición que ocupará el nuevo registro, que coincide con el valor de *nregs*, y el objeto cuyos atributos se desean escribir.

```
Public Sub añadirReg(obj As CPersona)
  If (escribirReg(nregs, obj)) Then nregs += 1
End Sub
```

Leer un registro del fichero

Para leer un registro del fichero que almacena la lista de teléfonos, la clase *CListaTfnos* proporciona el método *leerReg*. Este método tiene un parámetro para identificar el número de registro que se desea leer y devuelve el objeto *CPersona* creado a partir de los datos *nombre, dirección* y *teléfono* leídos desde el fichero.

```
Public Function leerReg(i As Integer) As CPersona
  If (i >= 0 And i < nregs) Then
    ' Situar el puntero de L/E
    br.BaseStream.Seek(i * tamañoReg, SeekOrigin.Begin)

    Dim nombre, dirección As String
    Dim teléfono As Long
    nombre = br.ReadString()
    dirección = br.ReadString()
    teléfono = br.ReadInt64()

    Return New CPersona(nombre, dirección, teléfono)
  Else
    Console.WriteLine("número de registro fuera de límites")
    Return Nothing
  End If
End Function
```

Lo primero que hace el método *leerReg* es verificar si el número de registro es válido (el primer registro es el cero). Si el número de registro está dentro de los límites permitidos, sitúa el puntero de L/E en la posición de inicio correspondiente a ese registro dentro del fichero y lee los datos *nombre, dirección* y *teléfono* (esto se hace enviando al flujo *br* bajo el cual subyace el flujo *fs* vinculado con el fichero, el mensaje **ReadString** para recuperar los datos de tipo **String** y **ReadInt64** para recuperar el dato de tipo **Long**). Finalmente, devuelve un objeto *CPersona* construido a partir de los datos leídos (el valor devuelto será **Nothing** si el número de registro está fuera de límites).

Eliminar un registro del fichero

Puesto que el fichero manipulado se corresponde con una lista de teléfonos, parece lógico buscar el registro que se desee eliminar por el número de teléfono, ya que éste es único. Para este propósito escribiremos un método *eliminarReg* con un parámetro que almacene el número de teléfono a eliminar y que devuelva un valor **True** si la operación se realiza con éxito, o **False** en caso contrario.

```
Public Function eliminarReg(tel As Long) As Boolean
  Dim obj As CPersona
  ' Buscar el teléfono y marcar el registro para
  ' posteriormente eliminarlo
  Dim reg_i As Integer
  For reg_i = 0 To nregs - 1
    obj = leerReg(reg_i)
    If (obj.obtenerTeléfono() = tel) Then
      obj.asignarTeléfono(0)
      escribirReg(reg_i, obj)
      regsEliminados = True
      Return True
    End If
  Next
  Return False
End Function
```

El proceso seguido por el método *eliminarReg* es leer registros del fichero, empezando por el registro cero, y comprobar por cada uno de ellos si el teléfono coincide con el valor pasado como argumento (este proceso recibe el nombre de búsqueda secuencial). Si existe un registro con el número de teléfono buscado, no se borra físicamente del fichero, sino que se marca el registro poniendo un cero como número de teléfono. Esta forma de proceder deja libertad al usuario de la clase *CListaTfnos* para eliminar de una sola vez todos los registros marcados al finalizar su aplicación (lo que redunda en velocidad de ejecución), para restaurar un registro marcado para eliminar, para crear un histórico, etc.

¿Hay registros marcados para eliminar?

Para saber si se marcaron registros para eliminar después de haber trabajado con un fichero, añadimos a la clase *CListaTfnos* el método *tieneRegsEliminados*. Este método devuelve el valor del atributo privado *regsEliminados*, que inicialmente vale **False** y que es cambiado a **True** por el método *eliminarReg* cuando se marca un registro para borrar.

```
Public Function tieneRegsEliminados() As Boolean
  Return regsEliminados
End Function
```

Buscar un registro en el fichero

Una operación muy común en el trabajo con registros es localizar uno determinado. ¿Cómo buscar un teléfono en una lista de teléfonos? Lo más común es buscar por el nombre del propietario de ese teléfono, aunque también podría realizarse la búsqueda por la dirección. El método *buscarReg* que se expone a continuación permite realizar la búsqueda por cualquier subcadena perteneciente al nombre. Para ello utiliza dos parámetros: la subcadena a buscar y a partir de qué registro del fichero se desea buscar. Si la búsqueda termina con éxito, el método devuelve el número del registro correspondiente; en otro caso devuelve el valor –1.

```
Public Function buscarReg(str As String, pos As Integer) As Integer
  ' Buscar un registro por una subcadena del nombre
  ' a partir de un registro determinado
  Dim obj As CPersona
  Dim nom As String
  If (str = Nothing) Then Return -1
  If (pos < 0) Then pos = 0
  Dim reg_i As Integer
  For reg_i = pos To nregs - 1
    obj = leerReg(reg_i)
    nom = obj.obtenerNombre()
    ' str está contenida en nom?
    If (nom.IndexOf(str) > -1) Then
      Return reg_i
    End If
  Next
  Return -1
End Function
```

Se observa que el método *buscarReg*, al igual que el método *eliminarReg*, realiza una búsqueda secuencial desde el registro *pos*, comprobando si el nombre de alguno de ellos contiene la subcadena *str*. Lógicamente, al realizar una búsqueda secuencial, el resultado será el número del primer registro que contenga en su nombre la subcadena pasada como argumento; pero también es evidente que es posible continuar la búsqueda a partir del siguiente registro, invocando de nuevo al método *buscarReg*, pasando como argumentos la misma subcadena y el número de registro siguiente al devuelto en el proceso de búsqueda anterior.

Un ejemplo de acceso aleatorio a un fichero

Hasta aquí, el diseño de la clase *CPersona* y *CListaTfnos*. El siguiente paso será escribir una aplicación que se ejecute así:

```
1. Buscar
2. Buscar siguiente
3. Modificar
4. Añadir
5. Eliminar
6. Salir
   Opción: 4

nombre:    Javier
dirección: Santander
```

```
teléfono:   942232323

1. Buscar
2. Buscar siguiente
3. Modificar
4. Añadir
5. Eliminar
6. Salir
   Opción:
```

A la vista del resultado anterior, esta aplicación mostrará un menú que presentará las operaciones que se pueden realizar sobre la lista de teléfonos. Posteriormente, la operación elegida será identificada por una sentencia **Select** y procesada de acuerdo al esquema presentado a continuación:

```
Module Test
  Dim listatfnos As CListaTfnos

  Public Function modificar(nreg As Integer) As Boolean
    ' ...
  End Function

  Public Sub actualizar(fActual As String)
    ' ...
  End Sub

  Public Function menú() As Integer
    ' ...
  End Function

  Public Sub Main(args() As String)
    ' Crear un objeto lista de teléfonos vacío (con 0 elementos)
    ' o con el contenido del fichero listatfnos.dat si existe.
    Dim fichero As String = "listatfnos.dat"
    listatfnos = New CListaTfnos(fichero)

    Do
      opción = menú()
      Select Case (opción)
        Case 1 ' buscar
          ' Buscar un registro que contenga "cadenabuscar".
          ' Esta subcadena será obtenida del teclado.
          pos = listatfnos.buscarReg(cadenabuscar, 0)
          ' Si se encuentra, mostrar sus datos
        Case 2 ' buscar siguiente
          ' Buscar el siguiente registro que contenga la subcadena
          ' utilizada en la última búsqueda.
          pos = listatfnos.buscarReg(cadenabuscar, pos + 1)
          ' Si se encuentra, mostrar sus datos.
```

```
        Case 3 ' modificar
          ' Modificar el registro pos. La posición pos será
          ' obtenida del teclado.
          modificado = modificar(pos)
        Case 4: ' añadir
          ' Obtener del teclado los datos nombre, dirección y
          ' teléfono del nuevo elemento a añadir, y añadirlo.
          listatfnos.añadirReg(New CPersona(nombre, dirección, teléfono))
          Case 5 ' eliminar
            ' Obtener del teclado el número de teléfono a eliminar y
            ' eliminarlo de la lista.
            eliminado = listatfnos.eliminarReg(teléfono)
          Case 6 ' salir
            ' Actualizar la lista de teléfonos si hay registros
            ' marcados para eliminar
        End Select
      Loop While (opción <> 6)
    End Sub
End Module
```

La ejecución de la aplicación se iniciará por el método **Main** que, en primer lugar, crea el objeto *CListaTfnos* cuya interfaz nos dará acceso aleatorio al fichero especificado. Después, ejecutará un bucle que invocará al método *menú* encargado de solicitar una de las opciones presentadas por él:

```
Public Function menú() As Integer
  Console.WriteLine()
  Console.WriteLine("1. Buscar")
  Console.WriteLine("2. Buscar siguiente")
  Console.WriteLine("3. Modificar")
  Console.WriteLine("4. Añadir")
  Console.WriteLine("5. Eliminar")
  Console.WriteLine("6. Salir")
  Console.Write("   Opción: ")
  Dim op As Integer
  Do
    op = Leer.datoInt()
  Loop While (op < 1 Or op > 6)
  Console.WriteLine()
  Return op
End Function
```

Elegida una opción del menú presentado, una sentencia **Select** permitirá ejecutar el código que dará solución a la operación seleccionada. Las opciones *Buscar*, *Buscar siguiente*, *Añadir* y *Eliminar* simplemente envían al objeto *CListaTfnos* el mensaje que hace que se ejecute el método de su clase que realiza la operación especificada. Las opciones *Modificar* y *Salir* se explican a continuación. El código completo de la aplicación puede obtenerlo en la carpeta *Cap10\AccesoAleatorio* del CD que acompaña al libro.

Modificar un registro

Una operación importante en el trabajo con ficheros, que se puede realizar de forma rápida y fácil cuando se permite el acceso aleatorio al mismo es, modificar alguna parte concreta de la información almacenada en él. En nuestro caso, el objetivo es modificar un registro. Para ello, vamos a añadir al módulo *Test* un método denominado *modificar* con un parámetro que identifique el número de registro del fichero que se desea modificar. Si durante la ejecución no sabemos con exactitud el número del registro que se desea modificar, podemos utilizar las opciones *Buscar* y *Buscar siguiente* para obtenerlo.

Para realizar tal modificación, el proceso seguido por el método es:

- Leer el registro correspondiente al número pasado como argumento y crear un objeto *CPersona* a partir de los datos leídos. Esto permitirá manipular el registro utilizando la interfaz del objeto.

- Presentar un menú que permita modificar el *nombre*, la *dirección* o el *teléfono*, así como salir del proceso guardando los cambios efectuados, o bien salir sin guardar los cambios. Los nuevos datos serán solicitados desde el teclado.

- Una vez realizadas las modificaciones, si se eligió salir guardando los cambios efectuados, el método enviará al objeto *CListaTfnos* el mensaje *escribirReg* pasando como argumento el número de registro que se está modificando y el objeto *CPersona* que aporta los nuevos atributos; el resultado es que se sobrescribe en el fichero el registro especificado.

```
Public Function modificar(nreg As Integer) As Boolean
    Dim nombre, dirección As String
    Dim teléfono As Long
    Dim op As Integer
    ' Leer el registro
    Dim obj As CPersona = listatfnos.leerReg(nreg)
    If (obj Is Nothing) Then Return False

    ' Modificar el registro
    Do
        Console.WriteLine(NewLine)
        Console.WriteLine("Modificar el dato:")
        Console.WriteLine("1. Nombre")
        Console.WriteLine("2. Dirección")
        Console.WriteLine("3. Teléfono")
        Console.WriteLine("4. Salir y salvar los cambios")
```

```
    Console.WriteLine("5. Salir sin salvar los cambios")
    Console.WriteLine()
    Console.Write("   Opción: ")
    op = Leer.datoInt()

    Select Case (op)
      Case 1 ' modificar nombre
        Console.Write("nombre:    ")
        nombre = Console.ReadLine()
        obj.asignarNombre(nombre)
      Case 2 ' modificar dirección
        Console.Write("dirección: ")
        dirección = Console.ReadLine()
        obj.asignarDirección(dirección)
      Case 3 ' modificar teléfono
        Console.Write("teléfono:  ")
        teléfono = Leer.datoLong()
        obj.asignarTeléfono(teléfono)
      Case 4 ' guardar los cambios
        ' Operación pospuesta a la salida del Select
        listatfnos.escribirReg(nreg, obj)
        Return True
      Case 5 ' salir sin guardar los cambios
    End Select
  Loop While (op <> 5)

  Return False
End Function
```

Actualizar el fichero

Los datos del fichero con el que estamos trabajando pueden verse alterados por tres procesos diferentes: *modificar, añadir* o *eliminar* un registro. En el caso de *modificar* o *añadir* un registro los cambios son realizados directamente sobre el fichero. Pero en el caso de *eliminar* un registro, éste simplemente es marcado con un número de teléfono 0 para su posterior eliminación, si se cree conveniente. En nuestro caso, vamos a escribir en el módulo aplicación un método *actualizar* que se invoque cuando el usuario de la aplicación seleccione la opción *Salir*, con el objeto de actualizar el fichero, eliminando físicamente los registros marcados.

```
Case 6 ' salir
  ' guardar lista
  If (listatfnos.tieneRegsEliminados()) Then
    actualizar(fichero)
  listatfnos = Nothing
  End If
```

El proceso seguido para realizar lo expuesto es sencillo. Básicamente se creará un fichero temporal (fichero que existe durante un corto espacio de tiempo; mientras lo necesitemos) para guardar todos los registros del fichero actual cuyo número de teléfono sea distinto de cero. Después de realizar esta operación, cerraremos ambos ficheros y utilizaremos la interfaz de la clase **File** para copiar el fichero temporal sobre el actual y borrar el fichero temporal.

```
Public Sub actualizar(fActual As String)
  ' Crear un fichero temporal
  Dim ficheroTemp As String = "listatfnos.tmp"
  Dim ftemp As CListaTfnos = New CListaTfnos(ficheroTemp)
  Dim nregs As Integer = listatfnos.númeroDeRegs()
  ' Copiar en el fichero temporal todos los registros del
  ' fichero actual que en su campo teléfono no tengan un 0
  Dim obj As CPersona
  Dim reg_i As Integer
  For reg_i = 0 To nregs - 1
    obj = listatfnos.leerReg(reg_i)
    If (obj.obtenerTeléfono() <> 0) Then
      ftemp.añadirReg(obj)
    End If
  Next
  listatfnos.cerrarFichero()
  ftemp.cerrarFichero()
  File.Copy(ficheroTemp, fActual, True)
  File.Delete(ficheroTemp)
End Sub
```

UTILIZACIÓN DE DISPOSITIVOS ESTÁNDAR

La salida de un programa puede también ser enviada a un dispositivo de salida que no sea el disco o la pantalla; por ejemplo, a una impresora conectada al puerto paralelo. Como Visual Basic no tiene definido un flujo estándar para el puerto paralelo, la solución pasa por utilizar la clase **PrintDocument**.

La clase **PrintDocument** del espacio de nombres System.Drawing.Printing define un objeto reutilizable que envía el resultado a una impresora. Normalmente, para imprimir un documento, se crea un objeto de esta clase, se establecen las propiedades que describen cómo imprimir y se llama al método **Print** para iniciar el proceso de impresión.

Una solicitud de impresión genera el evento **PrintPage**. Por lo tanto, controlando este evento, podemos dibujar en la página el texto correspondiente al documento (en el siguiente capítulo aprenderá acerca de los eventos y su control). Entre la información que **Print** envía al controlador, hay un objeto **Graphics** que está vinculado con la impresora establecida por defecto. Las siguientes líneas de código muestran cómo realizar esto:

```
Imports System
Imports System.Drawing
Imports System.Drawing.Printing

Public Class Test
  Private cadena As String
  Private fuente As Font

  Public Sub ImprimirCadena(datos As String)
    Dim pd As PrintDocument = New PrintDocument
    fuente = New Font("Times New Roman", 10)
    cadena = datos
    ' Indicar que el evento PrintPage se controlará con el
    ' método Imprimir
    AddHandler pd.PrintPage, AddressOf Me.Imprimir
    pd.Print() ' invoca al método Imprimir
  End Sub

  Private Sub Imprimir(obj As Object, ev As PrintPageEventArgs)
    Dim pos_X As Single = 10
    Dim pos_Y As Single = 20
    ev.Graphics.DrawString(cadena, fuente, Brushes.Black, _
                           pos_X, pos_Y, New StringFormat)
  End Sub

  Public Shared Sub Main()
    Dim ap As Test = New Test

    ap.ImprimirCadena("Hola mundo." & Environment.NewLine)
  End Sub
End Class
```

Basándonos en este ejemplo, vamos a escribir una clase *ImprimirFichero*, perteneciente al espacio de nombres *MisClases.ES*, que presente un método público *ImprimirDocumento* que permita escribir por la impresora el fichero de texto pasado como argumento, según muestra el ejemplo siguiente:

```
Imports MisClases.ES

Module Test
  Public Sub Main()
    Dim impre As ImprimirFichero = New ImprimirFichero

    impre.ImprimirDocumento("texto.txt")
  End Sub
End Module
```

La clase *ImprimirFichero* incluirá los atributos *fuente*, para definir el tipo de letra que utilizaremos en el documento, y *sr*, para definir el flujo utilizado para acceder al fichero que se desea imprimir, así como los métodos *ImprimirDocumento* e *ImprimirPagina*.

El método *ImprimirDocumento* define el flujo *sr* vinculado con el fichero pasado como argumento, define el tipo de letra a utilizar, crea el objeto **PrintDocument** utilizado para imprimir y especifica el método que se tiene que ejecutar como respuesta al evento **PrintPage** generado cuando se ejecuta **Print**.

El método *ImprimirPagina* obtiene los márgenes izquierdo y superior, calcula el número de líneas por página, lee cada una de las líneas del fichero y las imprime. Siempre que se complete una página, se añadirá una página adicional, para lo cual, este método simplemente asignará el valor **true** a la propiedad **HasMorePages** del objeto **PrintPageEventArgs** (argumentos del evento PrintPage) pasado como argumento.

```vbnet
Imports System
Imports System.IO
Imports System.Drawing
Imports System.Drawing.Printing

Namespace MisClases.ES ' espacio de nombres

  Public Class ImprimirFichero
    Private fuente As Font
    Private sr As StreamReader

    ' Imprimir el contenido de un fichero
    Public Sub ImprimirDocumento(fichero As String)
      Try
        sr = New StreamReader(fichero)
        Try
          fuente = New Font("Arial", 10)
          Dim pd As PrintDocument = New PrintDocument
          AddHandler pd.PrintPage, AddressOf Me.ImprimirPagina
          pd.Print()
        Finally
          sr.Close()
        End Try
      Catch ex As Exception
        Console.Out.WriteLine(ex.Message)
      End Try
    End Sub

    ' Respuesta al evento PrintPage producido por Print()
    Private Sub ImprimirPagina(obj As Object, ev As PrintPageEventArgs)
      Dim lineasPorPag As Single
```

```
    Dim pos_Y As Single
    Dim cuenta As Integer
    Dim margenIzq As Single = ev.MarginBounds.Left
    Dim margenSup As Single = ev.MarginBounds.Top
    Dim linea As String

    ' Calcular el número de líneas por página
    Dim altoFuente As Single = fuente.GetHeight(ev.Graphics)
    lineasPorPag = ev.MarginBounds.Height / altoFuente

    ' Imprimir cada una de las líneas del fichero
    linea = sr.ReadLine()
    While (cuenta < lineasPorPag And (Not linea Is Nothing))
      pos_Y = margenSup + (cuenta * altoFuente)
      ev.Graphics.DrawString(linea, fuente, Brushes.Black, _
                          margenIzq, pos_Y, New StringFormat)
      cuenta += 1
      linea = sr.ReadLine()
    End While

    ' Si hay más líneas, imprimir otra página
    If (Not linea Is Nothing) Then
      ev.HasMorePages = True
    Else
      ev.HasMorePages = False
    End If
   End Sub
  End Class
End NameSpace
```

Nota: observe la expresión *Not linea Is Nothing*. Quizás se pregunte si en lugar de esa expresión se podría haber utilizado esta otra: *linea <> Nothing*. La respuesta es no, porque cuando se realiza una comparación de cadenas utilizando el operador <>, una referencia nula es equivalente al literal de cadena "", y una línea en blanco también es equivalente a la cadena "". Por eso, tenemos que utilizar el operador **Is**.

Como ejemplo, vamos a añadir al menú de la aplicación realizada en el apartado anterior una opción *imprimir* que permita obtener la lista de teléfonos por la impresora.

```
Case 6 ' imprimir
  imprimirListaTfnos()

Case 7 ' salir
  ' ...
```

El código anterior indica que cuando el usuario seleccione la opción 6 del menú de la aplicación, se invocará al método *imprimirListaTfnos* del módulo *Test*. Este método creará un fichero temporal para almacenar los datos a imprimir, obtendrá el número total de registros del fichero "lista de teléfonos" y establecerá un bucle para guardar cada uno de ellos en el fichero temporal. Finalmente, imprimirá este fichero, utilizando un objeto *ImprimirFichero* y una vez imprimido, lo eliminará. El código completo se muestra a continuación:

```
Public Sub imprimirListaTfnos()
  ' Almacenar lo que se va a imprimir en un fichero temporal
  Dim flujoS As StreamWriter = New StreamWriter("temp")
  ' Número de registros
  Dim nregs As Integer = listatfnos.númeroDeRegs()
  Dim obj As CPersona
  Dim n As Integer
  For n = 0 To nregs - 1
    ' Imprimir el registro n de la lista de teléfonos
    flujoS.WriteLine("Registro: " & n)
    obj = listatfnos.leerReg(n)
    flujoS.WriteLine(obj.obtenerNombre())
    flujoS.WriteLine(obj.obtenerDirección())
    flujoS.WriteLine(obj.obtenerTeléfono())
    flujoS.WriteLine() ' saltar una línea
  Next
  flujoS.Close()    ' cerrar el flujo hacia la impresora

  Dim impre As ImprimirFichero = New ImprimirFichero
  impre.ImprimirDocumento("temp")
  File.Delete("temp")
End Sub
```

EJERCICIOS RESUELTOS

1. Escribir un módulo aplicación denominado *CopiarFichero* que permita copiar el contenido de un fichero en otro. La aplicación será invocada de la forma siguiente:

```
CopiarFichero <fichero fuente> <fichero destino>
```

Este ejemplo utilizará la clase **File** para asegurarse de que el *fichero fuente* existe. También utilizará esta clase para saber si el *fichero destino* existe, en cuyo caso no puede estar protegido contra escritura. Si el fichero destino no existe, se utilizará la clase **Directory** para verificar que el directorio padre, dado por el directorio actual o por la ruta relativa o absoluta especificada, se trata de un directorio existente y no protegido contra escritura.

Para leer los bytes del fichero fuente y escribirlos en el destino, este ejemplo utilizará la clase **FileStream**.

La funcionalidad del módulo *CopiarFichero* estará soportada fundamentalmente por el método *copiar* que tiene el prototipo siguiente:

```
Public Sub copiar(fichFuente As String, fichDestino As String)
```

El método *copiar*, básicamente chequea la existencia y permisos de los ficheros fuente y destino, y copia el fichero fuente en el destino; en el caso de que el fichero destino ya exista, pregunta si se desea sobrescribir. Asimismo, si ocurre algún error, este método lanzará una excepción del tipo **IOException** indicando lo ocurrido, que será atrapada por **Main**. Finalmente, si al abrir alguno de los ficheros el nombre especificado no es válido, la aplicación lanzará una excepción del tipo **ArgumentException** que será atrapada por el propio método *copiar*. También utiliza un bloque **Finally** para cerrar los flujos abiertos justo antes de abandonar la ejecución del mismo.

El hecho de que el método copiar lance una excepción del tipo **IOException** (*Throw New IOException(mensaje)*) implica la finalización de su ejecución.

A continuación se muestra la aplicación completa, suficientemente comentada como para no tener que abundar en más explicaciones:

```
Imports System
Imports System.IO

Module CopiarFichero
  Public Sub copiar(fichFuente As String, fichDestino As String)
    ' Si el fichero fuente y el destino son el mismo fichero ...
    If (fichFuente.CompareTo(fichDestino) = 0) Then
       Throw New IOException("No se puede copiar un fichero " + _
                        "sobre sí mismo")
    End If

    ' Definiciones de variables, referencias y objetos
    Dim fFuente As FileStream = Nothing
    Dim fDestino As FileStream = Nothing

    Try
       ' Asegurarse de que el fichero "fichFuente" existe
       If (Not File.Exists(fichFuente)) Then
          Throw New IOException("No existe el fichero " + fichFuente)
       End If

       ' Si "fichDestino" existe, asegurarse de que no está
       ' protegido contra escritura y preguntar si se quiere
```

```vb
' sobrescribir.
If (File.Exists(fichDestino)) Then
   Dim atributos As FileAttributes = File.GetAttributes(fichDestino)

   If ((atributos And FileAttributes.ReadOnly) <> 0) Then
      Throw New IOException("No se puede escribir en " + _
                            "el fichero " + fichDestino)
   End If
   ' Indicar que el fichero ya existe y preguntar si se
   ' desea sobrescribir.
   Console.Write("El fichero " + fichDestino + " existe. " + _
                 "¿Desea sobrescribirlo? (s/n): ")
   ' Leer la respuesta
   Dim resp As Char = Convert.ToChar(Console.Read())
   Console.ReadLine() ' limpiar el buffer de entrada
   If (resp = "n"c Or resp = "N"c) Then
      Throw New IOException("Copia cancelada")
   End If
Else
   ' Si se ha introducido una ruta absoluta, por ejemplo:
   ' c:\ejemplos\vb\mifichero
   ' y "mifichero" no existe verificar que el directorio
   ' padre "c:\ejemplos\vb" existe y no está protegido
   ' contra escritura
   Dim infoDir As DirectoryInfo ' información sobre el directorio
   infoDir = Directory.GetParent(fichDestino)
   ' Ruta del directorio padre de fichDestino
   Dim dirPadre As String = infoDir.FullName
   If (Not Directory.Exists(dirPadre)) Then
      Throw New IOException("El directorio " + dirPadre + _
                            " no existe")
   End If
   Dim atributos As FileAttributes = File.GetAttributes(dirPadre)
   If ((atributos And FileAttributes.ReadOnly) <> 0) Then
      Throw New IOException("No se puede escribir en el " + _
                            "directorio " + dirPadre)
   End If
End If

' Para realizar la copia, abrir un flujo de entrada desde
' el fichero fuente y otro de salida hacia el destino.
fFuente = New FileStream(fichFuente, FileMode.Open, _
                         FileAccess.Read)
fDestino = New FileStream(fichDestino, FileMode.Create, _
                          FileAccess.Write)

' Copiar el fichero fuente en el destino
Dim buffer(1024) As Byte
Dim nbytes As Integer
```

```
        While (True)
          nbytes = fFuente.Read(buffer, 0, 1024)
          If (nbytes = 0) Then Exit While ' se llegó al final del fichero
          fDestino.Write(buffer, 0, nbytes)
        End While
      Catch e As ArgumentException
        Console.WriteLine("El nombre del directorio o del fichero " + _
                          "no es válido")
      Finally
        ' Cerrar los flujos que estén abiertos
        If (Not fFuente Is Nothing) Then fFuente.Close()
        If (Not fDestino Is Nothing) Then fDestino.Close()
      End Try
    End Sub

    Public Sub Main(args() As String)
      ' Main debe recibir dos parámetros: el fichero fuente y
      ' el destino.
      If (args.Length <> 2) Then
        Console.WriteLine("Sintaxis: CopiarFichero " + _
                          "<fichero fuente> <fichero destino>")
      Else
        Try
          copiar(args(0), args(1)) ' realizar la copia
        Catch e As IOException
          Console.WriteLine("Error: " + e.Message)
        End Try
      End If
    End Sub
End Module
```

2. Queremos escribir una aplicación denominada *Grep* que permita buscar palabras
    en uno o más ficheros de texto. Como resultado se visualizará, por cada uno de
    los ficheros, su nombre, el número de línea y el contenido de la misma para cada
    una de las líneas del fichero que contenga la palabra buscada.

    La clase aplicación, *Grep*, deberá proporcionar al menos los siguientes métodos:

    a) *BuscarCadena* para buscar una cadena de caracteres dentro de otra. El prototi-
        po de este método será:

        ```
        Function BuscarCadena(cadena1 As String, cadena2 As String) As Boolean
        ```

        Este método devolverá **True** si *cadena2* se encuentra dentro de *cadena1*; en
        otro caso, devolverá **False**.

b) *BuscarEnFich* para buscar una cadena de caracteres en un fichero de texto e imprimir el número y el contenido de la línea que contiene a la cadena. El prototipo de este método será:

```
Sub BuscarEnFich(nombrefich As String, cadena As String)
```

c) **Main** para que utilizando los métodos anteriores permita buscar una palabra en uno o más ficheros.

La forma de invocar a la aplicación será así:

```
Grep palabra fichero_1 fichero_2 ... fichero_n
```

A continuación se muestra la aplicación completa, suficientemente comentada.

```
Imports System
Imports System.IO

Module Grep
   Public Function BuscarCadena(cadena1 As String, _
                                  cadena2 As String) As Boolean
      ' ¿cadena2 está contenida en cadena1?
      If (cadena1.IndexOf(cadena2) > -1) Then
        Return True  ' sí
      Else
        Return False ' no
      End If
   End Function

   Public Sub BuscarEnFich(nombrefich As String, cadena As String)
      ' Definiciones de variables
      Dim sr As StreamReader

      Try
         ' Asegurarse de que el fichero existe
         If (Not File.Exists(nombrefich)) Then
           Console.WriteLine("No existe el fichero " + nombrefich)
           Return
         End If
         ' Abrir un flujo de entrada desde el fichero fuente
         sr = New StreamReader(nombrefich)
         ' Buscar cadena en el fichero fuente
         Dim linea As String
         Dim nroLinea As Integer
         linea = sr.ReadLine()
         While (Not linea Is Nothing)
            ' Si se alcanzó el final del fichero,
            ' Peek devuelve -1
            nroLinea += 1 ' contador de líneas
```

```
        If (BuscarCadena(linea, cadena)) Then
          Console.WriteLine(nombrefich & " " & nroLinea & " " & _
                          linea)
        End If
        linea = sr.ReadLine()
      End While
    Catch e As IOException
      Console.WriteLine("Error: " + e.Message)
    Finally
      ' Cerrar el flujo
      If (Not sr Is Nothing) Then sr.Close()
    End Try
  End Sub

  Public Sub Main(args() As String)
    ' Main debe recibir dos o más parámetros: la cadena a buscar
    ' y los ficheros fuente. Por ejemplo:
    ' Grep Catch Grep.vb Leer.vb

    If (args.Length < 2) Then
      Console.WriteLine("Sintaxis: Grep " + "<cadena> " + _
                        "<fichero 1> <fichero 2> ...")
    Else
      Dim i As Integer
      For i = 1 To args.Length - 1
        ' Buscar args(0) en args(i)
        BuscarEnFich(args(i), args(0))
      Next
    End If
  End Sub
End Module
```

Sabemos que **ReadLine** devuelve el valor **Nothing** cuando se alcanza el final del fichero, pero en Visual Basic **ReadLine** también devuelve este valor cuando lee una línea vacía (una línea que sólo contiene los caracteres *CR+LF*) de ahí que hayamos utilizado la condición *Not linea Is Nothing* en lugar de *linea <> Nothing*.

EJERCICIOS PROPUESTOS

1. Realizar un programa que permita crear un fichero nuevo, abrir uno existente, añadir, modificar o eliminar registros, y visualizar el contenido del fichero. El nombre del fichero será introducido a través del teclado. Cada registro del fichero estará formado por los datos *referencia* y *precio*. Asimismo, para que el usuario pueda elegir cualquiera de las operaciones enunciadas, el programa visualizará en pantalla un menú similar al siguiente:

```
1. Nuevo fichero
2. Abrir fichero
3. Añadir registro
4. Modificar registro
5. Eliminar registro
6. Visualizar registros
7. Salir

   Opción:
```

No se permitirá crear un fichero nuevo ni abrir un fichero cuando ya haya uno abierto. Cuando se intente abrir un fichero que no exista, se ofrecerá la posibilidad de mostrar un listado del directorio actual. Finalmente, la opción *Visualizar registros* permitirá mostrar aquellos registros cuya referencia sea una especificada, o bien contenga una subcadena especificada.

Se deberá realizar al menos un procedimiento para cada una de las opciones, excepto para *Salir*.

2. Suponga que tenemos en el disco dos ficheros denominados alumnos y modificaciones. La estructura de cada uno de los registros para ambos ficheros se corresponde con los atributos de una clase como la siguiente:

```
Class CRegistro
  ' Atributos
  Private nombre As String
  Private nota As Single
  ' Métodos
  ' ...
End Class
```

Suponga también que ambos ficheros están clasificados ascendentemente por el campo *nombre*.

En el fichero *modificaciones* se han grabado las modificaciones que posteriormente realizaremos sobre el fichero *alumnos*. En *modificaciones* hay como máximo un registro por alumno y el total de registros se corresponde con:
- Registros que también están en el fichero *alumnos* pero que han variado en su campo *nota*.
- Registros nuevos; esto es, registros que no están en el fichero *alumnos*.
- Registros que también están en el fichero *alumnos* y que deseamos *eliminar*. Estos registros se distinguen porque su campo *nota* vale -1.

Se pide realizar un programa que permita obtener a partir de los ficheros *alumnos* y *modificaciones* un tercer fichero siguiendo los criterios de actualización anteriormente descritos. El fichero resultante terminará llamándose *alumnos*.

APLICACIONES CON INTERFAZ GRÁFICA

Una de las grandes ventajas de trabajar con Windows es que todas las ventanas se comportan de la misma forma y todas las aplicaciones utilizan los mismos métodos básicos (menús desplegables, botones) para introducir órdenes.

Una ventana típica de Windows tiene las siguientes partes:

1. *Barra de menús*. Visualiza el conjunto de los menús disponibles para esa aplicación. Cuando se activa alguno de los menús haciendo clic con el ratón sobre su título, se visualiza el conjunto de órdenes que lo forman.

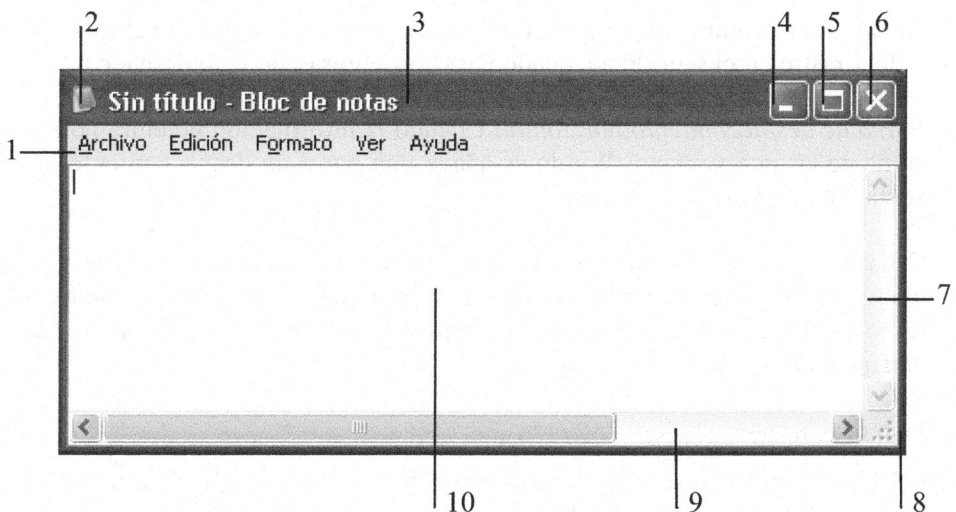

2. *Icono de la aplicación y menú de control.* El menú de control proporciona órdenes para: restaurar su tamaño, mover, tamaño, minimizar, maximizar y cerrar la ventana.

3. *Barra de título.* Contiene el nombre de la ventana y del documento. Para mover la ventana a otro lugar, apunte con el ratón a esta barra, haga clic utilizando el botón izquierdo del ratón, y manteniendo pulsado el botón, arrastre en la dirección deseada. Un doble clic maximiza o retorna a tamaño normal la ventana, dependiendo de su estado actual.

4. *Botón para minimizar la ventana.* Cuando se pulsa este botón, la ventana se reduce a su forma mínima. Ésta es la mejor forma de mantener las aplicaciones cuando tenemos varias de ellas activadas y no se están utilizando en ese instante.

5. *Botón para maximizar la ventana.* Cuando se pulsa este botón, la ventana se amplia al máximo y el botón se transforma en ⬚. Si éste se pulsa, la ventana se reduce al tamaño anterior.

6. *Botón para cerrar la ventana.* Cuando se pulsa este botón, se cierra la ventana y la aplicación si la ventana es la principal.

7. *Barra de desplazamiento vertical.* Cuando la información no entra verticalmente en una ventana, Windows añade una barra de desplazamiento vertical a la derecha de la ventana.

8. *Marco de la ventana.* Permite modificar el tamaño de la ventana. Para cambiar el tamaño, apunte con el ratón a la esquina o a un lado del marco, y cuando el puntero cambie a una flecha doble, con el botón izquierdo del ratón pulsado arrastre en el sentido adecuado para conseguir el tamaño deseado.

9. *Barra de desplazamiento horizontal.* Cuando la información no entra horizontalmente en una ventana, Windows añade una barra de desplazamiento horizontal en el fondo de la ventana.

Cada barra de desplazamiento tiene un *cuadrado de desplazamiento* que se mueve a lo largo de la barra para indicar en qué posición nos encontramos con respecto al principio y al final de la información tratada, y dos *flechas de desplazamiento*.

Para desplazarse:

- Una línea verticalmente o un carácter horizontalmente, utilice las flechas de desplazamiento de las barras.

- Varias líneas verticalmente o varios caracteres horizontalmente, apunte con el ratón a una flecha de desplazamiento, haga clic con el botón izquierdo y mantenga el botón pulsado.

- Aproximadamente una pantalla completa, haga clic sobre la barra de desplazamiento. Para subir, haga clic por encima del cuadrado de desplazamiento de la barra vertical, y para bajar, haga clic por debajo del cuadrado. Para moverse a la izquierda, haga clic a la izquierda del cuadrado de desplazamiento de la barra horizontal, y para moverse a la derecha, haga clic a la derecha del cuadrado.

- A un lugar específico, haga clic sobre el cuadrado de desplazamiento y, manteniendo el botón del ratón pulsado, arrastre el cuadrado.

10. *Área de trabajo.* Es la parte de la ventana en la que el usuario coloca el texto y los gráficos.

Un objeto en general puede ser movido a otro lugar haciendo clic sobre él y arrastrándolo manteniendo pulsado el botón izquierdo del ratón.

PROGRAMANDO EN WINDOWS

Una aplicación para Windows diseñada para interaccionar con el usuario presentará una interfaz gráfica que mostrará todas las opciones que el usuario puede realizar. Dicha interfaz se basa fundamentalmente en dos tipos de objetos: ventanas (también llamadas formularios) y controles (botones, cajas de texto, menús, listas, etc.); esto es, utilizando estos objetos podemos diseñar dicha interfaz, pero para que proporcione la funcionalidad para la que ha sido diseñada, es necesario añadir el código adecuado. En resumen, para realizar una aplicación que muestre una interfaz gráfica, se crean objetos que den lugar a ventanas y sobre esas ventanas se dibujan otros objetos llamados controles; finalmente se escribe el código fuente relacionado con la función que tiene que realizar cada objeto de la interfaz. Esto es, cada objeto estará ligado a un código que permanecerá inactivo hasta que se produzca el evento que lo active. Por ejemplo, podemos programar un botón (objeto que se puede pulsar) para que al hacer clic sobre él con el ratón muestre un formulario solicitando unos determinados datos.

Según lo expuesto, una aplicación en Windows presenta todas las opciones posibles en uno o más formularios para que el usuario elija una de ellas. Por ejemplo, en la figura siguiente, cuando el usuario haga clic sobre el botón *Haga clic aquí*, en la caja de texto aparecerá el mensaje *¡¡¡Hola mundo!!!*. Se dice entonces que la programación es *conducida por eventos* y *orientada a objetos* (se recomienda repasar el capítulo 3: "Programación orientada a objetos").

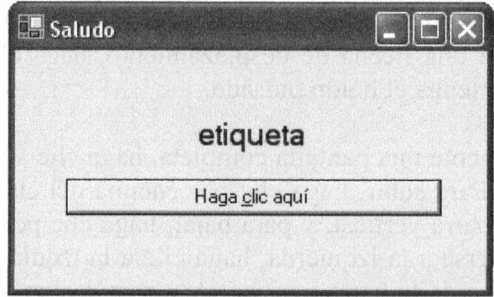

Cuando desarrollamos una aplicación de este estilo, la secuencia en la que se ejecutarán las sentencias no puede ser prevista por el programador. Por ejemplo, si en lugar de un botón hubiera dos o más botones, claramente se ve que el programador no puede escribir el programa pensando que el usuario va a pulsarlos en una determinada secuencia.

Por lo tanto, para programar una aplicación Windows hay que escribir código separado para cada objeto en general, quedando la aplicación dividida en pequeños procedimientos o métodos conducidos por eventos. Por ejemplo:

```
Private Sub Boton1_Clic(obj As Object, ev As EventArgs) _
   Handles Boton1.Click
   etSaludo.Text = "¡¡¡Hola mundo!!!"
End Sub
```

El método *Boton1_Clic* será puesto en ejecución en respuesta al evento **Click** del objeto identificado por *Boton1* (botón titulado "Haga clic aquí"). Quiere esto decir que cuando el usuario haga clic en el objeto *Boton1* se ejecutará el método *Boton1_Clic*. Esto es justamente lo que está indicando la palabra reservada **Handles** de la cabecera *Boton1_Clic(...) Handles Boton1.Click*: el método *Boton1_Clic* manejará el evento **Click** de *Boton1*. Por ello, esta forma de programar se denomina programación conducida por eventos y orientada a objetos.

Los *eventos* son mecanismos mediante los cuales los objetos (ventanas o controles) pueden notificar de la ocurrencia de sucesos. Un evento puede ser causado por una acción del usuario (por ejemplo, cuando pulsa una tecla), por el sistema (por ejemplo, transcurrió un determinado tiempo), o indirectamente por el código (por ejemplo, cuando el código carga una ventana). En Windows, cada ventana y cada control pueden responder a un conjunto de eventos predefinidos. Cuando ocurre uno de estos eventos, Windows lo transforma en un mensaje que coloca en la cola de mensajes de la aplicación implicada. Un método **Run**, denominado *bucle de mensajes*, es el encargado de extraer los mensajes de la cola y despacharlos para que sean procesados. Evidentemente, cada mensaje almacenará la información suficiente para identificar al objeto y ejecutar el método que tiene para responder a ese evento. En la figura siguiente puede ver de forma gráfica como actúa el bucle de mensajes mientras la aplicación está en ejecución:

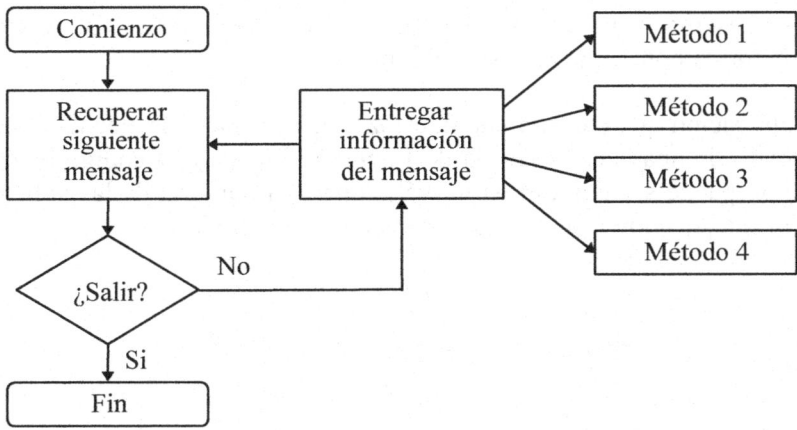

Como ejemplo, vamos a construir la aplicación del ejemplo que acabamos de comentar, que da lugar al mensaje "¡¡¡Hola mundo!!!".

ESTRUCTURA DE UNA APLICACIÓN

Este apartado explica cómo construir una aplicación mínima que presente una interfaz gráfica. De esta forma podemos estudiar desde un punto de vista práctico cuáles son y cómo interaccionan entre sí los elementos que configuran una aplicación. Dicha aplicación construirá y visualizará una ventana como la de la figura siguiente:

Esta ventana tiene un menú de control, un título y los botones de maximizar, minimizar y cerrar. Cuando el usuario pulse el botón ▬ la ventana se reducirá a un icono, cuando pulse el botón ▢ la ventana se agrandará para ocupar toda la pantalla y cuando pulse el botón ✖ la aplicación finalizará. Asimismo, cuando haga clic encima del icono de la aplicación situado a la izquierda de la barra de título se abrirá el menú de control. Este menú incluye las órdenes: *Restaurar, Mo-*

ver, *Tamaño*, *Minimizar*, *Maximizar* y *Cerrar*. Las tres últimas realizan la misma función que los botones descritos.

Una vez escrita la aplicación, que almacenaremos en *Saludo.vb*, pasaremos a estudiar de forma pormenorizada su estructura.

Una aplicación que muestra una interfaz gráfica cuando se ejecuta, no es más que un objeto de una clase derivada de **Form**. Según esto, el código mostrado a continuación puede ser una estructura válida para la mayoría de las aplicaciones que inician su ejecución visualizando una ventana principal:

```vbnet
Imports System                   'Clases fundamentales.
Imports System.Windows.Forms 'Clase Form.
Imports System.Drawing           'Objetos gráficos.

Public Class Form1 : Inherits Form
  'Atributos y métodos
  Public Sub New() 'constructor del formulario
    MyBase.New()    'invocar al constructor de la clase base
    IniciarComponentes()
  End Sub

  Public Sub IniciarComponentes()
    'Construir aquí los controles

    'Iniciar formulario: objeto de la clase Form1
    ClientSize = New Size(292, 149) 'tamaño
    Name = "Form1"                  'nombre
    Text = "Saludo"                 'título

  End Sub

  Protected Overloads Overrides Sub Dispose(eliminar As Boolean)
    If eliminar Then
      'Liberar recursos
    End If
    MyBase.Dispose(eliminar)
  End Sub

  Public Shared Sub Main()
    'Construir un objeto Form1 e iniciar el bucle de mensajes
    Application.Run(New Form1())
  End Sub
End Class
```

Analizando el código se puede observar que esta aplicación es un objeto de una subclase de la clase **Form** del espacio de nombres **System.Windows.Forms**, y si no, veámoslo desde esta otra definición:

```
Public Class Form1
      Inherits System.Windows.Forms.Form
   'Atributos y métodos
   '...
End Class
```

o desde esta otra:

```
Public Class Form1 : Inherits System.Windows.Forms.Form
   'Atributos y métodos
   '...
End Class
```

Esta última forma de definir una clase es consecuencia de que Visual Basic permite escribir dos o más sentencias en la misma línea separadas unas de otras por dos puntos. Finalmente, utilizando la sentencia **Imports**, la definición anterior podemos escribirla también así:

```
Imports System.Windows.Forms

Public Class Form1 : Inherits Form
   'Atributos y métodos
   '...
End Class
```

El punto de entrada a la aplicación es el método **Main**. Este método podría también haberse escrito en un módulo aparte como hemos venido haciendo en los capítulos anteriores. Veamos qué ocurre cuando se ejecuta este método:

```
Public Shared Sub Main()
   Application.Run(New Form1())
End Sub
```

- Primero se invoca al constructor de la clase *Form1* para construir un objeto derivado de **Form** que se corresponde con la ventana principal de la aplicación o ventana marco.

  ```
  New Form1()
  ```

- El constructor llama primero al constructor de su clase base, que crea una ventana con un tamaño, un nombre y un título por omisión, y después al método *IniciarComponentes*.

  ```
  Public Sub New() 'constructor del formulario
     MyBase.New()   'invocar al constructor de la clase base
     IniciarComponentes()
  End Sub
  ```

- El método *IniciarComponentes* permite personalizar el tamaño, el nombre y el título de la ventana y construir los controles de la misma.

```
Public Sub IniciarComponentes()
  'Construir aquí los controles

  'Iniciar formulario: objeto de la clase Form1
  ClientSize = New Size(292, 149) 'tamaño
  Name = "Form1"                  'nombre
  Text = "Form1"                  'título

End Sub
```

En esta primera versión, *IniciarComponentes* asigna a la propiedad **ClientSize** del objeto *Form1* un nuevo tamaño dado por un objeto de la clase **System.Drawing.Size** (recuerde que el objeto para el cual se invoca un método está implícitamente referenciado por **Me**; esto es, *ClientSize = New ...* es equivalente a *Me.ClientSize = New ...*). Asimismo, asigna a la propiedad **Name** el nombre por el que podremos identificar a ese objeto (por ejemplo, en una sentencia **If**) y a la propiedad **Text** el título de la ventana.

En lugar de **ClientSize** (área de cliente: región de la ventana donde se colocan los controles) podríamos utilizar **Size**, pero especificando el tamaño de la ventana.

- Finalmente, cuando se cierra la ventana (clic en el botón ✖), el objeto *Form1* invoca a su método **Dispose** heredado de **Form**, método que podemos utilizar para liberar los recursos que hayamos asignado en nuestra aplicación. Este método recibe un parámetro que cuando es **True** significa que **Dispose** ha sido llamado directa o indirectamente por el código del usuario, no por el CLR.

```
Protected Overrides Overloads Sub Dispose(eliminar As Boolean)
  If eliminar Then
    'Liberar recursos
  End If
  MyBase.Dispose(eliminar)
End Sub
```

Obsérvese que en la cabecera de este método aparecen tres modificadores: **Protected**, **Overloads** y **Overrides**. Un miembro de una clase declarado protegido (**Protected**) es accesible solamente por los métodos de su propia clase y por los de las clases derivadas de ésta. **Overloads** declara un miembro de una clase que tiene el mismo nombre que otro existente, pero con una lista de parámetros distinta. Y **Overrides** indica que este método está reemplazando al heredado de la clase base.

- Una vez finalizado el método *IniciarComponentes*, la ventana principal (objeto de la clase *Form1*) está construida. Para visualizarla e iniciar el bucle de mensajes de la aplicación, el método **Main** invoca al método **Run** de la clase **Application**.

```
Public Shared Sub Main()
   Application.Run(New Form1())
End Sub
```

Una vez iniciada la ejecución de la aplicación, ésta queda a la espera de las acciones que pueda emprender el usuario de la misma. En el ejemplo tan simple que acabamos de presentar, una de las acciones que puede tomar el usuario es cerrar la ventana, lo que origina el evento correspondiente. ¿Cómo responde la aplicación a este evento? Ejecutando el método **Dispose** y finalizando el bucle de mensajes, para lo cual **Run** invoca al método **Application.Exit**. El método **Exit** cierra todas las ventanas y fuerza a **Run** a retornar. Lógicamente, se pueden producir otros eventos; por ejemplo: la ventana se abre, se minimiza, vuelve a su estado normal, etc. Lo que tiene que saber es que la aplicación siempre responderá a cada evento invocando a su método asociado.

Compilar y ejecutar la aplicación

Observe las tres primeras líneas de código de la aplicación anterior; especifican los espacios de nombres a los que pertenecen las clases utilizadas por *Form1*:

```
Imports System                'Clases fundamentales.
Imports System.Windows.Forms  'Clase Form.
Imports System.Drawing        'Objetos gráficos.
```

Sabemos que la propia biblioteca de clases .NET está organizada en espacios de nombres que agrupan esas clases dispuestas según una estructura jerárquica. Pues bien, estos espacios de nombres se corresponden con bibliotecas dinámicas del mismo nombre, a las que tendremos que hacer referencia cuando se compile una aplicación, siempre y cuando sea necesario; por ejemplo, en mi disco están almacenadas en la carpeta *C:\WINDOWS\Microsoft.NET\Framework\vXXX*.

Según lo expuesto, para compilar y ejecutar la aplicación desde la línea de órdenes tendremos que realizar los pasos siguientes:

1. Especificar la ruta, si aún no está especificada, donde se localiza el compilador de Visual Basic. Por ejemplo:

```
set path=%path%;C:\WINDOWS\Microsoft.NET\Framework\vXXX
```

2. Compilar la aplicación. Si suponemos que está almacenada en *C:\Ejem-plos\Cap11\Saludo\Saludo.vb*, escribiríamos:

```
cd c:\Ejemplos\Cap11\Saludo
vbc Saludo.vb
```

o bien, si fuera necesario:

```
vbc /r:System.dll,System.Windows.Forms.dll,System.Drawing.dll Saludo.vb
```

3. Ejecutar la aplicación. Para nuestro ejemplo, escribiríamos:

```
Saludo
```

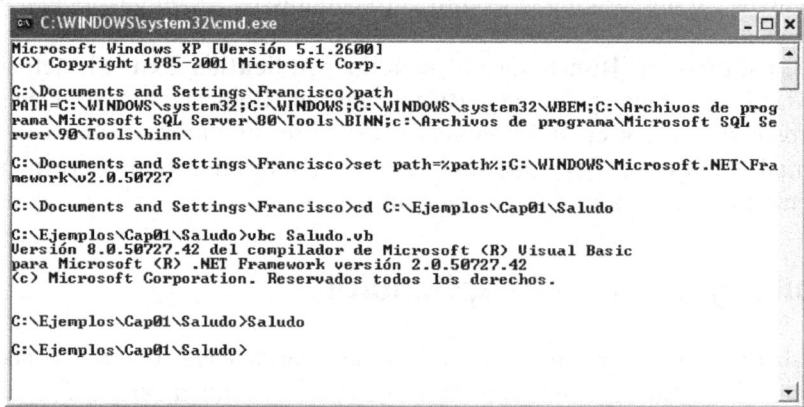

Desde un entorno de desarrollo, por ejemplo *Visual Basic Express*, todo este proceso sería automático, según se puede ver en el apéndice B y como veremos un poco más adelante en este mismo capítulo.

DISEÑO DE LA INTERFAZ GRÁFICA

Nuestro siguiente paso consistirá en añadir a la aplicación los componentes que tienen que formar parte de la misma. Este proceso requiere crear las ventanas necesarias y colocar en las mismas los controles que nosotros creamos adecuados. Todo ello lo veremos detalladamente a continuación.

Crear un componente

La forma de crear un componente (una ventana o un control) no difiere en nada de como lo hacemos con un objeto de cualquier otra clase. Se crea el componente invocando al constructor de su clase y se inician las propiedades del mismo invocando a los métodos correspondientes.

El siguiente código crea un botón de pulsación titulado "Haga clic aquí", establece como tecla de acceso la *c* (se coloca un & antes de la letra *c*) y le asigna una descripción abreviada. Más tarde veremos cómo añadirlo a una ventana.

```
Private WithEvents btBoton1 As Button
Private WithEvents ttToolTip1 As ToolTip

btBoton1 = New Button()     'crear un botón
ttToolTip1 = New ToolTip() 'crear un descriptor
'Coordenadas de la esquina superior izquierda
btBoton1.Location = New Point(32, 80)
'Nombre, tamaño y orden Tab
btBoton1.Name = "Boton1"
btBoton1.Size = New Size(232, 23)
btBoton1.TabIndex = 0
'Establecer el título y fijar como tecla de acceso la c. Entonces,
'pulsar Alt+c será equivalente ha hacer clic, sobre el botón.
btBoton1.Text = "Haga &clic aquí"
'Asignar al botón una descripción abreviada
ttToolTip1.SetToolTip(btBoton1, "Botón de pulsación")
```

La palabra **WithEvents** indica que la variable declarada se refiere a un objeto que puede producir eventos.

Controles más comunes

Hay controles para cada uno de los elementos que usted ya ha visto, más de una vez, en alguna ventana de la interfaz gráfica de su sistema Windows, UNIX u otro. A continuación se muestra de forma resumida, una lista de los más comunes:

- *Etiquetas*. Se implementan a partir de la clase **Label**.
- *Botones*. Se implementan a partir de la clase **Button**.
- *Cajas de texto*. Se implementan a partir de la clase **TextBox** las de una sola línea de texto, las de varias líneas y las de "palabra de paso".
- *Casillas de verificación*. Se implementan a partir de la clase **CheckBox**.
- *Botones de opción*. Se implementan a partir de la clase **RadioButton**.
- *Listas*. Se implementan a partir de las clases **ListBox** y **ComboBox**.
- *Barras de desplazamiento*. Se implementan a partir de la clase **ScrollBar**.

Los controles descritos se localizan en el espacio de nombres **System.Windows.Forms** y son objetos de subclases de la clase **Control** que a su vez se deriva de la clase **System.ComponentModel.Component**.

Añadir los controles al formulario

Nuestro objetivo es diseñar una aplicación que muestre una ventana principal con un botón y una etiqueta. Cuando el usuario haga clic en el botón, la etiqueta mostrará el mensaje "¡¡¡Hola mundo!!!". La figura siguiente muestra el aspecto de esta ventana. En ella se puede observar que el botón puede activarse, además de con un clic del ratón, utilizando las teclas *Alt+c*, y que tiene asociada una breve descripción.

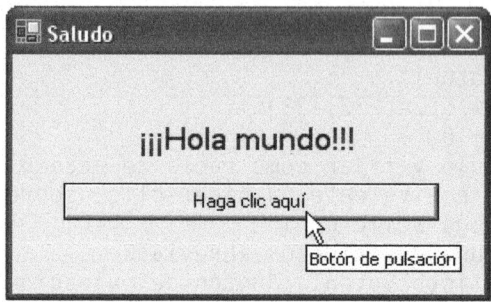

Añadir una etiqueta y editar sus propiedades

Para añadir una etiqueta al formulario proporcionado por el objeto *Form1* siga estos pasos:

1. Añada a la clase *Form1* una variable de tipo **Label** denominada *etSaludo*:

    ```
    Private WithEvents etSaludo As Label
    ```

2. Cree un objeto **Label** referenciado por *etSaludo*. Para ello añada al método *IniciarComponentes* el código siguiente:

    ```
    etSaludo = New Label()
    ```

3. Modifique las propiedades de la etiqueta para asignarle el nombre "etSaludo" y para que muestre inicialmente el texto "etiqueta", centrado, con estilo regular y de tamaño 14. Para ello, escriba a continuación de la sentencia anterior el siguiente código:

    ```
    etSaludo.Name = "etSaludo"
    etSaludo.Text = "etiqueta"
    etSaludo.Font = New Font("Microsoft Sans Serif", 14, _
                FontStyle.Regular)
    etSaludo.TextAlign = ContentAlignment.MiddleCenter
    ```

4. La propiedad **Name** ya fue comentada anteriormente. La propiedad **Text** almacena el texto que mostrará el control.

5. La propiedad **Font** indica el tipo de fuente que utilizará el control para mostrar su texto.

6. La propiedad **TextAlign** indica el tipo de alineación que se aplicará al texto respecto a los límites del control; por ejemplo, el miembro **MiddleCenter** de la enumeración **ContentAlignment** del espacio de nombres **System.Drawing** indica que el texto será centrado vertical y horizontalmente.

7. Finalmente establezca su posición en el contenedor, su tamaño, asígnela 1 como orden *Tab*, y añádala al formulario.

```
etSaludo.Location = New Point(32, 40)
etSaludo.Size = New Size(232, 23)
etSaludo.TabIndex = 1
Controls.Add(etSaludo)
```

8. La propiedad **Location** hace referencia a un objeto de la clase **Point** que almacena las coordenadas de la esquina superior izquierda del componente.

9. La propiedad **Size** hace referencia a un objeto de la clase **Size** que almacena el tamaño (ancho y alto) del componente.

10. La propiedad **TabIndex** indica el orden *Tab* de un control. Todos los controles tienen un orden *Tab* (0, 1, 2, etc.) por omisión, en función del orden en el que hayan sido añadidos al formulario. El control que quedará enfocado (seleccionado) cuando se arranca la aplicación será el de orden *Tab* 0 y cuando se utilice la tecla *Tab* para cambiar el foco a otro control, se seguirá el orden *Tab* establecido. Sólo pueden tener el foco aquellos controles que tienen su propiedad **TabStop** a valor **True**.

11. La propiedad **Controls** del formulario es un objeto de la clase **Control.ControlCollection** y hace referencia a la colección de controles del formulario. Se trata de una matriz unidimensional de objetos **Control**, que es la clase base para los controles que aquí estamos explicando.

12. El método **Add** del objeto **Controls** permite añadir un nuevo control a la colección de controles del formulario.

Una vez ejecutados los pasos anteriores, la clase *Form1* puede quedar así (se han omitido los métodos ya expuestos):

```
Imports System              ' clases fundamentales
Imports System.Windows.Forms ' para la clase Form
Imports System.Drawing       ' objetos gráficos

Public Class Form1 : Inherits Form
```

```
'Atributos
Private WithEvents etSaludo As Label
'...

Public Sub IniciarComponentes()
    'Construir aquí los controles
    etSaludo = New Label()

    'Iniciar la etiqueta etSaludo
    etSaludo.Name = "etSaludo"
    etSaludo.Text = "etiqueta"

    etSaludo.Font = New Font("Microsoft Sans Serif", 14, _
                        FontStyle.Regular)
    etSaludo.TextAlign = ContentAlignment.MiddleCenter
    etSaludo.Location = New Point(32, 40)
    etSaludo.Size = New Size(232, 23)
    etSaludo.TabIndex = 1

    'Iniciar formulario: objeto de la clase Form1
    ClientSize = New Size(292, 149) ' tamaño
    Name = "Form1"                  ' nombre
    Text = "Saludo"                 ' título

    Controls.Add(etSaludo)
End Sub
'...
End Class
```

Añadir un botón de pulsación y editar sus propiedades

Para añadir un botón de pulsación los pasos son similares a los expuestos para añadir una etiqueta (las propiedades que se vayan repitiendo no las volveremos a comentar por tener un significado análogo; para más detalles recurrir a la ayuda):

1. Añada a la clase *Form1* una variable de tipo **Button** denominada *btSaludo*:

    ```
    Private WithEvents btSaludo As Button
    ```

2. Cree un objeto **Button** referenciado por *btSaludo*. Para ello añada al método *IniciarComponentes* el código siguiente:

    ```
    btSaludo = New Button()
    ```

3. Modifique sus propiedades según se indica a continuación:

    ```
    btSaludo.Name = "btSaludo"
    btSaludo.Text = "Haga &clic aquí"
    btSaludo.Location = New Point(32, 80)
    btSaludo.Size = New Size(232, 23)
    btSaludo.TabIndex = 0
    ```

4. Finalmente, añada el botón a la colección de controles del formulario.

```
Controls.Add(btSaludo)
```

Añadir una descripción abreviada a un componente

Una descripción abreviada se mostrará cuando el cursor del ratón se sitúe encima del componente. Para añadir una descripción abreviada a un componente siga los pasos indicados a continuación:

1. Añada a la clase *Form1* una variable de tipo **ToolTip** denominada *ttToolTip1*:

```
Private WithEvents ttToolTip1 As ToolTip
```

2. Cree un objeto **ToolTip** referenciado por *ttToolTip1*. Para ello añada al método *IniciarComponentes* el código siguiente:

```
ttToolTip1 = New ToolTip()
```

3. Finalmente, añada al botón la descripción abreviada que desee. Por ejemplo:

```
ttToolTip1.SetToolTip(btSaludo, "Botón de pulsación")
```

4. El método **SetToolTip** del objeto *ttToolTip1* permite añadir una descripción abreviada al componente especificado en su primer argumento.

El proceso de añadir los componentes resulta muy sencillo si utilizamos un entorno de desarrollo como *Visual Studio .NET*. Simplemente tendríamos que tomar los componentes de una paleta y dibujarlos sobre el formulario utilizando el ratón. Esto haría, como veremos un poco más adelante, que se añadiera automáticamente todo el código descrito anteriormente.

Una vez ejecutados los pasos anteriores, la clase *Form1* puede quedar así (se han omitido los métodos ya expuestos):

```
Public Class Form1 : Inherits Form
  'Atributos
  Private WithEvents etSaludo As Label
  Private WithEvents btSaludo As Button
  Private WithEvents ttToolTip1 As ToolTip

  'Métodos
  '...

  Public Sub IniciarComponentes()
    'Construir aquí los controles
    etSaludo = New Label()
    btSaludo = New Button()
    ttToolTip1 = New ToolTip()
```

```
'Iniciar la etiqueta etSaludo
etSaludo.Name = "etSaludo"
etSaludo.Text = "etiqueta"
etSaludo.Font = New Font("Microsoft Sans Serif", 14, _
                         FontStyle.Regular)
etSaludo.TextAlign = ContentAlignment.MiddleCenter
etSaludo.Location = New Point(32, 40)
etSaludo.Size = New Size(232, 23)
etSaludo.TabIndex = 1

'Iniciar el botón btSaludo
btSaludo.Name = "btSaludo"
btSaludo.Text = "Haga &clic aquí"
btSaludo.Location = New Point(32, 80)
btSaludo.Size = New Size(232, 23)
btSaludo.TabIndex = 0
ttToolTip1.SetToolTip(btSaludo, "Botón de pulsación")

'Iniciar formulario: objeto de la clase Form1
ClientSize = New Size(292, 149) ' tamaño
Name = "Form1"                  ' nombre
Text = "Saludo"                 ' título

Controls.Add(btSaludo)
End Sub
'...
End Class
```

MANEJO DE EVENTOS

Cuando una acción sobre un componente genera un evento, se espera que suceda algo, entendiendo por evento, un mensaje que un objeto envía a algún otro objeto. Entonces hay un remitente del evento, por ejemplo, un botón, y hay un receptor del evento, por ejemplo, la ventana que contiene ese botón. Lógicamente ese algo hay que programarlo y para ello, hay que saber cómo manejar ese evento. Los eventos que se producen sobre un componente se manipulan a través de manejadores de esos eventos. Un manejador de eventos es un objeto en el que un componente delega la tarea de manipular un tipo particular de eventos.

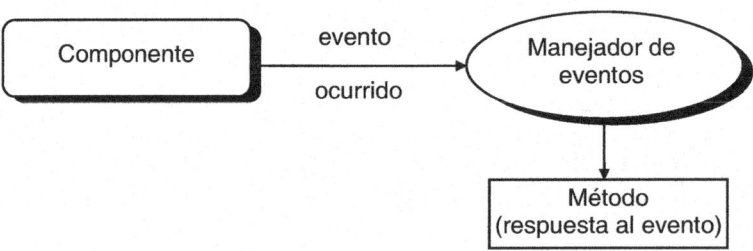

En la figura anterior puede ver que cuando un componente genera un evento, un manejador de eventos vinculado con el componente se encarga de analizar qué evento ocurrió para responder al mismo ejecutando el método adecuado.

El manejador de eventos, que recibe también el nombre de *delegado*, es un objeto de la clase **EventHandler** del espacio de nombres **System** que guarda una referencia al método que responderá a ese evento. Este método recibe habitualmente el nombre de controlador de eventos.

Asignar manejadores de eventos a un objeto

Un objeto, generalmente un componente, puede tener asociados tantos manejadores de eventos como tipos de eventos tenga que manejar.

Al principio de este capítulo vimos que la palabra reservada **Handles** permite definir qué método se ejecutará para un determinado evento producido por un componente. Por ejemplo, para que la etiqueta *etSaludo* muestre el mensaje "¡¡¡Hola mundo!!!" cuando el usuario de nuestra aplicación haga clic en el botón *btSaludo*, basta con añadir a la clase *Form1* el siguiente controlador de eventos:

```
Private Sub btSaludo_Clic(obj As Object, ev As EventArgs) _
   Handles btSaludo.Click
   etSaludo.Text = "¡¡¡Hola mundo!!!"
End Sub
```

La palabra reservada **Handles** indica que el método *btSaludo_Clic* manejará el evento **Click** que producirá el botón *btSaludo* cuando el usuario haga clic sobre él. El primer parámetro del método hace referencia al objeto que produce el evento y el segundo contiene información que depende del evento producido. De forma genérica, su sintaxis puede ser la siguiente:

```
ControladorEvento() Handles Objeto1.Evento1, Objeto2.Evento2, ...
```

La cláusula **Handles** es la forma estándar de asociar un evento a un controlador de eventos, pero está limitada a asociar eventos a controladores de eventos durante la compilación.

Otra forma de definir un controlador de eventos para un evento producido por un determinado componente es por medio de la sentencia **AddHandler** cuya sintaxis es la siguiente:

```
AddHandler miObjecto.Evento, AddressOf ControladorDelEvento
```

Esta sentencia es similar a la cláusula **Handles** en que ambas permiten especificar un controlador para un evento, sin embargo, **AddHandler** es mucho más flexible ya que permite añadir o cambiar durante la ejecución un controlador, así como asociar múltiples controladores con un único evento. Asimismo, **Remove-Handler** permite desconectar un controlador de un evento.

```
RemoveHandler miObjecto.Evento, AddressOf ControladorDelEvento
```

Ambas sentencias toman dos argumentos: el nombre de un evento que puede ser producido por un determinado objeto y el nombre del método (controlador del evento) que responderá a ese evento.

Por ejemplo, otra forma de que la etiqueta *etSaludo* muestre el mensaje "¡¡¡Hola mundo!!!" cuando el usuario de nuestra aplicación haga clic en el botón *btSaludo*, es añadir a la clase *Form1* el código siguiente:

1. Definir un objeto de la clase que sea el origen de los eventos. En nuestro caso ya lo tenemos declarado; se trata de *btSaludo*, pero utilizando la sentencia **AddHandler** no es necesario utilizar la cláusula **WithEvents** cuando se declara la variable. Esto es, podríamos definir *btSaludo* así:

    ```
    Private btSaludo As Button
    ```

2. Una vez creado el objeto capaz de producir eventos, añadimos una sentencia **AddHandler** que especifique el evento que queremos manejar de este objeto, y el controlador que lo manejará. Por ejemplo:

    ```
    AddHandler btSaludo.Click, AddressOf btSaludo_Clic
    ```

3. Finalmente, añadimos el controlador especificado. Cualquier método puede servir como controlador de eventos siempre que admita los argumentos correctos para el evento que se controla. Los controladores para los eventos definidos por .NET deben tener dos argumentos: el primero tiene que hacer referencia al objeto que produce el evento y el segundo tiene que almacenar los valores relacionados con el evento.

    ```
    Private Sub btSaludo_Clic(obj As Object, ev As EventArgs)
        etSaludo.Text = "¡¡¡Hola mundo!!!"
    End Sub
    ```

A continuación, compile y ejecute la aplicación. Después haga clic sobre el botón, o bien pulse las teclas *Alt+c*, y observe los resultados.

ENTORNOS DE DESARROLLO INTEGRADOS

La utilización de un entorno de desarrollo integrado (EDI) siempre facilita la construcción de aplicaciones. En este apartado mostraremos la forma de utilizar *Microsoft Visual Basic 2005 Express*.

Microsoft Visual Basic Express

Como hemos visto anteriormente, se puede desarrollar una aplicación que muestre una interfaz gráfica utilizando como herramientas *Microsoft Framework SDK* (concretamente, la biblioteca de clases .NET y el compilador de Visual Basic) y un simple editor de texto, o bien un entorno de desarrollo integrado que nos evite tener que utilizar una consola para escribir órdenes en línea. Lógicamente, escribir todo el código necesario para crear la interfaz gráfica de la aplicación es una tarea repetitiva que de poder mecanizarse, ahorraría mucho tiempo en la implementación de una aplicación y permitiría centrarse más y mejor en resolver los problemas relativos a su lógica y no a su aspecto. Justamente esto es lo nuevo que aporta *Visual Basic Express* o la versión *Visual Studio .NET*.

Visual Basic Express permite diseñar la interfaz gráfica de una aplicación de manera visual, sin más que arrastrar con el ratón los controles que necesitemos sobre la ventana destino de los mismos. Un sistema de alineación, a elegir entre una rejilla o alineación por líneas (*Herramientas > Opciones > Diseñador de Windows Forms > General > LayoutMode: SnapToGrid/SnapLines*) sobre la ventana de diseño nos ayudará a colocar estos controles y a darles el tamaño adecuado, y una página de propiedades nos ayudará a modificar los valores de las propiedades de cada uno de los controles. Todo lo expuesto, lo realizaremos sin tener que escribir ni una sola línea de código. Después, un editor de código inteligente nos ayudará a escribir el código necesario y detectará los errores sintácticos que introduzcamos, y un depurador nos ayudará a poner a punto nuestra aplicación cuando lo necesitemos.

En el capítulo 1 dijimos que en el apéndice B se explicaba cómo construir una aplicación de consola con este entorno de desarrollo. Ahora aprenderemos a desarrollar aplicaciones con interfaz gráfica. Como ejemplo, vamos a realizar la aplicación Windows *Saludo*, que escribimos anteriormente línea a línea.

Suponiendo que ya tenemos arrancado Visual Studio, concretamente Visual Basic Express, ¿cuál es el siguiente paso para desarrollar una aplicación Windows? En general, para construir una aplicación de este tipo con Visual Studio, siga los pasos indicados a continuación:

1. Cree un nuevo proyecto (una nueva aplicación), entendiendo por proyecto, un conjunto de ficheros, normalmente distribuidos en carpetas, y recursos que pueden ser compilados como una sola unidad. Visual Studio mostrará una página de diseño con un formulario vacío por omisión.

2. Dibuje los controles sobre el formulario. Los controles serán tomados de una caja de herramientas.

3. Defina las propiedades del formulario y de los controles.

4. Escriba el código para controlar los eventos, que consideremos, de cada uno de los objetos.

5. Guarde, compile y ejecute la aplicación.

6. Opcionalmente, utilice un depurador para poner a punto la aplicación.

Crear un nuevo proyecto

Para crear un nuevo proyecto, diríjase a la barra de menús y ejecute *Archivo > Nuevo Proyecto*. En el diálogo que se visualiza, seleccione la plantilla *Aplicación para Windows*, el nombre *Saludo*, seleccione la carpeta donde desee guardar la aplicación y haga clic en el botón *Aceptar*:

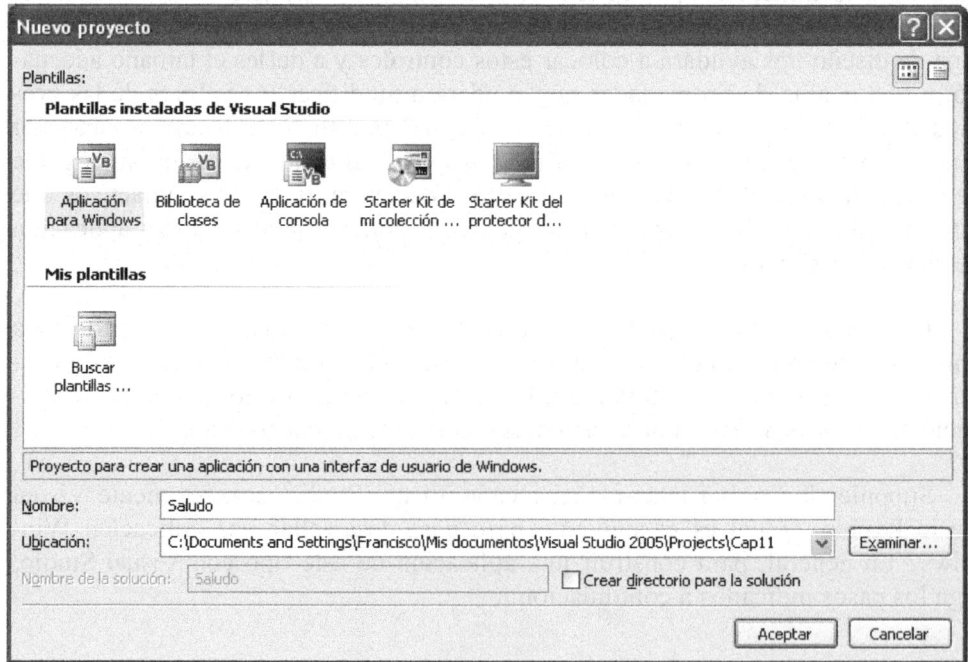

Después de crear una nueva aplicación Windows, el entorno de desarrollo Visual Studio mostrará un formulario, *Form1*, en el diseñador. También pondrá a nuestra disposición una caja de herramientas con una gran cantidad de controles listos para ser incluidos en un formulario.

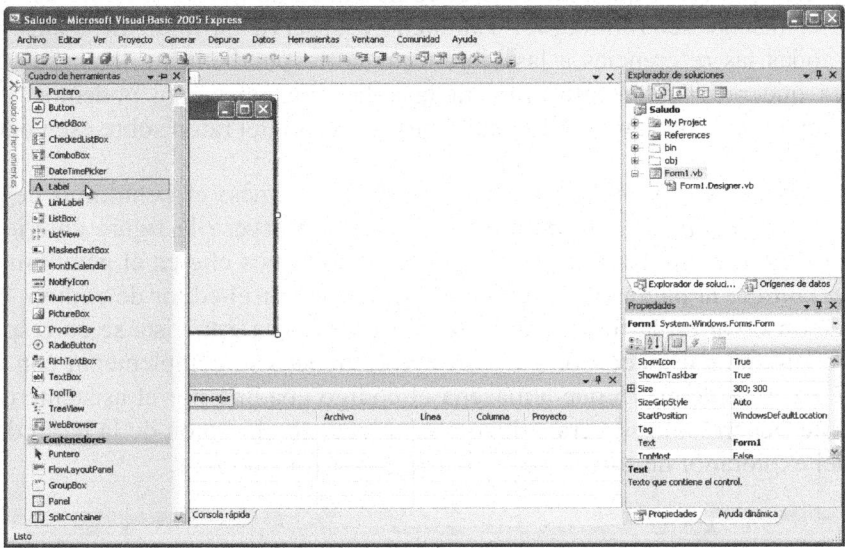

Otra característica interesante de este entorno de desarrollo es la ayuda dinámica que facilita. Se trata de un sistema de ayuda sensible al contexto; esto es, automáticamente se mostrará la ayuda relacionada con el contexto de trabajo (observe la pestaña *Ayuda dinámica* junto a *Propiedades* en la ventana de la esquina inferior derecha).

En la esquina superior derecha también se localiza otra ventana con varias páginas: explorador de soluciones, vista de clases, recursos, contenido, índice y buscar; en la figura siguiente vemos el *Explorador de soluciones*:

El explorador de soluciones muestra el nombre de la solución (una solución engloba uno o más proyectos), el nombre del proyecto, y el de todos los formularios y módulos; en nuestro caso, hay un formulario, *Form1.vb*, del cual podremos ver su vista de diseño o el código que añadamos, y además un fichero denominado *Form1.Designer.vb* que almacena el código añadido por el asistente de diseño durante el diseño del formulario. También se observa un nodo *References* que agrupa todas las referencias a las bibliotecas correspondientes a los espacios de nombres que previsiblemente utilizará la aplicación en curso; podemos añadir nuevas referencias haciendo clic con el botón derecho del ratón sobre ese nodo.

En su parte superior, muestra una barra de botones; el penúltimo de ellos permite ver el *código* y el último el *diseñador* (obsérvese la figura anterior del EDI; muestra ventana la ventana de diseño). Si hacemos clic en el penúltimo botón, *Ver código*, la página de diseño será sustituida por el editor de código, como se puede observar en la figura siguiente. Obsérvese que esta vista se corresponde con el código almacenado por *Form1.vb*; este fichero se complementa con el fichero *Form1.Designer.vb* que almacena el código añadido por el asistente de diseño. Este fichero sólo se verá si hizo clic en el segundo botón de la barra de botones del explorador de soluciones: *Mostrar todos los archivos*.

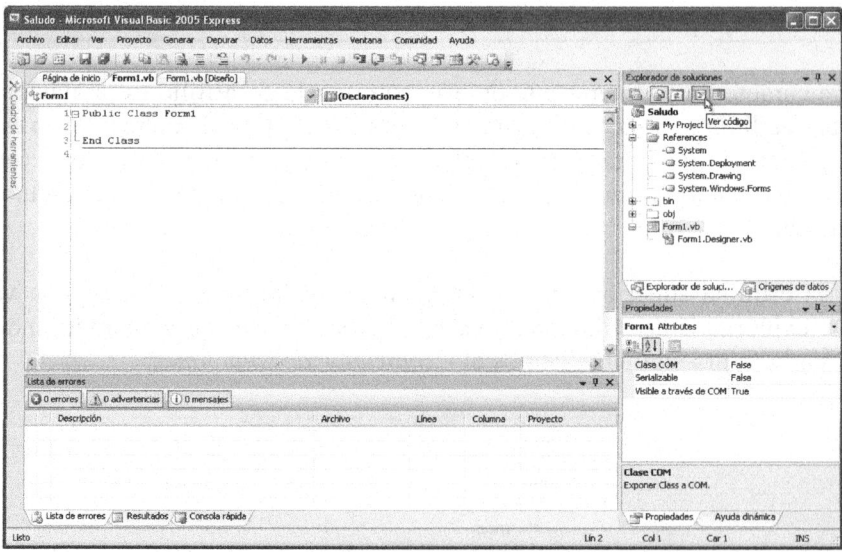

Una característica digna de resaltar del editor de Visual Studio es la incorporación de bloques de código contraíbles. En la figura superior podemos ver uno de estos bloques; si hacemos clic en el nodo + expandiremos el bloque y el nodo se convertirá en otro – que permitirá contraer de nuevo el bloque.

Otra característica del editor es la finalización y el formato de código automáticos. Por ejemplo, al escribir un procedimiento **Sub**, el editor insertará automáti-

camente la línea **End Sub**; si escribimos una sentencia **If** *condición*, el editor insertará automáticamente la cláusula **Then** y la finalización **End If**. Puede personalizar las características del editor ejecutando *Herramientas > Opciones > Editor de texto*.

En la ventana sobre la que se muestra el explorador de soluciones, puede
mostrar otras páginas, por ejemplo la de *Orígenes de datos*; eche una ojeada la
menú *Ver* de la barra de menús de *Visual Studio*.

El formulario

El formulario es el plano de fondo para los controles. Después de crear un nuevo
proyecto, la página de diseño muestra uno como el de la figura siguiente. Se trata
del aspecto gráfico de un objeto de la clase *Form1*. Para modificar su tamaño
ponga el cursor del ratón sobre alguno de los cuadrados que lo rodean y arrastre
en el sentido deseado.

Si ahora ejecutamos esta aplicación, para lo cual podemos elegir la orden *Iniciar sin depurar* del menú *Depurar*, o bien pulsar las teclas *Ctrl+F5*, aparecerá
sobre la pantalla la ventana con el tamaño asignado, y podremos actuar sobre
cualquiera de sus controles, o bien sobre las órdenes del menú de control, para
minimizarla, maximizarla, moverla, ajustar su tamaño, etc. Ésta es la parte que el
diseñador de Visual Basic realiza por nosotros y para nosotros; pruébelo. Finalmente, para cerrar la ejecución de la aplicación disponemos de varias posibilidades:

1. Hacer clic en el botón ☒ que cierra la ventana.
2. Hacer un doble clic en el icono situado a la izquierda en la barra de título de
    la ventana.
3. Activar el menú de control de la ventana *Form1* y ejecutar *Cerrar*.
4. Pulsar las teclas *Alt + F4*.

Dibujar los controles

En Visual Basic disponemos fundamentalmente de dos tipos de objetos: *ventanas* y *controles*. Las ventanas son los objetos sobre los que se dibujan los controles como cajas de texto, botones o etiquetas, dando lugar a la interfaz gráfica que el usuario tiene que utilizar para comunicarse con la aplicación y que genéricamente denominamos formulario.

Para añadir un control a un formulario, utilizaremos la caja de herramientas que se muestra en la figura siguiente. Cada herramienta de la caja crea un único control. El significado de los controles más comunes se expone a continuación.

Puntero. El puntero no es un control. Se utiliza para seleccionar, mover y ajustar el tamaño de los objetos.

Label. Una *etiqueta* permite mostrar un texto de una o más líneas que no pueda ser modificado por el usuario. Son útiles para dar instrucciones al usuario.

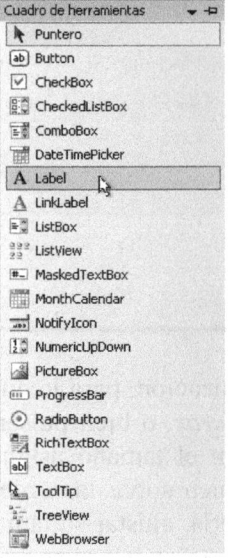

LinkLabel. Se trata de una etiqueta de Windows que puede mostrar hipervínculos.

Button. Un *botón de pulsación*, normalmente tendrá asociada una orden con él. Esta orden se ejecutará cuando el usuario haga clic sobre el botón.

TextBox. Una *caja de texto* es un área dentro del formulario en la que el usuario puede escribir o visualizar texto.

MenuStrip. Permite añadir una barra de menús a una ventana.

CheckBox. Una *casilla de verificación* se utiliza para seleccionar una opción. Utilizando estos controles se pueden seleccionar varias opciones de un grupo.

RadioButton. El control *botón de opción* se utiliza para seleccionar una opción entre varias. Utilizando estos controles se puede seleccionar una opción de un grupo de ellas.

GroupBox. Un *marco* se utiliza para realzar el aspecto del formulario. También los utilizamos para formar grupos de botones de opción, o bien para agrupar controles relacionados entre sí.

PictureBox. Una *caja de imagen* se utiliza normalmente para mostrar gráficos de un fichero de mapa de bits, metarchivo, icono, JPEG, GIF o PNG.

Panel. Control que actúa como contenedor de otros controles.

DataGridView. Control utilizado para mostrar en una tabla los elementos de una base de datos. El control *rejilla de datos* permite seleccionar, ordenar y editar estos elementos.

ListBox. El control *lista fija* (lista desplegada) contiene una lista de elementos de la que el usuario puede seleccionar uno o varios elementos.

CheckedListBox. Se trata de un control *lista fija* en el que se muestra una casilla de verificación a la izquierda de cada elemento.

ComboBox. El control *lista desplegable* combina una caja de texto y una lista desplegable. Permite al usuario escribir lo que desea seleccionar o elegir un elemento de la lista.

ListView. El control *vista de lista*, muestra una colección de elementos que se pueden visualizar mediante una de cuatro vistas distintas.

TreeView. Muestra una colección jerárquica de elementos con etiquetas. Se trata de una estructura en árbol en la que cada nodo del mismo es un objeto de la clase **TreeNode**.

TabControl. Es un control que agrupa un conjunto relacionado de páginas de fichas.

DateTimePicker. Control que permite seleccionar la fecha y hora.

MonthCalendar. Control de calendario mensual.

HScrollBar y *VScrollBar*. La *barra de desplazamiento horizontal* y la *barra de desplazamiento vertical* permiten seleccionar un valor dentro de un rango de valores. Estos controles son utilizados independientemente de otros objetos, y no son lo mismo que las barras de desplazamiento de una ventana.

Timer. El *temporizador* permite activar procesos a intervalos regulares de tiempo.

Otros controles de interés son la barra de progreso (*ProgressBar*), la caja de texto enriquecido (*RichTexBox*), las descripciones breves (*ToolTip*), la barra de estado (*StatusStrip*), la barra de herramientas (*ToolStrip*), las cajas de diálogo estándar (*OpenFileDialog, FontDialog, PrintDialog,...*), etc.

Siguiendo con nuestra aplicación, seleccionamos de la caja de herramientas que acabamos de describir los controles que vamos a utilizar. En primer lugar vamos a añadir al formulario una etiqueta. Para ello, hacemos clic sobre la herramienta etiqueta y, sin soltar el botón del ratón, la arrastramos sobre el formulario. Cuando soltemos el botón del ratón aparecerá una etiqueta de un tamaño predefinido, según se muestra en la figura siguiente:

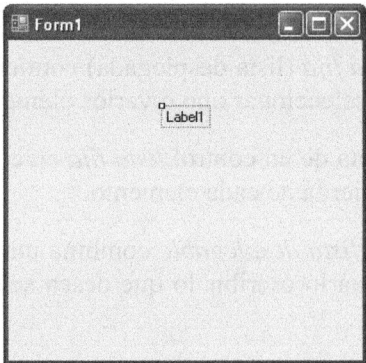

Observe en la página de propiedades del entorno de desarrollo, mostrada en la figura siguiente, la propiedad *Nombre* (**Name**). Tiene asignado el valor *Label1* que es el nombre por defecto dado al control etiqueta. Este nombre se utiliza para referirnos a dicho control en el código de la aplicación.

Observe a continuación su propiedad **AutoSize**; vale **True**. Esto quiere decir que la etiqueta variará de tamaño automáticamente en función de su contenido. Si asigna a esta propiedad el valor **False**, el ajuste de su tamaño habrá que hacerlo manualmente. En este caso, observaría sobre la etiqueta ocho cuadrados distribuidos a lo largo de su perímetro, que reciben el nombre de *modificadores de tamaño*, los cuales, como su nombre indica, permiten modificar el tamaño de los controles que estamos dibujando. Para modificar el tamaño de un control, primero selecciónelo haciendo clic sobre él, después apunte con el ratón a alguno de los modificadores de tamaño, observe que aparece una doble flecha, y, entonces, con el botón izquierdo del ratón pulsado, arrastre en el sentido que desee ajustar el tamaño.

Lista de las propiedades del objeto seleccionado. Una propiedad se modifica *in situ*.

Lista desplegable de los objetos de un formulario, incluido éste.

También puede mover el control a un lugar deseado dentro del formulario. Para mover un control, primero selecciónelo haciendo clic sobre él y después apunte con el ratón a alguna zona perteneciente al mismo y, con el botón izquierdo del ratón pulsado, arrastre hasta situarlo en el lugar deseado.

Borrar un control

Para borrar un control, primero se selecciona haciendo clic sobre él, y a continuación se pulsa la tecla *Supr* (*Del*). Para borrar dos o más controles, primero se seleccionan haciendo clic sobre cada uno de ellos al mismo tiempo que se mantiene pulsada la tecla *Ctrl*, y después se pulsa *Supr*.

Se pueden seleccionar también dos o más controles contiguos, pulsando el botón izquierdo y arrastrando el ratón hasta rodearlos.

Propiedades de los objetos

Cada clase de objeto tiene predefinido un conjunto de propiedades, como nombre, tamaño, color, etc. Las propiedades de un objeto representan todos los datos que por definición están asociados con ese objeto.

Algunas propiedades las tienen varios objetos y otras son únicas para un objeto determinado. Por ejemplo, la propiedad **TabIndex** (orden *Tab*) la tienen muchos objetos, pero la propiedad **Interval** sólo la tiene el temporizador. Cuando se selecciona más de un objeto, la página de propiedades visualiza las propiedades comunes a esos objetos.

Cada propiedad de un objeto tiene un valor por defecto que puede ser modificado *in situ* si se desea. Por ejemplo, la propiedad (**Name**) del formulario del ejemplo que nos ocupa, tiene el valor *Form1*.

Para cambiar el valor de una propiedad de un objeto, siga los pasos indicados a continuación:

1. Seleccione el objeto. Para ello, haga clic sobre el objeto o pulse sucesivamente la tecla *Tab* hasta que esté seleccionado (el control seleccionado aparecerá rodeado por los modificadores de tamaño).

2. Seleccione en la lista de propiedades la propiedad que desea cambiar.

3. Modifique el valor que actualmente tiene la propiedad seleccionada. El valor actual de la propiedad en cuestión aparece escrito a continuación del nombre de la misma. Para cambiar este valor, sobrescriba el valor actual o, si es posible, seleccione uno de la lista que se despliega haciendo clic sobre la flecha (⊡) que aparece a la derecha del valor actual. Para algunas propiedades, esta flecha es sustituida por tres puntos (⊡). En este caso se visualizará una caja de diálogo.

Se puede también modificar una propiedad durante la ejecución de la aplicación. Esto implica añadir el código necesario en el método que deba realizar la modificación.

Para verificar el valor de una misma propiedad en varios objetos, se selecciona ésta en la página de propiedades para uno de ellos, y a continuación se pasa de un objeto al siguiente haciendo clic con el ratón sobre cada uno de ellos, o simplemente pulsando la tecla *Tab*.

Siguiendo con nuestro ejemplo, vamos a cambiar el título *Form1* del formulario por el título *Saludo*. Para ello, seleccione el formulario y a continuación la propiedad **Text** en la página de propiedades. Después, sobrescriba el texto "Form1" con el texto "Saludo".

Veamos ahora las propiedades de la etiqueta. Seleccione la etiqueta y observe la lista de propiedades. Algunas de estas propiedades son **BackColor** (color del fondo de la etiqueta), **Name** (identificador de la etiqueta para referirnos a ella en el código), y **Text** (contenido de la etiqueta). Siguiendo los pasos descritos anteriormente, cambie el valor actual de la propiedad **Name** al valor *etSaludo*, el valor *label1* de la propiedad **Text** a "etiqueta" y alinee este texto para que se muestre centrado tanto horizontal como verticalmente; esto requiere asignar a la propiedad **TextAlign** el valor *MiddleCenter*. A continuación, vamos a modificar el tipo de la letra de la etiqueta. Para ello, seleccione la propiedad **Font** en la página de propiedades, pulse el botón situado a la derecha del valor actual de la propiedad, y elija como tamaño 14, por ejemplo, las otras características las dejamos como están.

El paso siguiente será añadir un botón. Para ello, hacemos clic sobre la herramienta *Button* de la caja de herramientas y arrastramos el botón sobre el formulario. Movemos el botón y ajustamos su tamaño para conseguir el diseño que observamos en la figura siguiente:

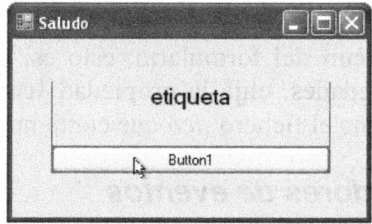

También observamos que al ajustar el tamaño y/o al mover el botón aparecen unas líneas que nos ayudará a alinear este control con respecto a los controles que hayamos colocado dentro del formulario. Si lo prefiere, puede elegir una rejilla en lugar de las líneas de alineación. Para ello, tiene que acceder a las opciones del diseñador y modificarlas en este sentido (*Herramientas > Opciones > Diseñador de Windows Forms > General*).

Para terminar el diseño de la interfaz, modificamos las propiedades del botón y asignamos a **Text** (título) el valor *Haga clic aquí* y a **Name**, el valor *btSaludo*. Finalmente ajustamos el tamaño del formulario. El resultado será análogo al siguiente:

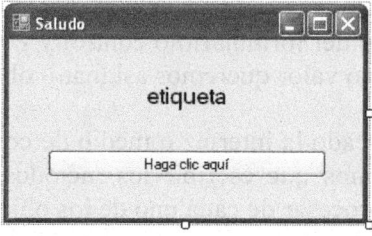

Para ayudarse en la colocación de los controles tiene una barra de diseño que puede mostrar ejecutando *Ver > Barras de herramientas > Diseño*.

Bloquear la posición de todos los controles

Una vez que haya ajustado el tamaño de los objetos y haya situado los controles en su posición definitiva, puede seleccionar el formulario y bloquear sus controles para que no puedan ser movidos accidentalmente. Para ello, ejecute la orden *Formato > Bloquear controles*.

Icono de la aplicación

Todos los formularios visualizan un icono en la esquina superior izquierda que generalmente ilustra la finalidad de la aplicación y que también aparece cuando se minimiza el formulario. Por omisión, Visual Basic utiliza un icono genérico.

Para utilizar su propio icono (de 16 × 16 o de 32 × 32 píxeles), sólo tiene que asignarlo a la propiedad **Icon** del formulario; esto es, seleccione el formulario, vaya a la página de propiedades, elija la propiedad **Icon**, pulse el botón que se muestra a la derecha y asigne el fichero *.ico* que contiene el icono.

Escribir los controladores de eventos

Sabemos que el nombre de un objeto, propiedad **Name**, nos permite referirnos a él dentro del código de la aplicación; por ejemplo, las líneas de código siguiente, la primera asigna el valor "¡¡¡Hola mundo!!!" a la propiedad **Text** del objeto *etSaludo* y la siguiente obtiene el valor de la caja de texto y lo almacena en la variable *sTexto*:

```
etSaludo.Text = "¡¡¡Hola mundo!!!"
Dim sTexto As String = etSaludo.Text
```

Recuerde que en Visual Basic la forma general de referirse a una propiedad de un determinado objeto es:

Objeto.Propiedad

donde *Objeto* es el nombre del formulario o control y *Propiedad* es el nombre de la propiedad del objeto cuyo valor queremos asignar u obtener.

Una vez que hemos creado la interfaz o medio de comunicación entre la aplicación y el usuario, tenemos que escribir los métodos para controlar aquellos eventos que necesitemos procesar de cada uno de los objetos.

Hemos dicho que una aplicación en Windows es conducida por *eventos* y *orientada a objetos*. Esto es, cuando sobre un objeto ocurre un suceso (por ejemplo, el usuario hizo clic sobre un botón) se produce un evento (por ejemplo, el evento **Click**); si nosotros deseamos que nuestra aplicación responda a ese evento, tenemos que escribir un método que incluya el código que debe ejecutarse. El método pertenecerá a la interfaz del objeto o del objeto padre. Por ejemplo, el método que responda al evento **Click** de un botón pertenecerá a la interfaz de su ventana padre, esto es, a su contenedor.

¿Dónde podemos ver la lista de los eventos a los que puede responder un objeto de nuestra aplicación? En la ventana de código o en la de propiedades.

Por ejemplo, vaya al editor de código y observe que esta ventana expone en su parte superior izquierda una lista desplegable con todos los objetos que forman la interfaz gráfica y en la derecha, otra lista con los eventos a los que puede responder el objeto seleccionado en la lista de la izquierda. Seleccione en la lista de la izquierda el botón *btSaludo* y en la de la derecha el evento **Click**.

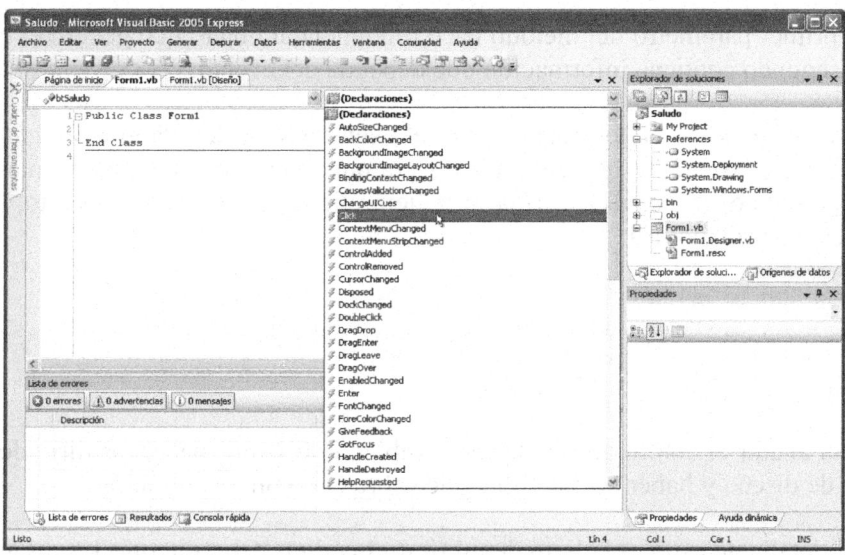

O bien, seleccione el botón *btSaludo* en la ventana de diseño, vaya a la ventana de propiedades y muestre la lista de eventos para el control seleccionado, haciendo clic en el botón *Eventos*. Haga doble clic en el evento **Click**, o bien escriba manualmente el nombre del controlador y pulse *Entrar*.

El resultado es que a la clase *Form1* se añade un manejador para este evento y el método *btSaludo_Click* que responderá al mismo:

```
Private Sub btSaludo_Click(ByVal sender As Object, _
 ByVal e As System.EventArgs) Handles Button1.Click

 ' Escriba aquí el código que tiene que ejecutarse para responder
 ' al evento Click que se genera al pulsar el botón
End Sub
```

El primer parámetro del método hace referencia al objeto que generó el evento y el segundo contiene información que depende del evento.

Una vez añadido el controlador para el evento **Click** del botón *btSaludo* ¿cómo lo completamos? Lo que deseábamos era que la etiqueta mostrara el mensaje "¡¡¡Hola mundo!!!" cuando el usuario hiciera clic en el botón. Según esto, complete este controlador así:

```
Private Sub btSaludo_Click(ByVal sender As System.Object, _
 ByVal e As System.EventArgs) Handles btSaludo.Click
 etSaludo.Text = "¡¡¡Hola mundo!!!"
End Sub
```

Para añadir el controlador anterior, también podríamos habernos dirigido a la página de diseño y haber hecho doble clic sobre el botón de pulsación.

Un detalle de estilo a la hora de escribir el código. Observe que *Visual Studio* antepone a los nombres de las clases y otras estructuras de datos el nombre del espacio de nombres al que pertenece, aunque no sería necesario, porque las referencias añadidas en el explorador de soluciones, equivalentes a las sentencias **Imports** que se muestran a continuación y que podrían ser añadidas al principio del código fuente en lugar de añadir esas referencias, ya los especifican.

```
Imports System
Imports System.Windows.Forms
Imports System.Deployment
Imports System.Drawing
```

Además del evento **Click**, hay otros eventos asociados con un botón de pulsación, según se puede observar en la figura anterior. También se puede distinguir visualmente qué eventos están siendo utilizados, porque la lista de eventos de la ventana de edición los muestra en negrita, y en la ventana de propiedades, vista de eventos, aparece el nombre del controlador a la derecha del evento.

Guardar la aplicación

Una vez finalizada la aplicación, se debe guardar en el disco para que pueda tener continuidad; por ejemplo, por si más tarde se quiere modificar. Esta operación normalmente se realiza automáticamente cuando se compila o se ejecuta la aplicación. No obstante, puede requerir guardar la aplicación en cualquier instante ejecutando la orden *Guardar todo* del menú *Archivo*.

Si desplegamos el menú *Archivo* nos encontramos, además de con la orden *Guardar todo*, con dos órdenes más: *Guardar nombre-fichero* y *Guardar nombre-fichero como...* La orden *Guardar nombre-fichero* guarda en el disco el fichero actualmente seleccionado y la orden *Guardar nombre-fichero como...* realiza la misma operación, y además nos permite cambiar el nombre, lo cual es útil cuando el fichero ya existe.

No es conveniente que utilice los nombres que Visual Basic asigna por defecto, porque pueden ser fácilmente sobrescritos al guardar aplicaciones posteriores.

Verificar la aplicación

Para ver cómo se ejecuta la aplicación y los resultados que produce, hay que seleccionar la orden *Iniciar sin depurar* del menú *Depurar* o pulsar *Ctrl+F5*.

Si durante la ejecución encuentra problemas o la solución no es satisfactoria y no es capaz de solucionarlos por sus propios medios, puede utilizar, fundamentalmente, las órdenes *Paso a paso por instrucciones* (*F11*), *Paso a paso por procedimientos* (*F10*), *Alternar puntos de interrupción* (*F9*), todas ellas del menú *Depurar*, para hacer un seguimiento paso a paso de la aplicación, y las órdenes del menú *Depurar > Ventanas*, para observar los valores que van tomando las variables y expresiones de la aplicación.

La orden *Paso a paso por instrucciones* permite ejecutar cada método de la aplicación paso a paso. Esta modalidad se activa y se continúa pulsando *F11*. Si no quiere que los métodos invocados a su vez por el método en ejecución se ejecuten línea a línea, sino de una sola vez, utilice la tecla *F10* (*Paso a paso por procedimientos*). Para detener la depuración pulse las teclas *Mayús+F5*.

La orden *Alternar puntos de interrupción* (*F9*) permite colocar una pausa en cualquier línea. Esto permite ejecutar la aplicación hasta la pausa en un solo paso (*F5*), y ver en la ventana *Automático* los valores que tienen las variables en ese instante. Para poner o quitar una pausa, se coloca el cursor donde se desea que tenga lugar dicha pausa y se pulsa *F9*, o bien se hace clic con el ratón sobre la barra situada a la izquierda del código.

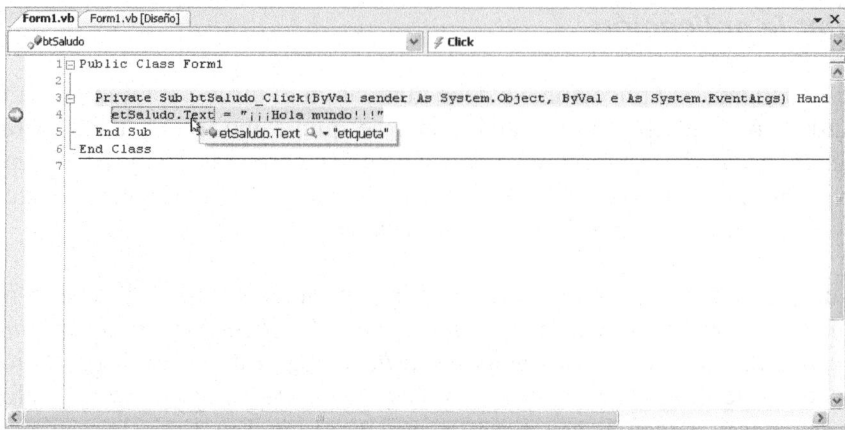

Alternativamente al menú de depuración, puede utilizar la barra de herramientas de depuración (véase el apéndice B).

También puede utilizar el ratón para arrastrar el puntero de ejecución (observe la flecha en el margen izquierdo de la ventana anterior) a otro lugar dentro del mismo método con la intención de alterar el flujo normal de ejecución.

Durante el proceso de depuración, puede ver en la ventana *Variables locales* (*Debug > Ventanas*) los valores de las variables locales del procedimiento que se esté ejecutando. Además, en la ventana *Inspección* puede escribir la expresión que desee y ver así el valor que almacena.

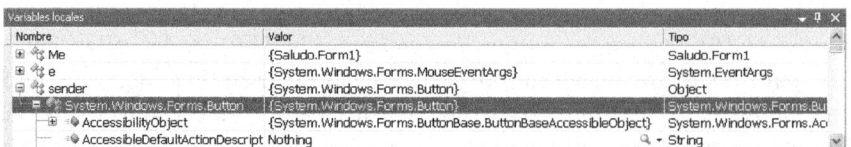

También, puede seleccionar en la ventana de código la expresión cuyo valor quiere inspeccionar y ejecutar *Inspección rápida...* Una forma más rápida de hacer esto último es situando el puntero del ratón sobre la expresión; le aparecerá una etiqueta con el valor.

Asimismo, según se observa en la figura siguiente, puede ejecutar en la *ventana Inmediato* cualquier sentencia de una forma inmediata. El resultado del ejemplo mostrado es el contenido de la propiedad **Text** de la etiqueta *etSaludo* (observe el uso del símbolo **?**).

Una vez iniciada la ejecución de la aplicación, si se pulsa la tecla *F5*, la ejecución continúa desde la última sentencia ejecutada en un método hasta finalizar ese método o hasta otro punto de parada.

AÑADIR OTROS CONTROLES

En este apartado vamos a exponer de forma breve cómo añadiríamos a un formulario otros controles de uso frecuente, como son las cajas de texto, las casillas de verificación, los botones de opción, los menús, etc. Para ello, utilizando como plantilla la aplicación *Saludo*, escriba el esqueleto para una nueva aplicación denominada *Controles*, para a continuación añadir los controles que muestra la figura mostrada a continuación, siguiendo las explicaciones dadas en los apartados siguientes.

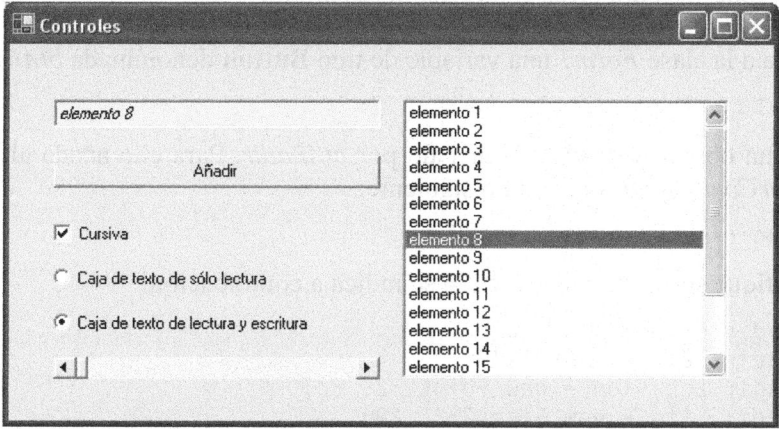

Añadir una caja de texto

Una caja de texto es un objeto de la clase **TextBox** del espacio de nombres **System.Windows.Forms**. Para añadir una caja de texto a un formulario los pasos son similares a los expuestos para añadir una etiqueta. Este control es útil para introducir o mostrar datos, lo cual se hace a través de su propiedad **Text**. Suponiendo que ya ha generado el esqueleto para una aplicación Windows, como siguiente paso vamos a añadir una caja de texto denominada *ctDato*. Para ello:

1.   Añada a la clase *Form1* una variable de tipo **TextBox** denominada *ctDato*:

```
Private ctDato As TextBox
```

2. Cree un objeto **TextBox** referenciado por *ctDato*. Para ello añada al método *IniciarComponentes* el código siguiente:

```
ctDato = New TextBox()
```

3. Modifique sus propiedades según se indica a continuación:

```
ctDato.Name = "ctDato"
ctDato.Text = ""
ctDato.Location = New Point(32, 40)
ctDato.Size = New Size(232, 20)
ctDato.TabIndex = 1
```

4. Añada la caja de texto a la colección de controles del formulario:

```
Controls.Add(ctDato)
```

Añadir un botón de pulsación

Un botón de pulsación es un objeto de la clase **Button** del espacio de nombres **System.Windows.Forms**. Para añadir un botón de pulsación los pasos son similares a los expuestos para otros controles; por ejemplo:

1. Añada a la clase *Form1* una variable de tipo **Button** denominada *btAñadir*:

```
private btAñadir As Button
```

2. Cree un objeto **Button** referenciado por *btAñadir*. Para ello añada al método *IniciarComponentes* el código siguiente:

```
btAñadir = new Button()
```

3. Modifique sus propiedades según se indica a continuación:

```
btAñadir.Name = "btAñadir"
btAñadir.Text = "Añadir"
btAñadir.Location = new Point(32, 80)
btAñadir.Size = new Size(232, 20)
btAñadir.TabIndex = 0
```

4. Finalmente, añada el botón a la colección de controles del formulario:

```
Controls.Add (btAñadir)
```

5. Añada un manejador de eventos para manipular el evento **Click** con un controlador que vamos a denominar *btAñadir_Click*:

```
AddHandler btAñadir.Click, AddressOf btAñadir_Click
```

6. Finalmente, añada el controlador *btAñadir_Click*. Posteriormente lo completaremos con el código que se debe ejecutar:

```
Private Sub btAñadir_Click(sender As System.Object, _
                    e As System.EventArgs)

End Sub
```

Añadir una descripción abreviada

Como siguiente paso vamos a añadir una descripción abreviada al botón de pulsación. Esto puede extenderlo a todos los controles que desee.

1. Añada a la clase *Form1* una variable de tipo **ToolTip** denominada *ttBotonAñadir*:

    ```
    private ttBotonAñadir As ToolTip
    ```

2. Cree un objeto **ToolTip** referenciado por *ttBotonAñadir*. Para ello añada al método *IniciarComponentes* el código siguiente:

    ```
    ttBotonAñadir = new ToolTip()
    ```

3. Finalmente, añada al botón la descripción abreviada que desee. Por ejemplo:

    ```
    ttBotonAñadir.SetToolTip(btAñadir,
                " Añade el texto de la caja a la lista ")
    ```

Añadir una casilla de verificación

Una casilla de verificación es un objeto de la clase **CheckBox** del espacio de nombres **System.Windows.Forms**. El control casilla de verificación se utiliza para dar al usuario una opción del tipo verdadero, si está señalada, o falso, si no lo está. Para obtener o establecer su valor hay que hacerlo a través de su propiedad **Checked**. Como ejemplo, vamos a añadir una casilla de verificación a la aplicación para que la caja de texto muestre el texto en cursiva cuando la casilla de verificación esté señalada.

1. Añada a la clase *Form1* una variable de tipo **CheckBox** denominada *cvCursiva*:

    ```
    Private cvCursiva As CheckBox
    ```

2. Cree un objeto **CheckBox** referenciado por *cvCursiva*. Para ello añada al método *IniciarComponentes* el código siguiente:

    ```
    cvCursiva = New CheckBox()
    ```

3. Modifique sus propiedades según se indica a continuación:

    ```
    cvCursiva.Name = "cvCursiva"
    cvCursiva.Text = "Cursiva"
    cvCursiva.Location = New Point(32, 128)
    ```

```
cvCursiva.Size = New Size(232, 16)
cvCursiva.TabIndex = 2
```

4. Añada la casilla de verificación a la colección de controles del formulario:

```
Controls.Add(cvCursiva)
```

5. Añada un manejador de eventos para manipular el evento **CheckedChanged** con un controlador que vamos a denominar *cvCursiva_CheckedChanged*:

```
AddHandler cvCursiva.CheckedChanged, _
        AddressOf cvCursiva_CheckedChanged
```

6. Finalmente, añada el controlador *cvCursiva_CheckedChanged* para que al se-ñalar la casilla de verificación, se realice la función requerida:

```
Private Sub cvCursiva_CheckedChanged(obj As Object, ev As EventArgs) _
    Handles cvCursiva.CheckedChanged
    If (cvCursiva.Checked) Then 'si cvCursiva está marcada
        ctDato.Font = New Font("Microsoft Sans Serif", 8.25!, _
                            FontStyle.Italic)
    Else ' si cvCursiva no está marcada
        ctDato.Font = New Font("Microsoft Sans Serif", 8.25!, _
                            FontStyle.Regular)
    End If
End Sub
```

Si la casilla de verificación está señalada asignamos a su propiedad **Font** la fuente (objeto de la clase **Font**) "Microsoft Sans Serif" de tamaño 8,25 y de estilo cursiva (*Italic*); en otro caso, asignamos la misma fuente pero con estilo normal (*Regular*).

Añadir un botón de opción

Un botón de opción es un objeto de la clase **RadioButton** del espacio de nombres **System.Windows.Forms**. Este control se utiliza para dar al usuario una opción entre varias. Igual que sucede con una casilla de verificación, para obtener o esta-blecer su valor hay que hacerlo a través de su propiedad **Checked**. Como ejemplo, vamos a añadir dos botones de este tipo a la aplicación *Controles* para que la caja de texto pueda alternar entre ser de sólo lectura, o bien ser de lectura y escritura.

1. Añada a la clase *Form1* dos variables de tipo **RadioButton** denominadas *bo-Lectura* y *boEscritura*:

```
Private boLectura As RadioButton
Private boEscritura As RadioButton
```

2. Cree dos objetos **RadioButton** referenciados por *boLectura* y *boEscritura*. Para ello añada al método *IniciarComponentes* el código siguiente:

```
boLectura = New RadioButton()
boEscritura = New RadioButton()
```

3. Modifique sus propiedades según se indica a continuación:

```
boLectura.Name = "boLectura"
boLectura.Text = "Caja de texto de sólo lectura"
boLectura.Location = New Point(32, 160)
boLectura.Size = New Size(232, 16)
boLectura.TabIndex = 3

boEscritura.Name = "boEscritura"
boEscritura.Text = "Caja de texto de lectura y escritura"
boEscritura.Location = New Point(32, 192)
boEscritura.Size = New Size(232, 16)
boEscritura.Checked = True ' inicialmente aparecerá señalado
boEscritura.TabIndex = 4
boEscritura.Checked = true
```

4. Añada los botones de opción a la colección de controles del formulario:

```
Controls.Add(boLectura)
Controls.Add(boEscritura)
```

5. Añada los manejadores de eventos para manipular el evento **CheckedChanged** de estos botones con un controlador común que vamos a denominar *boLecEsc_CheckedChanged*:

```
AddHandler boLectura.CheckedChanged, _
          AddressOf boLecEsc_CheckedChanged
AddHandler boEscritura.CheckedChanged, _
          AddressOf boLecEsc_CheckedChanged
```

6. Finalmente, añada el controlador *boLecEsc_CheckedChanged* para que los botones de opción realicen la función solicitada:

```
Private Sub boLecEsc_CheckedChanged(obj As Object, ev As EventArgs)
   If (boLectura.Checked) Then ctDato.ReadOnly = True
   If (boEscritura.Checked) Then ctDato.ReadOnly = False
End Sub
```

Si el botón de opción *boLectura* está señalado, asignamos a su propiedad **ReadOnly** el valor **True** (sólo lectura); en cambio, si es el botón *boEscritura* el que está señalado, le asignamos **False**.

Añadir una barra de desplazamiento

Una barra de desplazamiento horizontal es un objeto de la clase **HScrollBar** del espacio de nombres **System.Windows.Forms**, y una barra de desplazamiento vertical es un objeto de la clase **VScrollBar** del mismo espacio de nombres. Para añadir una barra de desplazamiento a un formulario los pasos son similares a los expuestos para añadir otros objetos.

Este control se puede utilizar para que el usuario introduzca datos numéricos. Como ejemplo, vamos a añadir a la aplicación una barra de desplazamiento horizontal que permita alterar el color del texto de la caja *ctDato* desde el negro hasta el blanco pasando por toda la escala de grises:

1. Añada a la clase *Form1* una variable de tipo **HScrollBar** denominada *bdhColorTexto*:

    ```
    Private bdhColorTexto As HScrollBar
    ```

2. Cree un objeto **HScrollBar** referenciado por *bdhColorTexto*. Para ello añada al método *IniciarComponentes* el código siguiente:

    ```
    bdhColorTexto = New HScrollBar()
    ```

3. Modifique sus propiedades según se indica a continuación:

    ```
    bdhColorTexto.Name = "bdhColorTexto"
    bdhColorTexto.Location = New Point(32, 224)
    bdhColorTexto.Size = New Size(232, 16)
    bdhColorTexto.Minimum = 0
    bdhColorTexto.Maximum = 255
    bdhColorTexto.TabStop = True
    bdhColorTexto.TabIndex = 5
    ```

    Las propiedades **Minimum** y **Maximum** determinan el intervalo de valores enteros que el usuario puede seleccionar. En nuestro caso entre 0 y 255.

    La propiedad **TabStop** cuando vale **True** indica que el usuario puede enfocar este control utilizando la tecla *Tab*.

4. Añada la barra de desplazamiento a la colección de controles del formulario:

    ```
    Controls.Add(bdhColorTexto)
    ```

5. Añada el manejador de eventos para manipular el evento **Scroll** con un controlador que vamos a denominar *bdhColorTexto_Scroll*:

    ```
    AddHandler bdhColorTexto.Scroll, _
            AddressOf bdhColorTexto_Scroll
    ```

6. Finalmente, añada el controlador *bdhColorTexto_Scroll* para que la barra de desplazamiento realice la función solicitada:

```
Private Sub bdhColorTexto_Scroll(obj As Object, ev As ScrollEventArgs)
    ctDato.ForeColor = Color.FromArgb(bdhColorTexto.Value, _
                                      bdhColorTexto.Value, _
                                      bdhColorTexto.Value)
End Sub
```

La propiedad **ForeColor** de una caja de texto permite establecer el color con el que será mostrado el texto. El color puede ser compuesto a partir de un valor RGB (rojo, verde y azul). Este valor puede obtenerse por medio del método **Shared FromArgb** de la estructura **System.Drawing.Color**; precisamente, los tres parámetros que tiene se corresponden con los niveles entre 0 y 255 de color rojo, verde y azul.

La propiedad **Value** de la barra de desplazamiento se corresponde con un valor numérico que representa la posición actual del cuadro de desplazamiento. En nuestro caso el valor estará entre 0 y 255, valores a los que fueron establecidas las propiedades **Minimum** y **Maximum** respectivamente.

Añadir una lista

Una lista fija es un objeto de la clase **ListBox** y una lista desplegable es un objeto de la clase **ComboBox** del espacio de nombres **System.Windows.Forms**. Se puede utilizar este control para mostrar una lista de elementos con el fin de que el usuario los seleccione haciendo clic sobre ellos. Como ejemplo, vamos a añadir a la aplicación *Controles* una lista fija para que muestre las cadenas de texto que introduzca el usuario a través de la caja de texto, y viceversa, cuando el usuario seleccione un elemento de la lista, éste será mostrado en la caja de texto.

1. Añada a la clase *Form1* una variable de tipo **ListBox** denominada *lsLista*:

```
Private lsLista As ListBox
```

2. Cree un objeto **ListBox** referenciado por *lsLista*. Para ello añada al método *IniciarComponentes* el código siguiente:

```
lsLista = New ListBox()
```

3. Modifique sus propiedades según se indica a continuación:

```
lsLista.Name = "lsLista"
lsLista.Location = New Point(280, 40)
lsLista.Size = New Size(232, 199)
lsLista.TabIndex = 6
```

4. Añada la lista a la colección de controles del formulario:

```
Controls.Add(lsLista)
```

5. Modifique el controlador que responde al evento **Click** del botón de pulsación para que añada el contenido de la caja de texto como un elemento de la lista:

```
Private Sub btSaludo_Click(obj As Object, ev As EventArgs)
   If (ctDato.Text <> "") Then lsLista.Items.Add(ctDato.Text)
End Sub
```

La propiedad **Items** es una colección que contiene todos los elementos incluidos en el control **ListBox**. El método **Add** de esta colección permite añadir un elemento a la misma. En nuestro caso añade el contenido de la caja de texto.

6. Añada el manejador de eventos para manipular el evento **SelectedIndexChanged** de la lista con un controlador que vamos a denominar *lsLista_SelectedIndexChanged*:

```
AddHandler lsLista.SelectedIndexChanged, _
        AddressOf lsLista_SelectedIndexChanged
```

7. Escriba el controlador *lsLista_SelectedIndexChanged* de la lista para que cuando el usuario seleccione un elemento de la misma, se muestre en la caja de texto *ctDato*:

```
Private Sub Lista_SelectedIndexChanged(obj As Object, ev As EventArgs)
   ctDato.Text = lsLista.SelectedItem
End Sub
```

La propiedad **SelectedItem** permite acceder al elemento seleccionado en el control **ListBox**.

Añadir una barra de menús

Una barra de menús es un objeto de la clase **MenuStrip** del espacio de nombres **System.Windows.Forms**. **MenuStrip** es un contenedor al que se le pueden añadir objetos **ToolStripMenuItem** (menús de la barra, submenús o los elementos de los menús) y **ToolStripSeparator** (separadores). Otros objetos que puede contener son **ToolStripComboBox** (listas desplegables) y **ToolStripTextBox** (cajas de texto).

Para asignar una barra de menús a un formulario, hay que asignar a su propiedad **MainMenuStrip** un objeto **MenuStrip**. Como ejemplo, vamos a añadir a la aplicación *Controles* una barra de menús con los menús: *Opciones* y *Ayuda*. El menú *Opciones* incluirá los elementos *Color de la caja de texto* y *Salir*, y *Ayuda* el elemento *Acerca de*.

1. Añada a la clase *Form1* una variable de tipo **MenuStrip** denominada *BarraDeMenus*:

```
Private BarraDeMenus As MenuStrip
```

2. Cree un objeto **MainMenu** referenciado por *BarraDeMenus*. Para ello añada al método *IniciarComponentes* el código siguiente:

```
BarraDeMenus = New MenuStrip()
```

3. Asigne a la propiedad **MainMenuStrip** del formulario el objeto *BarraDeMenus*:

```
MainMenuStrip = BarraDeMenus
```

4. Añada a la clase *Form1* las variables que referenciarán los elementos de la barra de menús, objetos de la clase **ToolStripMenuItem**:

```
Private mnuOpciones As ToolStripMenuItem
Private mnuAyuda As ToolStripMenuItem
```

5. Cree los elementos de la barra de menús, objetos **ToolStripMenuItem**, anteriores:

```
mnuOpciones = New ToolStripMenuItem()
mnuAyuda = New ToolStripMenuItem()
```

6. Modifique sus propiedades según se indica a continuación:

```
mnuOpciones.Text = "&Opciones"
mnuAyuda.Text = "&Ayuda"
```

7. Un título de un menú puede incluir un **&** antes de cualquier letra. Esa letra aparecerá subrayada cuando estando en ejecución la aplicación, el usuario pulse la tecla *Alt*. En este instante, pulsar las teclas *Alt+letra subrayada* equivaldrá a haber hecho clic sobre ese menú.

8. Añada los menús a la colección de menús de la barra de menús:

```
BarraDeMenus.Items.AddRange(New ToolStripItem() {mnuOpciones, _
                                     mnuAyuda})
```

9. La propiedad **Items** de la barra de menús es un objeto de la clase **ToolStripItemCollection** y hace referencia a la colección de menús de la barra de menús. Observe que se trata de una matriz unidimensional de objetos **ToolStripItem**. El método **AddRange** permite añadir un nuevo menú a la colección de menús de la barra de menús (también es aplicable a controles).

10. Añada a la clase *Form1* las variables que referenciarán los elementos del menú *Opciones*, objetos de la clase **ToolStripMenuItem**:

```
Private itOpcionesColor As ToolStripMenuItem
Private itOpcionesSalir As ToolStripMenuItem
```

11. Cree los elementos anteriores del menú *Opciones*, objetos **ToolStripMenuItem**:

```
itOpcionesColor = New ToolStripMenuItem()
itOpcionesSalir = New ToolStripMenuItem()
```

12. Modifique sus propiedades según se indica a continuación:

```
itOpcionesColor.Text = "&Color de la caja de texto..."
itOpcionesSalir.Text = "&Salir"
```

13. Igual que hemos explicado para los menús, un título de un elemento de un menú puede incluir un **&**. En este caso, pulsar la combinación de teclas *Alt+letra subrayada* equivaldrá a haber hecho clic sobre ese elemento.

14. Asimismo, a cada elemento de un menú le podemos asociar una combinación de teclas de acceso rápido. Esto permitirá ejecutar dicha orden pulsando directamente esa combinación de teclas. Para ello, hay que asignar a la propiedad **ShortcutKeys** del elemento del menú, los miembros de la enumeración **Keys** del espacio de nombres **System.Windows.Forms**, unidos por el operador **Or**, correspondientes a esa combinación de teclas. Como ejemplo vamos a asignar la combinación de teclas *Ctrl+s* a la orden *Salir* del menú *Opciones*.

```
itOpcionesSalir.ShortcutKeys = Keys.Control Or Keys.S
```

15. Añada a la clase *Form1* la variable que referenciará el elemento *Separador* del menú *Opciones*, objeto de la clase **ToolStripSeparator**:

```
Private Separador As ToolStripSeparator
```

16. Cree el elemento del menú *Separador*, objeto **ToolStripSeparator**, anterior:

```
Separador = New ToolStripSeparator()
```

17. Añada los elementos de *Opciones* a la colección **DropDownItems** de elementos de este menú:

```
mnuOpciones.DropDownItems.AddRange(New ToolStripItem() _
                 {itOpcionesColor, Separador, itOpcionesSalir})
```

18. Añada a la clase *Form1* la variable que referenciará el elemento del menú *Ayuda*, objeto de la clase **ToolStripMenuItem**:

```
Private itAyudaAcercaDe As ToolStripMenuItem
```

19. Cree el elemento del menú *Ayuda*, objeto **ToolStripMenuItem**, anterior:

```
itAyudaAcercaDe = New ToolStripMenuItem()
```

20. Modifique sus propiedades según se indica a continuación:

```
itAyudaAcercaDe.Text = "Acerca &de..."
```

21. Añada el elemento de *Ayuda* a la colección **DropDownItems** de elementos de este menú:

```
mnuAyuda.DropDownItems.AddRange(New ToolStripItem() _
                               {itAyudaAcercaDe})
```

22. Añada los manejadores de eventos que manipulen el evento **Click** de cada uno de los elementos de los menús de la barra de menús:

```
AddHandler itOpcionesColor.Click, _
        AddressOf itOpcionesColor_Click
AddHandler itOpcionesSalir.Click, _
        AddressOf itOpcionesSalir_Click
AddHandler itAyudaAcercaDe.Click, _
        AddressOf itAyudaAcercaDe_Click
```

23. Escriba los controladores que respondan al evento **Click** de cada uno de los elementos de los menús de la barra de menús:

```
Private Sub itOpcionesColor_Click(obj As Object, ev As EventArgs)
  '...
End Sub

Private Sub itOpcionesSalir_Click(obj As Object, ev As EventArgs)
  Close()
End Sub

Private Sub itAyudaAcercaDe_Click(obj As Object, ev As EventArgs)
  '...
End Sub
```

24. El controlador de la orden *Salir* simplemente invoca al método **Close** del formulario y lo cierra, finalizando la aplicación. Los controladores de las órdenes *Color de la caja de texto* y *Acerca de* mostrarán cada uno de ellos un cuadro de diálogo (una nueva ventana), según se expone a continuación.

Mostrar cajas de diálogo

Cuando una aplicación Windows en un instante determinado de su ejecución necesita aceptar nuevos datos o bien visualizarlos, lo que podemos hacer es utilizar un nuevo formulario con los controles que permitan esas operaciones. En estos casos, los formularios reciben el nombre de *cajas de diálogo* o *cuadros de diálogo*. Hay dos formas de añadir cajas de diálogo a una aplicación:

- Cajas de diálogo personalizadas.
- Cajas de diálogo comunes.

Las cajas de diálogo personalizadas son diálogos hechos a medida, bien añadiendo controles a un formulario o bien modificando cajas de diálogo existentes. Por ejemplo, supongamos que hemos escrito una clase *MiDialogo*, de forma similar a como lo hemos hecho anteriormente con *Form1*, para construir una determinada caja de diálogo:

```
Public Class MiDialogo
  Inherits System.Windows.Forms.Form
  ' ...
End Class
```

Para mostrar esta caja de diálogo es suficiente añadir el siguiente código en el lugar adecuado de nuestro proyecto:

```
Private dlg As MiDialogo ' definir una variable
'...

dlg = New MiDialogo()      ' construir el diálogo
dlg.Show()                 ' visualizar el diálogo
```

Utilice el método **Show** para visualizar diálogos no modales y **ShowDialog** para visualizar diálogos modales (hay que cerrarlos antes de continuar).

Por otra parte, Windows proporciona algunas cajas de diálogo predefinidas para realizar tareas muy comunes como abrir y guardar ficheros, manipular la fuente o el color del texto, o imprimir. Por ejemplo, las clases **OpenFileDialog** y **SaveFileDialog** permiten construir una caja de diálogo para localizar el nombre del fichero que desea abrir o guardar; la clase **FontDialog** muestra una caja de diálogo para cambiar las características del objeto **Font** que utiliza un componente; la clase **ColorDialog** muestra una caja de diálogo para obtener un color de una paleta de colores, según muestra la figura siguiente:

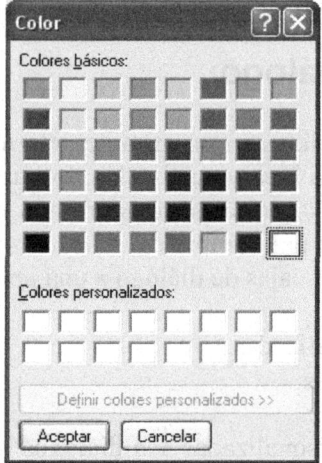

Las clases **PageSetupDialog**, **PrintPreviewDialog** y **PrintDialog** muestran cajas de diálogo que permiten al usuario controlar la impresión de documentos (para obtener más información sobre cómo imprimir desde una aplicación, véase en el capítulo 10 "Utilización de dispositivos estándar" y en la ayuda el espacio de nombres **System.Drawing.Printing**).

Como ejemplo, vamos a escribir el controlador de la orden *Color de la caja de texto...* de nuestra aplicación, para que visualice un diálogo de la clase **Color-Dialog** con el fin de obtener el color que deseamos aplicar al fondo de la caja de texto *ctDato*:

```
Private Sub itOpcionesColor_Click(obj As Object, ev As EventArgs)
   'Construir un diálogo de la clase ColorDialog
   Dim dlgColor As ColorDialog = New ColorDialog()
   'Prevenir al usuario de crear colores personalizados
   dlgColor.AllowFullOpen = False
   'Establecer el color actual de la caja de texto como inicial
   dlgColor.Color = ctDato.BackColor
   'Mostrar el diálogo dlgColor
   If (dlgColor.ShowDialog() = DialogResult.OK) Then
      ' Si se pulsó Aceptar, establecer el color de fondo de la
      ' caja de texto
      ctDato.BackColor = dlgColor.Color
   End If
End Sub
```

Además de las cajas de diálogo comunes, el espacio de nombres **System.Windows.Forms** dispone de la clase **MessageBox** para visualizar un diálogo que permita mostrar datos al usuario. Como ejemplo vamos a escribir el controlador de la orden *Acerca de* de nuestra aplicación para que visualice un diálogo de la clase **MessageBox** con el fin de mostrar al usuario los créditos de la aplicación:

```
Private Sub itAyudaAcercaDe_Click(obj As Object, ev As EventArgs)
   MessageBox.Show("Aplicación Saludo. Versión 1.0" + _
               Environment.NewLine + _
               "Copyright (c) Fco. Javier Ceballos, 2005", _
               "Acerca de Saludo", _
               MessageBoxButtons.OK, _
               MessageBoxIcon.Information)
End Sub
```

El método **Show** de la clase **MessageBox** es **Shared** y está sobrecargado. Concretamente, el método anterior invoca a una forma de **Show** con cuatro parámetros: el primero es el mensaje que se desea mostrar, el segundo es el título de la ventana, el tercero los botones que mostrará y el cuarto el icono que presentará.

UTILIZANDO VISUAL BASIC EXPRESS (VISUAL STUDIO)

Vamos a realizar la aplicación Windows *Controles*, que escribimos anteriormente línea a línea, utilizando ahora Visual Studio .NET.

Suponiendo que ya tenemos arrancado Visual Studio, para desarrollar la aplicación *Controles*, siga los pasos indicados a continuación:

1. Cree un nuevo proyecto (una nueva aplicación). Visual Studio mostrará una página de diseño con un formulario vacío por omisión.
2. Dibuje los controles sobre el formulario. Los controles serán tomados de una caja de herramientas.
3. Defina las propiedades del formulario y de los controles.
4. Escriba el código para controlar los eventos que consideremos de cada uno de los objetos.
5. Guarde, compile y ejecute la aplicación.
6. Opcionalmente, utilice un depurador para poner a punto la aplicación.

Después de crear una nueva aplicación Windows, el entorno de desarrollo Visual Studio mostrará un formulario, *Form1*, en el diseñador. Redimensione el formulario al tamaño que estime oportuno. Después, cambie el título *Form1* del formulario por el título *Controles*. Para ello, seleccione el formulario, su propiedad **Text** en la página de propiedades, y sobrescriba el texto "Form1" con el texto "Controles".

Dibujar los controles

Siguiendo con nuestra aplicación, seleccionamos de la caja de herramientas los controles que vamos a utilizar. En primer lugar vamos a añadir al formulario una caja de texto. Para ello, hacemos clic sobre la herramienta caja de texto y, sin soltar el botón del ratón, la arrastramos sobre el formulario. Cuando soltemos el botón del ratón aparecerá una caja de texto de un tamaño predefinido.

Veamos ahora las propiedades de la caja de texto. Siguiendo los pasos descritos anteriormente en este capítulo, cambie el valor actual de la propiedad **Name** al valor *ctDato*. A continuación, vamos a cambiar el color de fondo de la caja de texto. Para ello, seleccione la propiedad **BackColor** en la página de propiedades, pulse el botón situado a la derecha del valor actual de la propiedad, haga clic en la pestaña *Personalizado* y elija como color de fondo, por ejemplo, el cuarto color de la segunda línea (amarillo).

El paso siguiente será añadir un botón. Para ello, hacemos clic sobre la herramienta *Button* de la caja de herramientas y arrastramos el botón sobre el formulario. Movemos el botón y ajustamos su tamaño para conseguir el diseño que observamos en la figura siguiente. Ahora modificamos sus propiedades y asignamos a **Text** (título) el valor *Añadir*, y a **Name**, el valor *btAñadir*. Vamos a asignar al botón, una descripción abreviada. Para ello, añada a la clase *Form1* un control de tipo **ToolTip** denominado *ttBotonAñadir*. Después, seleccione el botón, su propiedad *ToolTip en ttBotonAñadir* y asígnela el literal "Añade el texto de la caja a la lista".

Finalice el diseño de la interfaz gráfica añadiendo el resto de los controles que observa en la figura siguiente, con las propiedades especificadas:

Control	**Name**	**Text**
Casilla de verificación	*cvCursiva*	Cursiva
Botón de opción	*boLectura*	Caja de texto de sólo lectura
Botón de opción	*boEscritura*	Caja de texto de lectura/escritura
Barra de desplazamiento h.	*bdhColorTexto*	
Lista fija	*lsLista*	

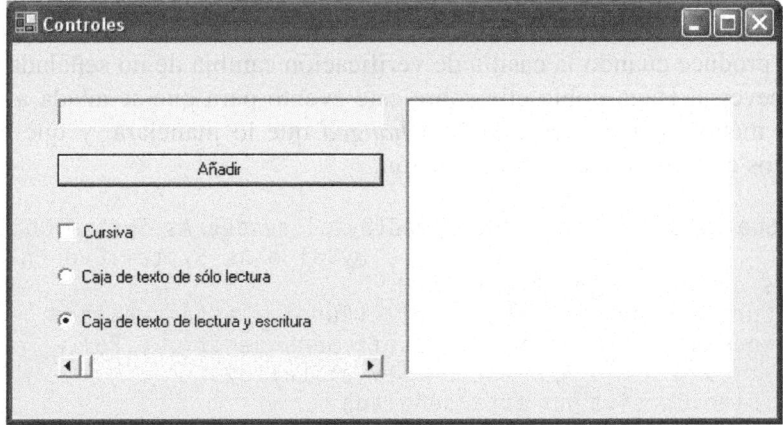

Para que el botón de opción *boEscritura* aparezca inicialmente señalado, ponga su propiedad **Checked** a valor **true**.

Escribir los controladores de eventos

En primer lugar, vamos a añadir el controlador que responda al evento **Click** del botón. Para ello, diríjase al formulario y haga doble clic sobre el botón.

Una vez añadido el controlador para el evento **Click** del botón *btAñadir* ¿cómo lo completamos? Lo que deseábamos era utilizar el botón para añadir el texto que haya escrito en la caja *ctDato*, a la lista *lsLista*. Según esto, complete este controlador así:

```
Private Sub btAñadir_Click(sender As System.Object, _
                         e As System.EventArgs)
  If (ctDato.Text <> "") Then lsLista.Items.Add(ctDato.Text)
End Sub
```

El primer parámetro del método hace referencia al objeto que genera el evento y el segundo contiene información que depende del evento producido.

Sigamos con nuestro ejemplo y pensemos en las funciones que tienen que realizar el resto de los controles.

En principio, la caja de texto tiene que visualizar el texto que el usuario escriba y como esto ya lo hace, no hay ningún evento de esta caja que tengamos que programar.

Respecto a la casilla de verificación *cvCursiva*, cuando el usuario de la aplicación la señale es para que el estilo del texto mostrado por la caja de texto cambie a *Italic* (texto en cursiva). Sitúese en la página de diseño *Form1.vb [Diseño]*, seleccione la casilla de verificación *cvCursiva*, diríjase a la ventana de propiedades y haga clic en el botón *Eventos*. Seleccione el evento **CheckedChanged**; este evento se produce cuando la casilla de verificación cambia de no señalada a señalada o viceversa. Haga doble clic sobre este evento para que se añada a la clase *Form1* el método *cvCursiva_CheckedChanged* que lo manejará, y que complementaremos como se indica a continuación:

```
Private Sub cvCursiva_CheckedChanged(ByVal sender As System.Object, _
                             ByVal e As System.EventArgs) _
      Handles cvCursiva.CheckedChanged
    If (cvCursiva.Checked) Then ' si cvCursiva está señalada
      ctDato.Font = New Font("Microsoft Sans Serif", 8.25!, _
                         FontStyle.Italic)
    Else ' si cvCursiva no está señalada
      ctDato.Font = New Font("Microsoft Sans Serif", 8.25!, _
                         FontStyle.Regular)
    End If
End Sub
```

Para añadir el controlador de este evento, también podríamos haber hecho doble clic sobre la casilla de verificación en la página de diseño.

Si ahora ejecuta la aplicación, escribe un texto cualquiera en la caja de texto y hace clic sobre la casilla de verificación, observará que el estilo del texto cambia a *Italic*.

Continuamos con el botón de opción *boLectura*. Cuando el usuario de la aplicación seleccione este botón, la caja de texto tiene que pasar a ser de sólo lectura. Entonces, el controlador del evento **CheckedChanged** de este botón, simplemente tiene que asignar a la propiedad **ReadOnly** de la caja de texto el valor **True**. Añada este controlador análogamente a como lo hizo anteriormente y después complételo como se indica a continuación:

```
Private Sub boLectura_CheckedChanged(ByVal sender As Object, _
                                ByVal e As System.EventArgs) _
    Handles boLectura.CheckedChanged
    ctDato.ReadOnly = True
End Sub
```

Análogamente, el controlador del botón de opción *boEscritura* asignará a la propiedad **ReadOnly** de la caja de texto el valor **False**:

```
Private Sub boEscritura_CheckedChanged(ByVal sender As Object, _
                                ByVal e As System.EventArgs) _
    Handles boEscritura.CheckedChanged
    ctDato.ReadOnly = False
End Sub
```

Estos dos controladores se pueden fusionar en uno solo de la forma siguiente:

```
Private Sub boLecEsc_CheckedChanged(ByVal sender As Object, _
                                ByVal e As System.EventArgs) _
    Handles boLectura.CheckedChanged, boEscritura.CheckedChanged
    If (boLectura.Checked) Then ctDato.ReadOnly = True
    If (boEscritura.Checked) Then ctDato.ReadOnly = False
End Sub
```

Sigamos con la barra de desplazamiento *bdhColorTexto*. Su finalidad es proporcionar un valor entre 0 y 255 que utilizaremos como nivel de rojo, verde y azul para formar la escala de grises que utilizaremos como color del texto de la caja de texto. Según esto, asigne a su propiedad **Minimum** el valor 0 y a **Maximum** 255 para fijar el rango de valores, y a **TabStop** el valor **True** para que cuando se utilice la tecla *Tab* para avanzar de un control a otro, el foco pueda detenerse también sobre este control. Por otra parte, es necesario saber que cuando el cuadro de la barra de desplazamiento se mueve por una acción del ratón o del teclado, se produce el evento **Scroll**. Será entonces el controlador de este evento el que utilizaremos para modificar el color del texto de la caja, en función de la posición del cuadro de desplazamiento dada por la propiedad **Value** de la barra:

```
Private Sub bdhColorTexto_Scroll(ByVal sender As System.Object, _
   ByVal e As System.Windows.Forms.ScrollEventArgs) _
   Handles bdhColorTexto.Scroll
   ctDato.ForeColor = Color.FromArgb(bdhColorTexto.Value, _
                                     bdhColorTexto.Value, _
                                     bdhColorTexto.Value)
End Sub
```

El método **FromArgb** de la estructura **Color** crea un color ARGB a partir de los cuatro valores entre 0 y 255 de las componentes ARGB (alfa, rojo, verde y azul). El valor alfa es de manera implícita 255 (totalmente opaco), valor que nosotros hemos asumido. Existe otra sobrecarga de esta función con cuatro parámetros; el primero de ellos corresponde al valor de alfa.

Finalmente, cuando el usuario seleccione un elemento de la lista, el contenido del mismo debe mostrarse en la caja de texto. La selección de un elemento en una lista produce el evento **SelectedIndexChanged**. Según esto, complete el controlador de este evento como se indica a continuación:

```
Private Sub lsLista_SelectedIndexChanged( _
   ByVal sender As System.Object, ByVal e As System.EventArgs) _
   Handles lsLista.SelectedIndexChanged
   ctDato.Text = lsLista.SelectedItem
End Sub
```

Compilar y ejecutar la aplicación

Para ver cómo se ejecuta la aplicación y los resultados que produce, primero compílela ejecutando la orden *Generar > Generar Controles* y a continuación, si no se producen errores, ejecútela seleccionado la orden *Depurar > Iniciar sin depurar*, o bien pulse las teclas *Ctrl+F5*.

Añadir una barra de menús

Para diseñar un menú, utilizaremos el *editor de menús* que se muestra en la figura siguiente. Comprobará que la edición es muy sencilla y vistosa. Basta con ir rellenando las cajas de texto "Escriba aquí" con los nombres de los menús, submenús, órdenes o separadores que necesitemos.

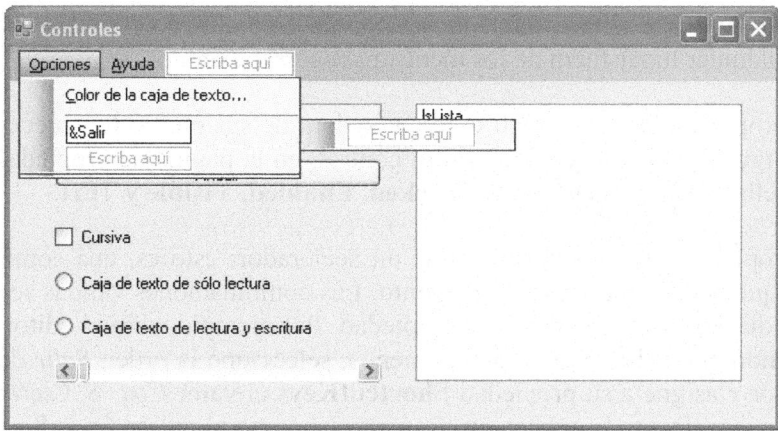

Para crear una barra de menús, los pasos a ejecutar son los siguientes:

1. *Arrastrar desde la caja de herramientas un control* **MenuStrip** *sobre el formulario*. Esta acción asignará de forma automática el nombre de este objeto a la propiedad **MainMenuStrip** del formulario y abrirá el editor de menús.

2. *Introducir el título del menú*. Escriba en la caja de texto "Escriba aquí" el título del menú que se desea crear, el cual aparecerá en la barra de menús. Inserte un *ampersand* (&) antes de la letra que da acceso directo al menú para que aparezca subrayada. El usuario podrá seleccionar este menú, además de con el ratón, pulsando la tecla *Alt* más la tecla correspondiente a la letra que aparece subrayada. Asigne a su propiedad **Name** el nombre que se utilizará en el código para referirse al menú.

3. *Introducir los elementos que componen el menú*. Escriba en la caja de texto "Escriba aquí" debajo del menú, el título del elemento del menú y asigne a su propiedad **Name** el nombre utilizado en el código para referirse a dicho elemento. Por ejemplo, observe el elemento *Color de la caja de texto...* en la figura anterior. Por convenio, un elemento de un menú seguido de tres puntos significa que cuando se haga clic sobre él, se desplegará una caja de diálogo.

4. *Crear un submenú*. Un elemento puede ser una orden, o bien un submenú si a su vez despliega una lista de elementos.

5. *Añadir un separador*. Utilizando separadores puede agrupar las órdenes en función de su actividad. Para insertar un separador, escriba un único guión (-) en la caja de texto "Escriba aquí". Tiene que especificar también un nombre cualquiera **Name**. Por ejemplo, en la figura anterior puede ver un separador antes de la orden *Salir*.

6. *Cerrar el editor de menús*. Una vez que haya finalizado el diseño, haga clic en cualquier lugar fuera de los menús para cerrar el editor.

Las propiedades de un menú o de cualquiera de sus elementos pueden seleccionarse, igual que las de cualquier otro control, en la página de propiedades. Algunas de ellas son **ShortcutKeys**, **Checked**, **Enabled**, **Visible** y **Text**.

La propiedad **ShortcutKeys** define un acelerador; esto es, una combinación de teclas que permiten activar un elemento. Las combinaciones válidas se visualizan en el diálogo asociado con esta propiedad. Por ejemplo, abra el editor de menús haciendo clic sobre alguno de los menús, seleccione la orden *Salir* del ejemplo anterior y asigne a su propiedad **ShortcutKeys** el valor *Ctrl+S*. Cierre el editor de menús y ejecute la aplicación. Compruebe como al pulsar *Ctrl+S* se ejecuta la orden *Salir*.

La propiedad **Checked** es útil para indicar si un elemento de un menú está activo o no lo está. Cuando se asigna a esta propiedad el valor **True** aparece una marca a la izquierda del elemento para indicar que está activo.

La propiedad **Enabled** es útil para desactivar una orden en un momento en el cual no tiene sentido que esté activa. Por ejemplo, si estamos trabajando con un editor y no tenemos seleccionado un bloque de texto, no tiene sentido que la orden *Copiar* del menú *Edición* esté activa. Cuando se hace clic en una orden de un menú, ésta será ejecutada si su propiedad **Enabled** es **True**. Si la propiedad **Enabled** vale **False**, la orden se muestra en tono gris y no se puede ejecutar.

La propiedad **Visible** es útil cuando durante la ejecución se desea ocultar una orden. Cuando esta propiedad vale **False**, la orden no aparece y por lo tanto no puede seleccionarse.

La propiedad **Text** almacena el título del elemento de menú.

Como ejemplo, vamos a añadir a la aplicación *Controles* una barra de menús con los menús: *Opciones* y *Ayuda*. *Opciones* incluirá los elementos *Color de la caja de texto...* y *Salir*, y *Ayuda* el elemento *Acerca de*.

Control	**Name**	**Text**
Barra de menús	*BarraDeMenus*	
Menú	*mnuOpciones*	&Opciones
Orden	*itOpcionesColor*	&Color de la caja de texto...
Separador	*Separador*	-
Orden	*itOpcionesSalir*	&Salir
Menú	*mnuAyuda*	&Ayuda
Orden	*itAyudaAcercaDe*	Acerca &de...

El siguiente paso es añadir los controladores que respondan al evento **Click** de cada uno de los elementos de los menús de la barra de menús.

El controlador de la orden *Salir* simplemente invoca al método **Close** del formulario y lo cierra, finalizando la aplicación.

```
Private Sub itOpcionesSalir_Click(ByVal sender As System.Object, _
                            ByVal e As System.EventArgs) _
   Handles itOpcionesSalir.Click
   Close()
End Sub
```

Los controladores de las órdenes *Color de la caja de texto* y *Acerca de* mostrarán cada uno de ellos un cuadro de diálogo, según se expone a continuación.

Mostrar cajas de diálogo

La orden *Color de la caja de texto* visualizará el diálogo que se muestra a continuación para permitir elegir un color de fondo para la caja de texto.

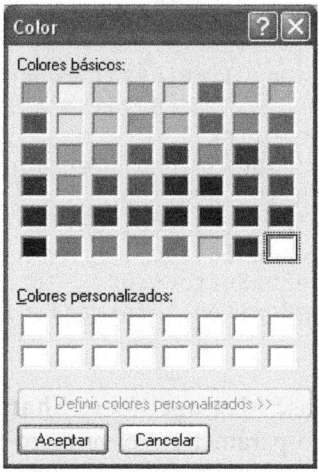

Para disponer de este diálogo, arrastre desde la caja de herramientas un control **ColorDialog** sobre el formulario. Asígnele el nombre *dlgColor*. Asigne también a su propiedad **Color**, el color actual de la caja de texto para que pueda mostrar el color actualmente seleccionado, y para no permitir definir colores personalizados asigne a su propiedad **AllowFullOpen** el valor **False**. El color que se seleccione quedará almacenado en la propiedad **Color**. Después complete el controlador *itOpcionesColor_Click* como se indica a continuación:

```
Private Sub itOpcionesColor_Click(sender As System.Object, _
                           e As System.EventArgs) _
    Handles itOpcionesColor.Click
    'Establecer el color actual de la caja de texto como inicial
    dlgColor.Color = ctDato.BackColor
    'Mostrar el diálogo dlgColor
    If (dlgColor.ShowDialog() = DialogResult.OK) Then
        ' Si se pulsó Aceptar, establecer el color de fondo de la
        ' caja de texto
        ctDato.BackColor = dlgColor.Color
    End If
End Sub
```

Finalmente vamos a escribir el controlador de la orden *Acerca de...* de nuestra aplicación para que visualice un diálogo de la clase **MessageBox** con el fin de mostrar al usuario los créditos de la aplicación:

```
Private Sub itAyudaAcercaDe_Click(ByVal sender As System.Object, _
                             ByVal e As System.EventArgs) _
    Handles itAyudaAcercaDe.Click
    MessageBox.Show("Aplicación Saludo. Versión 1.0" + _
            Environment.NewLine + _
            "Copyright (c) Fco. Javier Ceballos, 2005", _
            "Acerca de Saludo", _
            MessageBoxButtons.OK, _
            MessageBoxIcon.Information)
End Sub
```

El método **Show** de la clase **MessageBox** es **Shared** y hemos invocado a una de sus sobrecargas con cuatro parámetros: el primero es el mensaje que se desea mostrar, el segundo es el título de la ventana, el tercero los botones que mostrará y el cuarto el icono que presentará.

EJERCICIOS RESUELTOS

1. Realice un programa que dé como resultado los intereses producidos y el capital total acumulado de una cantidad *c*, invertida a un interés *r* durante *t* días.

La fórmula utilizada para el cálculo de los intereses es:

$$I = \frac{c*r*t}{360*100}$$

siendo:

I = Total de intereses producidos.
c = Capital.
r = Tasa de interés nominal en tanto por ciento.
t = Período de cálculo en días.

Este ejercicio ya fue resuelto en el capítulo 6 como una aplicación de consola. Vamos a resolverlo ahora escribiendo una aplicación Windows.

Antes de empezar a crear la aplicación, es recomendable responder a las preguntas siguientes:

- ¿Qué objetos forman la interfaz?

    ◊ Un formulario que permita implementar nuestra interfaz.
    ◊ Una caja de texto para introducir la cantidad a invertir.
    ◊ Una caja de texto para introducir el % de interés anual.
    ◊ Una caja de texto para visualizar el interés producido.
    ◊ Una caja de texto para visualizar el capital total acumulado.
    ◊ Cuatro etiquetas que informen al usuario de la información que contiene cada caja de texto.
    ◊ Un botón de pulsación que permita hacer los cálculos.

- ¿Qué eventos hacen que la interfaz responda?

    Con esta aplicación se quiere que cuando el usuario introduzca la cantidad a invertir, el % de interés anual, y pulse el botón *Calcular*, el contenido de las otras cajas se actualice con los resultados correspondientes. Por lo tanto, el evento es pulsar el botón *Calcular*, que en Visual Basic se denomina **Click**.

- ¿Cuáles son los pasos a seguir para un desarrollo ordenado?

Conocidos los objetos y los eventos, procedemos a crear una nueva aplicación y a dibujar la interfaz. Para ello creamos una nueva aplicación *Intereses* utilizando la plantilla *Aplicación para Windows* y cambiamos el título *Form1* del formulario que se visualiza por el título *Capital e intereses*. Esto se hace modificando el contenido de la propiedad **Text** del formulario. También asignamos a su propiedad **MaximizeBox** el valor **False** para que el usuario no pueda maximizar la ventana.

A continuación dibujamos los controles. Dibujamos una etiqueta, la movemos al lugar deseado, cambiamos el título *Label1* por *Capital* y ajustamos su tamaño; después dibujamos una caja de texto, la movemos a continuación de la etiqueta y cambiamos su nombre *TextBox1* por *Capital*. Siguiendo los mismos pasos, dibu-

jamos una segunda etiqueta *% de interés* y otra caja de texto *TpInterés*; una tercera etiqueta *Interés producido* y otra caja de texto *InterésPro*; y una cuarta etiqueta
Capital acumulado y otra caja de texto *CapitalAc*. Por último, dibujamos un botón de título *Calcular* y de nombre, igual. Una vez colocados los controles y ajustado su tamaño, ajustamos el tamaño del formulario.

Para mejorar la apariencia inicial de nuestra interfaz, podemos realizar alguna
cosa más. Seleccionamos la caja de texto primera y en la ventana de propiedades
elegimos la propiedad **TextAlign** y la asignamos el valor *Right* para que su contenido se ajuste a la derecha. Para el resto de las cajas procederemos de forma similar. A continuación, cambiamos el color de fondo de las cajas de texto que visualizan resultados; esto es, de las dos últimas. Para ello, por cada caja de texto, seleccionamos en la ventana de propiedades su propiedad **BackColor**; después pulsamos el botón ⊡ que está a la derecha del valor de la propiedad para visualizar el
panel de colores y elegimos el color cuarto de la primera línea de la página de colores personalizados. La interfaz obtenida será similar a la de la figura siguiente:

Ya tenemos el formulario y los controles. Para hacerlos trabajar necesitamos
escribir los controladores para los eventos que necesitemos interceptar.

Según lo enunciado, tenemos que escribir un controlador que responda al
evento **Click** del botón *Calcular* que actualice automáticamente el contenido de
las cajas de texto *InterésPro* y *CapitalAc*, después de que el usuario introduzca el
capital a invertir en la caja de texto *Capital*, el % de interés en la caja de texto
TpInterés, y pulse el botón *Calcular*. Los valores para actualizar dichas cajas serán el resultado de las operaciones siguientes:

intereses = capital * r / 100
capital_acumulado = capital + intereses

Escribimos entonces el procedimiento que responda al evento **Click** del botón *Calcular*. Haga doble clic sobre este botón y escriba el código que muestra a continuación:

```
Private Sub Calcular_Click(ByVal sender As System.Object, _
                           ByVal e As System.EventArgs) _
    Handles Calcular.Click
    Dim cap As Decimal, tp As Decimal, res As Decimal
    Dim formato As String = "{0:#,###,###,##0.00}"
    Try
        cap = Convert.ToDecimal(Capital.Text)
        tp = Convert.ToDecimal(TpInterés.Text)
    Catch exc As FormatException
        cap = 0 : tp = 0
    End Try
    'Cálculos de los resultados
    res = Convert.ToDecimal(cap * tp / 100)
    InterésPro.Text = String.Format(formato, res)
    res += cap
    CapitalAc.Text = String.Format(formato, res)
End Sub
```

El formato con el que se mostrarán los resultados es aplicado por el método **Format** de la clase **String**. Algunas de las especificaciones de formato ya fueron expuestas en el capítulo 6. Para más detalles recurra a la ayuda.

Compile y ejecute la aplicación. Introduzca el capital, el % de interés y haga clic en el botón *Calcular*. Para pasar de una caja a otra puede utilizar la tecla *Tab* o el ratón. Los resultados serán similares a los mostrados en la figura siguiente.

Obsérvese en esta figura que los símbolos utilizados para separar la parte decimal y la de las unidades de millar, tanto en la entrada como en la salida, son los correspondientes al idioma español, en cambio, en el formato utilizado en el código corresponden al idioma inglés.

Si durante la ejecución de la aplicación quiere que pulsar la tecla *Entrar* equivalga a hacer clic sobre el botón *Calcular*, sólo tiene que asignar a la propiedad **AcceptButton** de *Form1* el identificador *Calcular* del botón. Observe en este caso que el borde del botón aparece en negro.

Examinemos el código del método *Calcular_Click*. La ejecución de este método ocurre de la forma siguiente:

1. Se recupera el texto que el usuario escribe en las cajas de texto y se convierte a un valor de tipo **Decimal**. Si no es posible la conversión, se lanzará una excepción de la clase **FormatException**, que se atrapa para iniciar a 0 las variables *cap* y *tp*, continuando la aplicación. Esta forma de proceder asegura la ejecución de la aplicación independientemente de los datos que pueda teclear el usuario.

2. Se realizan los cálculos y se da formato a los resultados para visualizarlos en las otras cajas de texto.

Nota: Para forzar al compilador a exigir de una aplicación una semántica de tipos estricta que limita las conversiones implícitas, se puede utilizar la opción de compilación **/optionstrict+**. La seguridad en las conversiones se puede obtener también utilizando la clase **Convert**, o bien especificando la sentencia **Option Strict On** (véase la sentencia **Option Strict** en el capítulo 5).

EJERCICIOS PROPUESTOS

1. Reescriba la aplicación *Saludo* para que cada vez que el usuario haga clic sobre el botón *Haga clic aquí* se muestra el mensaje en un color seleccionado aleatoriamente.

2. De forma análoga a como se ha convertido la aplicación de consola capital e intereses, resuelta en el capítulo 6, en una aplicación Windows, se propone como ejercicio realizar las aplicaciones Windows correspondientes a las aplicaciones de consola desarrolladas o propuestas en los capítulos anteriores.

ACCESO A UNA BASE DE DATOS

Una base de datos es una colección de datos clasificados y estructurados que son guardados en uno o varios ficheros pero referenciados como si de un único fichero se tratara. Para crear y manipular bases de datos relacionales, objetivo de este capítulo, existen en el mercado varios sistemas administradores de bases de datos; por ejemplo, *Access*, *SQL Server*, *Oracle* y *DB2*. Otros sistemas administradores de bases de datos de interés y de libre distribución son *MySQL* y *PostgreSQL*.

Los datos de una base de datos relacional se almacenan en tablas lógicamente relacionadas entre sí utilizando campos clave comunes. A su vez, cada tabla dispone los datos en *filas* y *columnas*. Por ejemplo, piense en el listín de teléfonos. Los datos relativos a un teléfono (nombre, dirección, teléfono, etc.) son *columnas* que agrupamos en una *fila*. El conjunto de todas las *filas* de todos los teléfonos forman una tabla de la base de datos.

Nombre	*Dirección*	*Teléfono*
Aguado Rodríguez, Jesús	Las Ramblas 3, Barcelona	932345678
Cuesta Suñer, Ana María	Mayor 22, Madrid	918765432
...	...	...

Como se puede observar, una tabla es una colección de datos presentada en forma de una matriz bidimensional, donde las filas reciben también el nombre de *tuplas* o *registros* y las columnas de *campos*.

Los usuarios de un sistema administrador de bases de datos pueden realizar sobre una determinada base operaciones como insertar, recuperar, modificar y eliminar datos, así como añadir nuevas tablas o eliminarlas. Estas operaciones se expresan generalmente en un lenguaje denominado SQL.

SQL

SQL es el lenguaje estándar para interactuar con bases de datos relacionales y es soportado prácticamente por todos los sistemas administradores de bases de datos actuales. En él, las unidades básicas son *tablas, columnas* y *filas*. La *tabla* proporciona una forma simple de relacionar los datos que componen la misma, una *columna* representa un dato presente en la tabla, mientras que una *fila* representa un registro o entrada de la tabla.

Este apartado introducirá al lector que no conoce SQL en las operaciones más comunes que este lenguaje proporciona para acceso a bases de datos. SQL incluye operaciones tanto de definición, por ejemplo CREATE, como de manipulación de datos, por ejemplo INSERT, UPDATE, DELETE y SELECT.

Crear una base de datos

Para crear una base de datos, SQL proporciona la sentencia CREATE DATABASE cuya sintaxis es:

```
CREATE DATABASE <base de datos>
```

Esta sentencia especifica el nombre de la base de datos que se desea crear. Cuando desee eliminarla, ejecute la sentencia:

```
DROP DATABASE <base de datos>
```

Crear una tabla

Para crear una tabla, SQL proporciona la sentencia CREATE TABLE. Esta sentencia especifica el nombre de la tabla, los nombres y tipos de las columnas de la tabla y las claves primaria y externa de esa tabla (también llamada extranjera, en el sentido de que es importada de otra tabla). Su sintaxis es la siguiente:

```
CREATE TABLE <tabla>(<columna 1> [,<columna 2>]...)
```

donde *columna n* se formula según la sintaxis siguiente:

```
<columna n> <tipo de dato> [DEFAULT <expresión>]
    [<constante 1> [<constante 2>]...]
```

Algunos de los tipos de datos más utilizados son los siguientes:

Tipo SQL	Tipo SQL de .NET Framework	Tipo MS Access
INTEGER	SqlInt32	Número entero largo
REAL	SqlSingle	Número simple
FLOAT	SqlDouble	Número doble
CHAR	SqlString	Texto
VARCHAR	SqlString	Texto
BINARY	SqlBinary	Binario
DATE	SqlDateTime	Fecha/Hora

La cláusula DEFAULT permite especificar un valor por omisión para la columna y, opcionalmente, para indicar la forma o característica de cada columna, se pueden utilizar las constantes: NOT NULL (no se permiten valores nulos: NULL), UNIQUE o PRIMARY KEY.

La cláusula PRIMARY KEY se utiliza para definir la columna como clave principal de la tabla. Esto supone que la columna no puede contener valores nulos ni duplicados; es decir, que dos filas no pueden tener el mismo valor en esa columna. Una tabla puede contener una sola restricción PRIMARY KEY.

La cláusula UNIQUE indica que la columna no permite valores duplicados; es decir, que dos filas no pueden tener el mismo valor en esa columna. Una tabla puede contener varias restricciones UNIQUE. Se suele emplear para que el propio sistema compruebe que no se añaden valores que ya existen.

El ejemplo que se muestra a continuación crea la tabla *telefonos*, en la base de datos con la que estemos trabajando, con las columnas *nombre*, *direccion*, *telefono* y *observaciones* de los tipos especificados. La columna *telefono* es la clave principal; esto implica que en esa columna todos los valores tienen que ser diferentes y no nulos. El resto de las columnas, excepto *observaciones*, tampoco permiten valores nulos:

```
CREATE TABLE telefonos(
        nombre        CHAR(30) NOT NULL,
        direccion     CHAR(30) NOT NULL,
        telefono      CHAR(12) PRIMARY KEY NOT NULL,
        observaciones CHAR(240)
    )
```

La diferencia entre los tipos *CHAR (n)* y *VARCHAR (n)* es que en el primer caso, el campo se rellena con espacios hasta *n* caracteres (longitud fija) y en el segundo no (longitud variable).

Escribir datos en la tabla

Para escribir datos en una tabla, SQL proporciona la sentencia INSERT. Esta sentencia agrega una o más filas nuevas a una tabla. Su sintaxis, de forma simplificada, es la siguiente:

```
INSERT [INTO] <tabla> [(<columna 1>[,<columna 2>]...)]
                    VALUES (<expresión 1>[,<expresión 2>]...),...

INSERT [INTO] ... SELECT ... FROM ...
```

donde *tabla* es el nombre de la tabla en la que se desean insertar las filas, argumento que va seguido por una lista con los nombres de las columnas que van a recibir los datos especificados por la lista de valores que siguen a la cláusula VALUES. Las columnas no especificadas en la lista reciben el valor NULL, si lo permiten, o el valor predeterminado, si se especificó. Si todas las columnas reciben datos, se puede omitir la lista con los nombres de las columnas.

Con respecto al segundo formato, un poco más adelante veremos la sentencia SELECT.

El ejemplo que se muestra a continuación añade a la tabla *telefonos* una nueva fila con los valores de las columnas especificados:

```
INSERT INTO telefonos
       VALUES ('Leticia Aguirre Soriano','Madrid',
              '912345671,'Ninguna')
```

Modificar datos de una tabla

Para modificar datos en una tabla, SQL proporciona la sentencia UPDATE. Esta sentencia puede cambiar los valores de filas individuales, grupos de filas o todas las filas de una tabla. Su sintaxis es la siguiente:

```
UPDATE <tabla>
    SET <columna 1 = (<expresión 1> | NULL)
       [, <columna 2 = (<expresión 2> | NULL)]...
    WHERE <condición de búsqueda>
```

La cláusula SET contiene una lista separada por comas de las columnas que deben actualizarse y el nuevo valor de cada columna. El valor suministrado por las expresiones incluye elementos tales como constantes, valores seleccionados de una columna de otra tabla, o valores calculados por una expresión compleja. Y la cláusula WHERE especifica la condición de búsqueda que define la fila de la tabla cuyas columnas se desean modificar.

El ejemplo que se muestra a continuación modifica en la tabla *telefonos* la dirección de la persona cuyo teléfono se especifica:

```
UPDATE telefonos
    SET direccion='Triana, Sevilla'
    WHERE telefono='91234567'
```

Borrar registros de una tabla

Para borrar registros en una tabla, SQL proporciona la sentencia DELETE. Esta sentencia quita una o varias filas de una tabla. Una forma simplificada de la sintaxis de DELETE es:

```
DELETE FROM <tabla> WHERE <condición de búsqueda>
```

El argumento *tabla* nombra la tabla de la que se van a eliminar las filas. Se eliminan todas las filas que reúnan los requisitos de la condición de búsqueda de la cláusula WHERE. Si no se especifica una cláusula WHERE, se eliminan todas las filas de la tabla.

Cualquier tabla de la que se hayan quitado todas las filas sigue permaneciendo en la base de datos. La instrucción DELETE sólo elimina filas de la tabla; si se quiere quitar la tabla de la base de datos, hay que ejecutar la sentencia:

```
DROP TABLE <tabla>
```

El ejemplo que se muestra a continuación quita de la tabla *telefonos* el alumno que tiene la clave especificada:

```
DELETE FROM telefonos WHERE telefono='958324555'
```

Seleccionar datos de una tabla

Para seleccionar datos de una tabla, SQL proporciona la sentencia SELECT. Las cláusulas principales de esta sentencia se pueden resumir del modo siguiente:

```
SELECT [ALL | DISTINCT] <lista de selección>
    FROM <tablas>
    WHERE <condiciones de selección>
    [ORDER BY <columna 1> [ASC|DESC][, <columna 2> [ASC|DESC]]...]
```

Las cláusulas de una instrucción SELECT deben especificarse en el orden indicado.

El argumento *lista de selección* describe las columnas del conjunto de resultados. Es una lista de expresiones separadas por comas. Cada expresión de lista de selección suele ser una referencia a una columna de la tabla de la que provienen los datos, aunque puede ser cualquier otra expresión. Al usar la expresión * en una lista de selección se especifica que se devolverán todas las columnas de la tabla de origen.

La cláusula DISTINCT elimina las repeticiones del conjunto de resultados obtenido por SELECT y ALL especifica que pueden aparecer filas duplicadas en el conjunto de resultados; es el valor predeterminado.

La cláusula FROM especifica una lista de las tablas de donde se recuperan los datos del conjunto de resultados.

La cláusula WHERE describe un filtro que define las condiciones que debe cumplir cada fila de las tablas de origen para satisfacer los requisitos de la instrucción SELECT. Sólo las filas que cumplen las condiciones contribuyen con datos al conjunto de resultados. Los datos de las filas que no cumplen las condiciones no se usan.

La cláusula ORDER BY define el orden de las filas del conjunto de resultados y especifica las columnas que intervienen en la clasificación. Las palabras clave ASC y DESC se utilizan para especificar si las filas se ordenan en una secuencia ascendente o descendente. Por omisión se supone ASC.

El ejemplo siguiente lista todas las filas de la tabla *telefonos*:

```
SELECT * FROM telefonos
```

Este otro ejemplo lista todas las filas de la tabla *alumnos* ordenadas ascendentemente por el campo *nombre*:

```
SELECT * FROM telefonos ORDER BY nombre
```

SQL permite utilizar los operadores <, <=, >, >=, <>, AND, OR, NOT, IS NULL, LIKE, BETWEEN, IN, ALL, ANY, etc. El ejemplo siguiente lista los registros de la tabla *telefonos* cuyo teléfono sea mayor que 958000000:

```
SELECT * FROM telefonos WHERE telefono>'958000000'
```

El siguiente ejemplo lista todos los registros de la tabla *telefonos* que empiecen por 91:

```
SELECT * FROM telefonos WHERE telefono LIKE '91*'
```

Crear una base de datos

Dependiendo del sistema administrador de bases de datos que tenga, *Access*, *SQL Server*, *Oracle*, *DB2*, *MySQL*, *PostgreSQL*, etc., la operación de crear una base de datos puede variar cuando se realiza desde el entorno de desarrollo aportado por ese sistema, pero no variaría si la creáramos desde la línea de órdenes utilizando el lenguaje SQL, operación que no es muy común (véase en el apéndice B "SQL Server Express").

Base de datos Microsoft Access

Por ejemplo, vamos a crear una base de datos con *Microsoft Access*. Desde este entorno de desarrollo, esta operación resulta muy sencilla. Simplemente hay que:

- Abrir *Microsoft Access*.

- Ejecutar la orden *Nuevo...* y seleccionar *Base de datos en blanco* en el diálogo que se visualiza.

- Introducir el nombre de la base datos. En nuestro caso *tfnos.mdb*. Pulsar el botón *Crear*.

- Añadir una nueva tabla. Seleccionar la página *Tablas* y hacer doble clic en "Crear una tabla en vista de diseño".

- Introducir el nombre, el tipo y las propiedades para cada uno de los campos de un registro. En nuestro caso:

Campo	Tipo	Descripción
nombre	Texto de 30 caracteres	Nombre y apellidos
direccion	Texto de 30 caracteres	Dirección de la persona
telefono	Texto de 12 caracteres	Número de teléfono
observaciones	Texto de 240 caracteres	Observaciones

- Requerir los tres primeros campos (propiedad *Requerido = sí*).

- Para el campo *teléfono* establecer la propiedad *Indexado* al valor *sí (sin duplicados)*.

- Definir *teléfono* como clave principal.

- Cerrar la ventana de diseño y asignar un nombre a la tabla; en nuestro caso *telefonos*.

- Abrir la tabla e introducir los datos.

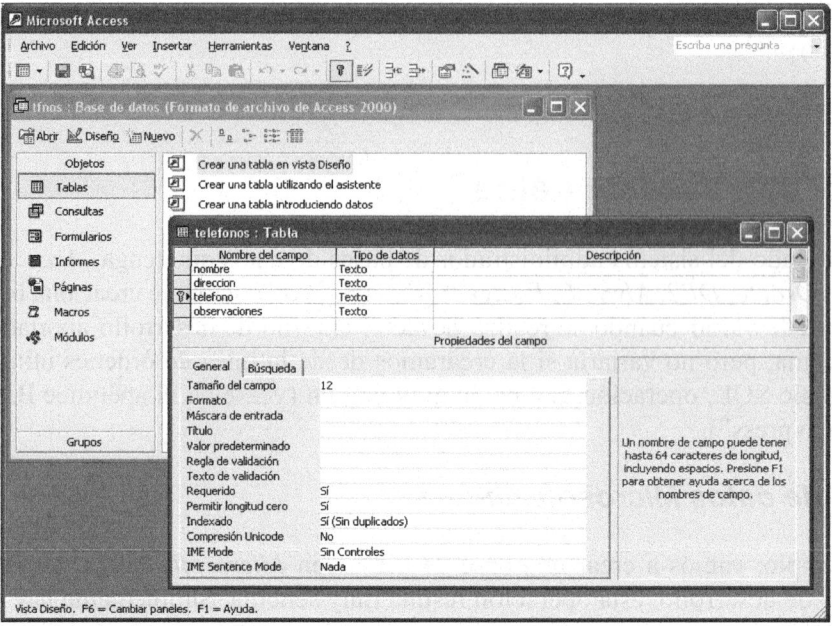

Una vez creada la base de datos, puede ejecutar manualmente cualquier sentencia SQL sobre la misma. Para ello, haga doble clic sobre "Crear una consulta en vista de diseño" y seleccione "Vista SQL" de la barra de herramientas de la ventana principal, para mostrar la ventana de consultas SQL que puede observarse en la figura siguiente:

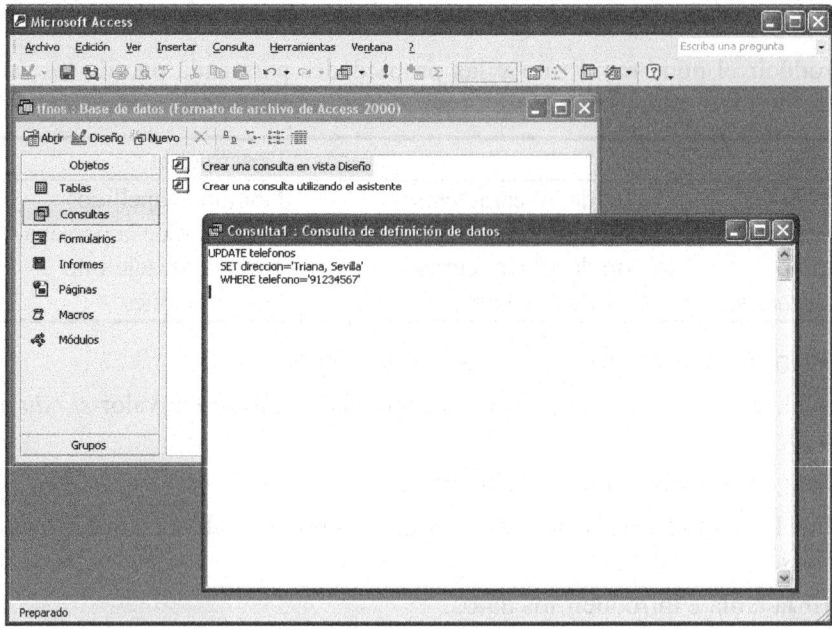

Base de datos Microsoft SQL Server

ADO.NET es un modelo avanzado de acceso a bases de datos basado, como estudiaremos a continuación, en el uso de una serie de proveedores, algunos de ellos específicos para un determinado sistema administrador de bases de datos como SQL Server u Oracle y otros genéricos como ODBC, que actúan como intermediarios entre la base de datos y la aplicación. Aunque la plataforma .NET incorpora cuatro de estos proveedores: *SQL Client*, *Oracle Client*, *OLE DB* y *ODBC*, desde Visual Basic 2005 Express podremos utilizar únicamente una versión local del primero, adecuada para trabajar con SQL Server 2005 Express, y el tercero para acceder a bases de datos *Access*.

A la hora de trabajar con bases de datos desde Visual Studio en general, una de las herramientas fundamentales es el *Explorador de bases de datos*. Para mostrar la ventana correspondiente a este explorador, tiene que ejecutar la orden *Explorador de bases de datos* del menú *Ver*. En la figura siguiente puede observar esta ventana situada a la izquierda del EDI; muestra un nodo raíz denominado *Conexiones de datos*, el cual tiene asociado un menú contextual con algunas opciones útiles, y unos botones en la parte superior: *Actualizar*, *Detener actualización* y *Conectar con base de datos*.

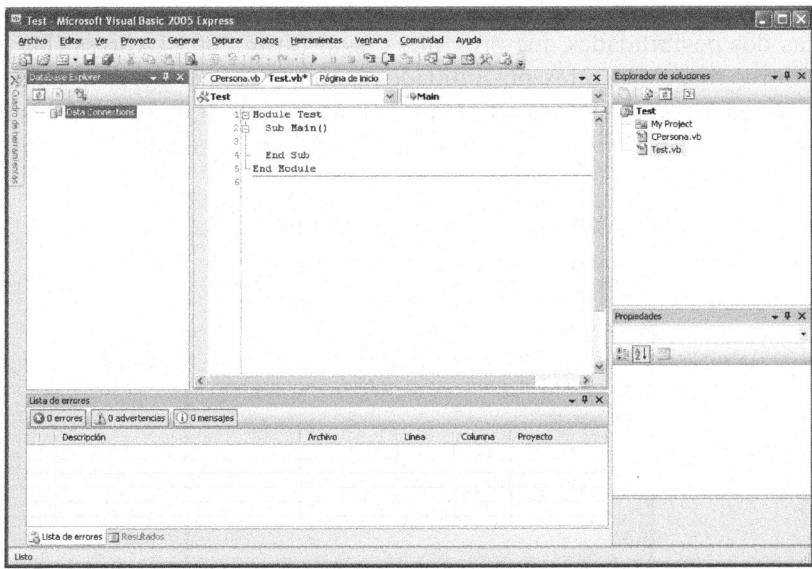

La finalidad del *Explorador de bases de datos* es mantener las conexiones con las bases de datos que se hayan definido, así como facilitar la definición de otras nuevas. Cada conexión se presenta como un nodo del que cuelgan los distintos objetos que forman la estructura de la base de datos: tablas, vistas, procedimientos almacenados, etc. También desde esta ventana es posible crear nuevas bases de datos, definir tablas, acceder a su contenido, etc.

En este apartado, vamos a crear una base de datos con *Microsoft SQL Server*. Como ejemplo, vamos a construir la misma base de datos que construimos en el apartado anterior con *Access* (en este caso la vamos a denominar *bd_telefonos*). Para ello, definimos una nueva conexión haciendo clic en el botón *Conectar con base de datos* del *Explorador de bases de datos*. Aparecerá el cuadro de diálogo que muestra la figura siguiente:

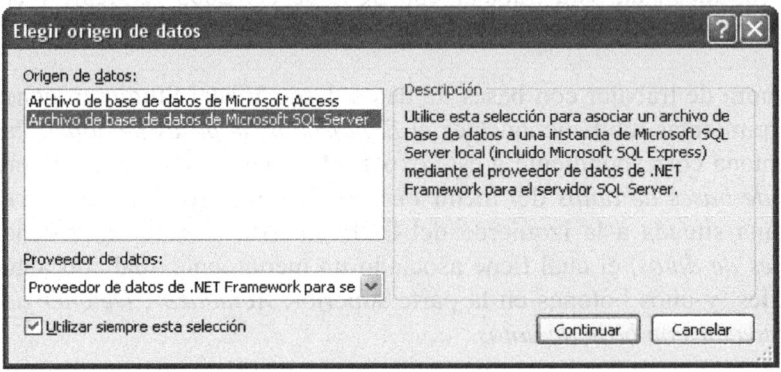

De las dos posibilidades que presenta Visual Basic 2005 Express (las ediciones superiores presentan otras posibilidades como Oracle y ODBC), seleccionamos el proveedor ADO.NET para trabajar con Microsoft SQL Server. Después de hacer clic en el botón *Continuar*, se mostrará el diálogo siguiente:

Nos quedamos con el origen de datos especificado e introducimos en la caja *Nombre de archivo de base de datos* el nombre que deseamos dar a la base de datos que queremos crear; en nuestro caso *bd_telefonos* (si se tratara de agregar una conexión a una base de datos existente no tendríamos más que hacer clic en el botón *Examinar* y elegirla). Para terminar, hacemos clic en *Aceptar*. El asistente nos indicará que la base de datos no existe y nos preguntará si deseamos crearla:

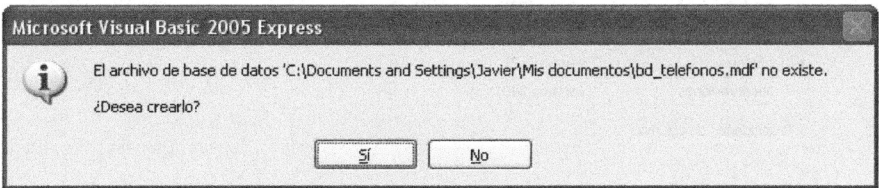

Responda afirmativamente y, si todo va bien, ésta aparecerá en el *Explorador de bases de datos*:

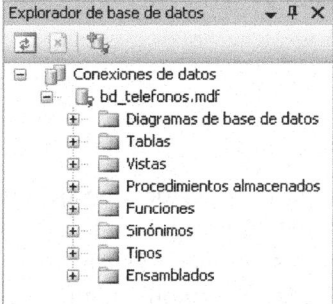

La base de datos se crea en la carpeta que se haya elegido cuando se especificó su nombre (en versiones superiores se ubicará en la carpeta *Data* de la instalación de *Microsoft SQL Server* en *Archivos de programas*). Otra forma de crear la base de datos es abrir el menú contextual del proyecto actual, en el *Explorador de soluciones*, elegir la opción *Agregar > Nuevo elemento* y seleccionar el elemento *Base de datos SQL* del cuadro de diálogo, introduciendo el nombre de la base en la caja correspondiente. En este caso, la nueva base de datos se añadirá como un elemento más del proyecto y se distribuirá junto con él. Haciendo doble clic sobre ese elemento conseguiremos abrir la conexión en el *Explorador de bases de datos*, como si hubiésemos definido una nueva conexión.

En la figura anterior observamos la carpeta *Tablas* donde se encontrarán las tablas de la base de datos. Dicha carpeta, como la mayoría de las demás existentes (Tablas, Vistas, Procedimientos almacenados, Funciones, etc.), estarán vacías ya que acabamos de crear la base de datos. Sirviéndonos de las opciones del menú contextual asociado a cada carpeta, podremos realizar distintas operaciones, entre ellas la creación de nuevos objetos de la categoría elegida. Nosotros vamos a centrarnos en el diseño de una nueva tabla que nos permita almacenar información relativa a los teléfonos de nuestra agenda. Para ello, abra el menú contextual del elemento *Tablas* y seleccione *Agregar nueva tabla*. Se abrirá el diseñador que muestra la figura siguiente:

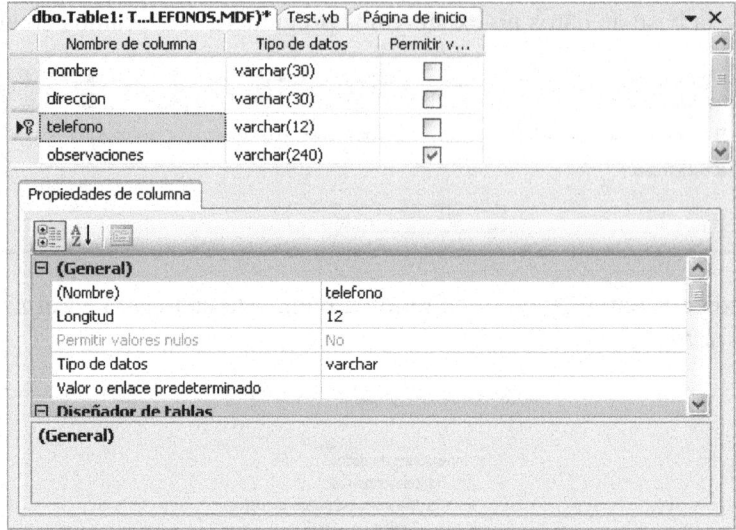

Observe el diseñador; la parte superior muestra la lista de columnas con que contará la tabla y la inferior las propiedades de la columna elegida. Por lo tanto, el proceso de creación de la tabla se reduce básicamente a intoducir los nombres de los campos y sus tipos. El diseñador dispone de un menú contextual que facilita el establecimiento de la clave primaria de la tabla, la inserción y borrado de columnas, definición de relaciones e índices, restricciones, etc. Finalizada la definición de la tabla, cierre el diseñador y escriba un nombre para la tabla cuando le sea preguntado; en nuestro caso, la denominaremos *telefonos*.

En este momento el *Explorador de bases de datos* debe mostrar en la carpeta *Tablas* la tabla *telefonos* que acabamos de crear. Si la desplegamos veremos aparecer las columnas definidas en ella.

Para abrir una tabla y acceder a su contenido, ejecute la orden *Mostrar datos de la tabla* del menú contestual asociado con ella. Esta acción abrirá un editor a través del cual podrá añadir, modificar y eliminar filas, así como navegar por los registros de la tabla utilizando la barra de navegación que se muestra en la zona inferior del editor. La figura siguiente corresponde al editor descrito:

nombre	direccion	telefono	observaciones
Pedro Aguado Rodríguez	Alcalá de Henares, Madrid	918888888	Ninguna
Alfons González Pérez	Argentona, Barcelona	933333333	Director de desarrollo
Miguel López Trujillo	Mataporquera, Cantabria	942232323	Es propietario de la ...
Leticia Aguirre Soriano	Triana, Sevilla	954345678	Ninguna
Sonia Febril Parra	Valdeolivas, Granada	958565656	Ninguna
Elena Veiguela Suarez	Muxía, La Coruña	981425323	Ninguna
Ana María Cuesta Suñer	Gijón, Asturias	984454545	Ninguna
▶* NULL	NULL	NULL	NULL

Siguiendo un procedimiento análogo al descrito anteriormente, no sólo podríamos definir la estructura de nuevas tablas, sino establecer relaciones entre ellas, diseñar diagramas, consultas, procedimientos almacenados, etc. Solamente tendremos que dedicar un rato a estudiar las opciones presentadas en cada menú contextual asociado con cada una de las carpetas y objetos.

ADO.NET

Muchas de las aplicaciones, distribuidas o no, trabajan sobre bases de datos. Por esta razón, Microsoft decidió crear una tecnología de acceso a datos potente y fácil de utilizar: ADO.NET.

- ADO.NET *no depende de conexiones* continuamente activas, esto es, se diseñó en torno a una arquitectura donde las aplicaciones se conectan a la base de datos sólo durante el tiempo necesario para extraer o actualizar los datos. De esta forma, la base de datos no contiene conexiones que la mayor parte del tiempo permanecen inactivas, lo que se traduce en dar servicio a muchos más usuarios y facilita la escalabilidad.

- Las interacciones con la base de datos se realizan mediante *órdenes para acceso a los datos*, que son objetos que encapsulan las sentencias SQL o los procedimientos almacenados que definen la operación a realizar sobre el origen de datos.

- Los datos requeridos, normalmente se almacenan en memoria caché en *conjuntos de datos*, lo que permite trabajar sin conexión sobre una copia temporal de los datos obtenidos. Los conjuntos de datos son independientes de los orígenes de datos. Cuando sea necesario, se puede restablecer la conexión con la base de datos y actualizarla desde el conjunto de datos.

- En ADO.NET, el formato de transferencia de datos es XML. La representación XML de los datos no utiliza información binaria (muchos servidores de seguridad bloquean la información binaria), sino que se basa en texto, lo que permite enviarla mediante cualquier protocolo, como por ejemplo HTTP.

Componentes de ADO.NET

ADO.NET es un conjunto de clases, pertenecientes al espacio de nombres **System.Data**, para acceso a los datos de un origen de datos. Dicho de otra forma, ADO.NET proporciona un conjunto de componentes para crear aplicaciones distribuidas de uso compartido de datos. Dichos componentes están diseñados para separar el acceso a los datos de la manipulación de los mismos y son: **DataSet** y el *proveedor de datos* de .NET Framework, que es un conjunto de componentes entre los que se incluyen los objetos conexión (**Connection**), de órdenes (**Command**), lector de datos (**DataReader**) y adaptador de datos (**DataAdapter**), que describimos a continuación.

Como paso previo a esta descripción, para una mejor comprensión, la figura siguiente muestra cómo trabajan conjuntamente los objetos mencionados entre sí, para que una aplicación pueda interactuar con un origen de datos.

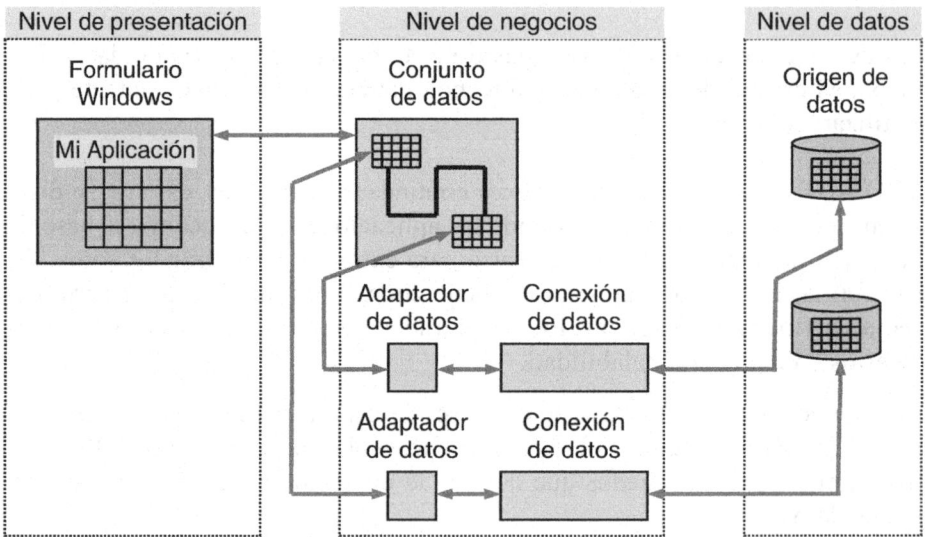

Conjunto de datos

Según se observa en la figura anterior, un formulario Windows, para acceder a los datos de un origen de datos lo que hace generalmente es utilizar un adaptador de datos para leer la información de la base de datos y almacenarla en un conjunto de datos. Posteriormente, cuando quiera escribir en el origen de datos, volverá a utilizar el adaptador que tomará los datos del conjunto de datos. Como alternativa, según veremos un poco más adelante, se puede interactuar directamente con la base de datos utilizando un objeto de órdenes para acceso a los datos, que incluya una sentencia SQL o una referencia a un procedimiento almacenado; éste es el modelo seguido por los formularios Web.

Un conjunto de datos incluye una o más tablas basadas en las tablas del origen de datos y también puede incluir información acerca de las relaciones entre estas tablas y las restricciones para los datos que puede contener cada tabla. Las partes fundamentales de un conjunto de datos, como veremos a continuación, se exponen al programador mediante propiedades y colecciones.

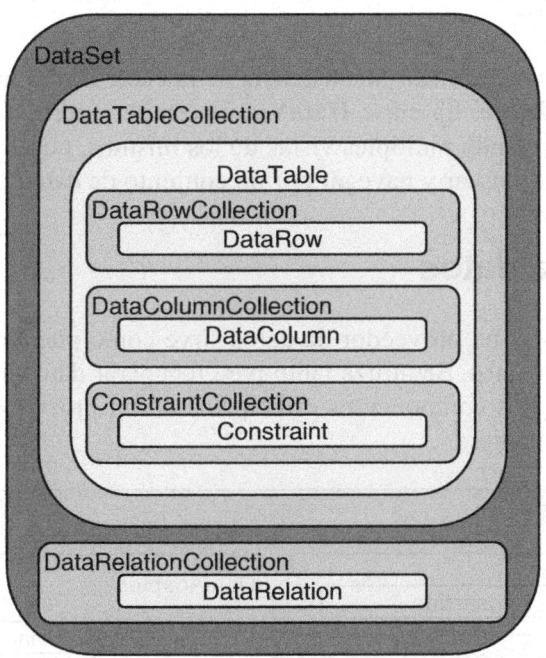

En ADO.NET, el componente central de la arquitectura sin conexión, es la clase de objetos **DataSet** (conjunto de datos) perteneciente al espacio de nombres **System.Data**, que se puede utilizar con múltiples y distintos orígenes de datos.

La clase **DataSet** incluye la colección **DataTableCollection** de objetos **DataTable** (tablas de datos) y la colección **DataRelationCollection** de objetos **DataRelation** (relaciones entre las tablas).

A su vez, la clase **DataTable** incluye la colección **DataRowCollection** de objetos **DataRow** (filas de tabla), la colección **DataColumnCollection** de objetos

DataColumn (columnas de datos), y la colección **ConstraintCollection** de objetos **Constraint** (restricciones).

Asimismo, la clase **DataRow** incluye la propiedad **RowState**, que permite saber si la fila cambió y de qué modo, desde que la tabla de datos se cargó por primera vez. Algunos de los valores que esta propiedad puede tomar son: **Added**, **Deleted**, **Modified** y **Unchanged**.

Según lo expuesto, un objeto **DataSet** con varias tablas tendría la estructura mostrada en la figura anterior (sólo representamos una tabla).

Vista de datos

Es importante también destacar la existencia de la clase **DataView** por su relación con la clase **DataTable**. La clase **DataView** permite representar los datos de la clase **DataTable**, creando múltiples vistas de los mismos, puesto que permite editar, ordenar y filtrar, buscar y navegar por un conjunto de datos determinado.

Proveedor de datos

En .NET Framework, un proveedor de datos sirve como puente entre una aplicación y un origen de datos. Se utiliza tanto para recuperar datos de un origen como para actualizarlos. Los componentes principales de un proveedor de datos .NET son los objetos siguientes:

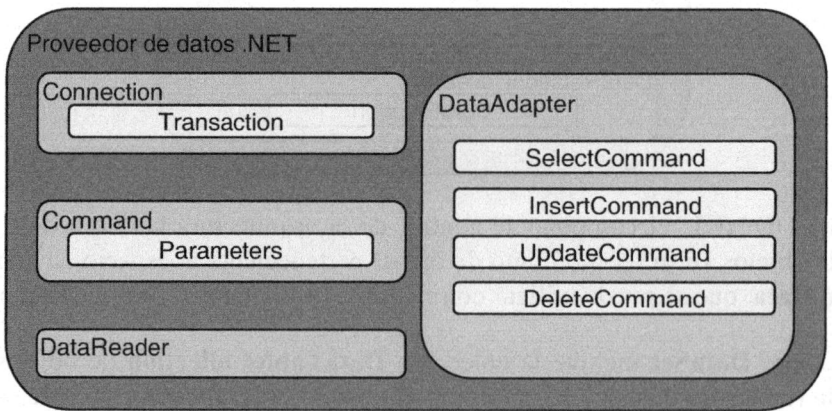

- *Conexión* con el origen de datos (objeto **Connection**). Establece una conexión a un origen de datos determinado.

- *Orden* para acceso a los datos (objeto **Command**). Ejecuta una orden en un origen de datos.

- *Lector de datos* (objeto **DataReader**). Lee una secuencia de datos de sólo avance y sólo lectura desde un origen de datos.

- *Adaptador de datos* (objeto **DataAdapter**). Llena un **DataSet** y realiza las actualizaciones necesarias en el origen de datos.

.NET incluye los siguientes proveedores de datos: ODBC, OLE DB, Oracle, y SQL Server. Cada uno de estos proveedores proporciona los *drivers* adecuados para acceder a las distintas bases de datos. Por ejemplo, el proveedor OLE DB proporciona el *driver* SQLOLEDB para SQL Server, el *driver* MSDAORA para Orcacle y el *driver* Microsoft.Jet.OLEDB.4.0 para Microsoft Jet.

Objeto conexión

Para establecer una conexión a un origen de datos, ADO.NET proporciona el objeto **Connection**. Por ejemplo, para establecer una conexión a Microsoft SQL Server utilizaremos el objeto **SqlConnection**, para conectarse a un origen de datos OLE DB utilizaremos el objeto **OleDbConnection**, para conectarse a un origen de datos ODBC utilizaremos el objeto **OdbcConnection** y para conectarse a un origen de datos de Oracle, utilizaremos el objeto **OracleConnection** del proveedor de datos de .NET Framework para Oracle.

La función de un objeto conexión es presentar atributos y métodos para permitir establecer y modificar las propiedades de la conexión (por ejemplo, el identificador de usuario y la contraseña, entre otras).

En el ejemplo siguiente se muestra cómo crear una conexión:

```
OleDbConnection conexion = new OleDbConnection(strConexion);
```

Objeto orden

Después de establecer una conexión con un origen de datos, puede utilizar un objeto **Command** para ejecutar sentencias SQL y devolver resultados desde ese origen de datos. Para crear un objeto de éstos, invoque a su constructor. Si el objeto ya está creado, la instrucción SQL encapsulada por él puede ser consultada o modificada a través de su propiedad **CommandText**.

En el caso de orígenes de datos compatibles con OLE DB, utilice **OleDbCommand**, para orígenes de datos compatibles con ODBC, utilice **OdbcCommand**, para Microsoft SQL Server, utilice **SqlCommand** y para Oracle, **OracleCommand**. En el ejemplo siguiente se muestra cómo crear una orden SQL para acceder a un origen de datos compatible con OLE DB:

```
OleDbCommand ordenSQL = new OleDbCommand(
            "SELECT nombre, telefono FROM telefonos",
            conexion);
```

Objeto lector de datos

Cuando una aplicación sólo necesite leer datos (no actualizarlos), no será necesario almacenarlos en un conjunto de datos, basta utilizar un objeto lector de datos en su lugar. Un objeto lector de datos obtiene los datos del origen de datos y los pasa directamente a la aplicación (un adaptador de datos utiliza un objeto lector de datos para llenar un conjunto de datos).

El objeto lector de datos proporcionado por .NET para SQL Server es **SqlDataReader** y para orígenes OLE-DB es **OleDbDataReader**. La figura siguiente muestra cómo se utiliza este objeto:

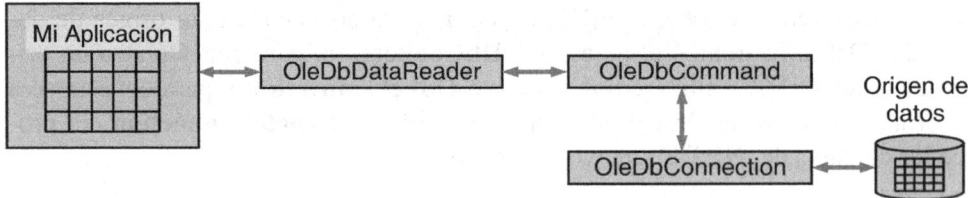

El ejemplo siguiente muestra cómo utilizar un lector de datos para obtener el resultado proporcionado por la orden SQL SELECT anterior:

```
conexion.Open();
OleDbDataReader lector = ordenSQL.ExecuteReader();
while(lector.Read())
  Console.WriteLine(lector.GetString(0) + ", " +
                    lector.GetString(1));
lector.Close();
conexion.Close();
```

Adaptador de datos

Un adaptador es un conjunto de objetos utilizado para intercambiar datos entre un origen de datos y un conjunto de datos (objeto **DataSet**). Esto significa que una aplicación leerá datos de una base de datos para un conjunto de datos y, a continuación, manipulará dichos datos. También, en algunas ocasiones, volverá a escribir en la base de datos los datos modificados del conjunto de datos.

En el caso de orígenes de datos compatibles con OLE DB, utilice **OleDbDataAdapter** junto con sus objetos **OleDbCommand** y **OleDbConnection** asociados. En el caso de otros orígenes de datos compatibles con ODBC, utilice

OdbcDataAdapter junto con sus objetos **OdbcCommand** y **OdbcConnection** asociados. Si se conecta a una base de datos de Microsoft SQL Server, puede mejorar el rendimiento general utilizando **SqlDataAdapter** junto con sus objetos asociados **SqlCommand** y **SqlConnection**. En el caso de bases de datos de Oracle, utilice **OracleDataAdapter** junto con sus objetos **OracleCommand** y **OracleConnection** asociados, del espacio de nombres **System.Data.OracleClient**.

Generalmente, cada adaptador de datos, como muestra la figura siguiente, intercambia datos entre una sola tabla de un origen de datos y un solo objeto **DataTable** (tabla de datos) del conjunto de datos. Esto quiere decir que lo normal es utilizar tantos adaptadores como tablas tenga el conjunto de datos. De esta forma, cada tabla del conjunto de datos tendrá su correspondiente tabla en el origen de datos. En la siguiente figura se puede observar la utilización de un adaptador de datos para llenar un conjunto de datos (objeto **DataSet**):

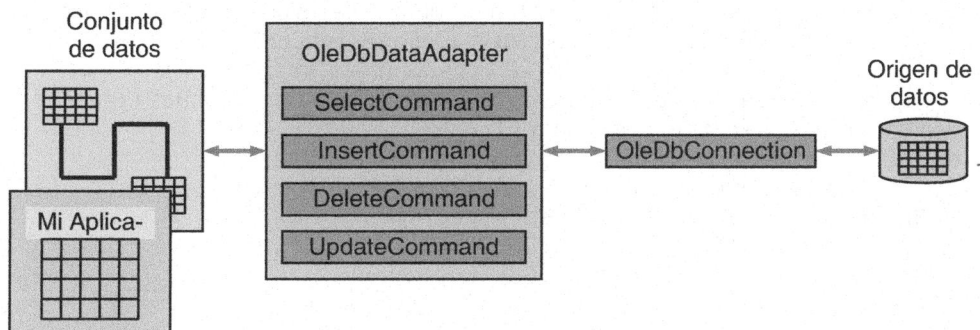

Según se observa en la figura anterior, un adaptador contiene también las propiedades **SelectCommand**, **InsertCommand**, **DeleteCommand**, **UpdateCommand** y **TableMappings** para facilitar la lectura y actualización de los datos en un origen de datos.

SelectCommand hace referencia a una orden que recupera filas del origen de datos, entendiendo por orden un objeto **Command** que almacena una instrucción SQL o un nombre de procedimiento almacenado, **InsertCommand** hace referencia a una orden para insertar filas en el origen de datos, **UpdateCommand** hace referencia a una orden para modificar filas en el origen de datos, y **DeleteCommand** hace referencia a una orden para eliminar filas del origen de datos.

Un ejemplo utilizando un lector

El siguiente ejemplo, establece una conexión con el origen de datos *tfnos*, base de datos *Access*, y utilizando un lector muestra en una ventana de consola los datos *nombre* y *telefono* de cada uno de los registros de la base.

```vb
Imports System
Imports System.Data
Imports System.Data.OleDb

Public Class BaseDeDatos
  Private ConexionConBD As OleDbConnection
  Private Orden As OleDbCommand
  Private Lector As OleDbDataReader

  Public Sub LeerDeBaseDeDatos()
    'Abrir la base de datos
    Dim strConexión As String = "Provider=Microsoft.Jet.OLEDB.4.0;" & _
                                "Data Source=C:.\tfnos.mdb;"
    ConexionConBD = New OleDbConnection(strConexión)
    ConexionConBD.Open()

    'Crear una consulta
    Dim Consulta As String = "SELECT nombre, telefono FROM telefonos"
    Orden = New OleDbCommand(Consulta, ConexionConBD)

    'ExecuteReader hace la consulta y devuelve un OleDbDataReader
    Lector = Orden.ExecuteReader()

    'Llamar siempre a Read antes de acceder a los datos
    While Lector.Read() 'siguiente registro
      Console.WriteLine(Lector.GetString(0) + " " + _
                      Lector.GetString(1))
    End While

    'Llamar siempre a Close una vez finalizada la lectura
    Lector.Close()
  End Sub

  Public Sub CerrarConexion()
    ' Cerrar la conexión cuando ya no sea necesaria
    If (Not Lector Is Nothing)
      Lector.Close()
    End If

    If (Not ConexionConBD Is Nothing)
      ConexionConBD.Close()
    End If
  End Sub

  Public Shared Sub Main()
    Dim bd As BaseDeDatos = New BaseDeDatos()
    Try
      bd.LeerDeBaseDeDatos()
    Catch e As Exception
      Console.WriteLine("Error: " + e.Message)
```

```
      Finally
         bd.CerrarConexion()
      End Try
   End Sub
End Class
```

Observe que, ocurra lo que ocurra, la conexión siempre se cierra, ya que el bloque **finally**, independientemente de cómo finalice la aplicación, siempre se ejecuta.

EJEMPLO DE ACCESO A DATOS

Una aplicación que interaccione con una base de datos generalmente mostrará los datos en uno o más formularios, permitirá manipularlos, y finalmente, actualizará la base de datos. Este ejemplo presenta un formulario Windows que muestra datos en una rejilla de datos, de una sola tabla de una base de datos. La rejilla es editable, lo que permitirá realizar cambios en los datos y actualizar la base de datos.

La base de datos que vamos a utilizar la construiremos con *Microsoft Access* (para este ejemplo utilizaremos la base *tfnos.mdb* creada anteriormente). Utilizar otros gestores de bases de datos como SQL Server u Oracle, no cambia el procedimiento a seguir.

El desarrollo de esta aplicación lo vamos a dividir en los siguientes pasos:

1. Crear la base de datos con *Microsoft Access*, si aún no está creada.

2. Crear una aplicación Windows. Utilizaremos Visual Studio .NET.

3. Establecer la conexión con el origen de datos. Esto incluye crear una consulta que permita llenar el conjunto de datos a partir de la base de datos.

4. Crear el conjunto de datos.

5. Agregar el control *rejilla* al formulario y enlazarlo a los datos.

6. Agregar código para llenar el conjunto de datos y código para enviar los cambios del conjunto de datos de vuelta a la base de datos.

Crear una aplicación Windows

Inicie Visual Studio y cree una nueva aplicación que muestre un formulario vacío en el diseñador. Para ello, ejecute la orden *Archivo > Nuevo > Proyecto*. Después elija como plantilla *Aplicación para Windows*. Asigne un nombre al proyecto, por ejemplo ADO.NET. Ya tenemos el proyecto creado y el diseñador visualiza un formulario. Copie la base de datos *tfnos.mdb* en la carpeta de la aplicación.

Establecer la conexión con el origen de datos

Para empezar, añada a la aplicación un adaptador de datos que contenga la instrucción SQL que se utilizará para llenar el conjunto de datos más adelante. Para ello, arrastre desde la ficha *Datos* del cuadro de herramientas un objeto **OleDb-DataAdapter** sobre el formulario (si no aparece este control añádalo; para ello, haga clic con el botón derecho del ratón sobre el título de la ficha, *Datos*, y ejecute la orden *Elegir elementos...*).

La acción anterior arrancará el asistente para la configuración del adaptador de datos. Haga clic en el botón *Nueva conexión*. En la ventana que se visualiza, elija como origen de datos *Microsoft Access (OLE DB)* y la base de datos *tfnos.mdb*; después haga clic en el botón *Probar conexión* y si el test resultó satisfactorio haga clic en *Aceptar*.

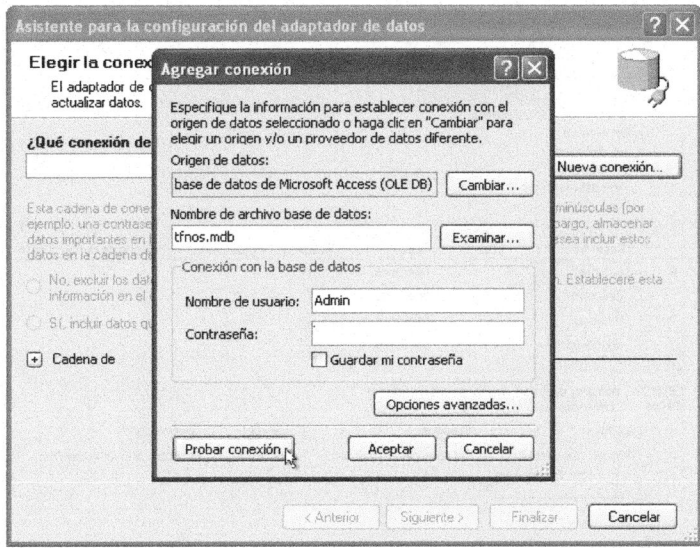

Ahora, en la ventana del asistente, puede observar la nueva conexión y, si quiere, la cadena de conexión. Haga clic en *Siguiente* para pasar al siguiente paso: elegir el modo de acceso del adaptador a la base de datos; elija "Usar instrucciones SQL" y después haga clic en *Siguiente*.

En el siguiente paso, el asistente nos ayudará a generar las instrucciones SQL para realizar más tarde la consulta sobre la base de datos.

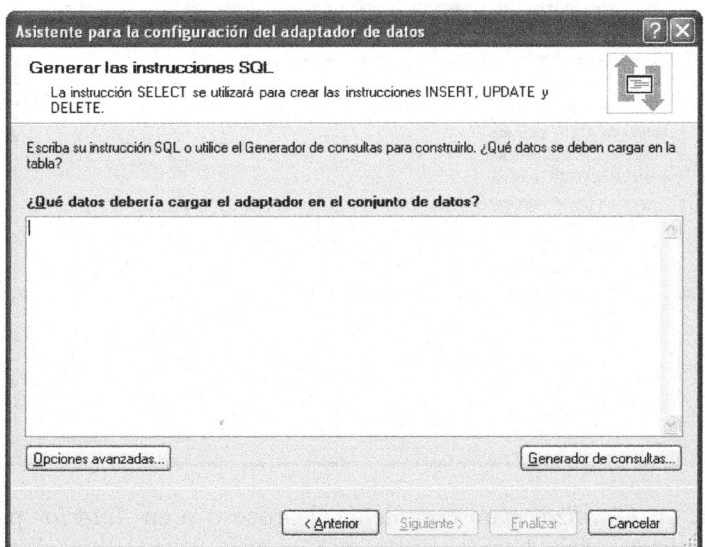

Haga clic en el botón *Generador de consultas* y agregue la tabla *telefonos*.

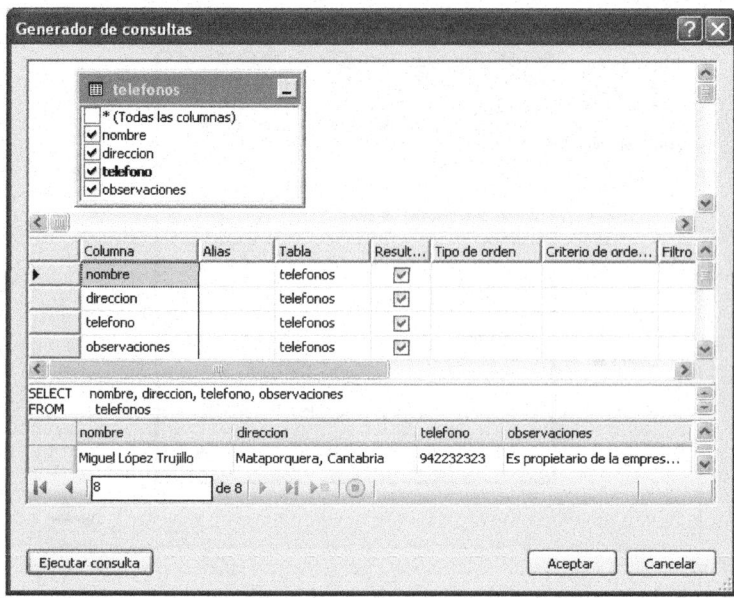

Seleccione todas las columnas de la tabla *telefonos*. Ejecute la consulta si quiere observar el resultado. Haga clic en *Aceptar* y después en *Siguiente*. El asistente le mostrará las tareas realizadas.

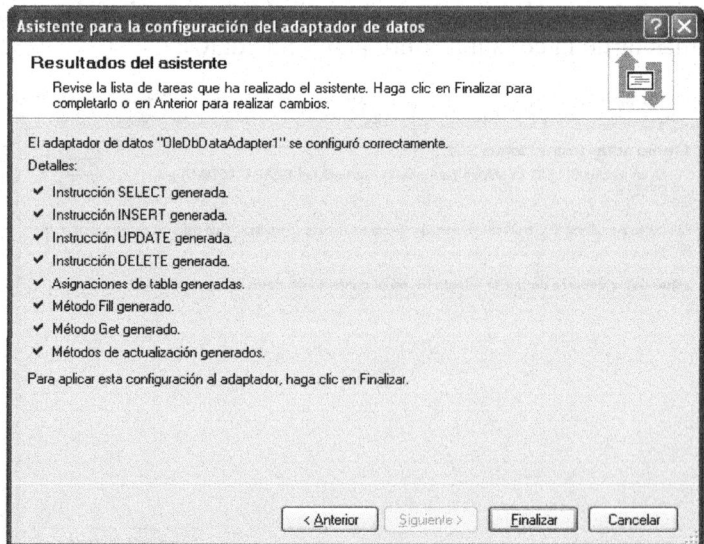

Haga clic en *Finalizar* para completar el proceso o en *Anterior* para realizar cambios. En nuestro caso hacemos clic en *Finalizar* para volver al diseñador de Visual Studio:

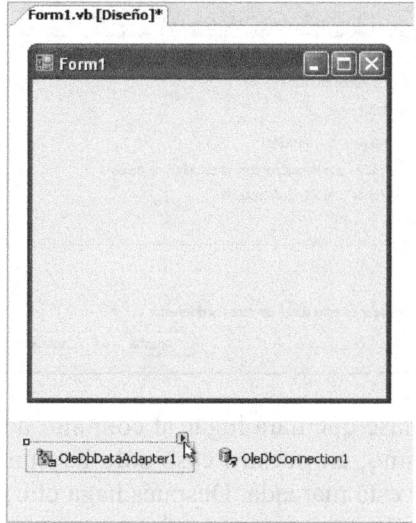

Observe la figura anterior; corresponde al diseñador de Visual Studio; en su parte inferior se pueden observar dos objetos: *OleDbDataAdapter1* y *OleDbConnection1*. Esto significa que el asistente ha creado un adaptador de datos que contiene la consulta (instrucción SQL) que se utilizará para llenar el conjunto de datos y, como parte de este proceso, ha definido una conexión para obtener acceso a la base de datos.

El asistente para la configuración del adaptador de datos también puede mostrarse a través de la lista de tareas programadas del adaptador *OleDbDataAdapter1* (clic en el botón ▶).

Crear el conjunto de datos

Una forma sencilla de generar automáticamente el conjunto de datos basándose en la consulta que se ha especificado para el adaptador de datos es utilizando los asistentes de Visual Studio; el conjunto de datos que se generará será un objeto de la clase **DataSet**. Para ello, ejecute la orden *Generar conjunto de datos* del menú *Datos* (si no se muestra el menú *Datos* haga clic sobre el formulario para que se muestre). Se mostrará el cuadro de diálogo de la figura siguiente:

Ponga nombre a la clase que dará lugar al conjunto de datos y elija las tablas que desea agregar al mismo; en nuestro caso sólo hay una: *telefonos*. Asegúrese de que la casilla *Agregar* está marcada. Después haga clic en *Aceptar*. Visual Studio generará un conjunto de datos denominado, en este caso, *DataSet11* de la clase *DataSet1*.

Agregar un control rejilla al formulario

Arrastre desde la página *Windows Forms* del cuadro de herramientas un control **DataGridView**. El paso siguiente es vincular esta rejilla con la tabla *telefonos* del conjunto de datos. Para ello, asigne a su propiedad **DataSource** el valor *DataSet11* y a su propiedad **DataMember** la tabla *telefonos*. Finalmente ajuste el tamaño de la rejilla para que se puedan ver todas las columnas y varias filas.

Para que la rejilla varíe su tamaño acorde al tamaño del formulario, fije su propiedad **Anchor** con los valores *Top*, *Bottom*, *Left* y *Right*, y su propiedad **AutoSizeColumnsMode** con el valor *Fill*.

Código

Lo primero que vamos a hacer es añadir el código necesario para llenar la rejilla con los datos del conjunto de datos. Para ello, si se encuentra en la página de diseño, seleccione el formulario. Después, diríjase a la ventana de propiedades y haga clic en el botón *Eventos*. Seleccione el evento **Load** que se producirá justo cuando se cargue el formulario. Haga doble clic sobre **Load**. Esto hará que se añada el controlador *Form1_Load* de este evento. Complételo como se muestra a continuación.

```
Private Sub Form1_Load(ByVal sender As Object, _
                       ByVal e As System.EventArgs) _
   Handles MyBase.Load
   DataSet11.Clear()
   OleDbDataAdapter1.Fill(DataSet11)
End Sub
```

El método anterior, primero borra el conjunto de datos actual y, a continuación, llama al método **Fill** del adaptador de datos, pasándole el conjunto de datos que desea llenar.

Si ahora ejecutamos la aplicación el resultado será similar al siguiente:

Finalmente añadiremos el código para actualizar la base de datos con las modificaciones que se realicen sobre la rejilla.

Cuando el usuario de nuestra aplicación haga un cambio en el control rejilla de datos, dicho control guardará automáticamente el registro actualizado en el conjunto de datos (esto sucede justo en el momento de cambiar el punto de inserción a otro registro), pero no en el origen de datos. Esto tiene que hacerlo explícitamente el adaptador de datos invocando a su método **Update**, que examina cada registro de la tabla de datos especificada del conjunto de datos y, si se ha modificado alguno, ejecuta las órdenes apropiadas de las referenciadas por las propiedades **InsertCommand**, **UpdateCommand** o **DeleteCommand**.

Según lo expuesto, agregue un nuevo controlador al formulario, en este caso para manipular el evento **Closing** que se produce cuando se cierra dicho formulario. Después complete dicho controlador así:

```
Private Sub Form1_FormClosing(ByVal sender As Object, _
                       ByVal e As FormClosingEventArgs) _
   Handles MyBase.FormClosing
```

```
If (DataSet11.HasChanges()) Then
  OleDbDataAdapter1.Update(DataSet11)
  MessageBox.Show("Origen de datos actualizado")
End If
End Sub
```

El método anterior primero pregunta si hubo cambios (método **HasChanges**) y en caso afirmativo llama al método **Update** del adaptador de datos, pasándole el conjunto de datos que contiene las actualizaciones que se desean realizar sobre la base de datos, y después invoca al método **Show** del objeto **MessageBox** para mostrar un mensaje de confirmación.

Una alternativa a la rejilla de datos, que exponemos a continuación, es utilizar controles individuales, como cajas de texto, para mostrar un registro cada vez. Este nuevo diseño requiere agregar botones de desplazamiento al formulario.

Resumen

Vamos a resumir los pasos seguidos en el desarrollo de la aplicación, con el fin de ver un poco más claro el trabajo que hicimos indirectamente al utilizar los asistentes de Visual Studio (analice el fichero *Form1.Designer.vb*):

- Creamos el esqueleto para una aplicación Windows (Windows Form).

- Añadimos un objeto **OleDbConnection** para realizar la conexión con el origen de datos y asignamos a su propiedad **ConnectionString** los parámetros de la conexión.

- Añadimos cuatro objetos **OleDbCommand** denominados *oleDbSelectCommand1*, *oleDbDeleteCommand1*, *oleDbInsertCommand1* y *oleDbUpdateCommand1*. Asignamos a la propiedad **CommandText** de cada uno de ellos la sentencia SQL adecuada a la operación que indican (por ejemplo, a *oleDbSelectCommand1* la sentencia SELECT que permite recuperar la tabla *telefonos*) y a su propiedad **Connection** el objeto conexión (**OleDbConnection**).

- Después, añadimos un objeto **OleDbDataAdapter** y asignamos a sus propiedades *xxx***Command** los correspondientes objetos *oleDbxxxCommand1*, y a su propiedad **TableMappings** los valores: tabla de origen = **Table** y tabla del conjunto de datos = *telefonos*.

- Generamos el conjunto de datos; un objeto *DataSet11* de la clase *DataSet1* derivada de **DataSet**. Un objeto *DataSet1*, cuando se construye, incluye una tabla vacía con la estructura de la tabla *telefonos*.

- Añadimos un objeto **DataGrid** y asignamos a su propiedad **DataSource** el objeto *DataSet11*.

- Vinculamos el objeto **DataGrid** con la tabla *telefonos* de *DataSet11* (propiedad **DataMember** = *telefonos*, o bien invocar a **DataGrid.SetDataBinding**).

- Finalmente, como respuesta al evento **Load** del formulario, llenamos la tabla de *DataSet11* con los datos procedentes del origen.

VINCULAR CONTROLES AL CONJUNTO DE DATOS

Esta nueva versión de la aplicación anterior reunirá fundamentalmente las siguientes características:

- Visualizará en un formulario cada uno de los campos del registro seleccionado, permitiendo modificar cualquiera de ellos.

- Los campos *nombre*, *dirección* y *teléfono* se visualizarán en cajas de texto y el campo *observaciones*, en una caja de texto multilínea.

- Permitirá moverse de un registro a otro con el fin de visualizarlos o editarlos.

Diseño del formulario

Para empezar, sustituya la rejilla de la aplicación anterior por los controles que muestra la figura siguiente y que se describen a continuación:

Objeto	Propiedad	Valor
Etiqueta	Text Name	Nombre: Label1
Caja de texto	Name	ctNombre
Etiqueta	Text Name	Dirección: Label2
Caja de texto	Name	ctDireccion
Etiqueta	Text Name	Teléfono: Label3
Caja de texto	Name	ctTelefono
Etiqueta	Text Name	Notas: Label4
Caja de texto	Name Multiline	ctNotas True

Observe que las etiquetas utilizadas hacen referencia a los campos de la tabla *telefonos* de la base de datos.

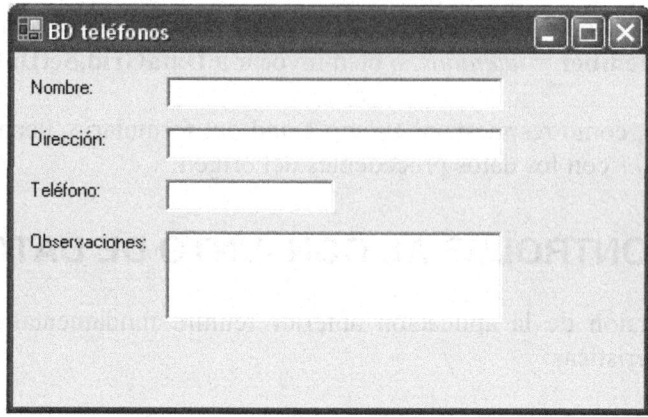

Vincular las cajas de texto con el conjunto de datos

Suponiendo que ya tenemos creado el conjunto de datos *DataSet11*, operación que realizamos en el ejemplo anterior, para enlazar los controles que van a visualizar los datos de cada registro de la tabla *telefonos* del conjunto de datos con los campos respectivos, siga estos pasos:

1. Sitúese en el diseñador de formularios.

2. Seleccione la caja de texto *ctNombre* y su propiedad **DataBindings**; expanda este nodo y vincule el campo *nombre* de la tabla *telefonos* del conjunto de datos *DataSet11* con la propiedad **Text** de *ctNombre*.

    Esta operación añadirá a *Form1* un adaptador *TelefonosTableAdapter* para acceder a la tabla de *telefonos* de la base de datos y un componente *Telefo-*

nosBindingSource de la clase **BindingSource** conectado al origen de datos *DataSet11*.

Observe ahora el valor de la propiedad **Text** de *ctNombre*. Tiene como origen de datos el campo *nombre* de *TelefonosBindingSource* de la clase **Binding-Source**.

3. Repita el paso 2 para el resto de las cajas de texto, *ctDireccion, ctTelefono* y *ctObservaciones*. Después de estas operaciones, fíjese que el origen de datos de los campos es *TelefonosBindingSource*.

La propiedad **DataBindings** de un control da acceso a la colección **Control-BindingsCollection** que permite almacenar los vínculos que mantiene ese control con los orígenes de datos desde los cuales quiere proveerse, lo que, a su vez, le permitirá interactuar de forma directa con ellos.

El método que responde al evento **Load** del formulario tiene que quedar ahora como se indica a continuación:

```
Private Sub Form1_Load(ByVal sender As System.Object, _
ByVal e As System.EventArgs) Handles MyBase.Load
  Me.TelefonosTableAdapter.Fill(Me.DataSet11.telefonos)
End Sub
```

Obsérvese que este método invoca al método *Fill* del adaptador *TelefonosTableAdapter* para llenar la tabla *telefonos* del conjunto de datos *DataSet11*.

Si a continuación ejecuta la aplicación, observará que se visualiza el primer registro de su base de datos. No obstante, no dispone de ninguna forma para moverse de un registro a otro.

Controles de desplazamiento

Vamos a colocar cuatro botones que nos permitan navegar por la base de datos, *Inicio, Anterior, Siguiente* y *Final*, y una etiqueta para visualizar el registro (1, 2, 3, 4, ...) que se está mostrando y el número total de registros.

Las propiedades de estos controles se especifican en la tabla siguiente:

Objeto	Propiedad	Valor
Botón de pulsación	Text Name	Primero btPrimero
Botón de pulsación	Text Name	Anterior btAnterior
Etiqueta	Text Name TextAlign BorderStyle AutoSize	No registros etPosicion MiddleCenter Fixed3D False
Botón de pulsación	Text Name	Siguiente btSiguiente
Botón de pulsación	Text Name	Último btUltimo

Volviendo al desarrollo de la aplicación, cuando se llene el conjunto de datos el formulario mostrará en las cajas de texto los datos relativos al primer registro y la etiqueta *etPosicion* debe indicar "1 de *n_regs*", siendo *n_regs* el total de registros. Según esto, modifique el método *Form1_Load* como se indica a continuación:

```
Private Sub Form1_Load(ByVal sender As Object, _
            ByVal e As System.EventArgs) Handles MyBase.Load
  Me.TelefonosTableAdapter.Fill(Me.DataSet11.telefonos)
  MostrarPosicion()
End Sub
```

En el método anterior se observa que después de llenar el conjunto de datos se invoca al método *MostrarPosicion* que calcula el número total de registros del conjunto de registros y la posición del registro que se está visualizando (el registro 1 está en la posición 0) y, en función de estos datos, la etiqueta *etPosicion* mostrará el literal "*reg_i* de *n_regs*". Añada este método a la clase *Form1*.

```
Private Sub MostrarPosicion()
  'Total registros
  Dim iTotal As Integer = telefonosBindingSource.Count
  'Número (1, 2, ...) de registro
  Dim iPos As Integer
  If iTotal = 0 Then
    etPosicion.Text = "No registros"
  Else
    iPos = telefonosBindingSource.Position + 1
    'Mostrar información en la etiqueta
    etPosicion.Text = iPos.ToString & " de " & iTotal.ToString
  End If
End Sub
```

El objeto **BindingSource** hace de puente entre el control y el conjunto de datos, proporcionando acceso a los datos actualmente mostrados por el control de una forma indirecta, incluyendo navegación, ordenación, filtrado y actualización. Este objeto se encargará de sincronizar los cuatro controles para que juntos muestren el nombre, la dirección, el teléfono y las observaciones del registro que está en esa posición.

La propiedad **Position** de **BindingSource** mantiene la posición del registro (fila de la tabla) actual; por lo tanto, para movernos por los registros de una tabla hay que utilizar esta propiedad. Así, para desplazarse al primer elemento hay que asignar a **Position** el valor cero, para desplazarse al final de la tabla hay que asignar a **Position** el valor de la propiedad **Count** menos uno, para ir al elemento siguiente al actual hay que sumar a **Position** uno, y para ir al elemento anterior al actual hay que restar a **Position** uno.

Según lo expuesto, para que cada botón de pulsación añadido al formulario realice la función indicada por su título, añada los controladores que responden a su evento **Click** y complételos como se indica a continuación:

```
Private Sub btPrimero_Click(ByVal sender As System.Object, _
ByVal e As System.EventArgs) Handles btPrimero.Click
  telefonosBindingSource.Position = 0
  MostrarPosicion()
End Sub

Private Sub btAnterior_Click(ByVal sender As System.Object, _
ByVal e As System.EventArgs) Handles btAnterior.Click
  telefonosBindingSource.Position -= 1
  MostrarPosicion()
End Sub
```

```
Private Sub btSiguiente_Click(ByVal sender As System.Object, _
ByVal e As System.EventArgs) Handles btSiguiente.Click
    telefonosBindingSource.Position += 1
    MostrarPosicion()
End Sub

Private Sub btUltimo_Click(ByVal sender As System.Object, _
ByVal e As System.EventArgs) Handles btUltimo.Click
    telefonosBindingSource.Position = telefonosBindingSource.Count - 1
    MostrarPosicion()
End Sub
```

Si ahora ejecuta la aplicación, observará que puede moverse por todos los registros de la base de datos y, por lo tanto, modificar cualquiera de ellos. Las modificaciones realizadas sobre un registro tienen efecto sólo si a continuación nos movemos a otro registro.

Añadir, borrar y buscar datos

Anteriormente hemos visto cómo movernos de un registro a otro de la base de datos y cómo mostrar en controles vinculados al conjunto de datos el registro actualmente seleccionado, lo que permite modificar dicho registro, pero no tenemos ninguna forma de añadir, borrar o buscar registros.

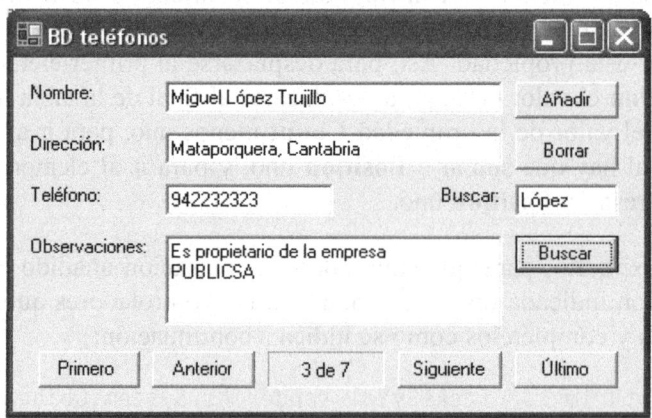

Con el objeto de poder realizar todas estas operaciones en la base de datos *tfnos*, vamos a añadir los botones que muestra la figura anterior y que se describen a continuación:

Objeto	Propiedad	Valor
Botón de pulsación	Text Name	Añadir btAñadir

Botón de pulsación	Text	Borrar
	Name	btBorrar
Etiqueta	Text	Buscar:
	Name	Label5
Caja de texto	Text	(nada)
	Name	ctBuscar
Botón de pulsación	Text	Buscar
	Name	btBuscar

Cuando el usuario pulse el botón de *Añadir*, se deberá añadir un nuevo registro al conjunto de datos; lo añadiremos con unos datos genéricos para que las cajas no estén vacías. Una vez añadido, editaremos cada uno de sus campos y continuaremos con la siguiente operación. El origen de datos será actualizado con las modificaciones realizadas sobre el conjunto de datos, cuando cerremos la aplicación como veremos un poco más adelante. El proceso descrito lo realizaremos desde el controlador del evento **Click** de este botón, cuyo código se muestra a continuación:

```
Private Sub btAñadir_Click(ByVal sender As System.Object, _
ByVal e As System.EventArgs) Handles btAñadir.Click
   Dim miTabla As DataTable = DataSet11.telefonos
   Dim cfilas As DataRowCollection = miTabla.Rows
   Dim nuevaFila As DataRow
   Try
     'Nueva fila
     nuevaFila = miTabla.NewRow()

     ' Datos por omisión para las columnas de la nueva fila
     nuevaFila(0) = "Nombre"         'columna 0
     nuevaFila(1) = "Dirección"      'columna 1
     nuevaFila(2) = "Teléfono"       'columna 2
     nuevaFila(3) = "Observaciones" 'columna 3
     cfilas.Add(nuevaFila)
     btUltimo.PerformClick() 'hacer clic en Último
     MostrarPosicion()
     ctNombre.Focus() 'enfocar la caja de texto ctNombre
   Catch ex As System.Data.ConstraintException
     'Capturar posible error por clave duplicada (teléfono)
     MessageBox.Show(ex.Message)
   End Try
End Sub
```

Para entender el código anterior, recuerde que, en nuestra aplicación, el conjunto de datos es el objeto *DataSet11* de la clase **DataSet** y que esta clase define la colección **Tables** de la clase **DataTableCollection** de objetos **DataTable**; en nuestro caso incluye una sola tabla: *telefonos*. A su vez, la clase **DataTable** define, entre otras, la colección **Rows** de la clase **DataRowCollection** de objetos **Da-taRow** (filas de la tabla o registros).

Observamos entonces, que el método *btAñadir_Click* primero define el objeto *miTabla* que encapsula la tabla *telefonos*, el objeto *cfilas* que encapsula la colección de filas de la tabla anterior y el objeto *nuevaFila* para referenciar la nueva fila que deseamos añadir a la colección de filas de la tabla. A continuación crea una nueva fila invocando al método **NewRow** de la tabla, asigna datos genéricos a cada una de sus columnas y la añade a la colección *cfilas* invocando a su método **Add**. Dicha fila será añadida al final; para mostrarla y poder así editar cada una de sus columnas, *btAñadir_Click* invoca al método **PerformClick** del botón *btUltimo*, que es como si hubiéramos hecho clic sobre el botón "Último". Finalmente actualiza la caja de texto *ctPosicion* y sitúa el foco sobre la primera caja de texto, la del nombre, invocando a su método **Focus**.

Obsérvese cómo accedemos al contenido de una columna; por ejemplo, de la columna *Nombre*, la que está en la posición 0 por ser la primera:

```
nuevaFila(0) = "Nombre"
```

La sentencia anterior también podría escribirse de cualquiera de las formas siguientes:

```
nuevaFila("Nombre") = "Nombre"
nuevaFila.Item(0) = "Nombre"
nuevaFila.Item("Nombre") = "Nombre"
```

Para borrar el registro o fila que se esté visualizando, el usuario pulsará el botón *Borrar*. Antes de borrarlo, se pedirá la conformidad del usuario. En caso afirmativo, se invocará al método **Delete** de la fila. Lo que hace en realidad **Delete** es marcar la fila como borrada (la propiedad **RowState** de la fila es puesta al valor **Deleted**). La fila que se muestra es un objeto de la clase **DataRowView**, y es accesible a través de la propiedad **Current** del componente **BindingSource**, y la fila de la colección **Rows** de la tabla correspondiente al objeto **DataRowView** mostrado es accesible a través de la propiedad **Row** de éste. Finalmente se invoca al método *MostrarPosicion* para actualizar la caja de texto *ctPosicion*. Según lo expuesto, el controlador del evento **Click** del botón *Borrar* será así:

```
Private Sub btBorrar_Click(ByVal sender As System.Object, _
ByVal e As System.EventArgs) Handles btBorrar.Click
    Dim vistaFilaActual As DataRowView
    Dim NL As String = Environment.NewLine

    If (MessageBox.Show("¿Desea borrar este registro?" & NL, _
        "Buscar", MessageBoxButtons.YesNo, _
```

```
        MessageBoxIcon.Question) = Windows.Forms.DialogResult.Yes) Then
        vistaFilaActual = telefonosBindingSource.Current
        vistaFilaActual.Row.Delete()
        MostrarPosicion()
    End If
End Sub
```

Finalmente, el botón *Buscar* permitirá al usuario buscar un registro determinado a partir del actual, utilizando el método **Find** de **DataRowCollection** o el método **Select** de **DataTable** y código SQL. El lenguaje SQL es un lenguaje avanzado para la consulta y modificación de bases de datos. El operador SQL **Like** permite hacer búsquedas de texto. Por lo tanto, lo utilizaremos para buscar la cadena deseada en las filas del conjunto de datos. Según esto, escriba el controlador del evento **Click** del botón *Buscar* así:

```
Private Sub btBuscar_Click(ByVal sender As System.Object, _
ByVal e As System.EventArgs) Handles btBuscar.Click
    Dim miTabla As DataTable = DataSet11.telefonos
    Dim cfilas As DataRowCollection = miTabla.Rows
    Dim filaBuscada() As DataRow 'matriz de filas
    Dim NL As String = Environment.NewLine
    'Buscar en la columna Nombre de cada fila
    Dim criterio As String = "Nombre Like '*" & ctBuscar.Text & "*'"

    'Utilizar el método Select para encontrar todas las filas que
    'pasen el filtro y almacenarlas en la matriz filaBuscada
    filaBuscada = miTabla.Select(criterio)
    If (filaBuscada.GetUpperBound(0) = -1) Then
        MessageBox.Show("No se encontraron registros coincidentes", "Buscar")
        Exit Sub
    End If

    'Seleccionar de las filas encontradas la que buscamos
    Dim i, j As Integer
    For i = 0 To filaBuscada.GetUpperBound(0)
        If (MessageBox.Show("¿Es este el nombre buscado?" & NL & _
            filaBuscada(i)(0) & NL, "Buscar", _
            MessageBoxButtons.YesNo) = Windows.Forms.DialogResult.Yes) Then
            'Si: mostrar en el formulario la fila seleccionada
            For j = 0 To cfilas.Count - 1
                If (cfilas(j).Equals(filaBuscada(i))) Then
                    telefonosBindingSource.Position = j
                    MostrarPosicion()
                End If
            Next j
            Exit For
        End If
    Next i
End Sub
```

El método **Select**, localiza y almacena en la matriz *filaBuscada* todas las filas que pasen el filtro de que el nombre contenga una subcadena igual a la especificada por *criterio* (observe que el filtro de búsqueda es '*subcadena*', donde * indica cualquier conjunto de caracteres). Por ejemplo, podríamos buscar "Pedro Aguado Rodríguez" por "Aguado", por "agua", etc.

Finalmente añadiremos el código para actualizar la base de datos con las modificaciones que se hayan realizado. Para ello, edite el controlador que responde al evento **FormClosing** del formulario (se produce cuando se cierra el formulario) como se indica a continuación:

```
Private Sub Form1_FormClosing(ByVal sender As Object, _
ByVal e As FormClosingEventArgs) Handles MyBase.FormClosing
    If (DataSet11.HasChanges()) Then
        Me.TelefonosTableAdapter.Update(Me.DataSet11.telefonos)
        MessageBox.Show("Origen de datos actualizado")
    End If
End Sub
```

CONTROL BindingNavigator

La aplicación anterior permite navegar por los registros de la base de datos y, además, modificarlos, añadir nuevos registros, borrarlos, o buscar si existe o no un determinado registro. Pues bien, Visual Studio, a partir de la versión 2005, incluye los controles **BindingNavigator** y **BindingSource** que proporcionan al usuario las operaciones de navegar (primero, siguiente, anterior, último) por los registros de una base de datos, mostrar la posición del registro actual, el número total de registros, así como las operaciones de añadir y borrar un registro. El aspecto de este control sobre un formulario es el siguiente:

El control **BindingNavigator** está compuesto de un **ToolStrip** con los siguientes objetos **ToolStripxxx** (**ToolStripButton**, **ToolStripSeparator**, etc.):

- Botón para ir al registro primero.
- Botón para ir al registro anterior.
- Caja de texto para mostrar la posición del registro actual.
- Etiqueta para mostrar el número total de registros.
- Botón para ir al registro siguiente.

- Botón para ir al último registro.
- Botón para añadir un registro.
- Botón para eliminar un registro.

Para conectar este control con el origen de datos, simplemente hay que asignar a su propiedad **BindingSource** el componente **BindingSource** que tiene la conexión con ese origen de datos. Por ejemplo:

```
BindingSource1.DataMember = "telefonos"
BindingSource1.DataSource = DataSet11

BindingNavigator1.BindingSource = BindingSource1
```

Si los botones proporcionados de forma predeterminada no encajan en la aplicación en desarrollo, o si son necesarios botones adicionales, se podrán agregar más objetos **ToolStripItem**.

Mover la aplicación de directorio

Pruebe a mover la base de datos y la aplicación (el fichero *.exe*) a otro directorio y a continuación ejecútela. Observará que el sistema le avisa de que no encuentra la base de datos.

Vuelva al modo de diseño y compruebe el valor de la propiedad **ConnectionString** del objeto **OleDbConnection**. Observará que dicho valor especifica el camino del fichero base de datos. Quiere esto decir que cada vez que mueva este fichero de carpeta, tiene que modificar el valor de esta propiedad.

La mejor solución al problema planteado es instalar el fichero base de datos en la misma carpeta donde instale la aplicación y asignar a la propiedad **ConnectionString** el nombre del fichero sin especificar la ruta (en nuestro caso *tfnos.mdb*).

EJERCICIOS PROPUESTOS

1. Realice una base de datos para almacenar las notas de los alumnos matriculados en un determinado centro. Después, realice una interfaz que permita a un alumno acceder a la base de datos para conocer la nota obtenida en cualquiera de las asignaturas en las que está matriculado. El alumno, para acceder a la base de datos, lo hará a través de su DNI.

VISUAL BASIC E INTERNET

¿Quién no ha oído hablar de Internet? La respuesta es evidente, porque donde quiera que esté oirá hablar de Internet ¿Por qué? Porque hoy en día forma parte del mundo de los negocios y del comercio, aunque en sus inicios no fue ésta la intención. Hay muchas empresas que le proporcionan conexión las 24 horas del día por un precio asequible. Pero ¿qué es Internet?, ¿qué servicios ofrece?

¿QUÉ ES INTERNET?

Internet, es decir, inter-red, es una red de redes informáticas distribuidas por todo el mundo que intercambian información entre sí mediante la familia de protocolos TCP/IP. Puede imaginarse Internet como una gran nube con ordenadores conectados:

Internet surgió de un programa de investigación realizado por la Agencia de Proyectos de Investigación Avanzados de Defensa (DARPA) de los Estados Unidos sobre la conexión de redes informáticas. El resultado fue ARPANet (1969). Esta red crece y a principios de los ochenta se conecta con CSNet y MILNet, dos redes independientes, lo que se considera como el nacimiento de Internet (*Inter-*

national *Network of computers*). También forman parte de esta red, NSI (*NASA Science Internet*) y NSFNet (*National Science Foundation Net*).

Durante muchos años Internet ha servido para que muchos departamentos de investigación de distintas universidades distribuidas por todo el mundo pudieran colaborar e intercambiar información. Sólo recientemente ha comenzado a formar parte de los negocios y de nuestra vida cotidiana.

Internet ha hecho que el mundo empresarial se haya replanteado sus sistemas de comunicación internos y externos y en la mayoría de los casos los haya encauzado vía Internet. Esto ha dado lugar a dos subpoblaciones dentro de Internet: *intranets* y *extranets*.

Intranet

Una *intranet* no es más que una red local que utiliza los mismos protocolos que Internet, independientemente de que esté o no conectada a Internet. ¿Qué ventajas tiene una *intranet*? Fundamentalmente dos: independencia de los proveedores habituales de soluciones y una única forma de trabajar que evita tener que aprender sistemas nuevos, lo que redunda en un ahorro de formación. Por otra parte, una *intranet* suele estar dotada de una velocidad bastante mayor que la habitual en Internet, lo que posibilita una comunicación muy fluida, incluso, cuando se trata de flujos de información multimedia.

Terminología Internet

Desde el punto de vista físico, Internet no es una simple red, sino miles de redes informáticas que trabajan conjuntamente bajo los protocolos TCP/IP (*Transmision Control Protocol/Internet Protocol* - Protocolo de Control de Transmisiones/Protocolo Internet), entendiendo por protocolo un conjunto de normas que regulan la comunicación entre los distintos dispositivos de una red. Desde el punto de vista del usuario, Internet es una red pública que interconecta universidades, centros de investigación, servicios gubernamentales y empresas.

El conjunto de protocolos de Internet está compuesto por muchos protocolos relacionados con la asociación formada por TCP e IP y relacionados con las diferentes capas de servicios de la red; esto es, las funciones de una red se pueden agrupar en capas de servicios de la red. Imagínese las capas como distintas estaciones por las que debe pasar un paquete de información cuando realiza la ruta de un ordenador a otro conectados a diferentes puntos dentro de Internet. Por ejemplo, el protocolo TCP/IP visto desde este punto de vista puede imaginárselo de forma resumida así:

Aplicación
(FTP, Telnet, Gopher, Word Wide Web)
API de Windows Sockets
Transporte
(TCP y UDP)
Red
(IP)
Enlace
(controlador de dispositivo, tarjeta de red, protocolos de control de la línea)

Entre dos capas puede haber una interfaz de programación (API) para interpretar los mensajes o paquetes a medida que van pasando.

Utilizar una interfaz de programación, como la API de Windows *Sockets*, libera al programador de tratar con detalles de cómo se pasan los paquetes de información entre las capas inferiores.

La capa de enlace y de red se encarga de empaquetar la información y de llevar los paquetes de un lugar a otro de la red. ¿Cómo se identifican estos lugares? La respuesta es con direcciones de Internet que permitan identificar tanto el ordenador como el usuario, ya que un mismo ordenador puede tener dados de alta diferentes usuarios. Estas direcciones son especificadas según un convenio de *sistema de nombres de dominio* (DNS).

Un DNS tiene el formato siguiente:

```
[subdominio].[subdominio].[...].dominio
```

Por ejemplo:

```
uni.alcala.es
```

En este ejemplo, *es* es el dominio, *alcala* es un subdominio de *es*, y *uni* un subdominio de *alcala*. Algunos dominios de nivel superior son:

Dominio	*Cobertura*
com	organizaciones comerciales
edu	instituciones educativas
net	suministradores de servicios de red
us	Estados Unidos
de	Alemania
es	España

Cada nombre de dominio se corresponde con una única dirección de Internet o dirección IP. Una dirección IP es un valor de 32 bits dividida en cuatro campos de 8 bits. Por ejemplo:

```
130.206.82.7
```

Para referirse a un usuario perteneciente a un determinado dominio, la sintaxis empleada es:

```
usuario@[subdominio].[subdominio].[...].dominio
```

Los programas que gestionan los nombres de dominio se denominan *servidores de nombres*. Cada servidor de nombres posee información completa de una determinada zona (subconjunto de un dominio) y de otros servidores de nombres responsables de otras zonas. De esta forma, cuando llega una solicitud de información sobre la zona de la que es responsable un determinado servidor, éste sencillamente proporciona la información. Sin embargo, cuando llega una solicitud de información para una zona diferente, el servidor de nombres se pone en contacto con el servidor de esa zona. Los servidores DNS constituyen la base de datos distribuida de nombres de Internet.

La capa de transporte es responsable de la entrega fiable de los datos. En esta capa se emplean dos protocolos diferentes: TCP y UDP. TCP toma mensajes de usuario de longitud variable y los pasa al nivel de red, solicitando acuse de recibo; y UDP es similar, salvo en que no solicita acuse de recibo de los datos.

La capa de aplicación proporciona una interfaz a la aplicación que ejecuta un usuario. Dicho de otra forma, proporciona el conjunto de órdenes que el usuario utiliza para comunicarse con otros ordenadores de la red.

Existen muchos protocolos en TCP/IP. A continuación, se indican algunos bastante conocidos:

- *FTP* (*File Transfer Protocol* - Protocolo de transferencia de ficheros). Copia ficheros de una máquina a otra.

- *Gopher*. Protocolo que permite buscar y recuperar documentos mediante un sistema de menús.

- *POP 3* (*Post Office Protocol* - Protocolo de oficina de correos). Protocolo para gestionar el correo electrónico, en base a su recepción y envío posterior, entre el usuario y su servidor de correo. Con este fin son empleados también los protocolos *IMAP* (*Internet Message Access Protocol*) y *HTTP* (correo Web).

- *SMTP* (*Simple Mail Transfer Protocol* - Protocolo de transferencia correo). Protocolo para controlar el intercambio de correo electrónico entre dos servidores de correo en Internet.

- *Telnet* (*Telecomunications NetWork Protocol* - Protocolo de telecomunicaciones de red). Protocolo utilizado para establecer conexiones entre terminales remotos. Permite establecer conexiones entre máquinas con diferentes sistemas operativos.

- *USENet*. Nombre con el que se denomina al conjunto de los grupos de discusión y noticias, establecidos en Internet. La idea de USENet es servir como tablón electrónico de anuncios.

- *HTTP* (*HyperText Transfer Protocol*). Protocolo de transferencia de hipertexto utilizado por *WWW* (*World Wide Web* - La telaraña mundial). Se trata de un sistema avanzado para la búsqueda de información en Internet basado en hipertexto y multimedia. El software utilizado consiste en exploradores (*browsers*), también llamados navegadores, con una interfaz gráfica.

SERVICIOS EN INTERNET

Los servicios más comunes son el correo electrónico, la conexión remota, transferencia de ficheros, grupos de noticias y la WWW. Programas que facilitan estos servicios hay muchos, y su manejo, además de sencillo, es similar. Por eso, independientemente de los que se utilicen en los ejemplos, usted puede emplear los suyos de forma análoga.

En cualquier caso, tenga presente que sólo podrá acceder a Internet si además de un ordenador y un módem (un módem es un dispositivo que conecta un ordenador a una línea telefónica), ha contratado dicho servicio con un proveedor de Internet, o bien si su ordenador forma parte de una red que le ofrece acceso a Internet.

El correo electrónico (*correo-e* o *e-mail*) es uno de los servicios más utilizados en todo el mundo. Como su nombre indica, tiene como finalidad permitir enviar y recibir mensajes. Un ejemplo de aplicación que proporciona este servicio es *Microsoft Outlook Express*.

La orden *telnet* (de Windows, Unix, etc.) proporciona la capacidad de mantener sesiones como un terminal del ordenador remoto, lo que le permite ejecutar órdenes como si estuviera conectado localmente.

El protocolo de transferencia de ficheros (*ftp*) es un método sencillo y efectivo de transferir ficheros ASCII y binarios entre ordenadores conectados a una red TCP/IP. Las órdenes *ftp* utilizadas con mayor frecuencia son las siguientes:

Orden ftp	Significado
ascii	Establece el modo ASCII para la transferencia de ficheros.
binary	Establece el modo binario para la transferencia de ficheros.
bye	Finaliza la sesión *ftp* y sale.
cd	Cambia de directorio de trabajo en el ordenador remoto.
close	Finaliza la sesión *ftp*.
ftp	Inicia una sesión *ftp*.
get	Obtiene un fichero del ordenador remoto.
help	Proporciona las órdenes *ftp* disponibles o información relativa a la orden especificada.
lcd	Cambia al directorio local de trabajo. Suele utilizarse para seleccionar los directorios al que irán a parar los ficheros transferidos.
ls	Lista el contenido de un directorio remoto.
mget	Obtiene un grupo de ficheros que pueden haberse especificado utilizando algún comodín.
mput	Envía un grupo de ficheros que pueden haberse especificado utilizando algún comodín.
open	Inicia una conexión *ftp* con el ordenador remoto especificado.
put	Envía un fichero al ordenador remoto.

Una interfaz de línea de órdenes proporciona un acceso pleno a las facilidades de *ftp*, pero el riesgo de cometer errores es alto, ya que es fácil equivocarse al escribir la orden. Afortunadamente existen varias interfaces gráficas de usuario que eliminan la posibilidad de error a la que hacíamos mención anteriormente.

Los grupos de noticias, noticias USENET, *netnews* o simplemente *news*, son foros de discusión en línea. Los artículos de noticias de USENET se clasifican en grupos de noticias por temas (ordenadores, aplicaciones, alpinismo, etc.).

La *World Wide Web*, también conocida por *WWW* o simplemente *Web*, es uno de los logros más interesantes en Internet. La *Web* es un sistema hipermedia interactivo que permite conectarse a grandes cantidades de información en Internet. Un sistema hipermedia está compuesto por páginas que contienen texto cuidadosamente formateado, imágenes llenas de color, sonido, vídeo y enlaces a otras páginas distribuidas por todo el mundo. Puede acceder a esas otras páginas simplemente seleccionando uno de los enlaces. La información se recupera automáticamente sin necesidad de saber dónde está.

El proyecto *Web*, que fue iniciado en el centro europeo de investigación nuclear (*European Center for Nuclear Research*), ha crecido a una velocidad impresionante. Esto se debe fundamentalmente a que soporta información de todo tipo: texto, sonido y gráficos.

La forma de establecer una conexión es muy sencilla. Suponiendo que físicamente está conectado a Internet, inicie uno de los programas de los muchos que hay para navegar por este sistema de información, y automáticamente le mostrará una pantalla de información que le conducirá a muchas otras. Por ejemplo, si inicia la aplicación *Microsoft Internet Explorer*, se visualizará una ventana similar a la siguiente:

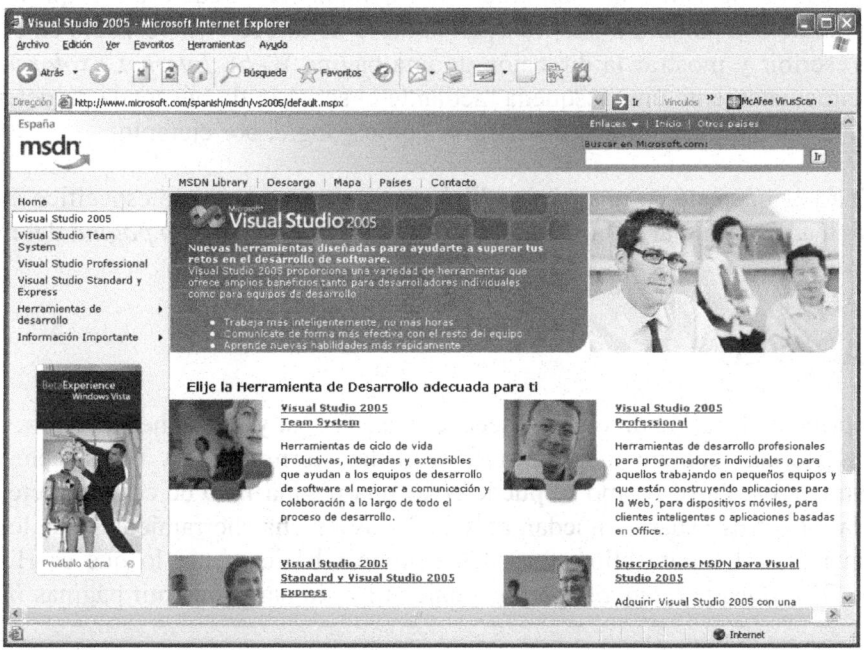

La ventana del explorador (también llamado navegador) tiene una barra de menús donde están todas las órdenes que puede utilizar y una barra de herramientas correspondientes a las órdenes más utilizadas para navegar por la *Web*.

Los botones *Atrás* y *Adelante* le permiten moverse a través de las páginas que usted ya ha visitado.

El botón *Detener* detiene una página que se está cargando actualmente, quizás porque usted ha cambiado de opinión una vez que ha visto parte de la página.

El botón *Actualizar* vuelve a cargar la página que se esté visualizando en ese momento. A veces, esto es necesario debido a fallos en la red.

El botón *Inicio* le permite volver a la página de inicio. Para cambiar su página de inicio, vaya a la página que desea que aparezca cuando arranque por primera vez el explorador, ejecute la orden *Opciones de Internet* del menú *Herramientas*, haga clic en la pestaña *General* y después en *Usar actual*.

Cuando hace clic en el botón *Búsqueda* de la barra de herramientas, aparece el panel de búsqueda del navegador a la izquierda de la ventana. Este panel le proporciona acceso a diversos servicios de búsqueda que ofrecen diferentes clases de capacidades de búsqueda. Pruebe los distintos servicios de búsqueda para ver las clases de información que proporcionan.

Si desea buscar información adicional rápidamente, puede escribir **go**, **find** o **?** seguido de una palabra o una frase, en la barra de direcciones (espacio en el que puede escribir y mostrar la dirección de una página *Web*). *Internet Explorer* iniciará inmediatamente una búsqueda mediante el servicio de búsqueda predeterminado. También puede utilizar buscadores como *google*, por ejemplo.

Una vez que esté en una página *Web*, puede buscar un texto específico en dicha página. Para iniciar la búsqueda, haga clic en *Buscar en esta página* del menú *Edición*.

PÁGINAS WEB

Anteriormente ha aprendido cómo acceder a la *Web*; si ya lo ha hecho, habrá visto muchas páginas con magníficos gráficos, listas, formularios y otros elementos muy atractivos. Pero, ¿cómo se puede crear una página *Web* de estas características a la que otros usuarios puedan acceder? Hay muchas herramientas que le permitirán realizarlo. Para ello, antes debe conocer básicamente lo que es HTML (*HyperText Markup Language*), el lenguaje utilizado para construir páginas *Web*.

Qué es HTML

HTML es un lenguaje utilizado para desarrollar páginas y documentos *Web*. A diferencia de los lenguajes convencionales, HTML utiliza una serie de etiquetas especiales intercaladas en un documento de texto sin formato. Dichas etiquetas serán posteriormente interpretadas por los exploradores encargados de visualizar la página o el documento *Web* con el fin de establecer el formato.

Para editar una página HTML y posteriormente visualizarla, todo lo que necesita es un editor de texto sin formato y un explorador *Web*. Para ver una página

HTML no necesita una conexión a la red; cualquier explorador *Web* debe permitirle hacerlo trabajando en local. No obstante, existen otras herramientas como *FrontPage* que facilitan la generación de páginas HTML.

Posteriormente, las páginas deben ser colocadas en un servidor *Web* para que otros usuarios puedan acceder a ellas.

Etiquetas básicas HTML

Las etiquetas indican a los exploradores *Web* cómo tienen que mostrar el texto y los gráficos. Normalmente se escriben entre los símbolos < y >, y suele haber una etiqueta de comienzo (*<texto etiqueta>*) y otra de fin (*</texto etiqueta>*) para enmarcar el texto que va a ser formateado por ellas. Muchas etiquetas incluyen distintos atributos que detallan la forma de mostrar el texto que aparece entre ellas. HTML no es sensible a las minúsculas y mayúsculas. Por ejemplo, la siguiente línea de código muestra cómo utilizar atributos y valores con la etiqueta **font**. La etiqueta de apertura incluye el atributo **size** (tamaño) al que se asigna el valor 10; después aparece el texto que se desea mostrar con el tamaño especificado, y a continuación la etiqueta de cierre.

```
<font size="10">Usuario:</font>
```

Todas las etiquetas de una página Web se colocan dentro de la etiqueta **html**, la cual define dos secciones: **head** (cabecera) y **body** (cuerpo). La etiqueta **head** contiene etiquetas que afectan a la página Web completa, por ejemplo **title** (título), y la etiqueta **body** contiene el resto de las etiquetas que definen el contenido de la página Web. Según lo expuesto, el esqueleto de una página Web puede ser el siguiente:

```
<html>
  <head>
    <title>Título del documento</title>
  </head>
  <body>
    Cuerpo del documento: texto, imágenes, sonido y órdenes HTML
  </body>
</html>
```

Guarde ahora estas líneas en un fichero de texto ASCII con el nombre *esqueleto.html*. A continuación, diríjase a la carpeta donde lo ha guardado y haga doble clic sobre el nombre del fichero. El resultado será el siguiente:

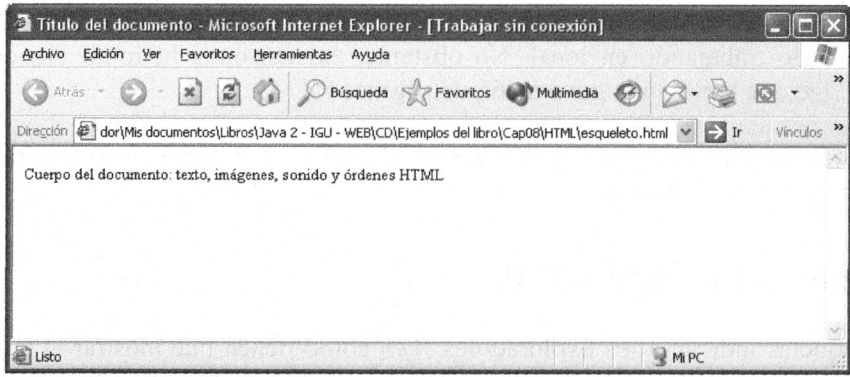

Etiquetas de formato de texto

Igual que en un documento Word, las páginas HTML pueden tener cabeceras. Las cabeceras son insertadas con la etiqueta **h*n***; donde *n* es un valor de 1 a 6. El tamaño del texto es mayor cuanto mayor es el nivel (el nivel más alto es el 1). Los niveles no tienen por qué emplearse consecutivamente.

Si desea insertar algún tipo de separador, por ejemplo, una raya horizontal, puede hacerlo con la etiqueta **hr** (*horizontal rule* - raya horizontal).

Para introducir un párrafo, utilice la etiqueta **p** o nada. Un párrafo va precedido automáticamente por una línea en blanco. Los retornos de carro en el texto son ignorados; por lo tanto, cuando quiera introducir uno utilice la etiqueta **br**.

El siguiente ejemplo clarifica lo expuesto hasta ahora (está localizado en el fichero *Cap08\HTML\texto.html*):

```
<html>
  <head>
    <title>Título del documento</title>
  </head>
  <body>
    <h1>Ejemplo de un documento HTML</h1>
    <hr>
    <h3>El cuerpo del documento puede contener:</h3>
    <h4>Texto, imágenes, sonido y órdenes HTML</h4>
    <p>
        HTML es un lenguaje utilizado para desarrollar páginas y
        documentos Web.
    <p>
        A diferencia de los lenguajes convencionales, HTML utiliza
        una serie de etiquetas especiales intercaladas en un
        documento de texto sin formato.
```

```
   <br>
      Dichas etiquetas serán
      posteriormente interpretadas por los exploradores
      encargados de visualizar la página o el documento Web, con
      el fin de establecer el formato.
   <hr>
  </body>
</html>
```

Observe la colocación de las etiquetas. A HTML no le importa que las etiquetas estén al final de la línea o en cualquier otra parte. También hay etiquetas que no requieren poner la etiqueta final; por ejemplo **hr**, **p** o **br**.

Los exploradores *Web* ignoran dónde terminan las líneas de texto. El texto se ajustará en todo momento al tamaño de la ventana.

El resultado del código HTML anterior es el siguiente:

HTML también proporciona un número de etiquetas para dar formato a las palabras y a los caracteres. Por ejemplo, la etiqueta **b** indica negrita y la **i** itálica. La etiqueta **code** visualiza un texto monoespaciado. La etiqueta **font** permite especificar el nombre, el tamaño y el color del tipo de letra a utilizar. Por ejemplo:

```
<font size=2 face="Arial">
   Tipo de fuente Arial, tamaño 2; <b>negrita</b> y <i>cursiva</i>
</font>
```

La información también se puede organizar en listas empleando la etiqueta **li**. Por ejemplo, si en la página anterior introduce la siguiente modificación, obtendrá esta información en forma de lista en lugar de en línea.

```
<li>Texto <li>Imágenes <li>Sonido <li>Órdenes HTML
```

La lista puede numerarse utilizando la etiqueta **ol**. Por ejemplo, con la siguiente línea, la lista anterior se presentaría numerada.

```
<ol><li>Texto <li>Imágenes <li>Sonido <li>Órdenes HTML</ol>
```

El resultado será (ejemplo localizado en el fichero *Cap08\HTML\listas.html*):

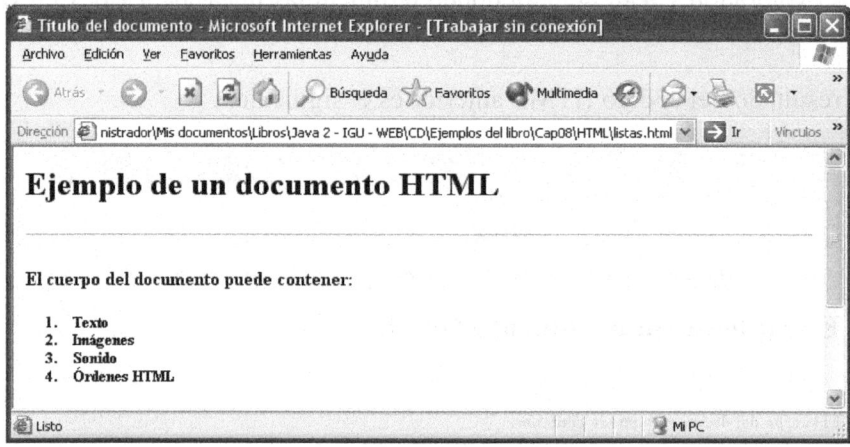

URL

A los recursos de la *Web* se accede por medio de una dirección descriptiva conocida como URL (*Universal Resource Locator* - Localizador de recursos universal). Todo aquello a lo que se puede acceder en la *Web* tiene un URL.

Los URL son básicamente una extensión de la ruta que define a un fichero (*path*). Un URL añade, además, un prefijo que identifica el método de recuperación de la información que ha de emplearse (*http*, *ftp*, *gopher*, *telnet*, *news*, etc.), así como un nombre de dominio o dirección IP que indica el servidor que almacena la información. Finalmente aparece la ruta de acceso al fichero. Por ejemplo:

```
http://msdn.microsoft.com/library/spa/default.asp
```

Enlaces entre páginas

Hemos dicho que la *world wide web* es un servicio de información basado en hipertexto. Se denomina hipertexto a la capacidad de asociar a una palabra o imagen de un documento un código oculto, de forma que cuando un usuario haga clic en esa palabra o imagen, el sistema lo transporta desde el lugar actual a otro lugar del mismo o de otro documento. Estos códigos especiales se denominan enlaces, focos, saltos o accesos directos.

Para definir un enlace, se utiliza la etiqueta **a** (anchor o ancla). Esta etiqueta delimita el texto que se quiere utilizar para enlazar con otra página. Este texto aparecerá subrayado para el usuario.

Para indicar al explorador la página que tiene que recuperar cuando el usuario haga clic en un enlace, incluya en la etiqueta de apertura **a** el atributo **href** y escriba a continuación el URL de la página que se quiere recuperar.

También, en documentos largos, se puede utilizar el atributo **name** para asignar un nombre a un enlace y después utilizar **href** en otro lugar dentro de la misma página para saltar a ese enlace. Por ejemplo, el siguiente código implementa estas dos facilidades (ejemplo localizado en *Cap08/HTML/enlaces.html*):

```html
<html>
  <head>
    <title>
      Título del documento
    </title>
  </head>
<body>
    <h1>Ejemplo de un documento HTML</h1>
    <hr>
    <h3>El cuerpo del documento puede contener:</h3>
    <h4>
    <ol><li>Texto <li>Imágenes <li>Sonido <li>Órdenes HTML</ol>
    </h4>
    <p>
      <a name="Definición">HTML</a> es un lenguaje utilizado para
      desarrollar páginas y documentos Web.
    <p>
      A diferencia de los lenguajes convencionales, HTML utiliza
      una serie de etiquetas ASCII especiales intercaladas en un
      documento escrito en ASCII.
    <br>
      Dichas etiquetas serán posteriormente interpretadas por los
      exploradores encargados de visualizar la página o el
      documento Web, con el fin de establecer el formato.
    <p>
```

```
      Para editar una página <a href="#Definición">HTML</a> y
      posteriormente visualizarla, todo lo que necesita es un
      editor de texto ASCII y un explorador Web.
   <hr>
      Haga clic <a href="http://www.sitio_web/ini/inicio.html">
      aquí</a> para ir a la página de inicio
   </body>
</html>
```

El resultado puede verlo en la figura siguiente:

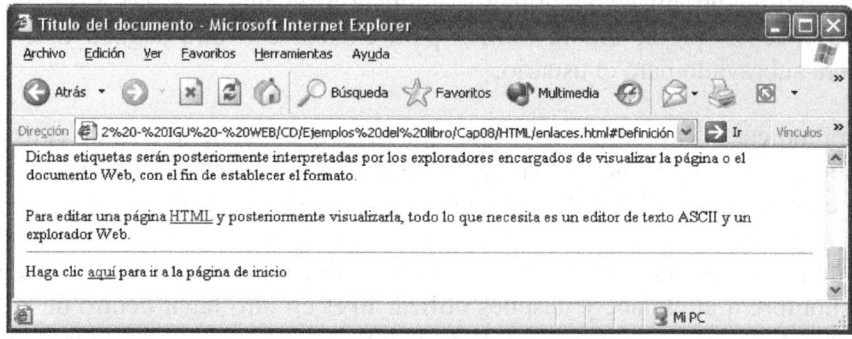

Gráficos

Una forma de insertar imágenes en un documento HTML es utilizando la etiqueta **img** y sus atributos **src**, que permite especificar el nombre del fichero que contiene la imagen (habitualmente *.gif* o *.jpeg*), y **align**, que permite indicar cómo el explorador debe alinear la imagen con cualquier texto que esté cerca de ella (**top**, **middle** o **bottom**).

Cuando diseñe una página *Web*, piense que puede haber exploradores que no soportan gráficos. Para contemplar esta posibilidad, utilizaremos el atributo **alt** que permite especificar un texto en el lugar de la imagen cuando el explorador no pueda mostrarla. Por ejemplo:

```
<html>
  ...

  <hr>
    <center>
    El profesor Ceballos resolviendo dudas a sus alumnos.
    <img src="ceballos.jpeg" align=bottom
    alt=" [Foto del profesor Ceballos]">
    </center>
  <hr>
    Haga clic <a href="http://www.sitio_web/ini/inicio.html">
```

```
        aquí</a> para ir a la página de inicio
   </body>
</html>
```

La etiqueta **center** centra la imagen y el título de la imagen.

También, desde un documento puede saltar a otro. Por ejemplo:

```
Haga clic <a href="ceballos.html">
aquí</a> para ir a la biografía de Ceballos.
```

El ejemplo anterior indica que cuando el usuario haga clic en la palabra "aquí", se cargará un nuevo documento HTML guardado como *ceballos.html*.

Igual que utilizamos una palabra para enlazar con otro lugar, podemos utilizar una imagen; esto es, un clic sobre una imagen gráfica le puede conducir a otro lugar. Por ejemplo:

```
<center>
<a href="enlaces.html">
<img src="ceballos.jpg" align=bottom
alt="Foto del profesor Ceballos">
</a>
</center>
```

El código anterior realizará un salto a la página *enlaces.html* cuando el usuario haga clic sobre la imagen *ceballos.jpg*. Cuando ejecute este código, observe que al pasar el ratón por encima de la imagen, el cursor se transforma en una mano y aparece una etiqueta que visualiza "Foto del profesor Ceballos".

Marcos

Las páginas HTML que hemos escrito en los apartados anteriores ocupan toda la ventana del explorador. Sin embargo, utilizando marcos es posible visualizar múltiples documentos en una misma página.

Una forma de insertar un marco flotante en una página es utilizando la etiqueta **iframe** con los atributos **src**, **width** y **height**. El atributo **src** especifica el URL del documento que se quiere visualizar, y **width** y **height** indican la anchura y la altura del marco. Por ejemplo:

```
<center>
    El autor:<br>
    <iframe src="ceballos.html" width=650 height=300></iframe>
</center>
```

El código anterior crea un marco para visualizar el documento *ceballos.html*.

Al atributo **src** se le puede asignar también una dirección URL de cualquier página de cualquier servidor. Esto es,

```
<iframe src="http://www.microsoft.com" width=650 height=300></iframe>
```

La figura siguiente muestra un marco dentro de una página. El código puede verlo en el fichero *marco.html* de la carpeta *Cap08\HTML* del CD.

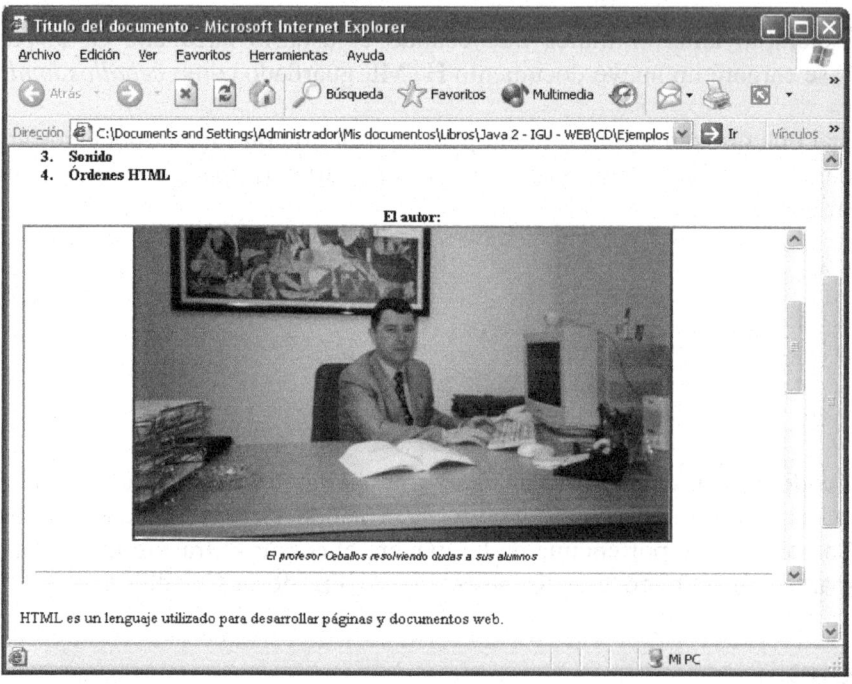

Formularios

Los formularios permiten crear interfaces gráficas de usuario en el seno de una página Web. Los componentes de estas interfaces, denominados también controles, serán cajas de texto, cajas para clave de acceso, botones de pulsación, botones de opción, casillas de verificación, menús, tablas, listas desplegables, etc.

Para crear un formulario, se utiliza la etiqueta **form**. Por ejemplo, el segmento de código siguiente muestra cómo es el esqueleto de un formulario HTML:

```
<form method={get|post} action="fichero para procesar los datos">
    Controles que forman el formulario
</form>
```

El atributo **method** es opcional y su valor por omisión es **get** indicando así al navegador que debe agregar los nombres de los campos del formulario y sus datos al URL especificado por **action** (acción a tomar cuando se pulse el botón *enviar*). La cantidad de datos que se puede concatenar al URL está limitada, truncándose la información en exceso. Esto no ocurre si el valor para este atributo es **post**; en este caso, se transmite un fichero con los datos del formulario que será recibido en el servidor en la entrada estándar del componente de procesamiento. En los próximos capítulos veremos cómo recupera el servidor esta información.

Los controles que forman parte del formulario se definen dentro de la etiqueta **form**. En los siguientes apartados se indica cómo crear cada uno de estos controles. En general, por cada control se envía al servidor su nombre y su contenido o valor especificado (si no se especifica un valor, se envía uno por omisión).

Entrada básica de datos

Existe una amplia variedad de controles de entrada de datos. Para crearlos, se utiliza la etiqueta **input** y los atributos **type** y **name**:

```
<input
    type = {text|password|checkbox|radio|hidden|image|submit|reset}
    name = "Variable que toma el valor"
>
```

El valor del atributo **type** especifica el tipo de control que se creará, y el del atributo **name** el nombre de la variable que almacenará el dato.

Caja de texto

Una caja de texto es un control de entrada de tipo *text*. Se utiliza para solicitar a un usuario que introduzca un dato. Por ejemplo, la siguiente línea de código muestra una caja de texto para solicitar un nombre. El tamaño de la caja es 35 y el valor será almacenado en la variable *nombre*:

```
Nombre: <input type="text" name="nombre" size="35">
```

El valor del atributo **size** especifica el tamaño de la caja. Otros atributos que se pueden utilizar son **value** para especificar un valor inicial, **readonly** (que no lleva asociado ningún valor) para indicar que la caja es de sólo lectura y **maxlength** para especificar el número máximo de caracteres que un usuario puede escribir.

Caja de clave de acceso

Una caja de clave de acceso es un control de entrada de tipo *password*. Se trata de una caja de texto en la que los caracteres escritos son reemplazados por asteriscos. Por ejemplo, la siguiente línea de código muestra una caja de texto para solicitar una clave de acceso. El tamaño de caja es 25, el valor será almacenado en la variable *clave* y el número máximo de caracteres que admite es 20:

```
Clave de acceso: <input type="password" name="clave"
                        size="25" maxlength="20">
```

Casilla de verificación

Una casilla de verificación es un control de entrada de tipo *checkbox*. Se trata de un botón que puede presentar dos estados: seleccionado y no seleccionado. Se utilizan para mostrar y registrar opciones que un usuario puede elegir; puede seleccionar varias de un grupo de ellas. Por ejemplo, las siguientes líneas de código muestran tres casillas de verificación. La primera se mostrará seleccionada:

```
<input type="checkbox" name="cv1" value="1" checked> Opción 1 <br>
<input type="checkbox" name="cv2" value="2"> Opción 2 <br>
<input type="checkbox" name="cv3" value="3"> Opción 3 <br>
```

Se debe especificar el atributo **name** (como caso especial, se puede especificar el mismo nombre para todas). El atributo **checked** permite iniciar el estado de una casilla a seleccionado. Dicho estado, *on* u *off*, es almacenado por el atributo **name**. Cuando se envíen los datos del formulario, se enviarán el nombre de la variable y el valor que indique su estado. También será enviado el valor indicado por **value** o nulo si no se específicó.

Botón de opción

Un botón de opción es un control de entrada de tipo *radio*. Igual que ocurre con la casilla de verificación, puede presentar dos estados: seleccionado y no seleccionado. Se utilizan para mostrar y registrar una opción que un usuario puede elegir entre varias; cuando selecciona una, la que estaba seleccionada dejará de estarlo. Por ejemplo, las siguientes líneas de código muestran tres botones de opción. El segundo se mostrará seleccionado:

```
<input type="radio" name="opcion" value="1"> Opción 1 <br>
<input type="radio" name="opcion" value="2" checked> Opción 2 <br>
<input type="radio" name="opcion" value="3"> Opción 3 <br>
```

Para el comportamiento descrito, todos los botones de opción tendrán el mismo atributo **name** y con un valor distinto del atributo **value**. El valor enviado será el correspondiente al botón seleccionado. El atributo **checked** permitirá seleccionar por omisión uno de los botones de un grupo.

Parámetros ocultos

Un parámetro oculto es un control de entrada de tipo *hidden*. En este caso no se muestra ningún campo de entrada de datos al usuario, pero el par *variable valor* especificado es enviado junto con el formulario.

```
<input type="hidden" name="variable" value="valor">
```

Se suelen utilizar para mantener datos durante una sesión.

Enviar datos

Un botón *enviar* es un control de entrada de tipo *submit*. Se utiliza para enviar los datos del formulario, pasando el control al programa indicado por el atributo **action** del formulario. Todo formulario debe tener un botón **submit**, a menos que incluya una caja de texto.

```
<input type="submit" value="Enviar datos">
```

El atributo **value** especifica una etiqueta no editable que se mostrará como título del botón. Lo normal es que este control no envíe datos, pero si se incluye el atributo **name** con un nombre de variable, será enviada la variable con el valor de **value**. Esto puede ser útil para distinguir cuál fue el botón pulsado cuando se incluyan varios.

```
<input type="submit" name="enviar" value="Enviar">
<input type="submit" name="buscar" value="Buscar">
```

Borrar los datos de un formulario

Un botón *borrar* es un control de entrada de tipo *reset*. Se utiliza para restablecer los valores iniciales de los controles del formulario.

```
<input type="reset" value="Borrar datos">
```

Imágenes

Una imagen es un control de entrada de tipo *image*. Su finalidad es análoga al botón **submit**, pero en este caso se presenta una imagen en lugar de un botón. Los datos del formulario se enviarán al hacer clic sobre la imagen *.jpg* o *.gif*.

```
<input type="image" src="fichero.jpg">
```

Orden de tabulación

Para trasladarse de un control a otro del formulario, el usuario puede utilizar la tecla *tab*. En este caso, el orden en el que los controles serán recorridos queda determinado por su orden de aparición en el formulario, o bien por el atributo **tabindex**. Por ejemplo:

```
<input type="text" name="nombre" size="30" tabindex="1">
```

El valor de **tabindex** es un número (1, 2, 3,...) que corresponde al orden en el que se seleccionará un control cuando el usuario pulse la tecla *tab*. El control que se seleccionará en primer lugar es el 1.

Caja de texto multilínea

En ocasiones es necesario permitir al usuario escribir varias líneas de texto libre; por ejemplo, un mensaje. Para esto se utiliza un control denominado *área de texto* (**textarea**) que incluye una barra de desplazamiento vertical:

```
Mensaje: <br><textarea name="mensaje"
                       rows="5" cols="20" wrap>
            </textarea>
```

El valor del atributo **rows** especifica el número de filas que visualizará el área de texto a la vez y **cols** el número de caracteres por fila. El atributo **wrap**, que no lleva asociado ningún valor, indica que se saltará automáticamente a la línea siguiente cuando se complete la línea en la que se escribe.

Listas desplegables

Una lista desplegable permite seleccionar una opción entre varias. Es la mejor alternativa para añadir menús a una interfaz gráfica. La etiqueta que permite crear un control de este tipo es **select**. Las opciones de la lista se especifican utilizando la etiqueta **option**. Por ejemplo, el siguiente código mostrará una lista desplegable con tres opciones, de las cuales aparecerá seleccionada inicialmente la segunda:

```
<select name="opcion">
  <option value="1"> Opción 1
  <option selected value="2"> Opción 2
  <option value="3"> Opción 3
</select>
```

El atributo **value** de **option** indica el valor asociado con la opción especificada; si se omite este atributo, el valor que se toma es el texto especificado para la
opción. La etiqueta **option** que contenga el atributo **selected** será considerada la
opción por omisión; en caso de que no se especifique ninguna se considerará la
primera de las opciones. Se puede también especificar el atributo **size** para indicar
el número de opciones que la lista visualizará a la vez.

Para permitir realizar selecciones múltiples utilizando las teclas *Ctrl* o *Alt*,
hay que añadir el atributo **multiple**; en este caso se mostrará una lista desplegada.
Por ejemplo:

```
<select name="opcion" multiple>
  <option value="1"> Opción 1
  <option selected value="2"> Opción 2
  <option value="3"> Opción 3
</select>
```

Utilizando la etiqueta **optgroup**, se pueden agrupar las opciones (como si de
un submenú se tratara); cada grupo será identificado con una etiqueta especificada
por el atributo **label**. Por ejemplo:

```
<select name="opcion">
  <optgroup label="grupo 1">
    <option value="1"> Opción 1
    <option value="2"> Opción 2
    <option value="3"> Opción 3
  </optgroup>
  <optgroup label="grupo 2">
    <option value="4"> Opción 4
    <option value="5"> Opción 5
  </optgroup>
</select>
```

Aplicando la teoría expuesta hasta ahora, vamos a diseñar un formulario, como el que muestra la figura siguiente, que permita a un alumno concertar una tu-
toría con su profesor.

El código HTML que da lugar a este formulario puede ser el siguiente (la expresión * * indica un espacio en blanco). El código puede obtenerlo del fichero *Cap13\HTML\tutorias.html* del CD.

```html
<html>
  <head>
    <title>Concertar una tutoría</title>
  </head>
  <body>
    <h1 align="center">CONCERTAR UNA TUTORÍA</h1>
    <form action="http://mi_sitio_web/miap/tutorias"
         method=post>
      Alumno:<br><input type="text" name="alumno" size="60">
      <br><br>Con el profesor:
      <br><input type="text" name="profesor" size="60">
      <br><br>Día:<br>
      <select name="día">
        <option>lunes <option>miércoles <option>jueves
      </select>
      <br><br>Hora:
         10<input type="radio" name="hora" value="10"
                                 checked>
         12<input type="radio" name="hora" value="12">
         16<input type="radio" name="hora" value="16">
         18<input type="radio" name="hora" value="18">
```

```
      <br><br>Asunto:<br><textarea name="asunto"
                           rows="5" cols="40" wrap></textarea>
      <br><br><input type="submit" value="Enviar datos">
        <input type="reset">
    </form>
  </body>
</html>
```

Tablas

Para crear una tabla, se utilizan las etiquetas **table**, **tr**, **th** y **td**. La etiqueta **table** define el cuerpo de la tabla; **tr** define una fila de la tabla; **th** define una celda de cabecera y **td** define una celda de datos. Por ejemplo:

```
<table border="1">
  <tr>
    <th>Nombre</th>
    <th>Nota</th>
  </tr>
  <tr>
    <td width=200>Javier Ceballos Fernández</td>
    <td width=30 align=right>10.00</td>
  </tr>
  <tr>
    <td width=200>Elena Ortiz Fuentes</td>
    <td width=30 align=right>7.50</td>
  </tr>
</table>
```

El atributo **border** de **table** permite añadir un borde a la tabla de ancho igual al valor especificado en píxeles. Los atributos **width** y **align** de **td** (o de **th**) permiten definir, respectivamente, el ancho de la celda y el tipo de ajuste del dato en la celda.

Otras operaciones que se pueden hacer a la hora de diseñar una tabla son:

- Extender una celda en múltiples columnas:

  ```
  <th colspan=2> cabecera 1</th>
  ```

- Extender una celda en múltiples filas:

  ```
  <th rowspan=2> cabecera 1</th>
  ```

- Modificar el ancho y el alto de la tabla en valor absoluto o respecto al tamaño de la ventana del navegador:

  ```
  <table width=60% height=80%>
  ```

- Modificar el tamaño de una celda:

```
<td width=200 height=50>
```

- Alinear el contenido de una celda:

```
<td valign=top align=left>
```

- Modificar el color de fondo de una celda:

```
<td bgcolor="green">
```

- Modificar el espacio y el margen de las celdas:

```
<table border cellspacing="8" cellpadding="8">
```

- Controlar los saltos de línea en una celda:

```
<td nowrap>
```

HOJAS DE ESTILO

Es evidente que el lenguaje HTML está limitado a la hora de organizar la presentación de los elementos de una página Web. Pues bien, para cubrir esta deficiencia surgen las hojas de estilo (*Cascade Style Sheets* - CSS). Éstas, no sólo permiten organizar la presentación de una página, sino que además, intentan separar el contenido de la forma de presentarlo.

Por ejemplo, para introducir un nuevo párrafo en una página Web, utilizamos la etiqueta <P>. Pues bien, con las hojas de estilo también podremos indicar que su texto sea azul, que tenga un margen izquierdo de 20 píxeles y que tenga un borde de ancho 2. Esto se codificaría de la forma siguiente:

```
<style type="text/css">
  P {color: blue; margin-left: 20; border: solid; border-width: 2}
</style>
```

En este ejemplo se puede observar que la declaración de los atributos que definen un determinado elemento de la página, queda limitada por la etiqueta **style**. Esta etiqueta sólo puede utilizarse en la cabecera de la página, o bien dentro de la etiqueta de cabecera del elemento, y su parámetro **type** indica la sintaxis utilizada para definir esos atributos. En el caso de las hojas de estilo en cascada el tipo deberá ser "text/css". También observamos que los atributos se especifican a continuación del elemento HTML que se quiere personalizar, encerrados entre llaves. En el ejemplo, son cuatro: el color (en el formato habitual), el margen izquierdo en píxeles y el tipo y el ancho del borde. Tenga presente que CSS es sensible a las mayúsculas y minúsculas. Puede ver un resumen de los atributos CSS en la carpeta *docs* del CD que acompaña al libro.

El siguiente ejemplo muestra una página HTML con estilo:

```
<html>
  <head>
    <title>Título del documento</title>
    <style type="text/css">
      p {color: blue; margin-left: 20; border: solid; border-width: 2}
    </style>
  </head>
  <body>
    <h1>Ejemplo de un documento HTML</h1>
    <hr>
    <h3>El cuerpo del documento puede contener:</h3>
    <h4>Texto, imágenes, sonido y órdenes HTML</h4>
    <p>
      HTML es un lenguaje utilizado para desarrollar páginas y
      documentos Web.
    <p>
      A diferencia de los lenguajes convencionales, HTML utiliza
      una serie de etiquetas especiales intercaladas en un
      documento de texto sin formato.
    <br>
      Dichas etiquetas serán
      posteriormente interpretadas por los exploradores
      encargados de visualizar la página o el documento Web, con
      el fin de establecer el formato.
    <hr>
  </body>
</html>
```

Cuando se muestre la página anterior, los dos párrafos, <p>, serán visualizados con los atributos definidos. Ahora bien, en este ejemplo, el contenido no está separado de la forma de presentarlo. Para separarlo, podemos colocar la hoja de estilo en un fichero (sólo los estilos, sin **style**), por ejemplo, en *estilo.css*:

```
/* estilo.css */
p {color: blue; margin-left: 20; border: solid; border-width: 2}
```

Una vez definida una hoja de estilos, podemos incorporarla a una página HTML utilizando la etiqueta **link** que tiene la siguiente sintaxis:

```
<link rel="stylesheet" href="estilo.css" type="text/css">
```

Según lo explicado, el ejemplo anterior quedaría como se indica a continuación. Obsérvese que la etiqueta **link** está incluida dentro de la cabecera:

```
<html>
  <head>
    <title>Título del documento</title>
```

```
    <link rel="stylesheet" href="estilo.css" type="text/css">
  </head>
  <body>
    ...
  </body>
</html>
```

Clases

Cuando se muestre la página anterior, todos sus párrafos, <p>, serán visualizados con los atributos definidos. Pero supongamos que sólo queremos personalizar algunos de ellos. ¿Cómo lo hacemos? Pues, definiendo distintas clases, en nuestro caso, distintas clases de párrafos, para lo cual utilizaremos el atributo **class**. Por ejemplo, la siguiente hoja de estilos permite personalizar un párrafo de dos formas, las cuales difieren en el color: azul con borde y ajustado a la izquierda, o bien verde sin borde y centrado:

```
/* estilo.css */
p.azul {color: blue; margin-left: 20; border: solid; border-width: 2}
p.verde {color: green; margin-left: 20; text-align: center}
```

Este código define dos clases de párrafos: el párrafo azul (*p.azul*) y el verde (*p.verde*).

Cuando apliquemos estos estilos a una página, los párrafos definidos con la cabecera *<p class="azul">* serán azules y los definidos como *<p class="verde">* serán verdes. Por ejemplo:

```
<html>
  <head>
    <title>Título del documento</title>
    <link rel="stylesheet" href="estilo.css" type="text/css">
  </head>
  <body>
    <h1>Ejemplo de un documento HTML</h1>
    <hr>
    <h3>El cuerpo del documento puede contener:</h3>
    <h4>Texto, imágenes, sonido y órdenes HTML</h4>
    <p class="verde">
      HTML es un lenguaje utilizado para desarrollar páginas y
      documentos Web.
    <p class="azul">
      A diferencia de los lenguajes convencionales, HTML utiliza
      una serie de etiquetas especiales intercaladas en un
      documento de texto sin formato.
    <br>
      Dichas etiquetas serán
```

```
      posteriormente interpretadas por los exploradores
      encargados de visualizar la página o el documento Web, con
      el fin de establecer el formato.
   <hr>
  </body>
</html>
```

Otro caso puede ser que queramos que la mayoría de todos los párrafos sean azules y unos pocos verdes, pero con el resto de las características iguales. En este caso, también podríamos definir dos clases distintas, pero hay una forma mejor: usar el parámetro **id**. Por ejemplo:

```
/* estilo.css */
p {color: blue; margin-left: 20; border: solid; border-width: 2}
#verde {color: green}
```

Cuando apliquemos estos estilos a una página, los párrafos definidos con la cabecera <p> serán azules y los definidos como <p id="verde"> serán verdes.

Los exploradores agregan también varias clases, conocidas como pseudoclases, que definen varios usos para un mismo elemento. Por ejemplo, podemos aplicar estilo a los enlaces para que muestren colores diferentes en función de que aún no hayan sido visitados o sí lo hayan sido. Para ello CSS define las pseudoclases:

- Enlaces normales: `A:link {atributos}`
- Enlaces visitados: `A:visited {atributos}`
- Enlaces activos: `A:active {atributos}`

Por ejemplo, el siguiente código utiliza las pseudoclases **link** y **visited** con el elemento <a> para definir el color azul para el enlace normal y el color magenta para el enlace visitado. Obsérvese la sintaxis, a diferencia de con las clases reales, ahora se utilizan dos puntos (:).

```
a:link {color: blue}
a:visited {color: magenta}
```

Etiquetas <span> y <div>

Puede que, a veces, no queramos modificar el comportamiento de un elemento, sino aplicar un estilo completo a una determinada sección de una página. Esto podremos hacerlo utilizando las etiquetas <span> y <div>.

Para definir estilos en secciones reducidas de una página se utiliza la etiqueta **span**. Admite los atributos **style**, **id** y **class**. Lo vemos con un ejemplo. El siguiente párrafo visualizará determinadas palabras en color azul y en cursiva:

```
<p>
   A diferencia de los lenguajes convencionales,
   <span style="color:blue; font-style:italic">
   HTML utiliza una serie de etiquetas especiales intercaladas
   en un documento de texto sin formato.
   </span>
</p>
```

La etiqueta **div** es similar a **span**, con la diferencia de que **div** define un elemento a nivel de bloque; esto es, una sección de una página que, a su vez, puede contener cabeceras, párrafos, tablas, e incluso otras divisiones, lo que hace a esta etiqueta ideal para definir distintas secciones en un documento (capítulo, resumen, notas, etc.). Por ejemplo:

```
<div class=notas>
<h1>Divisiones</h1>
<p>El elemento div permite utilizar los atributos align, class,
style, id y otros muchos.</p>
<p>Definir un bloque, es útil para construir diferentes secciones
en un documento.</p>
<p>Es necesario especificar la etiqueta de cierre</p>
</div>
```

La etiqueta **div** es ideal también para definir capas, entendiendo por capa una sección de un documento para la que se ha definido un comportamiento independiente. Algunos atributos típicos utilizables con capas son: **position**, posición absoluta en la página, **left** y **top**, distancia desde los bordes izquierdo y superior de la página, **width** y **height,** anchura y altura de la capa, **z-index,** para indicar qué capas se ven encima de qué otras, **clip**, para recortar una capa y hacer que no sean visibles partes de ella, o **visibility**, para indicar si la capa se puede ver en la página o permanece oculta al usuario.

A continuación mostramos un ejemplo sencillo: poner un título con el efecto de sombra. Este ejemplo se ha construido en base a dos bloques con el mismo contenido: uno para visualizar el título en color azul y otro para visualizar la sombra en color negro (se trata del mismo título, pero desplazado un píxel respecto del anterior).

TÍTULO DE LA PÁGINA

El fichero de estilos que vamos a utilizar incluye dos clases, *título* y *sombra*. Obsérvese que delante del nombre de la clase ponemos solamente un punto, ya que en este caso no se trata de una clase definida para un determinado elemento:

```
/* estilos.css */
.titulo {color: blue; position:absolute; margin-left: 20;
         margin-top: 20; font-size: 32; font-weight: bolder}

.sombra {color: black; position:absolute; margin-left: 21;
         margin-top: 21; font-size: 32; font-weight: bolder}
```

Y una página ejemplo que utilice este fichero de estilos puede ser la siguiente:

```
<html>
  <head>
    <title>Capas</title>
    <link rel="stylesheet" href="estilos.css" type="text/css">
  </head>
  <body>
    <div class="sombra">
      TÍTULO DE LA PÁGINA
    </div>
    <div class="titulo">
      TÍTULO DE LA PÁGINA
    </div>
  </body>
</html>
```

XML

XML (*Extensible Markup Language* - lenguaje extensible para análisis de documentos) está convirtiéndose rápidamente en el estándar para el intercambio de datos en la Web. Como en el caso de HTML, los datos se identifican utilizando etiquetas, y a diferencia de HTML las etiquetas indican lo que los datos significan en lugar de cómo visualizar los datos. Por ejemplo, la fecha de nacimiento de una persona se puede colocar en un párrafo HTML así:

```
<p>01/01/2004</p>
```

Sin embargo, la etiqueta de párrafo no describe que el dato es la fecha de nacimiento. Simplemente indica al navegador que el texto que aparece entre las etiquetas se debe mostrar en un párrafo. En cambio, el dato sí queda descrito en una línea como la siguiente:

```
<FechaNacimiento>01/01/2004</FechaNacimiento>
```

El lenguaje XML es un lenguaje que se utiliza para crear otros lenguajes que definen los componentes de un documento. Por ejemplo, podríamos utilizar XML para describir una persona: fecha de nacimiento, sexo, color, altura, peso, etc.

La creación de un documento XML tiene dos partes: crear un esquema XML y crear el documento utilizando los elementos definidos en el esquema.

El esquema se puede considerar como un diccionario que define las etiquetas que se utilizan para describir los elementos de un documento. Estas etiquetas son similares a las etiquetas HTML, pero con la diferencia de que quien crea el esquema crea los nombres y los atributos de las etiquetas. Por ejemplo:

```
<foto origen="ceballos.jpg">Profesor Ceballos</foto>
```

La realidad es que un navegador no puede leer y mostrar un documento XML. Pero sí puede convertir un documento XML en un documento HTML mediante una hoja de estilos XSTL (*Extensible Stylesheet Language Transformation*). Una hoja de estilos se compone de una o más definiciones de plantillas que procesa un procesador XSLT cuando la etiqueta de la plantilla corresponde a un componente del documento XML.

XHTML

XHTML (*Extensible HyperText Markup Language* - lenguaje mejorado para la escritura de páginas Web) es la siguiente generación de HTML que incorpora muchas de las características de XML. Utiliza prácticamente todos los elementos de HTML, pero impone nuevas reglas; por ejemplo, es sensible a mayúsculas y minúsculas, toda etiqueta de apertura tiene que tener una etiqueta de cierre, etc.

PÁGINAS WEB DINÁMICAS

El lenguaje HTML que hemos visto en los apartados anteriores es suficiente para visualizar documentos, imágenes, sonidos y otros elementos multimedia; pero el resultado es siempre una página estática.

Entonces, ¿qué podemos hacer para construir una página dinámica?, entendiendo por página dinámica una página que actualiza su contenido mientras se visualiza.

Haciendo un poco de historia, una de las primeras formas que se encontraron para dar dinamismo a las páginas HTML fue la CGI (*Common Gateway Interface*). Esta interfaz permite escribir pequeños programas que se ejecutan en el servidor para aportar un contenido dinámico. El resultado es un código HTML, que se incluye en la página *Web* justo antes de ser enviada al cliente. Pese a que la CGI es fácil de utilizar, en general, no es un buen sistema porque cada vez que un cliente solicita una página con algún programa basado en esa interfaz, el programa tiene que ser cargado en memoria para ser ejecutado, lo que ocasiona un tiempo de espera elevado. Además, si el número de usuarios es elevado, los requerimientos de memoria también serán elevados, ya que todos los procesos se deben poder cargar en memoria y ejecutar.

Una alternativa a la CGI fue ISAPI (*Internet Server Application Programming Interface*). Esta API proporciona la funcionalidad necesaria para construir una aplicación servidora de Internet. A diferencia de CGI que trabaja sobre ejecutables, ISAPI trabaja sobre DLL. Esta diferencia hace que ISAPI sea un sistema más rápido, ya que por tratarse de una biblioteca dinámica sólo será cargada una vez y podrá ser compartida por múltiples procesos, lo que supone pocos requerimientos de memoria.

Posteriormente, las técnicas anteriores fueron sustituidas por la incorporación de secuencias de órdenes (*scripts*) ejecutadas directamente en el interior de la página HTML. Esto es, en lugar de consultar al servidor acerca de un ejecutable, el explorador puede ahora procesar las secuencias de órdenes a medida que carga la página HTML. El tratamiento de estas secuencias de órdenes puede hacerse tanto en el servidor *Web* como en el cliente. Los lenguajes más comunes para la escritura de secuencias de órdenes son *JavaScript* y *VBScript*.

Apoyándose en la técnica anterior y en un intento de potenciar la inclusión de contenido dinámico en páginas *Web*, Microsoft lanza una nueva tecnología, las páginas ASP (*Active Server Page* - Página activa del servidor o activada en el servidor). Una página ASP, dicho de una forma sencilla, es un fichero *.asp* que puede contener: texto, código HTML, secuencias de órdenes y componentes *ActiveX*. Con tal combinación se pueden conseguir de una forma muy sencilla páginas dinámicas y aplicaciones para la *Web* muy potentes. Un inconveniente de esta tecnología es que es propietaria de Microsoft y solamente está disponible para el servidor IIS (*Internet Information Server*) que se ejecuta sobre plataformas Windows. También es cierto que hay herramientas que permiten utilizar ASP sobre un servidor *Apache* en plataformas Unix, pero, hoy por hoy, los componentes *ActiveX* no están disponibles para plataformas que no sean Microsoft Windows.

Cuando un cliente solicita una ASP, el servidor la intenta localizar dentro del directorio solicitado, igual que sucede con las páginas HTML. Si la encuentra, ejecutará las rutinas *VBScript* o *JScript* que contenga. Cuando el servidor ejecuta estas rutinas, genera un resultado consistente en código HTML estándar que sustituirá a las rutinas *VBScript* o *JScript* correspondientes de la página ASP. Una vez procesada la página, el servidor envía al cliente el contenido de la misma en HTML estándar, siendo así accesible desde cualquier navegador.

También, cuando *Sun Microsystems* presentó Java, una de las cosas que más llamó la atención fueron los *applets*: pequeños programas interactivos que son ejecutados por un navegador. Esto supuso una alternativa más para crear páginas *Web* dinámicas, ya que esta tecnología permite vincular código estándar Java con las páginas HTML (*HyperText Markup Language* - Lenguaje para hipertexto) que luego utilizaremos como interfaz de usuario, dotándolas de contenido dinámico e interactivo. Posteriormente, *Sun Microsystems* introdujo los *servlets*. Mientras que los *applets* incorporaron funcionalidad interactiva a los navegadores, los *servlets* la incorporaron a los servidores. Los *servlets* es la alternativa de *Sun Microsystems* para sustituir a la programación CGI.

Si comparamos la tecnología ASP o los *servlets* con la CGI o con la ISAPI, llegaremos a la conclusión de que es bastante más sencilla y más potente.

Actualmente, la tecnología ASP ha sido sustituida por ASP.NET, que es parte integrante de Microsoft .NET Framework. ASP.NET es algo más que una nueva versión de ASP; es una plataforma de programación Web unificada que proporciona todo lo necesario para que podamos crear *aplicaciones Web*. Al crear una aplicación Web, podemos elegir entre *formularios Web* y *servicios Web XML*, o bien combinarlas.

Los *formularios Web* permiten crear páginas Web basadas en formularios. Por lo tanto este tipo de aplicaciones son una alternativa más para crear páginas *Web* dinámicas.

Los *servicios Web XML* proporcionan acceso al servidor de manera remota, permitiendo el intercambio de datos en escenarios cliente-servidor utilizando estándares como HTTP y XML.

Las aplicaciones Web se ejecutan en un servidor Web configurado con los servicios de *Internet Information Server* (IIS). Sin embargo, no es necesario trabajar directamente con IIS, sino que se puede hacer a través de Visual Studio .NET. Asegúrese, por lo tanto, de que tiene instalado IIS para poder probar sus aplicaciones. Para ello, abra el panel de control, seleccione "agregar o quitar programas", haga clic en "agregar o quitar componentes Windows" y si no tiene instalado el componente *Servicios de Internet Information Server*, instálelo. IIS debe instalarse antes de *Microsoft .NET Framework SDK*.

APLICACIONES WEB CON VISUAL BASIC .NET

Una aplicación para Internet se puede describir en términos de relaciones *cliente-servidor*, donde el *cliente* es un explorador y el *servidor* es un servidor *Web*. Piense por ejemplo en lo que hace un usuario cuando quiere ver una página de Internet. Hace la petición al servidor *Web* utilizando un explorador, el explorador envía la petición al servidor *Web* y éste devuelve una respuesta al explorador, que se corresponde normalmente con una página HTML.

Existen dos tipos de aplicaciones Web: *servicios Web XML* y *formularios Web*. Ambas se ejecutan en un servidor Web configurado con *Microsoft Internet Information Server*.

Para crear una aplicación Web basta con que tenga instalado .NET Framework SDK. Un editor de texto le permitirá escribir la aplicación, que podrá compilar y ejecutar desde la línea de órdenes. Recuerde que debe haber instalado IIS antes de instalar .NET Framework SDK. También se puede utilizar *Visual Studio .NET*, o bien *Visual Web Developer 2005 Express*, como veremos a continuación, lo que facilitará mucho el desarrollo y la puesta en marcha de la aplicación; no obstante, haya elegido un camino u otro, el código final será el mismo.

FORMULARIOS WEB

Los *formularios Web* constituyen la parte de la tecnología de ASP.NET que permite crear interfaces de usuario para aplicaciones Web.

Un formulario Web se ejecuta en el servidor donde reside, a petición de un cliente, tal como un explorador Web tradicional (por ejemplo, *Microsoft Internet Explorer*), sobre el cual mostrará dicha interfaz (el cliente podría ser también un dispositivo móvil, tema que se sale fuera del objetivo de esta obra). El hecho de que su proceso ocurra en el servidor, libera de la necesidad de crear versiones específicas de la interfaz de usuario para cada explorador.

La plataforma ASP.NET incluye objetos y controles que pueden ser añadidos a los formularios Web durante su diseño, y un contexto de ejecución para desarrollar y ejecutar aplicaciones en un servidor Web. Estos controles pueden ser de los tipos siguientes: de servidor HTML, de servidor Web, de validación y de usuario.

Los *controles de servidor HTML* están estrechamente relacionados con los elementos HTML que procesan; en cambio, los *controles de servidor Web*, lo están con los controles Visual Basic, por lo tanto, proporcionan mayor funcionalidad que los controles HTML. La utilización de un tipo u otro de controles dependerá de que se prefiera un modelo de objetos parecido a HTML, por ejemplo, porque el control vaya a interactuar con la secuencia de órdenes del cliente, o bien se prefiera un modelo de programación parecido a Visual Basic, por ejemplo, porque se deseen capturar eventos en el contenedor. Lógicamente, los controles de servidor Web han sido diseñados para proporcionar una forma rápida y sencilla de agregarle funcionalidad a una página Web sin tener en cuenta el explorador que utiliza el usuario, ya que generan automáticamente HTML correcto para los exploradores.

Los *controles de validación* se asocian a los controles de entrada para permitir comprobar las entradas del usuario; por ejemplo, obligar a escribir un campo necesario, verificar que un valor se encuentra en un intervalo predefinido, etc.

Los *controles de usuario* se crean como páginas de formularios Web y se incrustan en otras páginas de formularios Web. Se trata de proporcionar una forma sencilla de crear menús, barras de herramientas y otros elementos reutilizables.

Controles de servidor HTML

Según hemos dicho anteriormente, ASP.NET utiliza la biblioteca de controles de servidor HTML para permitir la creación de formularios que utilicen controles estándar HTML (estos fueron estudiados anteriormente en este mismo capítulo). Hay que resaltar una diferencia, y es que para poder escribir código en el lado del servidor que manipule los atributos y eventos de cualquiera de estos controles, hay que añadir al control HTML el atributo **runat="server"**.

Por ejemplo, el código mostrado a continuación corresponde a un formulario con una caja de texto y un botón de tipo *submit*:

```
<form method="post" runat="server">
  <input id="TextBox1" type="text" runat="server"/>
  <input type="submit" value="Enviar datos" runat="server"/>
</form>
```

El control de servidor HTML **form** funciona de forma muy parecida al del HTML tradicional. Soporta todos los atributos comunes de HTML y, además, añadiendo el atributo **runat="server"**, incrementamos su potencia como veremos más adelante. Lo mismo podemos decir para el resto de los controles. Por ejemplo, en el código anterior puede verse una caja de texto, *TextBox1*, y su atributo **runat="server"**. Esto significa que puede añadirse código en el lado del servidor para acceder a sus atributos y eventos.

Nótese también que la etiqueta **form** no contiene el atributo **action**, porque ASP.NET nos proporciona esto automáticamente.

La razón por la que podemos aplicar el atributo **runat="server"** a cualquier control HTML es porque ASP.NET aporta en su marco de trabajo una clase especial, **HtmlControl**, utilizada como clase base para definir todos estos controles. Entre los atributos que aporta esta clase están **id**, nombre del control empleado en el código para referirnos al mismo, y **runat**.

A continuación, resumimos los controles HTML más importantes:

- Controles empleados para crear presentaciones sencillas: ancla (**<a>**), imagen (**img**), formulario (**form**), división (**div**) y **span**.
- Controles para insertar tablas en formularios: **table**, **th**, **tr** y **td**.
- Controles de entrada: **text**, **password**, **textarea**, **select**, **radio** y **checkbox**.
- Controles de introducción de ficheros: **file**.

El código que permite utilizar cada uno de estos controles y establecer sus propiedades, lo puede obtener directamente utilizando los asistentes de los entornos de desarrollo *Visual Studio* o *Visual Web Developer Express*.

Controles de servidor Web

A diferencia de los controles de servidor HTML, los controles de servidor Web tienen como clase base **WebControl**, tienen más funciones incorporadas que sus respectivos controles de servidor HTML, incluyen no sólo controles de tipo formulario como botones y cajas de texto, sino también controles con fines especiales (por ejemplo, un calendario) y son más abstractos que los controles de servidor HTML, pues su modelo de objetos no refleja necesariamente la sintaxis HTML.

Por ejemplo, el código mostrado a continuación corresponde a un formulario con una caja de texto y un botón cuyo evento clic será respondido por el método *Button1_Click*:

```
<form runat="server">
  <asp:TextBox id="TextBox1" runat="server"></asp:TextBox>
  <asp:Button id="Button1" onclick="Button1_Click"
              runat="server" Text="Enviar datos"></asp:Button>
</form>
```

En el código anterior puede observarse que para referirnos a los controles de servidor Web se emplea el prefijo **asp:**. Este prefijo, junto a **runat="server"**, indica a ASP.NET la clase de controles que se está utilizando.

A continuación, resumimos los controles de servidor Web más importantes:

- *Formularios* (*Web Forms*). Siempre que se utilice el atributo **runat="server"** para crear formularios, las acciones del usuario, como hacer clic en un botón, dan como resultado una acción de "ida y vuelta". Por dicha razón, los eventos disponibles en los controles de servidor ASP.NET suelen limitarse a eventos de tipo clic, ya que eventos como **onmouseover** que se producen con mucha frecuencia, afectarían considerablemente al tiempo de respuesta del formulario. Si lo que necesitamos es un formulario de "ida", porque, por ejemplo, hay que enganchar dos páginas, hay que quitar el atributo **runat** de **form** y añadir los atributos **method** y **action**.

- **HyperLink**. Permite crear vínculos en una página Web para que los usuarios puedan moverse por las páginas de una aplicación. La ventaja de estos controles es que permiten establecer las propiedades de los vínculos en el código del servidor.

- **LinkButton**. De manera predeterminada, un control **LinkButton** es un botón de envío, aunque se puede crear también un botón de órdenes (propiedades CommandName, CommandArgument y Command)

- **Image**. Permite mostrar imágenes en formularios y administrar las imágenes en el código del programador.

- **Label**. Permite mostrar texto en un formulario mediante programación.

- **Panel**. Crea un contenedor para otros controles dentro de la página, lo que permitirá tratarlos como una unidad; por ejemplo, para ocultarlos o mostrarlos. También se puede utilizar para crear una apariencia diferente para un grupo de controles.

- **TextBox**. Permite a los usuarios escribir datos (texto, números y fechas) en un formulario.

- **RadioButton**. Utilizando varios botones de opción, se puede proporcionar un conjunto de opciones que se excluyen mutuamente. También se puede utilizar el control **RadioButtonList**.

- **CheckBox**. Utilizando varias casillas de verificación, se puede proporcionar un conjunto de opciones de las que se pueden elegir varias. También se puede utilizar el control **CheckBoxList**.

- **ListBox**. Permite a los usuarios seleccionar uno o más elementos de una lista predefinida.

- **DropDownList**. Igual que **ListBox**, excepto en que ahora la lista de elementos permanece oculta hasta que los usuarios hacen clic en el botón que la despliega. Además, este control no admite el modo de selección múltiple.

- **Button**. Permite crear un botón de enviar o un botón de órdenes.

- **ImageButton**. Permite mostrar una imagen que responde a los clics del ratón.

- *Tablas*. El control **Table** permite crear tablas programables en un formulario. Para mostrar el contenido real de este control utilizaremos los controles **TableRow** y **TableCell**.

El código que permite utilizar cada uno de estos controles y establecer sus propiedades, lo puede obtener directamente utilizando los asistentes de los entornos de desarrollo *Visual Studio* o *Visual Web Developer Express*.

APLICACIÓN WEB ASP.NET

ASP.NET es un entorno de programación que se ejecuta en un servidor Web para producir y administrar de forma dinámica formularios Web. *Visual Studio* o *Visual Web Developer Express*, proporcionan un diseñador de formularios Web, un editor, controles y una herramienta de depuración, para facilitar la generación de aplicaciones, a las que colocadas en un servidor se podrá acceder desde exploradores y otros dispositivos cliente como teléfonos móviles o asistentes digitales personales (PDA).

¿Cómo facilita ASP.NET la generación de aplicaciones Web?

- Proporcionando una abstracción de la interacción cliente-servidor Web tradicional, que permite programar aplicaciones utilizando herramientas de diseño rápido (RAD) y la programación orientada a objetos.

- Eliminando los detalles de implementación relacionados con la separación de las partes cliente y servidor, presentando un modelo unificado que responde a los eventos de los clientes, en el código que se ejecuta en el servidor.

- Manteniendo automáticamente el estado de la página, y de los controles que contiene, durante el ciclo de vida de la misma.

Como ejemplo, vamos a crear un formulario Web para que un alumno pueda consultar a través de Internet las notas de las asignaturas que ha cursado. Para desarrollar esta aplicación Web, podemos seguir los pasos indicados a continuación:

- Crear un nuevo formulario Web.
- Agregar controles y texto a la página.
- Crear controladores de eventos para los controles.
- Generar y ejecutar el formulario Web.

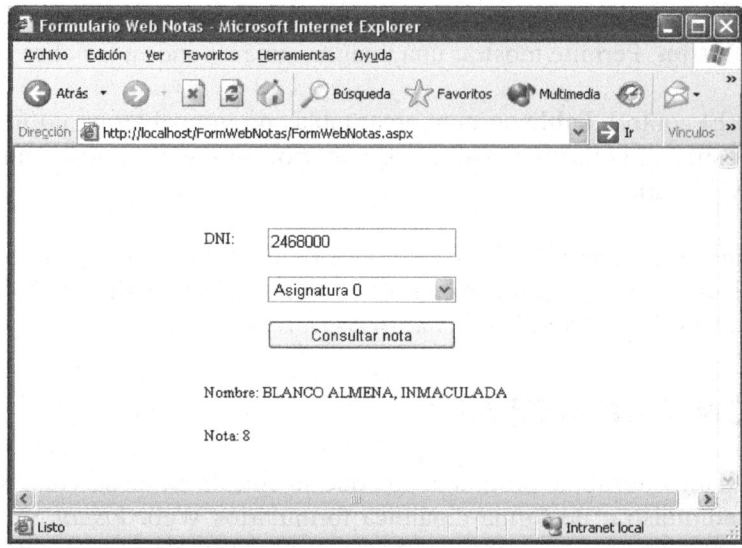

Vamos a realizar este ejemplo de dos formas diferentes: utilizando herramientas RAD, por ejemplo *Visual Web Developer Express*, o bien sin utilizar este tipo de herramientas. Bajo ambas, subyace *Microsoft .NET Framework SDK*.

Visual Web Developer

Visual Web Developer 2005 Express (VWD) es una herramienta enfocada exclusivamente al desarrollo de aplicaciones Web dinámicas con ASP.NET 2.0. Para ello, proporciona:

- Diseñadores visuales para crear las páginas Web.

- Un editor de código potente que muestra referencias del lenguaje a medida que se escribe código, sin tener que dejar el editor. Con este editor podrá escribir código en los diferentes lenguajes .NET (Visual Basic o C#) y código HTML.

- Desarrollo rápido de aplicaciones Web integradas con bases de datos. Para ello proporciona acceso integrado a SQL Server Express (véase en el apéndice B "SQL Server Express").

Crear un sitio Web con VWD y probar su funcionamiento es algo sencillo porque integra un servidor Web, por lo que no es necesario desplegar la aplicación en el servidor IIS de Windows (*Internet Information Server*). En realidad, cualquier carpeta con páginas *.aspx* puede ser considerada virtualmente como un sitio Web. Este servidor Web integrado será utilizado automáticamente cuando elijamos como tipo de sitio Web "sistema de archivos". Otros tipos de sitios Web son HTTP y FTP, ambos necesitan tener instalado IIS.

Crear un nuevo formulario Web

Un formulario Web está formado por dos componentes: los elementos visuales y el código. Estos componentes pueden estar almacenados en el mismo fichero, o bien en ficheros diferentes, que es lo más habitual. En este último caso, los elementos visuales (HTML, controles de servidor y texto estático) se crean desde un fichero *.aspx* y el código que se ejecutará se almacena en otro fichero; en nuestro caso se trata de código Visual Basic.

Si tiene instalado *Visual Web Developer*, el primer paso es crear el proyecto y el formulario. Para ello, en el menú *Archivo* elija *Nuevo Sitio Web*.

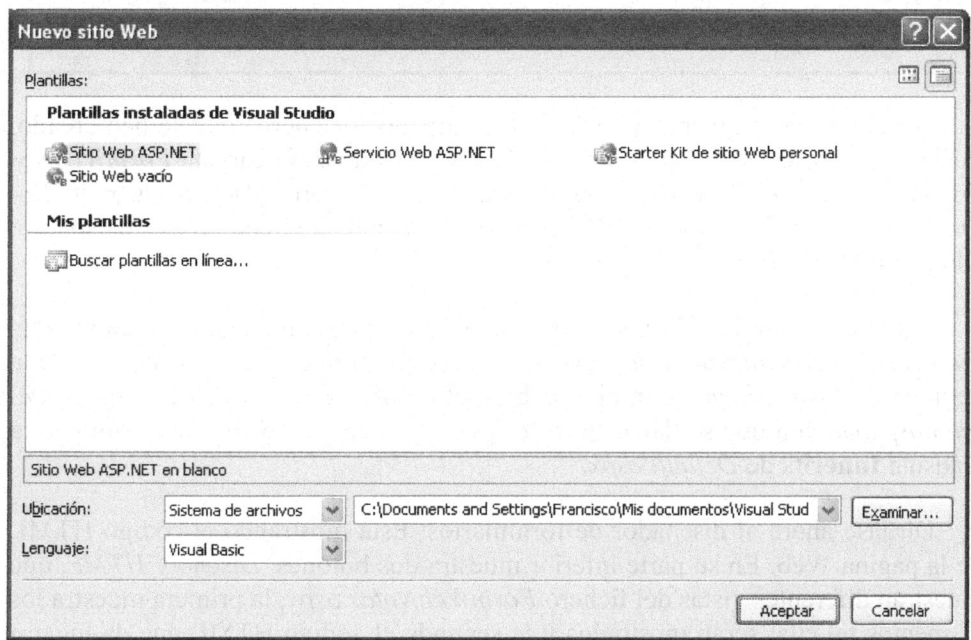

En el cuadro de diálogo que se visualiza, seleccione la plantilla *Sitio Web ASP.NET*. En la lista *Ubicación* seleccione "Sistema de archivos" y haciendo uso del botón *Examinar* seleccione la carpeta para ubicar su sitio Web; por ejemplo,

Cap13\FormWebNotas. El lenguaje que vamos a utilizar va a ser *Visual Basic*. Finalmente, haga clic en *Aceptar*. Observará una ventana como la siguiente:

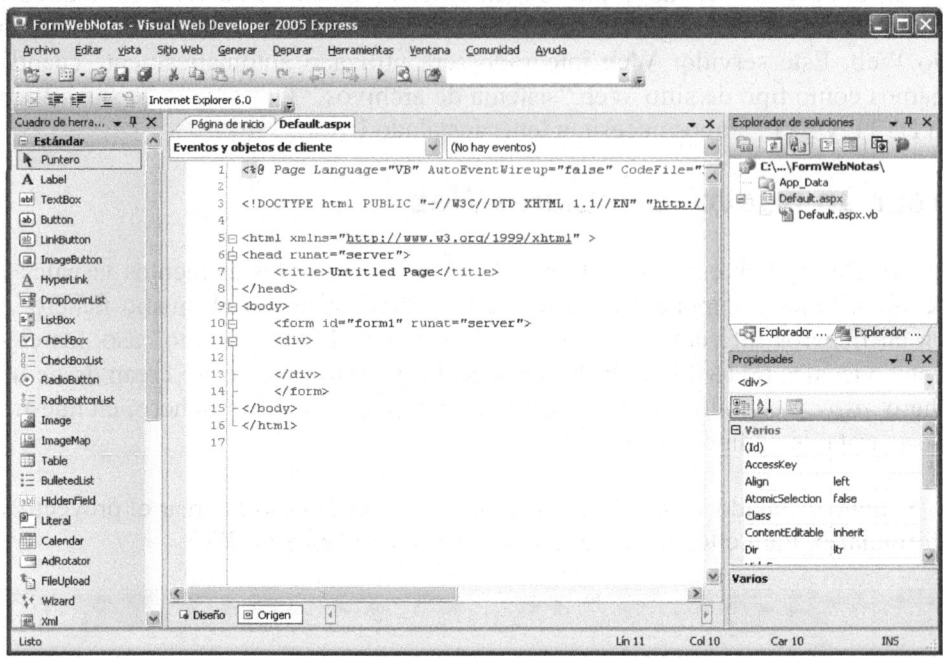

Deténgase un momento y observe las carpetas y ficheros que se han creado. Puede comprobar en el *Explorador de soluciones* que en la carpeta *FormWebNotas* se ha creado la carpeta *App_Data* y los ficheros *Default.aspx* y *Default.aspx.vb*. El fichero fuente *Default.aspx.vb* contiene el código que da soporte a la página *Default.aspx*.

Cambie el nombre *Default* por *FormWebNotas*. Para ello seleccione *Default.aspx* en el *Explorador de soluciones* y escriba el nuevo nombre a través de la ventana de *Propiedades*. Cambie también el nombre de la clase del fichero *Default.aspx.vb* para que se llame *FormWebNotas* y haga también este cambio en la cláusula **Inherits** de *Default.aspx*.

Diríjase ahora al diseñador de formularios. Está mostrando el código HTML de la página Web. En su parte inferior muestra dos botones, *Diseño* y *HTML*, que muestran diferentes vistas del fichero *FormWebNotas.aspx*, la primera muestra los elementos tal cual serán mostrados y la segunda el código HTML que da lugar a dichos elementos. Se puede trabajar en cualquiera de las dos vistas. Cada una de ellas se actualiza con los cambios efectuados en la otra.

Agregar controles y texto a la página

El siguiente paso es añadir a la vista *Diseño* los elementos que mostrará el formulario, y establecer sus propiedades en la ventana *Propiedades*.

Para agregar un control al panel de *Diseño*, diríjase al *Cuadro de herramientas*, selecciónelo del panel *HTML* o del panel *Estándar* (controles de servidor Web), y arrástrelo sobre la vista *Diseño*. En nuestro caso seleccionaremos los controles del panel *Estándar*, simplemente porque son controles con mayor funcionalidad. No obstante, no todos los elementos de una página Web son controles de servidor; por ejemplo, el texto HTML estático no necesita ser controlado en el servidor, por lo que podemos utilizar para mostrarlo una etiqueta HTML (control *Label*). En cambio, un botón de pulsación para enviar los datos al servidor, es necesario que sea un control de servidor, y los HTML no son controles de servidor de manera predeterminada; es decir, no son visibles como objetos de una clase en el código del servidor, pero se pueden marcar como tal para que puedan ser programados en el servidor (controles de servidor HTML); para ello, basta con hacer clic sobre él, utilizando el botón derecho del ratón, y seleccionar *Ejecutar como control del servidor*. No obstante, en este caso resulta más sencillo y cómodo utilizar controles de servidor Web (panel *Estándar*).

Para colocar los controles en la página Web disponemos de dos modos: modo *cuadrícula* (*grid layout*) y modo *flujo* (*flow layout*). De manera predeterminada un control tiene asignado el modo *flujo*. En este modo los elementos fluyen de izquierda a derecha en la línea, y de arriba a abajo en la página. En cambio, en el modo *cuadrícula* puede arrastrar controles a la página y colocarlos utilizando sus coordenadas absolutas x e y. Para cambiar a modo cuadrícula (posición absoluta o relativa) seleccione el control en el panel de *Diseño* y elija posición *Absoluta* de entre las opciones que se visualizan al ejecutar la orden *Posición* del menú *Diseño* del entorno de desarrollo.

Los modos *cuadrícula* y *flujo* tienen ventajas e inconvenientes. Cualquier explorador Web puede mostrar documentos HTML que utilicen el modo flujo; además, cuando se ajuste el tamaño de la página, los controles se volverán a colocar. El modo cuadrícula proporciona un mayor control sobre el diseño de la página, pero no es tan flexible; esto es, si el tamaño de la página se hace más pequeño o la resolución del equipo es menor que la del equipo de desarrollo, puede que sólo se muestre una parte de la página. No obstante, el autor utilizará este modo.

Una vez colocado un control sobre el formulario, para establecer sus propiedades, selecciónelo y, a continuación, escriba los valores adecuados en la ventana de *Propiedades*. También puede mejorar la vista del conjunto de controles del formulario utilizando las órdenes del menú *Formato*, o bien de la barra de herramientas *Diseño*.

Según lo explicado, y observando la figura siguiente correspondiente al formulario Web que deseamos diseñar, añada al panel de *Diseño* los controles indicados en la tabla siguiente con las propiedades especificadas:

Objeto	Propiedad	Valor
Etiqueta	Text	DNI:
Caja de texto	(ID)	ctDni
Lista despegable	(ID)	lsdAsignatura
Botón de pulsación	(ID)	btConsultarNota
	Text	Consultar nota
Etiqueta	(ID)	etNombre
	Text	Nombre:
Etiqueta	(ID)	etNota
	Text	Nota:
Etiqueta	(ID)	etError
	Text	Error:

Finalmente, haga clic sobre el formulario y cambie su propiedad **title** al valor *Formulario Web Notas*.

Ciclo de vida de una página

Cuando un usuario solicita una página *.aspx* (un formulario Web), el servidor carga esa página y una vez completada la solicitud la descarga. El explorador presenta la página al usuario y éste interactúa con ella, causando que se envíe de nuevo al servidor por cada acción que necesite procesamiento, como hacer un clic en un botón; procesada la acción, la página será devuelta al explorador. Entre las acciones de ida y vuelta ASP.NET guarda la página y las propiedades de los controles, esto es, el estado de vista (propiedad **ViewState**) de los controles.

El proceso de una página Web (un formulario Web) ocurre en varias fases, que podemos resumir en: iniciación, carga del estado de vista, validación y control de eventos. Durante estas fases se producen eventos, como **Init**, **Load** o **Unload**. El evento **Init** es el primero en el ciclo de vida de una página y se produce cuando la página es iniciada; para responder a este evento hay que sobrescribir el método **OnInit** heredado de la clase base (en nuestro caso la clase *FormWebNotas* se deriva de **Page**). Una vez iniciada la página, se produce el evento **Load** y cuando la página se descarga se produce el evento **Unload**. Para responder a estos eventos podemos proceder de la forma tradicional, o bien sobrescribiendo los métodos **OnLoad** y **OnUnload**, respectivamente, heredados de la clase base.

Según lo explicado, diríjase al explorador de soluciones y haga clic en el botón *Ver código*. Esto hará que se visualice la página de código que muestra la figura siguiente. Observe que esta página expone en su parte superior dos listas desplegables: la de la izquierda contiene la lista de objetos de la página Web y la de la derecha la lista de eventos que puede lanzar el objeto seleccionado en la lista de la izquierda. Por ejemplo, en la figura se observa que se ha seleccionado el objeto página Web (*Page events* - eventos de la página) y su evento **Load**:

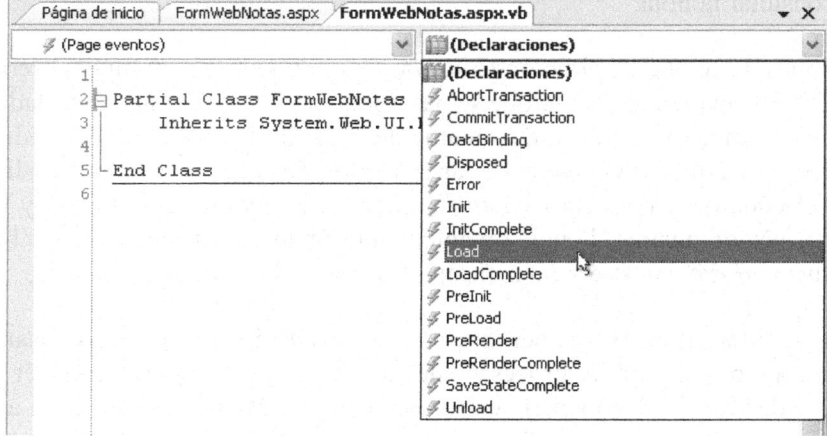

El resultado de la selección anterior es que a la clase *FormWebNotas* derivada de **Page** se añade el método *Page_Load* para responder al evento **Load** de la página Web:

```
Protected Sub Page_Load(ByVal sender As Object, _
                        ByVal e As EventArgs) _
Handles Me.Load
   ' Introduzca aquí el código para iniciar la página
End Sub
```

Crear controladores de eventos para los controles

Los controles de servidor de los formularios Web, análogamente a como vimos cuando trabajamos con formularios Windows, pueden producir eventos, muchos de los cuales se generan por las acciones que el usuario realiza sobre el formulario Web mostrado por el explorador. Por ejemplo, un botón de pulsación (control de servidor Web de la clase **Button**) producirá un evento **Click** en cuanto un usuario haga clic sobre él, y el código para responder al evento producido se ejecutará en el servidor.

Pensemos entonces en cómo se sucederán los hechos cuando un alumno solicite que se ejecute nuestra aplicación Web desde un explorador:

1. Se visualiza el formulario Web. La lista desplegable muestra la lista de asignaturas que el alumno puede consultar, la cual se carga desde un fichero *asignatura.txt* que almacenaremos en la carpeta *App_Data*. Almacene también en esta carpeta los ficheros *NotasAsig?.txt* (*?* = 0, 1, 2, etc.).

2. El alumno escribe su DNI y selecciona de la lista la asignatura de la que quiere consultar la nota.

3. Después, hace clic en el botón *Consultar nota*. La página se envía al servidor. ASP.NET analiza el evento que se ha producido y si existe un controlador para ese evento, se ejecuta inmediatamente. Cuando la ejecución del código finalice, la página se vuelve a enviar al explorador con los cambios realizados por el código: la etiqueta *etNombre* mostrará el nombre del alumno y la etiqueta *etNota* mostrará la nota obtenida en la asignatura seleccionada, o bien la etiqueta *etError* mostrará un mensaje de error si fue esto lo que ocurrió.

Una vez descrito cómo tienen que suceder las acciones, podemos pasar a escribir el código que permita procesar tales acciones. Esto requiere conocer cómo es el ciclo de vida de una página Web, cosa que ya hemos explicado en el apartado anterior. Según se expuso allí, cuando se carga la página Web se produce el evento **Load**; la respuesta a este evento será la ejecución del método *Page_Load*.

Por lo tanto, este es el lugar idóneo para iniciar la lista *lsdAsignatura* con las asignaturas, y la etiqueta de error *etError*:

```
Private Sub Page_Load(ByVal sender As System.Object, _
                      ByVal e As System.EventArgs) _
  Handles MyBase.Load
  etError.Text = ""
  If (lsdAsignatura.Items.Count = 0) Then
    CargarListaDesplegable()
  End If
End Sub
```

El método *CargarListaDesplegable* lee los nombres de las asignaturas del fichero *asignaturas.txt* y los añade a la lista desplegable. Si durante este proceso ocurre algún error, se muestra a través de la etiqueta *etError*.

```
Private Sub CargarListaDesplegable()
  Dim sr As System.IO.StreamReader = Nothing
  Dim str As String
  Try
    ' Crear un flujo desde el fichero asignaturas.txt
    sr = New System.IO.StreamReader("C:\...su ruta...\" & _
                  "FormWebNotas\ App_Data\asignaturas.txt")
    ' Leer del fichero una línea de texto
    str = sr.ReadLine()
    While (Not str Is Nothing)
      ' Añadir a la lista la línea leída
      lsdAsignatura.Items.Add(str)
      ' Leer la línea siguiente
      str = sr.ReadLine()
    End While
  Catch exc As System.IO.IOException
    etError.Text = "Error: " + exc.Message
  Finally
    ' Cerrar el fichero
    If (Not sr Is Nothing) Then sr.Close()
  End Try
End Sub
```

Para escribir un controlador para el evento **Click** del botón *btConsultarNota*, diríjase al panel *Diseño* y haga doble clic sobre el botón. Después complete dicho controlador como se indica a continuación.

```
Private Sub btConsultarNota_Click(ByVal sender As System.Object, _
                      ByVal e As System.EventArgs) _
  Handles btConsultarNota.Click
  BuscarNota(lsdAsignatura.SelectedIndex)
End Sub
```

El método *BuscarNota* recibe como argumento el índice, 0, 1, 2, etc., de la asignatura seleccionada y abre el fichero *NotasAsig?.txt* (*?* = 0, 1, 2, etc.) que almacena el acta de notas de esa asignatura. Cada línea de este fichero de texto tiene tres datos, DNI, nombre y nota, separados por un tabulador horizontal (carácter de código 9). Una vez abierto el fichero, lee una línea, la divide en sus campos, y verifica si contiene el dato *ctDni.Text*; si no lo contiene, repite el proceso con la siguiente línea y así sucesivamente; si lo contiene, muestra en la etiqueta *etNombre* el nombre, y en la etiqueta *etNota* la nota. Si durante este proceso ocurre algún error, se muestra a través de la etiqueta *etError*.

```vbnet
Private Sub BuscarNota(ByVal nAsig As Integer)
   Dim sr As System.IO.StreamReader = Nothing
   Dim str As String
   Dim tab As Char = System.Convert.ToChar(9)
   Dim sDatos As String() = Nothing
   Dim bEncontrado As Boolean = False

   Try
      ' Crear un flujo desde el fichero NotasAsigx.txt
      sr = New System.IO.StreamReader("C:\...su ruta...\" & _
            "FormWebNotas\App_Data\NotasAsig" & nAsig & ".txt")

      ' Leer del fichero una línea de texto
      str = sr.ReadLine()
      While (Not str Is Nothing And Not bEncontrado)
         ' Dividir la línea en sus tres campos
         sDatos = str.Split(tab)
         If (ctDni.Text = sDatos(0)) Then bEncontrado = True
         ' Leer la línea siguiente
         If (Not bEncontrado) Then str = sr.ReadLine()
      End While

      ' Mostrar resultados
      If (bEncontrado) Then
         etNombre.Text = "Nombre:  " + sDatos(1)
         etNota.Text = "Nota:  " + sDatos(2)
      Else
         etNombre.Text = ""
         etNota.Text = ""
         etError.Text = "No figura en el acta"
      End If
   Catch exc As System.IO.IOException
      etError.Text = "Error: " + exc.Message
   Finally
      ' Cerrar el fichero
      If (Not sr Is Nothing) Then sr.Close()
   End Try
End Sub
```

Generar la aplicación Web y ejecutarla

Antes de ejecutar la aplicación Web ASP.NET, debe compilarse el fichero de clase de código subyacente (*.aspx.vb*) de la página Web junto con los demás ficheros de clase incluidos en el proyecto. A continuación, se podrá ver la página en cualquier explorador.

Para compilar el proyecto, seleccione la orden *Generar sitio Web* del menú *Generar* y para ejecutarlo, seleccione la orden *Iniciar sin depurar* del menú *Depurar*. También puede ejecutar las dos operaciones anteriores pulsando las teclas *Ctrl+F5*.

Cuando el servidor recibe una solicitud para la página, se crea un objeto de la clase que la define y se ejecuta. En nuestro caso, el resultado será similar al siguiente:

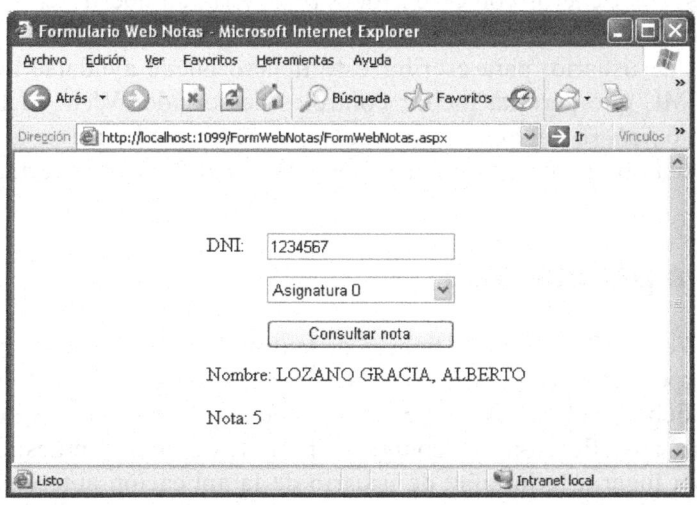

Observe el URL http://localhost:1099/FormWebNotas/FormWebNotas.aspx; *localhost* es el nombre del servidor Web donde están almacenados los ficheros que componen la aplicación Web a la que se accede a través de la página *FormWebNotas.aspx*. En nuestro caso se trata del servidor Web integrado con VWD, pero, si hubiéramos creado un sitio Web de tipo HTTP, se podría copiar la carpeta *C:\Inetpub\wwwroot\FormWebNotas*, donde VWD guardó la aplicación, en cualquier otro servidor que proporcione los servicios de IIS y la página será igualmente accedida desde cualquier punto de Internet. Lógicamente, en el URL utilizado ahora, habrá que sustituir *localhost:1099* por el nombre del nuevo servidor. Por ejemplo:

http://atc.aut.uah.es/FormWebNotas/FormWebNotas.aspx

FORMULARIOS WEB CONSTRUIDOS SIN HERRAMIENTAS RAD

Como dijimos anteriormente, para crear una aplicación Web no estamos obligados a utilizar herramientas RAD (*Rapid Application Development* – desarrollo rápido de aplicaciones); basta con que tengamos instalado los servicios de *Internet Information Server*, *.NET Framework SDK* (debe instalarse IIS antes que .NET Framework SDK) y un editor de texto para escribir el código de la aplicación que podremos compilar y ejecutar desde la línea de órdenes. Esto es así porque las páginas de formularios Web se generan mediante la tecnología ASP.NET, y ASP.NET está incorporado en .NET Framework SDK, por lo que todo el marco de trabajo está disponible para cualquier aplicación ASP.NET. Las aplicaciones pueden crearse en cualquier lenguaje compatible con CLR, entre ellos Microsoft Visual Basic. Como ejemplo, vamos a escribir la misma aplicación Web anterior.

Con lo aprendido hasta ahora sabemos que un formulario Web esta formado por, al menos, dos ficheros con extensiones *aspx* y *vb*, en nuestro caso. El fichero *.aspx*, conocido como *página Web*, almacena los elementos visuales, esto es la interfaz gráfica de usuario; para escribir este fichero puede ayudarse de cualquier editor de HTML que permita incluir controles de servidor Web. El fichero *.vb*, conocido como *fichero de código subyacente*, almacena la lógica de la interfaz de usuario formada por el código que da soporte a la página. Ambos forman una única unidad.

Escribir la página Web

Una página Web ASP.NET es un fichero de texto con extensión *aspx*, almacenada en una subcarpeta de la carpeta raíz del servidor IIS. Puede crearse tomando simplemente un fichero HTML existente y cambiando su extensión a *.aspx* (no se necesita ninguna modificación del código). El siguiente código muestra la página HTML que da lugar a la interfaz de usuario de la aplicación anterior, utilizando controles de servidor Web:

```
<html>
  <head>
    <title>Formulario Web Notas</title>
  </head>
  <body>
    <form id="Form1" method="post" runat="server">
      <asp:label
        id="Label1" style="Z-INDEX: 104; LEFT: 158px;
        POSITION: absolute; TOP: 68px" runat="server">DNI:
      </asp:label>
      <asp:textbox
        id="ctDni" style="Z-INDEX: 101; LEFT: 210px;
        POSITION: absolute; TOP: 67px" runat="server"
```

```
        Height="24" Width="156">
      </asp:textbox>
      <asp:dropdownlist
        id="lsdAsignatura" style="Z-INDEX: 102; LEFT: 210px;
        POSITION: absolute; TOP: 107px" runat="server"
        Height="24px" Width="156px">
      </asp:dropdownlist>
      <asp:button
        id="btConsultarNota" style="Z-INDEX: 103; LEFT: 210px;
        POSITION: absolute; TOP: 144px" runat="server"
        Height="24px" Width="156px" Text="Consultar nota">
      </asp:button>
      <asp:label
        id="etNombre" style="Z-INDEX: 105; LEFT: 158px;
        POSITION: absolute; TOP: 196px" runat="server"
        Width="438px">Nombre:
      </asp:label>
      <asp:label
        id="etNota" style="Z-INDEX: 106; LEFT: 158px;
        POSITION: absolute; TOP: 232px" runat="server"
        Width="102px">Nota:
      </asp:label>
      <asp:label
        id="etError" style="Z-INDEX: 107; LEFT: 158px;
        POSITION: absolute; TOP: 269px" runat="server"
        Width="439px">Error:
      </asp:label>
    </form>
  </body>
</html>
```

Para una explicación detallada acerca de la sintaxis de los controles de servidor de ASP.NET, puede recurrir a la ayuda en línea.

Guarde el fichero anterior con el nombre *FormWebNotas.aspx*. Como este fichero no es un módulo de código Visual Basic, su relación con el fichero de código subyacente se establece con directrices incluidas en la parte superior de la página. El código siguiente muestra la directriz que encabezará el fichero *FormWebNotas.aspx* anterior:

```
<%@ Page
    Src="FormWebNotas.aspx.vb"
    Inherits="FormWebNotas"
%>
<html>
  ...
</html>
```

Como se puede observar, debe utilizarse la directriz **@ Page** y utilizar los atributos **Src** e **Inherits**.

Src especifica el nombre del fichero de código subyacente que se compilará dinámicamente cuando se solicite la página. Los diseñadores RAD, como Visual Studio o Visual Web Developer Express, no utilizan este atributo. Incluir el código subyacente en un fichero independiente (código en segundo plano), facilita las actualizaciones de código.

Inherits define la clase de código en segundo plano que hereda la página. Esta clase tiene que ser una clase derivada de la clase **Page** del espacio de nombres **System.Web.UI**. La clase **Page** se asocia a ficheros que tienen la extensión *.aspx*.

```
Public Class FormWebNotas
   Inherits System.Web.UI.Page
   ' ...
End Class
```

En contraposición a lo expuesto anteriormente, también es posible incluir el código Visual Basic en el propio fichero *.aspx* entre las etiquetas *<script runat="server">* y *</script>*. En este último caso tendríamos que añadir el atributo **Language** de la directriz **Page** para especificar el lenguaje utilizado (vb, c#, etc.; por ejemplo, *Language="VB"*).

```
<%@ Page Language="VB" %>
<script runat="server">
   // Insertar el código VB aquí
   ...
</script>
<html>
   ...
</html>
```

Cuando se compila un formulario Web, ASP.NET analiza la página y su código, genera una clase nueva dinámicamente y después la compila. La clase generada dinámicamente se deriva de la clase **Page** de ASP.NET, pero se extiende con los controles, el código, y el texto HTML estático incluido en el fichero *.aspx*.

Escribir el fichero de código subyacente

El ejemplo siguiente muestra cómo crear la clase *FormWebNotas* subyacente. Cuando se crea una página de esta forma, se deben incluir los espacios de nombres **System** y **System.Web.UI**, así como aquellos otros que contengan las clases utilizadas en el código. Este código ya fue comentado anteriormente cuando realizamos esta misma aplicación con *Visual Studio .NET*.

```
Imports System
Imports System.Web.UI                    'clase Page
Imports System.Web.UI.WebControls 'controles
Imports System.IO                        'ficheros

Public Class FormWebNotas : Inherits Page
  Protected WithEvents ctDni As TextBox
  Protected WithEvents btConsultarNota As Button
  Protected WithEvents etNombre As Label
  Protected WithEvents etNota As Label
  Protected WithEvents etError As Label
  Protected WithEvents lsdAsignatura As DropDownList
  Protected WithEvents Label1 As Label

  Private Sub Page_Load(ByVal sender As System.Object, _
                        ByVal e As System.EventArgs) _
    Handles MyBase.Load
    etError.Text = ""
    If (lsdAsignatura.Items.Count = 0) Then
      CargarListaDesplegable()
    End If
  End Sub

  Private Sub CargarListaDesplegable()
    Dim sr As StreamReader
    Dim str As String

    Try
      ' Crear un flujo desde el fichero asignaturas.txt
      sr = New StreamReader("C:\Inetpub\wwwroot\" & _
                    "FormWebNotas\asignaturas.txt")
      ' Leer del fichero una línea de texto
      str = sr.ReadLine()
      While (Not str Is Nothing)
        ' Añadir a la lista la línea leída
        lsdAsignatura.Items.Add(str)
        ' Leer la línea siguiente
        str = sr.ReadLine()
      End While
    Catch exc As IOException
      etError.Text = "Error: " + exc.Message
    Finally
      ' Cerrar el fichero
      If (Not sr Is Nothing) Then sr.Close()
    End Try
  End Sub
```

```
    Private Sub btConsultarNota_Click(ByVal sender As System.Object, _
                        ByVal e As System.EventArgs) _
        Handles btConsultarNota.Click
        BuscarNota(lsdAsignatura.SelectedIndex)
    End Sub

    Private Sub BuscarNota(ByVal nAsig As Integer)
        Dim sr As StreamReader
        Dim str As String
        Dim tab As Char = Convert.ToChar(9)
        Dim sDatos As String()
        Dim bEncontrado As Boolean = False

        Try
            ' Crear un flujo desde el fichero NotasAsigx.txt
            sr = New StreamReader("C:\Inetpub\wwwroot\" & _
                    "FormWebNotas\NotasAsig" & nAsig & ".txt")
            ' Leer del fichero una línea de texto
            str = sr.ReadLine()
            While (Not str Is Nothing And Not bEncontrado)
                ' Dividir la línea en sus tres campos
                sDatos = str.Split(tab)
                If (ctDni.Text = sDatos(0)) Then bEncontrado = True
                ' Leer la línea siguiente
                If (Not bEncontrado) Then str = sr.ReadLine()
            End While
            ' Mostrar resultados
            If (bEncontrado) Then
                etNombre.Text = "Nombre:  " + sDatos(1)
                etNota.Text = "Nota:  " + sDatos(2)
            Else
                etNombre.Text = ""
                etNota.Text = ""
                etError.Text = "No figura en el acta"
            End If
        Catch exc As IOException
            etError.Text = "Error: " + exc.Message
        Finally
            ' Cerrar el fichero
            If (Not sr Is Nothing) Then sr.Close()
        End Try
    End Sub
End Class
```

Guarde este fichero con el nombre *FormWebNotas.aspx.vb* en una carpeta *FormWebNotas* de *C:\Inetpub\wwwroot*, por ejemplo. Obsérvese que la ruta elegida es la del servidor de aplicaciones IIS de Windows (estamos suponiendo que lo tiene instalado). Esta ruta es la misma que hemos especificado para los ficheros *asignaturas.txt* y *NotasAsig?.txt*.

La aplicación Web está finalizada. Para probar su funcionamiento, debe copiar todos los ficheros de la aplicación (*.aspx*, *.vb*, *asignaturas.txt*, *NotasAsig0.txt*, *NotasAsig1.txt*, etc.), en la carpeta anteriormente indicada (observe que el flujo *sr* hace referencia a esa ruta). Después, abra el explorador y solicite la página:

```
http://localhost/FormWebNotas/FormWebNotas.aspx
```

Una alternativa a la anterior es utilizar la herramienta "Servicios de Internet Information Server" de Windows para añadir al sitio Web un nuevo directorio virtual, por ejemplo *FormWebNotas*, vinculado con el directorio físico donde se encuentra los ficheros de la aplicación; por ejemplo, con *C:\VB\FormWebNotas*.

Esta forma de proceder, a diferencia de lo que sucede con Visual Studio o con Visual Web Developer Express, no requiere de un fichero *FormWebNotas.dll* resultado de la compilación del fichero *FormWebNotas.aspx.vb*. ¿Por qué? Porque cuando desde un explorador se solicite abrir la página *FormWebNotas.aspx*, la directriz **Page** escrita en la primera línea de este fichero, a través de su atributo **Src** especifica el nombre del fichero de código subyacente que se compilará dinámicamente, utilizando para ello un compilador JIT. Anteriormente no hemos hablado del fichero *FormWebNotas.dll* porque, con el tipo de sitio Web elegido, se crea de forma temporal.

Ahora bien, si no quiere facilitar el fichero fuente *FormWebNotas.aspx.vb* debe compilarlo y almacenar el fichero *.dll* resultante en un subdirectorio *bin* del directorio de la aplicación (por ejemplo en *FormWebNotas\bin*). Este proceso requiere ejecutar los siguientes pasos:

1. Crear una carpeta *FormWebNotas\bin*.

2. Compilar el fichero *FormWebNotas.aspx.vb*:

```
vbc /t:library /out:bin\FormWebNotas.dll FormWebNotas.aspx.vb
```

3. Esta orden crea *FormWebNotas.dll* y lo almacena en el subdirectorio *bin*.

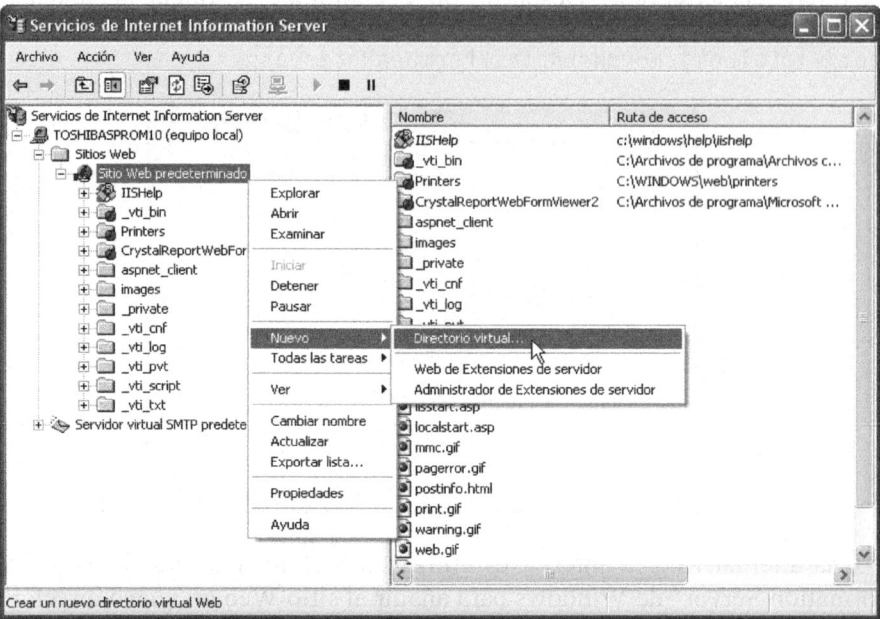

4. Utilizando la herramienta "Servicios de Internet Information Server" de Windows, añada al sitio Web un nuevo directorio virtual, por ejemplo *FormWeb-Notas*, vinculado con el directorio físico donde se encuentra la información; en nuestro caso con *C:\Inetpub\wwwroot\FormWebNotas*.

5. Elimine el atributo **Src** de la directriz **Page** del fichero *FormWebNotas.aspx* y ya puede también eliminar el fichero *FormWebNotas.aspx.vb*.

Ejecute la aplicación desde un explorador y observe que los resultados son los mismos que obtuvo anteriormente.

CONTROLES DE VALIDACIÓN

En muchas ocasiones puede resultar necesario comprobar que los usuarios escriben información valida, con un formato correcto, o simplemente que no dejan un campo vacío. Una forma sencilla de realizar esto es utilizando controles de validación.

¿Dónde se realiza la validación? Puede realizarse en el lado del cliente o en el lado del servidor. No obstante hay razones poderosas para realizar la validación

en el lado del cliente; por ejemplo, notificar inmediatamente al usuario que no lle-
nó un campo requerido supone ahorrarle el tiempo que supone enviar esa información al servidor, que el servidor genere un mensaje para informar al usuario del
problema, y que lo retorne al usuario. Los controles de validación en ASP.NET
son inteligentes; ellos ejecutarán siempre que sea posible la validación en el lado
del cliente.

Los controles de validación se pueden utilizar con cualquier control que se
procese en un fichero *.vb* (fichero de clase), incluidos los controles de servidor
Web y HTML. Los tipos de validación que se pueden realizar son los siguientes:

- Entrada requerida. Control **RequiredFieldValidator**.

- Comparación con un valor mediante un operador de comparación (<, >, etc.).
  Control **CompareValidator**.

- Comprobación de que una entrada de usuario (números, caracteres alfabéticos
  y fechas) está entre los límites especificados. Control **RangeValidator**.

- Comprobación de que la entrada del usuario coincide con un modelo definido
  por una expresión regular (direcciones de correo electrónico, números de teléfono, etc). Control **RegularExpressionValidator**.

- Definida por el usuario. Control **CustomValidator**.

Como ejemplo vamos añadir a la aplicación anterior un control **Required-
FieldValidator** para comprobar que el usuario no deja vacía la caja de texto
ctDni, un control **RangeValidator** para comprobar que el DNI escrito está entre
999999 y 99999999 (un control puede tener asociados varios controles de validación) y un control **ValidationSummary** para mostrar los mensajes de error enviados por los controles de validación.

Si está escribiendo la aplicación con Visual Web Developer arrastre sobre el
formulario Web los nuevos controles que observa en la figura siguiente, con las
propiedades especificadas a continuación:

Objeto	Propiedad	Valor
RequiredFieldValidator	(ID) ControlToValidate ErrorMessage Text	cvDni ctDni DNI requerido *

RangeValidator	(ID)	cvDniRango
	ControlToValidate	ctDni
	ErrorMessage	Valor fuera de rango
	MaximumValue	99999999
	MinimumValue	999999
	Text	*
	Type	Integer
ValidationSummary	(ID)	cvMensajes

Una vez añadidos los controles de validación ejecute la aplicación Web y compruebe el funcionamiento de los mismos.

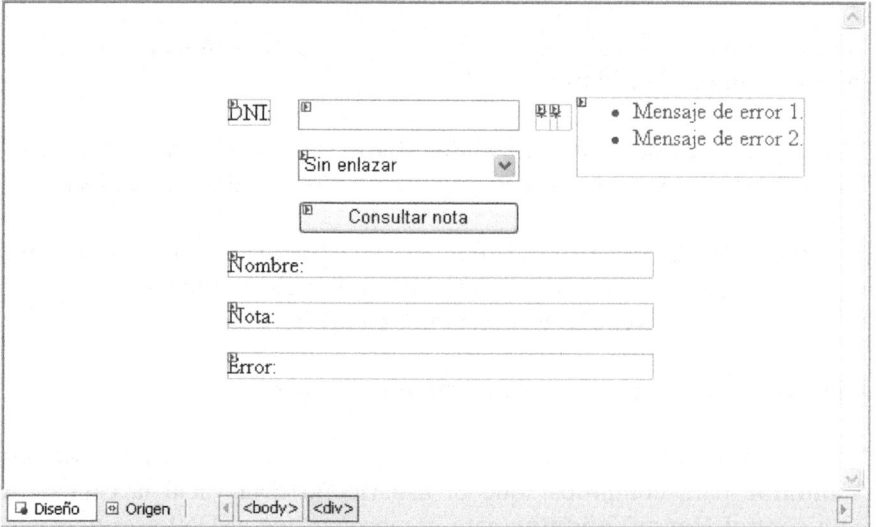

Si no está utilizando Visual Studio, edite el fichero *FormWebNotas.aspx* y añada el código siguiente:

```
<html>
  <head>
    <title>Formulario Web Notas</title>
  </head>
  <body MS_POSITIONING="GridLayout">
    ...
    <asp:RequiredFieldValidator
      id="cvDni" style="Z-INDEX: 108; LEFT: 376px;
      POSITION: absolute; TOP: 71px" runat="server"
      ErrorMessage="DNI requerido" ControlToValidate="ctDni">*
    </asp:RequiredFieldValidator>
    <asp:RangeValidator
      id="cvDniRango" style="Z-INDEX: 108; LEFT: 376px;
      POSITION: absolute; TOP: 71px" runat="server"
```

```
        ErrorMessage="Valor fuera de rango" ControlToValidate="ctDni"
        MaximumValue="99999999" MinimumValue="999999" Type="Integer">*
    </asp:RangeValidator>
    <asp:ValidationSummary
        id="cvMensajes" style="Z-INDEX: 110; LEFT: 400px;
        POSITION: absolute; TOP: 66px" runat="server">
    </asp:ValidationSummary>
  </form>
 </body>
</html>
```

Finalmente, edite el fichero *FormWebNotas.aspx.vb* y añada el código siguiente:

```
Public Class FormWebNotas : Inherits Page
  Protected WithEvents ctDni As TextBox
  Protected WithEvents btConsultarNota As Button
  Protected WithEvents etNombre As Label
  Protected WithEvents etNota As Label
  Protected WithEvents etError As Label
  Protected WithEvents lsdAsignatura As DropDownList
  Protected WithEvents Label1 As Label
  Protected WithEvents cvDni As RequiredFieldValidator
  Protected WithEvents cvDniRango As RangeValidator
  Protected WithEvents cvMensajes As ValidationSummary

  ...
End Class
```

SERVICIOS WEB XML

Los *servicios Web XML* son componentes que se ejecutan en el servidor y suelen implementar la capa de reglas de negocio (las otras dos capas son la de presentación y la de datos). Al igual que los componentes tradicionales, los servicios Web muestran una interfaz a través de la cual otras aplicaciones acceden a los servicios ofrecidos.

Lo importante de esta tecnología es que un servicio Web está disponible a través de protocolos Web, lo que lo hace compatible con programas que se ejecutan en diferentes lenguajes, en diferentes equipos e, incluso, en diferentes sistemas operativos. Esto es, se trata de un componente al que se puede acceder desde cualquier aplicación que sea capaz de generar mensajes e interpretar mensajes escritos en SOAP (*Simple Object Access Protocol* - protocolo de acceso a objetos simple). Actualmente SOAP es un protocolo simple y ligero basado en XML que viaja sobre protocolos de transporte estándar como HTTP.

Como ejemplo vamos a escribir un servicio Web que muestre una interfaz para que una aplicación pueda solicitar convertir un valor en grados *Fahrenheit* a su correspondiente valor en grados centígrados y viceversa. Para desarrollar esta aplicación Web, podemos seguir los pasos indicados a continuación:

- Crear un nuevo servicio Web XML.
- Escribir la interfaz del servicio Web.
- Instalar el servicio Web en un servidor.
- Crear un proyecto cliente del servicio Web.

Vamos a realizar este ejemplo, inicialmente utilizando *Visual Web Developer* y después sin utilizar herramientas RAD. Para esta situación se supone que tenemos instalado tanto IIS como *Microsoft .NET Framework SDK*.

Crear un nuevo servicio Web XML

Uno de los objetivos de Microsoft .NET es que Internet sea para el usuario como un gran sistema operativo, lo que significa que las piezas de nuestras aplicaciones podrán estar distribuidas por toda la red mundial; pero, las aplicaciones se ejecutarán como si todas esas piezas estuvieran en nuestra máquina local.

Precisamente, la idea de los servicios Web es crear componentes reutilizables, con la potencia de las aplicaciones .NET, que puedan ser localizados y llamados sobre el estándar HTTP para que estén disponibles para todo tipo de aplicación en cualquier sistema, y que expongan su interfaz para que cualquiera pueda determinar qué métodos están disponibles y cómo pueden llamarse.

Después de esta introducción, vamos a pasar a crear el servicio Web propuesto anteriormente para la conversión de temperaturas *Fahrenheit – Celsius* y viceversa. Si tiene arrancado *Visual Web Developer*, el primer paso es crear el proyecto. Para ello, en el menú *Archivo* elija *Nuevo sitio Web*.

En el cuadro de diálogo que se visualiza, seleccione la plantilla *Servicio Web ASP.NET*. En la lista *Ubicación* seleccione "Sistema de archivos" y haciendo uso del botón *Examinar* seleccione la carpeta para ubicar su servicio Web; por ejemplo, *Cap13\ServWebConverTemps*. Finalmente, elegiremos como lenguaje *Visual Basic*.

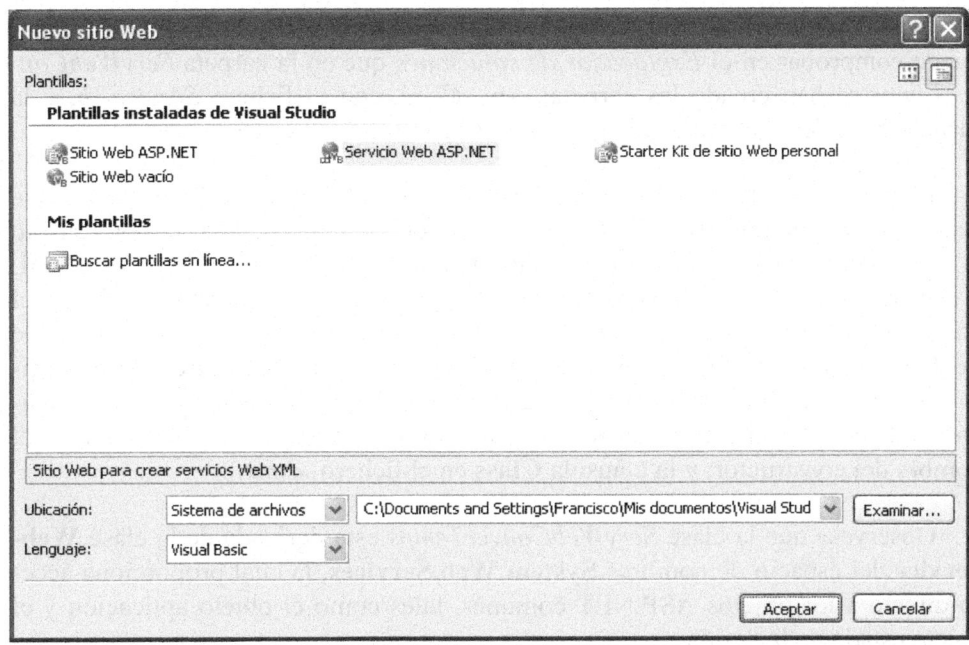

Para continuar, haga clic en *Aceptar*. Observará una ventana como la siguiente. El panel de edición, muestra un servicio Web (clase *Service*) que define una operación: *HelloWorld*.

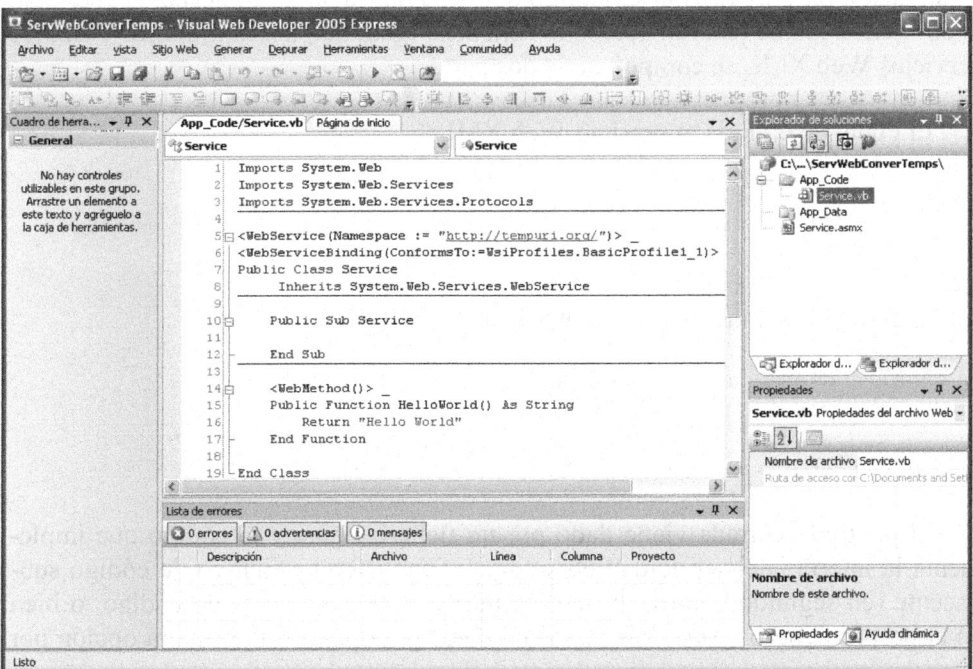

Deténgase un momento y observe las carpetas y ficheros que se han creado. Puede comprobar en el *Explorador de soluciones* que en la carpeta *ServWebConverTemps* se han creado las carpetas *App_Code*, con el fichero *Service.vb*, y la carpeta *App_Data*; además, se ha creado el fichero *Service.asmx*.

El fichero fuente *Service.vb* contiene la clase que define las operaciones que expondrá el servicio a sus clientes; es lo que denominamos interfaz del servicio Web. El fichero *Service.asmx* actúa como punto de entrada al servicio Web XML y está vinculado con el fichero *Service.vb*. Opcionalmente, podemos cambiar el nombre *Service* por *ServWebConverTemps*. Haga este cambio con los nombres de los ficheros, lo que obliga a modificar también la cláusula **CodeBehind** en el fichero *.asmx*. También, si quiere, puede modificar el nombre de la clase; por ejemplo, podemos llamarla *ConverTemperaturas*, lo que obliga a modificar también el nombre del constructor, y la cláusula **Class** en el fichero *.asmx*.

Obsérvese que la clase *ServWebConverTemps* está derivada de la clase **WebService** del espacio de nombres **System.Web.Services**, la cual proporciona acceso directo a los objetos ASP.NET comunes, tales como el objeto aplicación y el objeto estado de la sesión.

Escribir la interfaz del servicio Web

El siguiente paso es escribir el código que va a dar lugar a la interfaz del servicio Web XML a la que tendrán acceso los clientes. Igual que los formularios Web, los servicios Web XML se componen de dos partes:

1. El punto de entrada al servicio Web XML:

```
<%@ WebService
     Atributos
%>
```

2. El código que implementa la interfaz del servicio Web XML:

```
Public Class ServWebConverTemps
   Inherits System.Web.Services.WebService
   'Código que implementa la interfaz del servicio Web
End Class
```

El punto de entrada viene dado por un fichero *.asmx* y el código que implementa la interfaz del servicio Web se puede incluir en un fichero de código subyacente (en segundo plano), lo que facilita las actualizaciones de código, o bien en el propio fichero *.asmx*. Visual Web Developer opta por la primera opción por las ventajas que reporta. En cualquier caso, la primera línea del fichero *.asmx* especifica la directriz @ **WebService**.

Para ver el contenido del fichero *.asmx*, diríjase al *Explorador de soluciones*, haga clic con el botón secundario del ratón en el fichero *.asmx* y seleccione *Abrir* en el menú contextual. Veamos la implementación que ha realizado Visual Studio de este fichero:

```
<%@ WebService
     Language="vb"
     Codebehind="~/App_Code/ServWebConverTemps.vb"
     Class="ServWebConverTemps"
%>
```

La directriz @ **WebService** proporciona información necesaria al entorno ASP.NET, así cómo la clase que implementará la funcionalidad del servicio Web XML, y como hemos podido observar, esta información la proporciona a través de atributos.

El atributo **Language** de la directriz @ **WebService** permite especificar el lenguaje utilizado (vb, c#, etc.)

El atributo **Codebehind** es opcional e indica el fichero de código subyacente que implementa el servicio Web XML. Este atributo ayuda a Visual Studio a administrar el proyecto y no es necesario para la ejecución del servicio.

El atributo **Class** especifica el nombre de la clase que implementa el servicio Web XML.

Una vez explicada la directriz @ **WebService**, volvamos al fichero de código subyacente. Recuerde que cuando decida cambiar el nombre de la clase que implementa el servicio Web XML, tiene también que cambiarlo en el atributo **Class** de la directriz @ **WebService**.

Opcionalmente, utilizando el atributo **WebService** se puede establecer el espacio de nombres XML para el servicio Web XML, que le distinguirá de otros servicios, además de una cadena que describe el servicio Web XML:

```
<WebService(Namespace:="http://websol.aut.uah.es/ServiciosWeb/", _
Description:="CONVERSIÓN CENTÍGRADOS (C) <-> FAHRENHEIT (F)")> _
Public Class ConverTemperaturas
   Inherits System.Web.Services.WebService
   ' ...
End Class
```

A continuación añada a la clase *ConverTemperaturas* los dos métodos expuestos a continuación:

```
<WebMethod(Description:="Convertir grados F a C")> _
Public Function ConvFahrACent(gFahr As Double) As Double
   Return ((gFahr - 32) * 5.0) / 9.0
End Function

<WebMethod(Description:="Convertir grados C a F")> _
Public Function ConvCentAFahr(gCent As Double) As Double
   Return 9.0 / 5.0 * gCent + 32
End Function
```

ConvFahrACent devuelve el valor en grados centígrados correspondiente al valor en grados *Fahrenheit* pasado como argumento, y *ConvCentAFahr* realiza la operación inversa. Ambos métodos son públicos y están precedidos por el atributo **WebMethod**.

Cuando se asocia el atributo **WebMethod** con un método **public** es porque deseamos que ese método forme parte de la interfaz que el servicio Web XML mostrará a sus clientes. También se pueden utilizar las propiedades de este atributo para disponer de otras facilidades. Por ejemplo, la propiedad **Description** proporciona una descripción del método de servicio Web XML, que aparecerá en la página de ayuda del servicio. Para observar todos los detalles que estamos explicando, ejecute la aplicación Web de alguna de las formas que expusimos al hablar de formularios Web; por ejemplo, pulsando las teclas *Ctrl+F5*. Si fuera necesario depurar la aplicación, el procedimiento a seguir es el mismo que aprendió para las aplicaciones Windows y para los formularios Web.

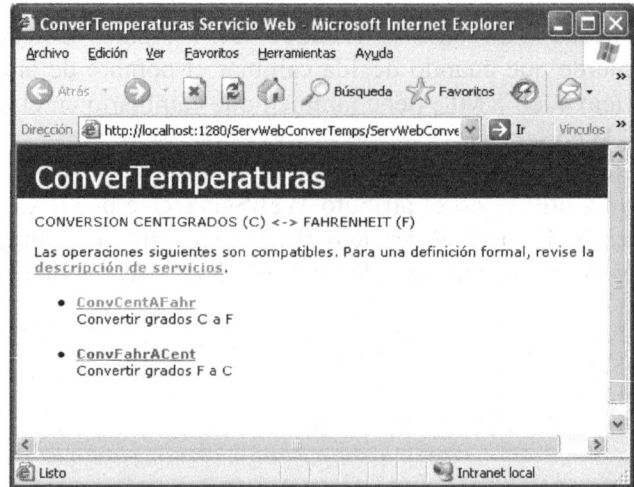

En la figura anterior podemos observar que la interfaz mostrada por el servicio Web *ServWebConverTemps* está formada por los métodos *ConvFahrACent* y *ConvCentAFahr*, así como las descripciones que hemos añadido tanto a la clase como a los métodos. Si ahora hacemos clic en alguna de esas operaciones, por ejemplo en *ConvFahrACent*, se le mostrará otra ventana como la siguiente:

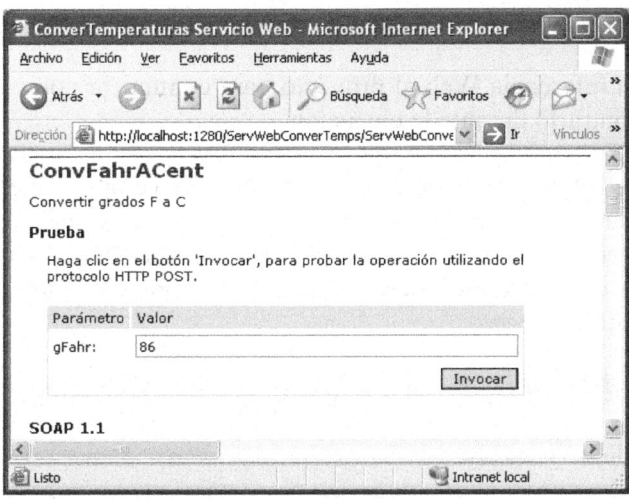

Esta otra ventana muestra una caja de texto para escribir el valor que será pasado como argumento al método *ConvCentAFahr* cuando pulsemos el botón *Invocar*, instante en el que será mostrada otra ventana con el resultado devuelto, en nuestro caso 30.

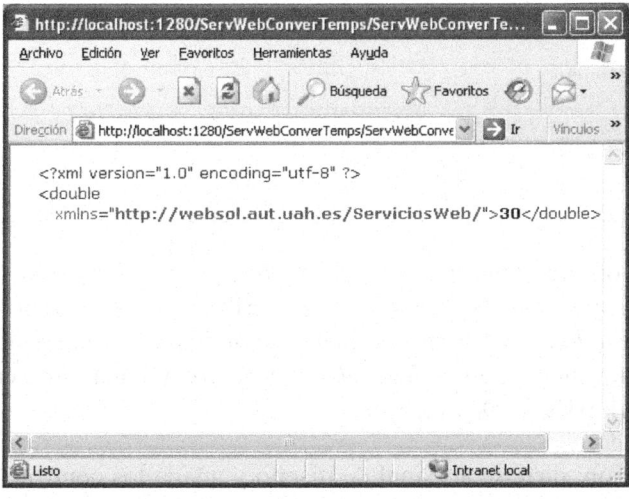

Crear un proyecto cliente del servicio Web

La pregunta que nos planteamos ahora es ¿cómo accedemos desde una aplicación a un servicio Web XML? El proceso de obtención de acceso a un servicio Web desde una aplicación consiste en:

1. Crear una aplicación Web ASP.NET.

2. Agregar una referencia Web al proyecto para comunicar con el servicio Web XML y encontrarlo durante la ejecución.

Para crear la aplicación Web, abra Visual Web Developer y ejecute *Nuevo sitio Web* del menú *Archivo*. En el cuadro de diálogo que se visualiza, seleccione la plantilla *Sitio Web ASP.NET*. En la lista *Ubicación*, seleccione "sistema de ficheros", indique la carpeta donde desea almacenarlo, por ejemplo *ClienteConverTemps*, y haga clic en *Aceptar*.

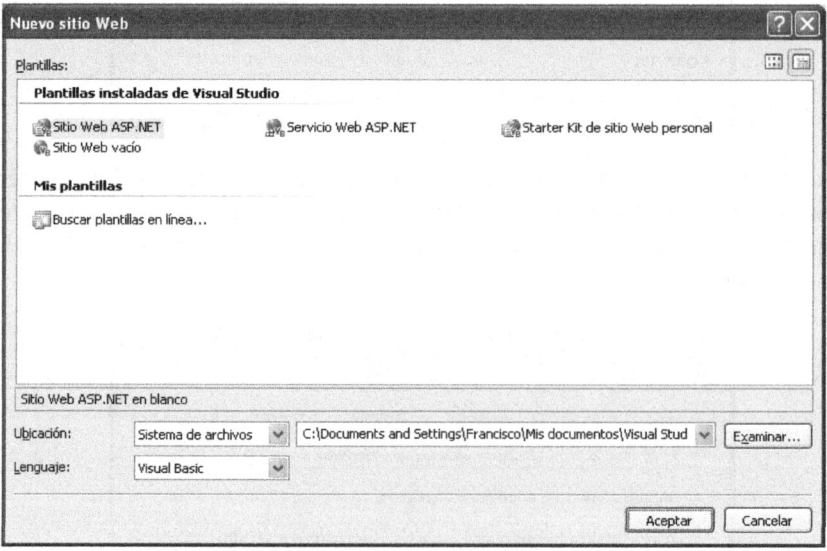

Cambie el nombre *Default* por *ClienteConverTemps*. Para ello seleccione *Default.aspx* en el *Explorador de soluciones* y escriba el nuevo nombre a través de la ventana de *Propiedades*. Cambie también el nombre de la clase del fichero *Default.aspx.vb* para que se llame *ClienteConverTemps* y haga también este cambio en la cláusula **Inherits** de *Default.aspx*.

A continuación, diríjase al panel de diseño y añada los controles indicados en la tabla siguiente con las propiedades especificadas:

Objeto	Propiedad	Valor
Etiqueta	(ID)	etGrados
	Text	Grados:
Caja de texto	(ID)	ctGrados
Botón de pulsación	(ID)	btConvertir
	Text	Convertir
Botón de opción	(ID)	btopCentAFahr
	Checked	True
	GroupName	ConvertirA
	Text	Centígrados a Fahrenheit
Botón de opción	(ID)	btopFahrACent
	GroupName	ConvertirA
	Text	Fahrenheit a Centígrados
RequiredFieldValidator	(ID)	cvGrados
	ControlToValidate	ctGrados
	ErrorMessage	Valor requerido
	Text	*
RangeValidator	(ID)	cvGradosRango
	ControlToValidate	ctGrados
	ErrorMessage	El valor debe pertenecer al rango -2000 a 2000
	MaximumValue	2000
	MinimumValue	-2000
	Text	*
	Type	Double
ValidationSummary	(ID)	cvMensajes

Finalmente, haga clic sobre el formulario y cambie su propiedad **title** al valor *Conversión Centígrados <--> Fahrenheit*.

Una vez finalizado el diseño del formulario, el resultado puede ser similar al siguiente.

Pensemos ahora en cómo se sucederán los hechos cuando un usuario solicite desde un explorador, que se ejecute nuestra aplicación Web:

1. Se visualiza el formulario Web.

2. El usuario selecciona el tipo de conversión que desea realizar haciendo clic sobre el botón de opción correspondiente.

3. Escribe en la caja de texto el valor en grados que desea convertir.

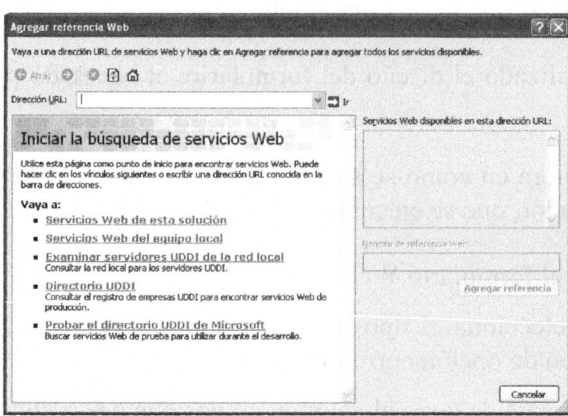

4. Hace clic en el botón *Convertir*. El controlador de este botón, en función del tipo de conversión seleccionado, invocará al método *ConvCentAFahr* o *ConvFahrACent* pasando como argumento el valor de la caja de texto.

5. El resultado se muestra en la caja de texto.

Para tener acceso a la interfaz del servicio Web *ServWebConverTemps* hay que agregar una referencia Web al proyecto para comunicar con dicho servicio Web y encontrarlo durante la ejecución.

Para agregar una referencia Web, diríjase al menú *Sitio Web* y haga clic en *Agregar referencia Web*, o bien haga clic con el botón derecho del ratón sobre el nombre del proyecto y seleccione *Agregar referencia Web*:

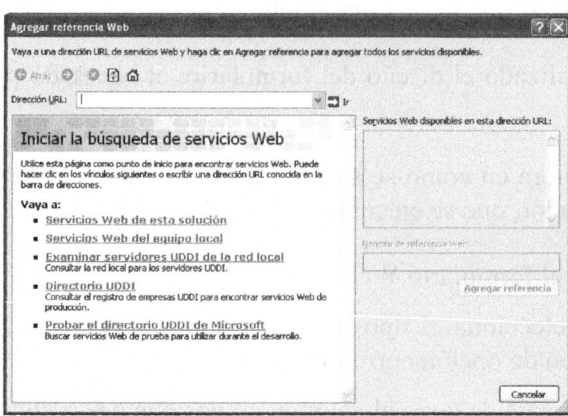

¿Dónde se localiza nuestro servicio Web *ServWebConverTemps*? En servicios de esta solución no, y en servicios del equipo local (en el servidor de aplicaciones IIS) tampoco. Recuerde que lo ubicamos en el sistema de ficheros. Entonces, tenemos que empezar por situarlo en alguno de los sitios mencionados. Lo colocaremos en la solución de nuestro proyecto cliente para evitar tener que utilizar IIS. Para ello, haga clic con el botón derecho del ratón sobre el nombre del proyecto y seleccione *Agregar nuevo elemento* del menú contextual que se visualiza. El nuevo elemento será un *Servicio Web*. Asígnele el mismo nombre que utilizó anteriormente, *ServWebConverTemps*, y seleccione la opción "Colocar el código en un archivo independiente". Reemplace los ficheros *ServWebConverTemps.asmx* y *ServWebConverTemps.vb* por los del servicio Web creado anteriormente.

Ahora ya podemos añadir una referencia en nuestra aplicación cliente que proporcione acceso al servicio Web. Ejecute la orden *Sitio Web > Agregar referencia Web*. En el diálogo que se visualiza, haga clic en el enlace "servicios Web de esta solución". Seleccione el servicio *ServWebConverTemps*, asigne a la referencia Web el nombre *ConvertirGrados*, y haga clic en el botón *Agregar referencia*. Este proceso se conoce como descubrimiento de servicios Web XML.

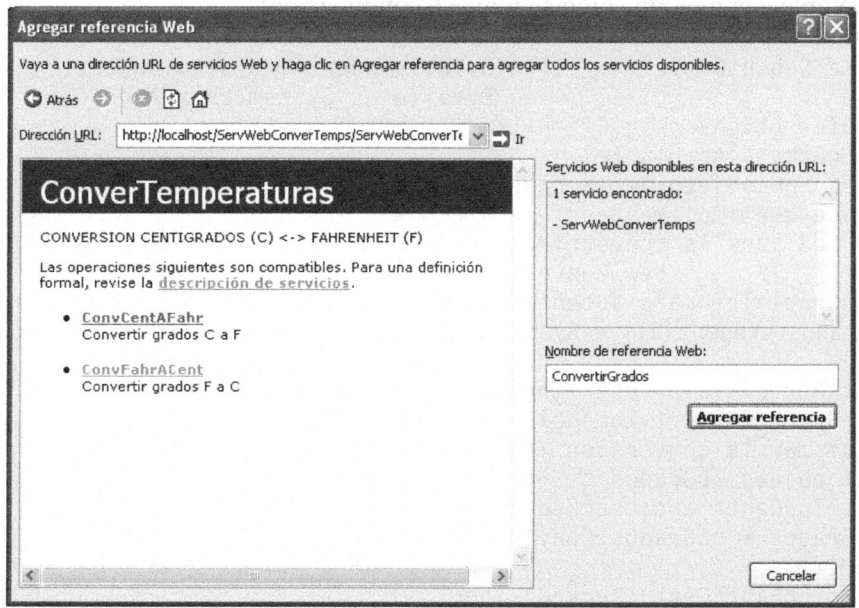

Visual Web Developer descarga la descripción del servicio y genera una interfaz entre la aplicación cliente y el servicio Web XML que recibe el nombre de *proxy*.

Obsérvese en el *Explorador de soluciones* la referencia Web añadida. Esto ha hecho que se haya creado un espacio de nombres *ConvertirGrados* que da acceso a la clase *ConverTemperaturas* que implementa el servicio Web XML. Se trata en realidad de una capa de software definida por Visual Web Developer (véase el fichero *ServWebConverTemps.wsdl*) en la que delega el servicio para que la aplicación Web pueda comunicarse con él.

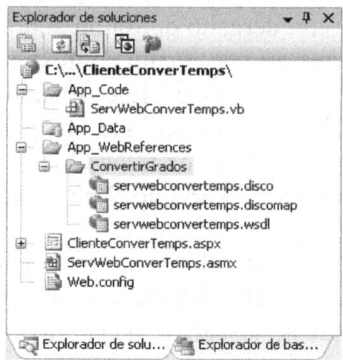

Nos queda escribir el controlador del botón *Convertir*. Haga doble clic en este botón para crear el manejador de eventos que responderá a su evento **Click**. Después complete el método como se indica a continuación:

```
Private Sub btConvertir_Click(ByVal sender As System.Object, _
                              ByVal e As System.EventArgs) _
    Handles btConvertir.Click
    Dim nGrados As Double
    'Crear un objeto de la clase ConverTemperaturas que es la
    'clase que implementa el servicio Web XML
    Dim obGrados As ConvertirGrados.ConverTemperaturas = _
                New ConvertirGrados.ConverTemperaturas()
    'Credenciales para autenticación de clientes de servicios Web
    obGrados.Credentials = System.Net.CredentialCache.DefaultCredentials

    'Obtener el valor escrito en la caja de texto
    nGrados = Convert.ToDouble(ctGrados.Text)
    'Realizar la conversión invocando al método correspondiente
    'del objeto obGrados de la clase ConverTemperaturas
    If (btopCentAFahr.Checked) Then
        nGrados = obGrados.ConvCentAFahr(nGrados)
    End If
    If (btopFahrACent.Checked) Then
        nGrados = obGrados.ConvFahrACent(nGrados)
    End If
    'Mostrar el resultado en la caja de texto
    ctGrados.Text = Convert.ToString(nGrados)
End Sub
```

Para que la aplicación cliente pueda acceder al servicio Web, hay que asignar al *obGrados* (objeto que referencia al servicio Web) credenciales para autenticarse como cliente. Después, ejecute la aplicación Web y pruebe los resultados.

SERVICIOS WEB DESARROLLADOS SIN HERRAMIENTAS RAD

Sabemos por lo estudiado hasta ahora que un servicio Web XML se compone de dos partes: el punto de entrada al servicio Web y el código que implementa la interfaz que mostrará el servicio Web a sus clientes. Ambas partes pueden escribirse en un único fichero *.asmx*, o bien puede escribirse: el punto de entrada en un fichero *.asmx* y el código en un fichero *.vb* subyacente.

Crear un servicio Web XML

Por ejemplo, el servicio Web que hemos implementado anteriormente, para facilitar la conversión de temperaturas de grados *Fahrenheit* a grados centígrados y viceversa, es muy fácil escribirlo utilizando un único fichero *.asmx*. Para comprobarlo siga los pasos indicados a continuación:

1. Abra su editor de textos favorito.

2. Escriba como primera línea el punto de entrada al servicio Web: directriz @ **WebService**. También necesita conocer el nombre de la clase del servicio Web; llámela *ConverTemperaturas*, por ejemplo.

3. Escriba a continuación la clase *ConverTemperaturas* derivada de la clase **WebService** del espacio de nombres **System.Web.Services**. Puede anteponer a la definición de la clase el atributo **WebService** para especificar el espacio de nombres del servicio y una descripción del mismo.

4. Escriba los datos y métodos miembro de la clase. Los métodos que vayan a formar parte de la interfaz que el servicio Web mostrará a sus clientes deben ir precedidos por el atributo **WebMethod**.

5. Guarde el fichero con el nombre *ServWebConverTemps.asmx*, por ejemplo.

6. Copie el fichero *ServWebConverTemps.asmx* en un directorio virtual de IIS, por ejemplo en el directorio *ServWebConverTemps*.

Una vez ejecutados los pasos anteriores, el contenido del fichero *ServWebConverTemps.asmx* será el siguiente:

```
<%@ WebService Language="vb" Class="ConverTemperaturas" %>

Imports System
Imports System.Data
```

```
Imports System.Web.Services

<WebService(Namespace:="http://atc.uah.es/ServiciosWeb/", _
    Description:="CONVERSION CENTIGRADOS (C) <-> FAHRENHEIT (F)")> _
Public Class ConverTemperaturas : Inherits WebService
   ' EJEMPLO DE SERVICIOS WEB
   '
   ' El método ConvFahrACent() devuelve los grados centígrados
   ' correspondientes a gFahr grados Fahrenheit.
   '
   <WebMethod(Description:="Convertir grados F a C")> _
   Public Function ConvFahrACent(ByVal gFahr As Double) As Double
      Return ((gFahr - 32) * 5.0) / 9.0
   End Function

   ' El método ConvCentAFahr() devuelve los grados Fahrenheit
   ' correspondientes a gCent grados centígrados.
   '
   <WebMethod(Description:="Convertir grados C a F")> _
   Public Function ConvCentAFahr(ByVal gCent As Double) As Double
      Return 9.0 / 5.0 * gCent + 32
   End Function
End Class
```

Invoque al servicio Web desde un explorador, según se expone a continuación, y observe que los resultados son los mismos que obtuvo anteriormente (sustituya *localhost* por el nombre de su servidor):

```
http://localhost/ServWebConverTemps/ServWebConverTemps.asmx
```

Según hemos comentado, también es posible almacenar la clase del servicio Web en un fichero *.vb* separado del *.asmx*. Por ejemplo, como ejercicio, escriba el punto de entrada en el fichero *ServWebConverTemps.asmx* y la clase del servicio Web en el fichero *ServWebConverTemps.vb*. Guarde ambos ficheros en el directorio virtual *C:\Inetpub\wwwroot\ServWebConverTemps*, por ejemplo.

En este caso es necesario compilar el fichero *ServWebConverTemps.vb* y almacenar el fichero resultante (fichero *.dll*) en un subdirectorio *bin* del directorio *C:\Inetpub\wwwroot\ServWebConverTemps*. Por lo tanto, cree el subdirectorio *bin* y después, abra una ventana de consola y ejecute la orden especificada a continuación:

```
vbc /t:library /out:bin\ServWebConverTemps.dll ServWebConverTemps.vb
```

Con esta segunda opción es necesario crear desde el administrador de servicios de IIS un directorio virtual para el servicio, por ejemplo *ServWebConver-Temps*, de lo contrario cuando intente ejecutar la aplicación obtendrá un error.

Ejecute la aplicación desde un explorador y observe que los resultados son los mismos que obtuvo anteriormente:

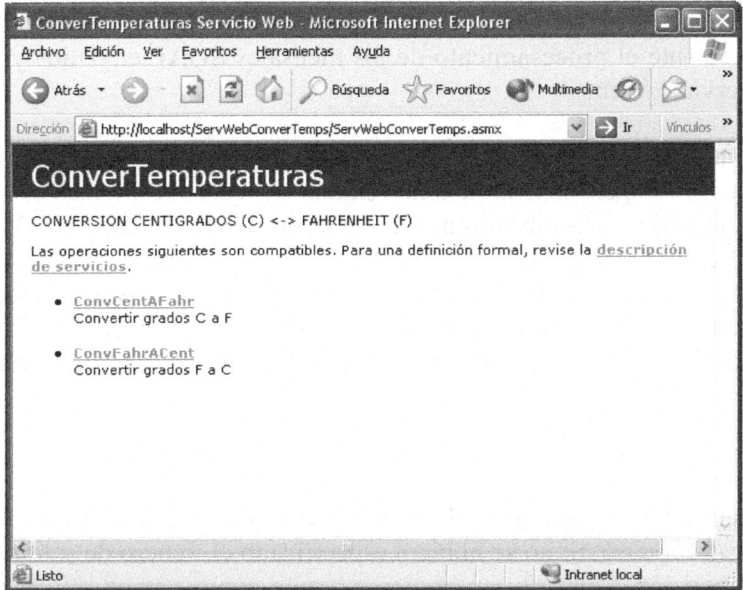

Crear un proyecto cliente del servicio Web

Según lo estudiado hasta ahora, se puede comunicar con los servicios Web XML a través de una red mediante protocolos estándar, incluido el protocolo SOAP. Esto significa que un cliente y un servicio Web XML se comunican mediante mensajes SOAP, que encapsulan los parámetros empleando XML. Lo cierto es que realizar esta labor manualmente resultaría bastante incómodo ¿Cómo salvó Visual Studio este inconveniente? Pues, creando un *proxy*.

¿Qué es un *proxy*? Es una clase almacenada en el equipo cliente que expone los métodos del servicio Web XML, o dicho de otra forma, es una representación local de la clase del servicio Web. Su misión es redirigir las llamadas que el cliente haga a sus métodos, a los correspondientes métodos del servicio Web. El resultado y la impresión que se obtiene es que parece que estamos accediendo directamente al servicio Web.

Afortunadamente, para los clientes de servicios Web, la clase del *proxy* controla el trabajo de asignar parámetros a los elementos XML y, después, enviar el mensaje SOAP a través de la red.

Para crear el *proxy* Visual Studio utiliza el *lenguaje de descripción de servicios Web* (WSDL). Una descripción del servicio define la manera de comunicarse con un servicio Web XML. Esto significa que con una descripción del servicio, se puede crear la clase del *proxy* y para ello .NET Framework proporciona la herramienta *wsdl.exe*. Una vez creado, un cliente del servicio Web XML puede llamar a los métodos del *proxy*, que a su vez se comunican con el servicio Web a través de la red mediante el procesamiento de los mensajes SOAP enviados y recibidos por dicho servicio Web.

Por ejemplo, para generar la clase que dará lugar al *proxy* del servicio Web *ServWebConverTemps.asmx*, abra una ventana de consola y ejecute la utilidad *wsdl.exe* especificando como mínimo la dirección URL del servicio Web (en su lugar puede especificarse también la dirección URL de una descripción de servicio, o la ruta de acceso de una descripción del servicio si es que la tiene guardada). Asegúrese de que la variable de entorno *path* incluye la ruta donde se ubica esta utilidad (*C:\Archivos de programa\Microsoft Visual Studio\SDK\v2.0\Bin*):

```
wsdl /language:vb /out:ProxyConverTemps.vb
http://localhost/ServWebConverTemps/ServWebConverTemps.asmx
```

La orden anterior genera la clase del *proxy* que se almacena en el fichero *ProxyConverTemps.vb*. Si no se hubiera especificado el fichero de salida se habría creado por omisión *ConverTemperaturas.vb*, que como vemos utiliza el mismo nombre que la clase del servicio Web.

Mueva este fichero al directorio que haya establecido para este nuevo proyecto; supongamos que este directorio es *C:\Inetpub\wwwroot\ClienteConverTemps*.

A partir del *proxy*, crear una aplicación que utilice el servicio Web supone remitirnos al apartado "Formularios Web construidos sin herramientas RAD", donde se explicó cómo crear un formulario Web. Para que este formulario pueda acceder al servicio Web, debe de crear un objeto de la clase local *ConverTemperaturas* definida en el fichero *ProxyConverTemps.vb*.

Escribir la página Web

Como ejemplo, vamos a escribir la misma página que diseñamos anteriormente para acceder al servicio Web *ServWebConverTemps*. El siguiente código muestra la página HTML que da lugar a la interfaz de usuario de la aplicación a la que nos referimos, utilizando controles de servidor Web:

```
<html>
  <head>
    <title>Conversión Centígrados <--> Fahrenheit</title>
  </head>
  <body MS_POSITIONING="GridLayout">
    <form id="Form1" method="post" runat="server">
```

```
<asp:Label
   id="etGrados" style="Z-INDEX: 101; LEFT: 191px;
   POSITION: absolute; TOP: 61px" runat="server"
   Width="186px" Height="25px">Grados:
</asp:Label>
<asp:TextBox
   id="ctGrados" style="Z-INDEX: 102; LEFT: 191px;
   POSITION: absolute; TOP: 99px" runat="server"
   Width="186" Height="25">
</asp:TextBox>
<asp:RadioButton
   id="btopCentAFahr" style="Z-INDEX: 103; LEFT: 192px;
   POSITION: absolute; TOP: 182px" runat="server"
   Width="186px" Height="25px" Text="Cetígrados a Fahrenheit"
   GroupName="ConvertirA" Checked="True">
</asp:RadioButton>
<asp:RadioButton
   id="btopFahrACent" style="Z-INDEX: 104; LEFT: 191px;
   POSITION: absolute; TOP: 216px" runat="server"
   Width="186px" Height="25px" Text="Fahrenheit a Centígrados"
   GroupName="ConvertirA">
</asp:RadioButton>
<asp:Button
   id="btConvertir" style="Z-INDEX: 105; LEFT: 191px;
   POSITION: absolute; TOP: 137px" runat="server"
   Width="186px" Height="25px" Text="Convertir">
</asp:Button>
<asp:RangeValidator
   id="cvGradosRango" style="Z-INDEX: 106; LEFT: 389px;
   POSITION: absolute; TOP: 102px" runat="server"
   Width="8px" ErrorMessage="El valor debe pertenecer al rango -2000 a 2000"
   ControlToValidate="ctGrados" Type="Double"
   MaximumValue="2000" MinimumValue="-2000">*
</asp:RangeValidator>
<asp:RequiredFieldValidator
   id="cvGrados" style="Z-INDEX: 108; LEFT: 389px;
   POSITION: absolute; TOP: 102px" runat="server"
   ErrorMessage="Valor requerido"
   ControlToValidate="ctGrados">*
</asp:RequiredFieldValidator>
<asp:ValidationSummary
   id="ValidationSummary1" style="Z-INDEX: 107; LEFT: 410px;
   POSITION: absolute; TOP: 98px" runat="server">
</asp:ValidationSummary>
      </form>
   </body>
</html>
```

Guarde el fichero anterior con el nombre *ClienteConverTemps.aspx* en el directorio que haya establecido para la aplicación. Como este fichero no es un módulo de código Visual Basic, su relación con el fichero de código subyacente se establece con directrices incluidas en la parte superior de la página. Por lo tanto, escriba como primera línea del fichero *ClienteConverTemps.aspx* la directriz indicada a continuación:

```
<%@ Page
     Language="vb"
     Inherits="ClienteConverTemps"
%>

<html>
  ...
</html>
```

Escribir el fichero de código subyacente

El ejemplo siguiente muestra cómo crear la clase *ClienteConverTemps* subyacente. Cuando se crea una página de esta forma, se debe incluir los espacios de nombres **System** y **System.Web.UI**, así como otros espacios de nombres que contengan las clases utilizadas en el código. Observe que el único código que se modifica con respecto a la versión realizada con Visual Web Developer (Visual Studio) es la línea sombreada en la que se crea un objeto de la clase *ConverTemperaturas* que implementa el *proxy* (fichero *ProxyConverTemps.vb*):

```
Imports System
Imports System.Web.UI
Imports System.Web.UI.WebControls

Public Class ClienteConverTemps : Inherits Page
    Protected WithEvents etGrados As Label
    Protected WithEvents ctGrados As TextBox
    Protected WithEvents cvGradosRango As RangeValidator
    Protected WithEvents ValidationSummary1 As ValidationSummary
    Protected WithEvents cvGrados As RequiredFieldValidator
    Protected WithEvents btopCentAFahr As RadioButton
    Protected WithEvents btopFahrACent As RadioButton
    Protected WithEvents btConvertir As Button

    Private Sub btConvertir_Click(ByVal sender As System.Object, _
                    ByVal e As System.EventArgs) _
                    Handles btConvertir.Click
        Dim nGrados As Double
        'Crear un objeto de la clase ConverTemperaturas que es la
        'clase que indirectamente implementa el servicio Web XML
        Dim obGrados As ConverTemperaturas = New ConverTemperaturas()
        'Credenciales para autenticación de clientes de servicios Web
        obGrados.Credentials = System.Net.CredentialCache.DefaultCredentials
```

```
      'Obtener el valor escrito en la caja de texto
      nGrados = Convert.ToDouble(ctGrados.Text)
      'Realizar la conversión invocando al método correspondiente
      'del objeto obGrados de la clase ConverTemperaturas
      If (btopCentAFahr.Checked) Then
        nGrados = obGrados.ConvCentAFahr(nGrados)
      End If
      If (btopFahrACent.Checked) Then
        nGrados = obGrados.ConvFahrACent(nGrados)
      End If
      'Mostrar el resultado en la caja de texto
      ctGrados.Text = Convert.ToString(nGrados)
    End Sub
End Class
```

Guarde el fichero anterior con el nombre *ClienteConverTemps.aspx.vb* en el directorio que haya establecido para la aplicación.

La aplicación Web está finalizada. Para probar su funcionamiento, debe compilar los ficheros *ClienteConverTemps.aspx.vb* y *ProxyConverTemps.vb* y almacenar el resultado en un ensamblado con extensión *.dll* ubicado en un subdirectorio *bin* del directorio de la aplicación (en el ejemplo en *ClienteConver-Temps\bin*). Este proceso requiere ejecutar los siguientes pasos:

1. Crear una carpeta *ClienteConverTemps\bin*.

2. Compilar los ficheros *ClienteConverTemps.aspx.vb* y *ProxyConverTemps.vb*:

    ```
    vbc /t:library /out:bin\ClienteConverTemps.dll
    ClienteConverTemps.aspx.vb ProxyConverTemps.vb
    ```

3. Esta orden crea el ensamblado *ClienteConverTemps.dll* y lo almacena en el subdirectorio *ClienteConverTemps\bin*.

4. Utilizando la herramienta "Servicios de Internet Information Server" de Windows, verifique que hay un directorio virtual *ClienteConverTemps*, vinculado con el directorio físico donde se encuentra la información: *C:\Inetpub\www-root\ClienteConverTemps*.

Ejecute la aplicación desde un explorador y observe que los resultados son los mismos que obtuvo anteriormente.

ACCESO A DATOS DESDE FORMULARIOS WEB

Las páginas Web a menudo precisan mostrar información derivada de una base de datos. Sin embargo, debido a la naturaleza de las páginas de formularios Web, el acceso a una base de datos desde un formulario Web difiere en varios aspectos del acceso a datos en los formularios Windows. De algún modo, estas son las mismas diferencias que hacen cualquier tipo de programación Web distinta de la programación de los formularios tradicionales: la administración del estado, la separación entre cliente y servidor, el diseño pensado para la escalabilidad, etc.

El acceso a los datos almacenados en una base de datos desde una página construida a partir de un formulario Web, se basa en los siguientes principios fundamentales:

- *Utilización de un modelo desconectado.* Los formularios Web están desconectados; esto es, siempre que se solicita una página Web basada en un formulario, ésta se genera, se procesa, se envía al explorador y se desecha de la memoria del servidor. Si la página incluye acceso a una base de datos, los datos se leen o actualizan mientras la página se procesa en el servidor, y cuando finaliza y se envía al explorador, se desechan los datos junto con el resto de los elementos de la página. No resulta práctico mantener abiertas las conexiones con los orígenes de datos. El dejar la conexión abierta puede impedir que otro cliente tenga acceso a la base de datos si el gestor de base de datos tiene un número limitado de conexiones. Por eso, durante el procesamiento de una página se abre una conexión con los datos, de lectura o de escritura y, a continuación, se cierra la conexión.

- *Mayor frecuencia de lectura de los datos que de su actualización.* La mayoría de los accesos a los datos mediante páginas Web es de sólo lectura, lo que confiere a la página una mayor eficiencia; es decir, normalmente, utilizamos un enlace a una base de datos para mostrar información en los controles de una página, pero no para escribir los datos de los mismos en la base de datos. Los formularios Web predeterminados no incluyen un modo de escribir datos de un control en un origen de datos. Por lo tanto, si se crea una página que actualice una base de datos, se deberá incluir la lógica para realizar las operaciones de actualización.

- *Reducción al máximo de los requisitos de recursos del servidor.* Debido a que un formulario Web se procesa en el servidor antes de ser enviado al explorador, cualquier acceso a los datos agrega a la carga del servidor tiempo de procesamiento y uso de memoria. Esto significa que si se decide guardar los datos entre las acciones de ida y vuelta y se almacenan en el servidor, se utilizarán recursos de éste aunque la página no se esté procesando. Esta forma de proceder será difícil de manejar cuando sean muchos los usuarios que acceden simultáneamente. Por lo tanto, en estos casos es necesario poner un especial cuidado en el diseño para minimizar los efectos, por ejemplo, obteniendo sólo tantos datos como se precisen en cada instante.

- *Acceso a los datos mediante procesos remotos* (acceso a datos distribuido). Es muy normal separar la lógica de acceso a los datos de la interfaz de usuario generándola en otro componente, por ejemplo, en un servicio Web XML que interactúe con el origen de datos.

Después de esta breve introducción, vamos a realizar una aplicación que utilice un formulario Web para acceder a una base de datos Microsoft SQL Server (o bien a una base de datos Microsoft Access). Esta aplicación tendrá como base la realizada al principio de este capítulo, *FormWebNotas*, relativa al diseño de un formulario Web para que un alumno pueda consultar a través de Internet las notas de las asignaturas que ha cursado en una determinada institución. En aquel diseño los datos estaban almacenados en ficheros de texto y en este nuevo diseño, van a estar en una base de datos *SQL Server* o *Access* con la siguiente estructura (véase también el apartado "Ejercicios propuestos", donde se propone un diseño más óptimo de la base de datos):

asignaturas	
CP	**id asignatura**
	nombre

notasAsgNNNNN	
CP	**id alumno**
	nombre
	nota

La tabla *asignaturas* contiene los nombres de todas las asignaturas de las que un alumno puede consultar su nota y la tabla *notasAsigNNNNN*, las notas de los alumnos matriculados en la asignatura cuyo *id_asignatura* es *NNNNN*. Hay tantas tablas *notasAsigNNNNN* como asignaturas en la tabla *asignaturas*. Un alumno que quiera consultar una asignatura deberá identificarse mediante su *id_alumno*.

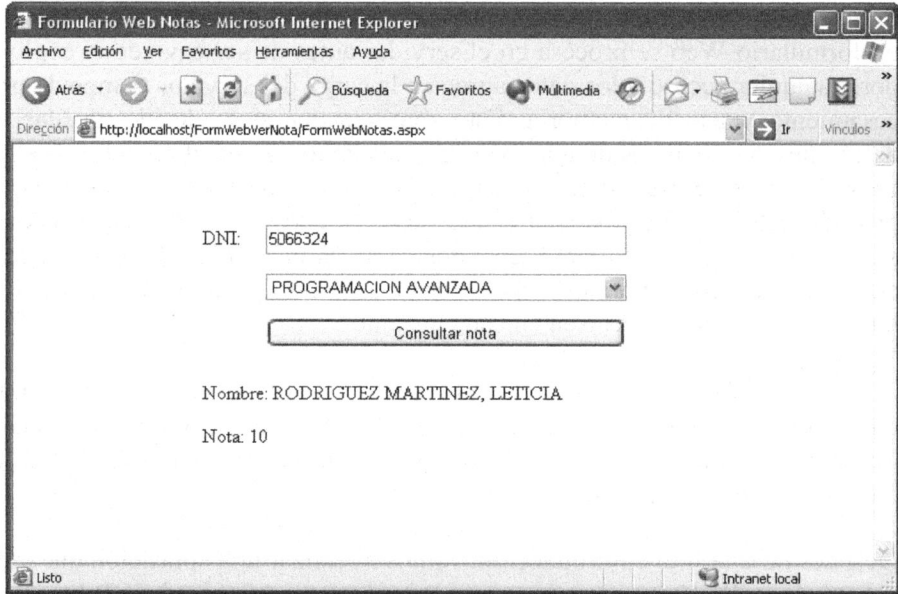

Para desarrollar esta aplicación Web, podemos seguir los pasos indicados a continuación:

- Cree la base de datos. En el desarrollo que vamos a exponer, utilizaremos una base de datos construida con *SQL Server Express* (véase el apéndice B). No obstante, en el CD que acompaña al libro, hay una copia de esta base de datos. En ejercicios propuestos, se propone hacer la misma aplicación pero utilizando una base de datos construida con *Microsoft Access*.

- Cree un nuevo formulario Web y agregue los controles a la página Web. Tanto la aplicación como el formulario recibirán el nombre de *FormWebVerNota*. Utilizaremos el mismo formulario que diseñamos anteriormente en este mismo capítulo para *FormWebNotas*, con lo cual tenemos todo el trabajo de diseño realizado.

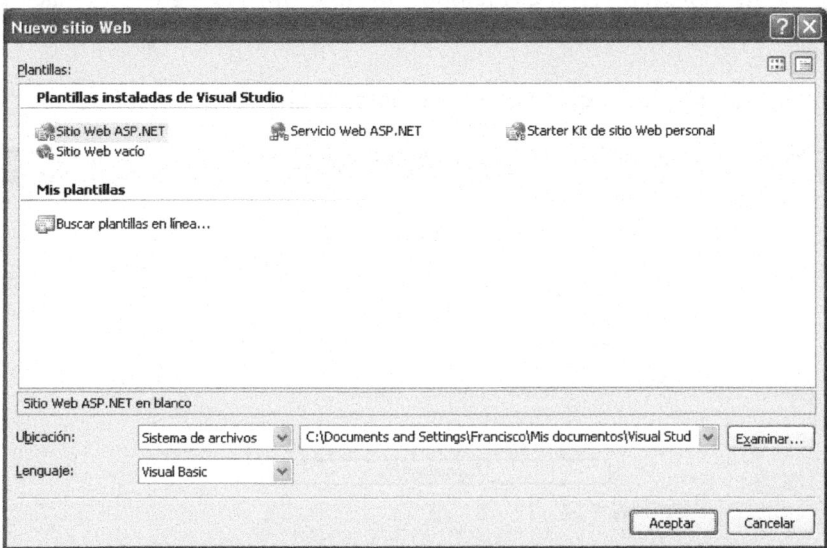

- Copie los ficheros que almacenan la base de datos en la carpeta *App_Data* de su proyecto y después haga clic en el botón *Actualizar* del explorador de soluciones. Observará que se ha añadido la base de datos al proyecto. Si cambia al explorador de bases de datos podrá observar la estructura de la misma. También puede comprobar que haciendo clic con el botón derecho del ratón sobre el nodo *Conexiones de datos* del explorador de bases de datos puede agregar una nueva conexión.

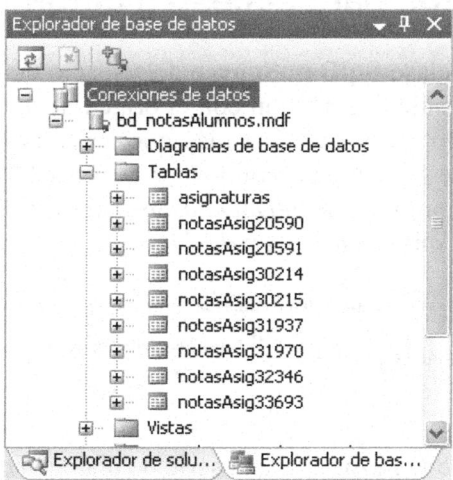

- Escriba los controladores de eventos para los controles. Con respecto a la aplicación *FormWebNotas*, el controlador *Page_Load* no hace falta y *btConsultarNota_Click* no varía; el método *CargarListaDesplegable* no hace falta y *BuscarNota* se modifica.

- Genere la aplicación y ejecute el formulario Web.

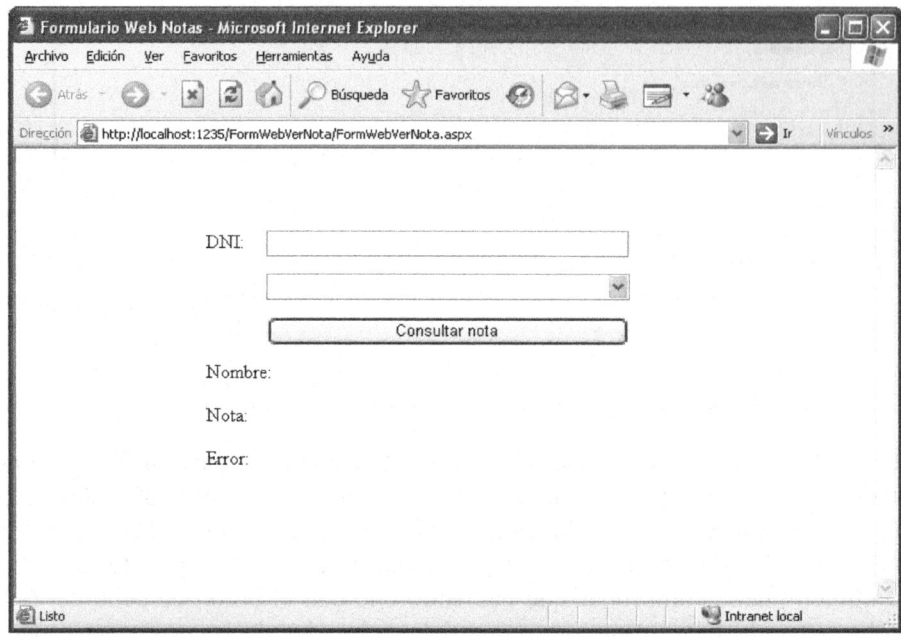

Añadir los objetos para acceso a datos

Añada un objeto de la clase **SqlDataSource** del espacio de nombres **System.Data.SqlClient** que encapsule la conexión con el origen de datos. Para ello, estando en la ventana de diseño, no tiene nada más que arrastrarlo sobre el formulario desde el panel *Datos* de la caja de herramientas de Visual Web Developer. Asígnele, por ejemplo, el nombre *FuenteDeDatosSql*. Abra la lista de tareas de este control y haga clic en *Configurar origen de datos*:

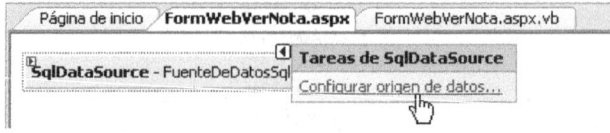

Cuando haga clic se le mostrarán una serie de diálogos que le solicitarán: elegir la conexión de datos, guardar la cadena de conexión en el archivo de configuración de la aplicación y configurar la instrucción **Select**:

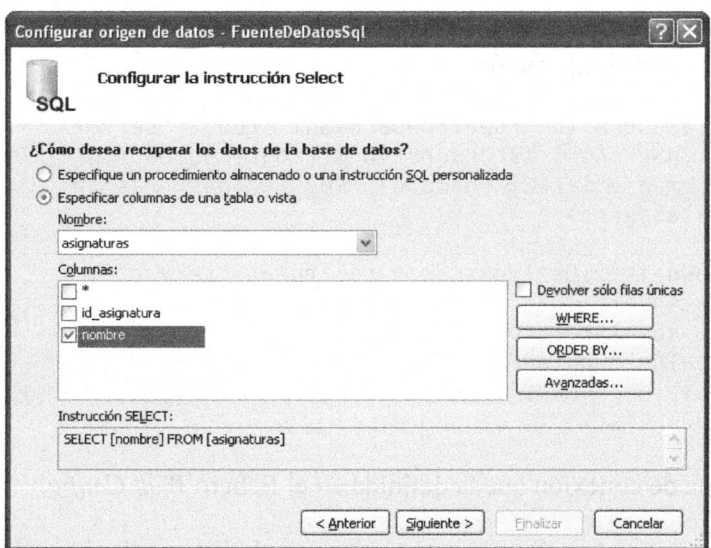

La sentencia **Select** de *FuenteDeDatosSql* la configuraremos para que devuelva los nombres de las asignaturas de la tabla *asignaturas*.

A continuación, abra la lista de tareas de la lista desplegable *lsdAsignatura* y vincúlela con el origen de datos *FuenteDeDatosSql* para que muestre los nombres de las asignaturas:

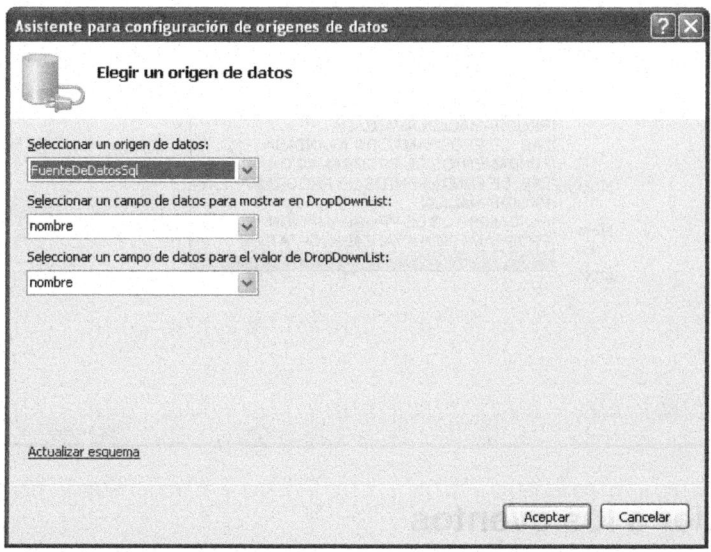

Esta acción asignará a la propiedad **DataSourceID** de *lsdAsignatura* la fuente de datos *FuenteDeDatosSql*, y a **DataTextField** y **DataValueField** el campo *nombre* de la tabla *asignaturas*.

Las acciones anteriores se reflejarán en el fichero *FormWebVerNota.aspx* como se muestra a continuación:

```
<asp:SqlDataSource ID="FuenteDeDatosSql" runat="server"
    ConnectionString="<%$ ConnectionStrings:CadenaDeConexión %>"
    SelectCommand="SELECT [nombre] FROM [asignaturas]">
</asp:SqlDataSource>
...
<asp:DropDownList ID="lsdAsignatura" runat="server"
    Style="z-index: 102; left: 210px;
    position: absolute; top: 104px" Width="300px"
    DataSourceID="FuenteDeDatosSql"
    DataTextField="nombre" DataValueField="nombre">
</asp:DropDownList>
```

La cadena de conexión queda definida en el fichero *Web.Config*.

Si ahora ejecuta la aplicación, observará que la lista se llena con los nombres de las asignaturas:

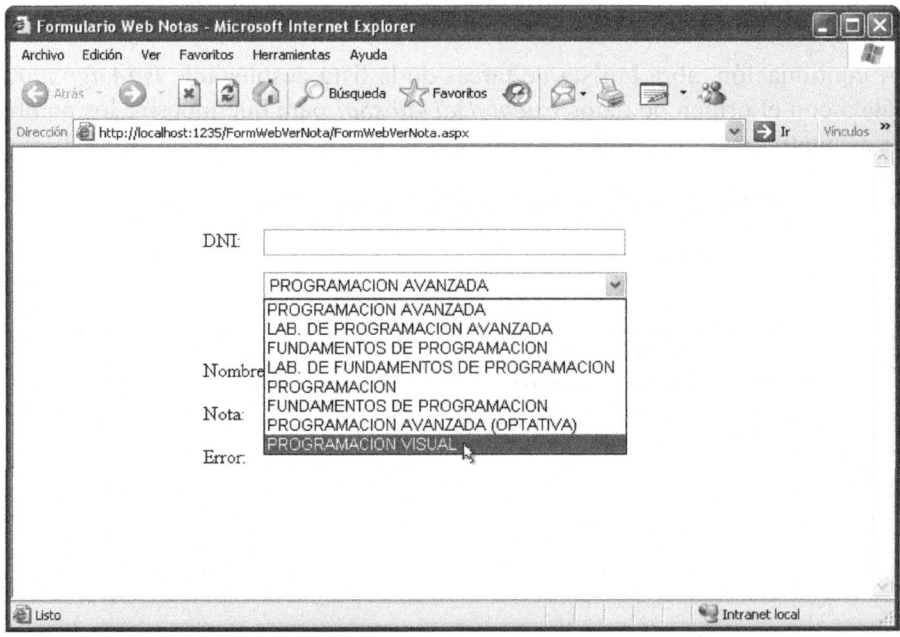

Responder a los eventos

Cuando un usuario solicite desde un explorador, al servidor correspondiente, que se ejecute nuestra aplicación Web, se visualizará en el mismo el formulario *FormWebVerNota* generado y enviado por ese servidor. Al cargarse este formulario se mostrará la lista de las asignaturas que el alumno puede consultar, según puede observarse en la figura anterior.

A continuación, el alumno escribirá su DNI y seleccionará de la lista la asignatura de la que quiere consultar la nota.

Después hará clic en el botón *Consultar nota*, instante en el que la página se envía al servidor. ASP.NET analiza el evento que se ha producido y si existe un controlador para ese evento, se ejecutará inmediatamente. En nuestro caso, se ejecutará el controlador *btConsultarNota_Click* que invoca al método *BuscarNota* pasándole como argumento el índice del elemento de la lista seleccionado. La función de este método es buscar la nota en la asignatura seleccionada por el alumno que se ha identificado. Para ello, este método abre una conexión con la base de datos, realiza una consulta a la misma para obtener el identificador *NNNNN* de la asignatura seleccionada, que se utiliza para componer el nombre de la tabla que guarda las notas, realiza otra consulta sobre esta tabla para obtener el nombre y la nota del alumno que se identificó y coloca los resultados obtenidos en los controles correspondientes de la página. Los resultados de las consultas se almacenan en un objeto *Lector* de la clase **SqlDataReader**. Ocurra lo que ocurra, la ejecución del método finaliza cerrando la conexión con el origen de datos.

Cuando la ejecución del código finalice, la página se vuelve a enviar al explorador con los cambios realizados por el código: la etiqueta *etNombre* mostrará el nombre del alumno y la etiqueta *etNota* mostrará la nota obtenida en la asignatura seleccionada, o bien la etiqueta *etError* mostrará un mensaje de error, o de que el alumno no está en el acta, si fue esto lo que ocurrió.

```
Private Sub BuscarNota(ByVal ind As Integer)
  'Objeto conexión con la base de datos
  Dim ConexionConBD As System.Data.SqlClient.SqlConnection = _
      New System.Data.SqlClient.SqlConnection

  'Cadena de conexión (véase Web.Config)
  ConexionConBD.ConnectionString = _
      "Data Source=.\SQLEXPRESS;" & _
      "AttachDbFilename=|DataDirectory|\bd_notasAlumnos.mdf;" & _
      "Integrated Security=True;User Instance=True"

  'Objeto orden SQL
  Dim OrdenSQL As System.Data.SqlClient.SqlCommand = Nothing

  'Objeto lector de datos SQL
  Dim Lector As System.Data.SqlClient.SqlDataReader = Nothing

  Dim id_asig As Integer 'identificador asignatura
  Dim nombre_asig As String = lsdAsignatura.Items(ind).Text
```

```vbnet
Try
   ConexionConBD.Open() ' abrir una conexión con la base de datos

   ' Consulta para obtener el id de la asignatura
   Dim Consulta As String = "SELECT id_asignatura  " & _
                            "FROM asignaturas " & _
                            "WHERE nombre='" & nombre_asig & "'"
   OrdenSQL = New SqlCommand(Consulta, ConexionConBD)

   ' ExecuteReader hace la consulta y devuelve un SqlDataReader
   Lector = OrdenSQL.ExecuteReader()

   ' Llamar siempre a Read antes de acceder a los datos
   If (Lector.Read() <> Nothing) Then
     id_asig = Lector.GetInt32(0)
   End If
   Lector.Close()
   Lector = Nothing

   ' Consulta para buscar el nombre y la nota del alumno "ctDni".
   ' Nombre de la tabla = "notasAsig" & id_asignatura.
   Consulta = "SELECT nombre, nota FROM notasAsig" & id_asig & _
              " WHERE id_alumno=" & Convert.ToInt32(ctDni.Text)
   OrdenSQL = New SqlCommand(Consulta, ConexionConBD)
   Lector = OrdenSQL.ExecuteReader()
   If (Lector.Read() <> Nothing) Then
     ' Mostrar en la página el nombre y la nota
     etNombre.Text = "Nombre:  " & Lector.GetString(0)
     etNota.Text = "Nota:  " & Lector.GetFloat(1)
   Else
     ' El alumno buscado no se encontró
     etNombre.Text = ""
     etNota.Text = ""
     etError.Text = "No está en acta"
   End If

   ' Llamar siempre a Close una vez finalizada la lectura
   Lector.Close()
   Lector = Nothing
Catch exc As System.IO.IOException
   etError.Text = "Error: " & exc.Message
Finally
   ' En cualquier caso, cerrar la conexión
   If (Not Lector Is Nothing) Then Lector.Close()
   If (Not ConexionConBD Is Nothing) Then ConexionConBD.Close()
End Try
End Sub
```

EJERCICIOS PROPUESTOS

1. Realice de nuevo la aplicación *FormWebVerNota* para que, en lugar de acceder a una base de datos como la diseñada en el apartado "Acceso a datos desde formularios Web", acceda a una base de datos con la estructura especificada en la figura siguiente, la cual establece una relación de muchos a muchos y evita crear N tablas para N asignaturas.

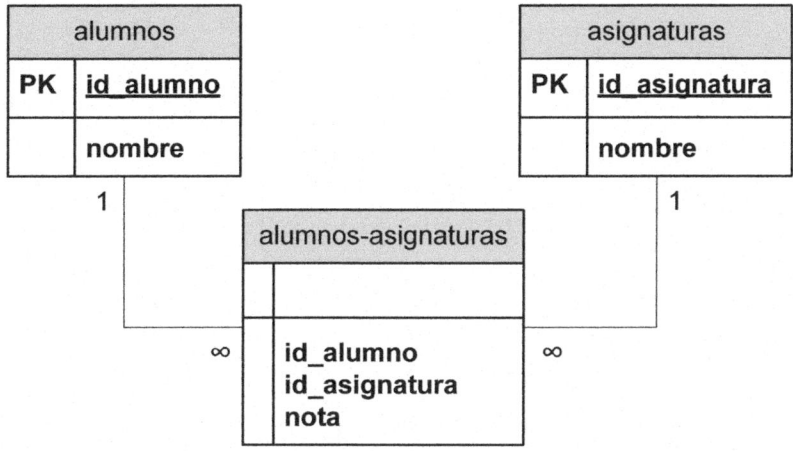

2. Realice la aplicación *FormWebVerNota* para que, en lugar de acceder a una base de datos SQL Server, acceda a una base de datos construida con *Microsoft Access*.

3. Las páginas de formularios Web constituyen el nivel de presentación de la aplicación Web. Como hemos visto en el ejercicio anterior, que acabamos de realizar, se pueden generar accesos a datos en las páginas, pero también es muy habitual separar la lógica de acceso a los datos de la interfaz de usuario, generándola en otro componente (por ejemplo, en un servicio Web XML) que interactúe con el origen de datos. Según esto, partiendo de la aplicación anterior (acceso a una base de datos desde formulario Web), realice otra en la que el cliente Web acceda a la base de datos a través de un servicio Web.

AYUDA

En este libro se ha trabajado con los espacios de nombres más comunes en Visual Basic y dentro de cada espacio de nombres con las clases de uso más frecuente. Evidentemente, a medida que vaya estudiando cada capítulo le van a surgir dudas y curiosidades de por qué esta clase y no otra, o qué otros métodos tiene esta clase y, lógicamente, a muchas de estas cuestiones no va a tener respuesta en el libro; por eso este apéndice. Debe acostumbrarse a manejar la ayuda que proporciona *Microsoft .NET Framework Software Development Kit* (SDK) para tratar de dar solución a las dudas que le puedan surgir. El aspecto de la ventana de ayuda de .NET es el siguiente:

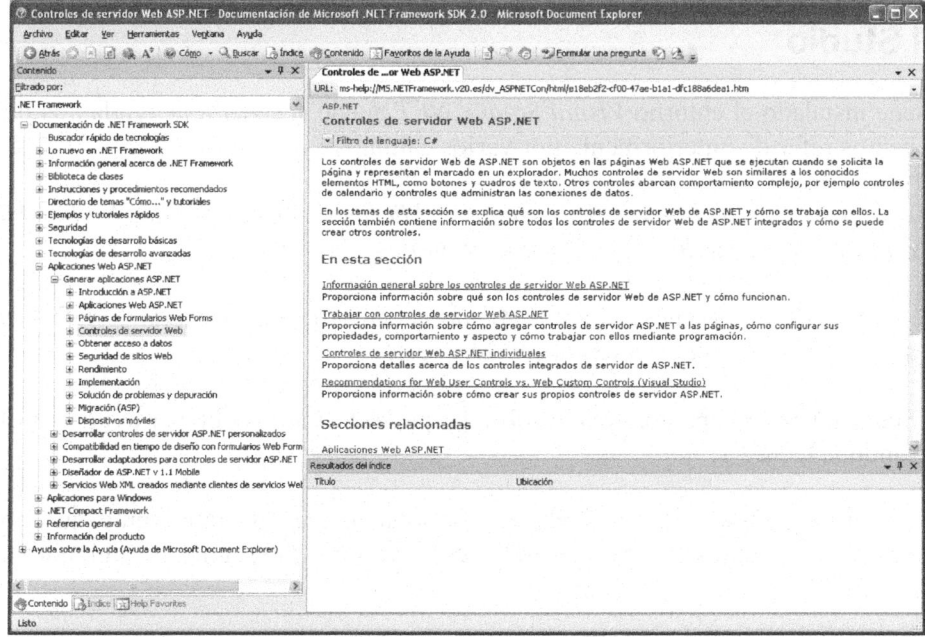

La documentación correspondiente a la API (*Application Programming Interface* - interfaz de programación de aplicaciones) de Visual Basic que compone la ayuda de la que estamos hablando, es parte del fichero *setup.exe* que va incluido en el CD-ROM. Cuando haya instalado este fichero, correspondiente a *.NET Framework SDK*, tendrá instalada también la ayuda que podrá visualizar haciendo clic en *Inicio – Programas - Microsoft .NET Framework SDK*.

Si observa la figura anterior, verá que tiene un aspecto similar al explorador, y que su área de trabajo se divide básicamente en las siguientes zonas:

- En la parte superior aparece una franja estrecha en la que se visualiza el título del tema que estemos viendo, así como una serie de iconos relativos a otros temas relacionados con el mostrado, requerimientos y filtros para elegir el tipo de documentación que se desea mostrar.

- En la izquierda aparece una ventana que puede visualizar la página de *contenido*, *índice*, *buscar* o *favoritos*, dependiendo de la pestaña sobre la que se haga clic, de las mostradas en la parte inferior de esta ventana.

- La parte inferior permite mostrar un índice con los resultados obtenidos después de una selección en la página *índice* o después de una búsqueda.

- En el resto del área de trabajo de la ventana de ayuda, la parte más grande, mostrará de forma resumida todo lo relativo al tema que haya seleccionado.

Visual Studio

Si tiene instalado el entorno *Visual Studio .NET* puede acceder a la ayuda a la que nos hemos referido anteriormente por varios caminos:

- Haciendo clic en *Inicio – Programas – Microsoft Visual Studio .NET – Microsoft Visual Studio .NET Documentation*.

- A través de las órdenes del menú *Ayuda* del entorno *Visual Studio .NET*: *Ayuda dinámica*, *Índice*, *Contenido*, *Buscar*, etc.

- Seleccionando la palabra clave sobre la que necesitamos obtener ayuda y pulsando la tecla *F1*.

Asimismo, *Visual Studio .NET* proporciona una ayuda inteligente que nos ayudará a completar cada sentencia del código mientras la estamos escribiendo.

ENTORNOS DE DESARROLLO

Cuando se utiliza un entorno de desarrollo integrado (EDI), lo primero que hay que hacer una vez instalado es asegurarse de que las rutas donde se localizan las herramientas, las bibliotecas, la documentación y los ficheros fuente, hayan sido establecidas; algunos EDI sólo requieren la ruta donde se instaló el compilador. Este proceso normalmente se ejecuta automáticamente durante el proceso de instalación de dicho entorno. Si no es así, el entorno proporcionará algún menú con las órdenes apropiadas para realizar dicho proceso. Por ejemplo, en los EDI que se presentan a continuación las rutas a las que nos referimos quedan establecidas durante la instalación de los mismos.

MICROSOFT VISUAL BASIC 2005 EXPRESS

En la siguiente figura se puede observar la página de inicio del entorno de desarrollo integrado *Visual Basic 2005 Express* de Microsoft.

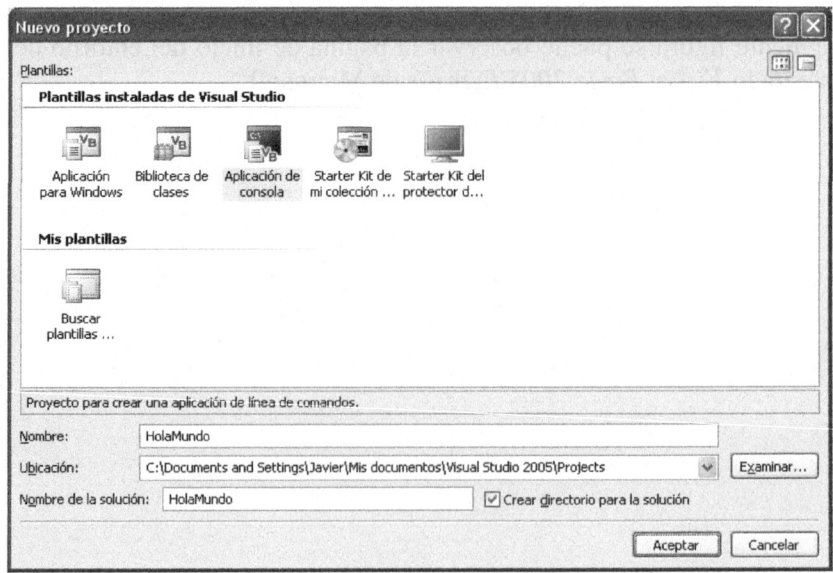

Para editar y ejecutar el programa *HolaMundo* anterior utilizando este entorno de desarrollo, los pasos a seguir son los siguientes:

1. Partiendo de la página de inicio de *Visual Studio* o de *Visual Basic*, hacemos clic *Crear: Proyecto...* para crear un proyecto nuevo, o bien ejecutamos la orden *Archivo>Nuevo>Proyecto*. Esta acción hará que se visualice una ventana que mostrará los tipos de plantillas que puede utilizar; la elección de una u otra dependerá del tipo de aplicación que deseemos construir. La figura siguiente muestra esta ventana:

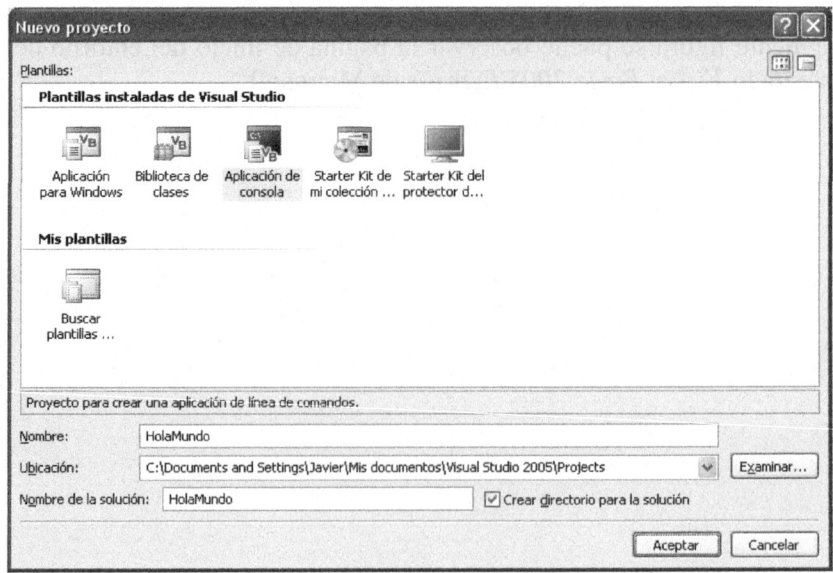

Para que la ventana anterior muestre la lista *Ubicación* y la caja *Nombre de la solución* tiene que habilitar la opción "Guardar nuevos proyectos al crearlos". Para ello, ejecute la orden *Herramientas>Opciones* y seleccione esta opción en la ventana que se visualiza:

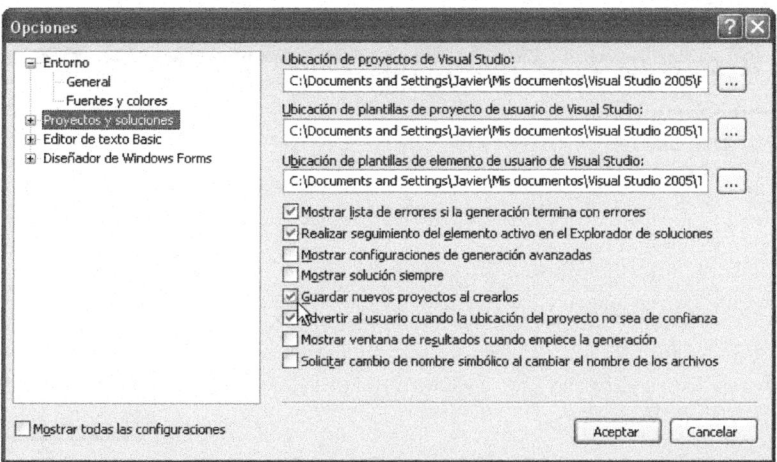

Para nuestro ejemplo, elegimos la plantilla "Aplicación de consola". Después especificamos el nombre del proyecto y su ubicación; observe que el proyecto será creado en una carpeta con el mismo nombre. A continuación pulsamos el botón *Aceptar* y obtendremos el esqueleto del proyecto de acuerdo con la plantilla seleccionada. Para cambiar el nombre asignado al módulo y al fichero *.vb*, haga clic sobre este último utilizando el botón derecho del ratón y seleccione del menú contextual que se visualiza la orden *Cambiar nombre*.

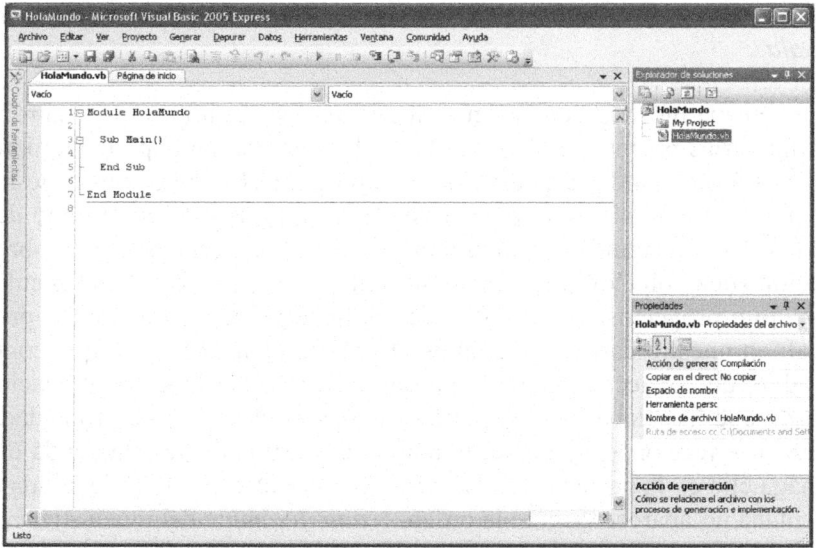

Si necesitáramos añadir un fichero nuevo a este proyecto, haríamos clic con el botón derecho del ratón sobre el nombre del proyecto y seleccionaríamos *Agregar>Nuevo elemento*. Después, elegiríamos el tipo de elemento que deseamos añadir (por ejemplo *Clase* o *Módulo*) y, finalmente, haríamos clic en el botón *Agregar*.

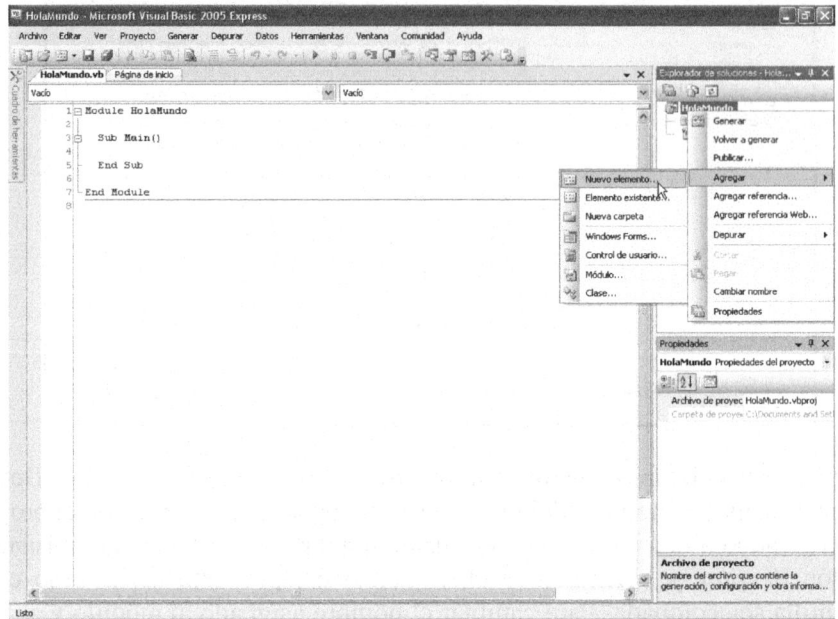

2. A continuación editamos el código que compone el programa. Después, antes de compilar, podemos verificar que se trata de una aplicación de consola: *Proyecto>Propiedades de HolaMundo>Tipo de resultado>Aplicación de consola*.

En la ventana mostrada en la figura siguiente distinguimos otras cuatro ventanas con varias páginas cada una de ellas. La que está en la parte izquierda superior está mostrando la página de edición para el código fuente de nuestra aplicación y tiene oculta la página de inicio. La que está en la parte derecha superior está mostrando el explorador de soluciones; éste lista el nombre de la solución (una solución puede contener uno o más proyectos), el nombre del proyecto o proyectos, y el nombre de los ficheros que componen el proyecto actual; en nuestro caso distinguimos el fichero *HolaMundo.vb* que contendrá el código de las acciones que tiene que llevar a cabo nuestra aplicación. La ventana que hay debajo del explorador muestra la página de propiedades del elemento seleccionado y oculta la página correspondiente a la ayuda dinámica; haga clic en la pestaña *Ayuda dinámica* si quiere consultar la ayuda (si esta ventana no aparece ejecute la orden *Ayuda dinámica* del menú *Ayuda*). Y la ventana que hay debajo de la página de edición muestra la página de resultados (si esta ventana no aparece puede mostrarla ejecutando *Ver>Otras ventanas>Resultados*).

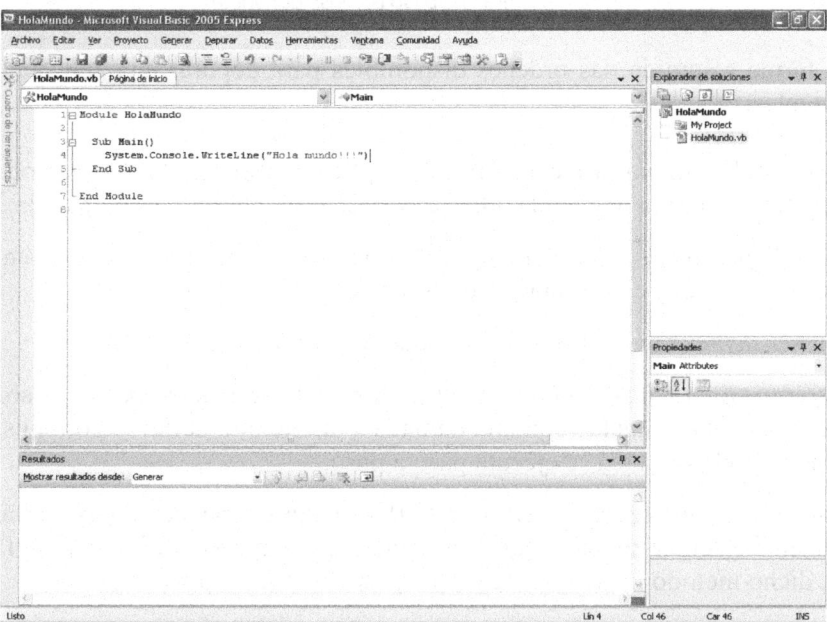

3. Para compilar el programa, ejecutamos la orden *Generar HolaMundo* del menú *Generar*. Finalmente, para ejecutar el programa seleccionamos la orden *Iniciar sin depurar* del menú *Depurar*, o bien pulsamos las teclas *Ctrl+F5*. También puede ejecutar el programa seleccionando la orden *Iniciar depuración* del menú *Depurar*, o bien pulsando las tecla *F5*. Los resultados de la compilación se muestran en la ventana *Resultados*.

DEPURAR UNA APLICACIÓN

¿Por qué se depura una aplicación? Porque los resultados que estamos obteniendo con la misma no son correctos y no sabemos por qué. El proceso de depuración consiste en ejecutar la aplicación paso a paso, indistintamente por sentencias o por métodos, con el fin de observar el flujo seguido durante su ejecución, así como los resultados intermedios que se van sucediendo, con la finalidad de detectar las anomalías que producen un resultado final erróneo.

Por ejemplo, para depurar una aplicación utilizando el depurador del entorno de desarrollo de *Visual Basic 2005 Express*, ejecute la orden *Depurar > Paso a paso por instrucciones* y utilice las órdenes del menú *Depurar* o los botones correspondientes de la barra de herramientas (para saber el significado de cada botón, ponga el puntero del ratón sobre cada uno de ellos).

De forma resumida, las órdenes disponibles para depurar una aplicación son las siguientes:

- *Iniciar* o *F5*. Inicia la ejecución de la aplicación en modo depuración hasta encontrar un punto de parada o hasta el final si no hay puntos de parada.

- *Alternar puntos de interrupción* o *F9*. Pone o quita un punto de parada en la línea sobre la que está el punto de inserción.

- *Detener depuración* o *Mayús+F5*. Detiene el proceso de depuración.

- *Paso a paso por instrucciones* o *F11*. Ejecuta la aplicación paso a paso. Si la línea a ejecutar coincide con una llamada a un método definido por el usuario, dicho método también se ejecuta paso a paso.

- *Paso a paso por procedimientos* o *F10*. Ejecuta la aplicación paso a paso. Si la línea a ejecutar coincide con una llamada a un método definido por el usuario, dicho método no se ejecuta paso a paso, sino de una sola vez.

- *Paso a paso para salir* o *Mayús+F11*. Cuando un método definido por el usuario ha sido invocado para ejecutarse paso a paso, utilizando esta orden se puede finalizar su ejecución en un solo paso.

- *Ejecutar hasta el cursor* o *Ctrl+F10*. Ejecuta el código que hay entre la última línea ejecutada y la línea donde se encuentra el punto de inserción.

- *Inspección rápida* o *Ctrl+Alt+Q*. Visualiza el valor de la variable que está bajo el punto de inserción o el valor de la expresión seleccionada (sombreada).

Para ejecutar la aplicación en un solo paso, seleccione la orden *Iniciar sin depurar* (*Ctrl+F5*) del menú *Depurar*.

Además de la barra de herramientas *Depurar*, dispone también de la barra de herramientas *Generar* reducida que se muestra en la figura siguiente:

Esta barra de herramientas pone a su disposición las órdenes siguientes:

- *Generar aplicación*. Compila la aplicación y genera el fichero ejecutable correspondiente.

- *Generar solución*. Compila y genera todos los proyectos que componen la solución.

- *Cancelar*. Detiene el proceso de compilación o de generación del fichero ejecutable.

DEPURAR CON MICROSOFT CLR DEBUGGER

Este depurador es interesante en el supuesto de que esté desarrollando aplicaciones sin haber instalado un EDI que incluya un depurador; por ejemplo, cuando sólo instala el SDK.

Cuando se depura una aplicación con CLR Debugger (*DbgCLR.exe*) se crea automáticamente una solución que puede guardar para la próxima vez que depure la misma aplicación, lo que le permitirá abrir la solución en lugar de tener que cargar el fichero de código fuente y la aplicación compilada por separado.

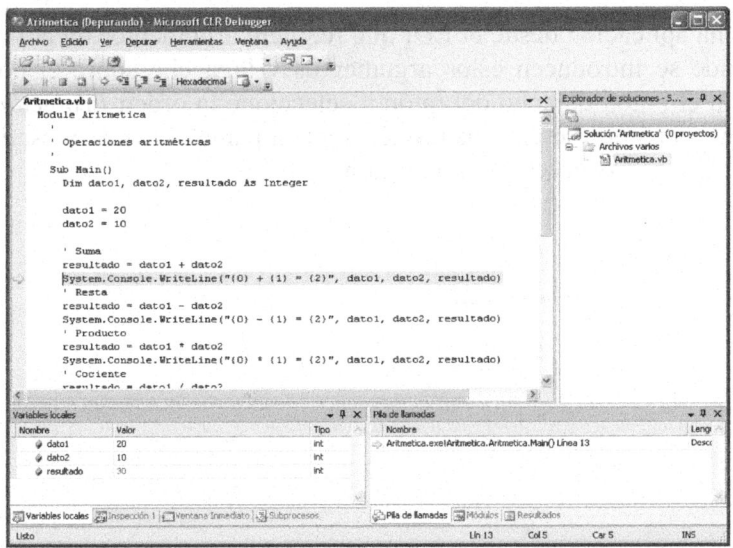

Para abrir una aplicación con el fin de depurarla (por primera vez):

1. Inicie *CLR Debugger* desde el menú *Inicio* o ejecutando *DbgCLR.exe*.

2. En el menú *Depurar*, seleccione *Programa para depurar*.

3. En el cuadro de diálogo *Programa para depurar* que se visualiza, busque y cargue el programa para depurar (fichero *.exe*).

4. Cuando vuelva al cuadro de diálogo *Programa para depurar*, escriba, si procede, los argumentos que necesita el programa.

5. Haga clic en *Aceptar*.

6. En el menú *Archivo*, seleccione *Abrir* y, a continuación, haga clic en *Archivo*.

7. En el diálogo *Abrir archivo*, elija el fichero de código fuente que desea abrir para depurar y haga clic en *Aceptar*.

8. Para abrir ficheros de código fuente adicionales, repita los pasos 6 y 7.

9. Ejecute la orden adecuada del menú *Depurar*. Por ejemplo, paso a paso por instrucciones.

ARGUMENTOS EN LA LÍNEA DE ÓRDENES

Si ejecuta una aplicación desde el EDI que requiere argumentos en la línea de órdenes, ¿dónde se introducen estos argumentos? Haga clic sobre el nombre del proyecto con el botón derecho del ratón y seleccione la orden *Propiedades*. Después, en la ventana que se visualiza, seleccione el panel *Depurar* y escriba los argumentos según puede observar en la figura:

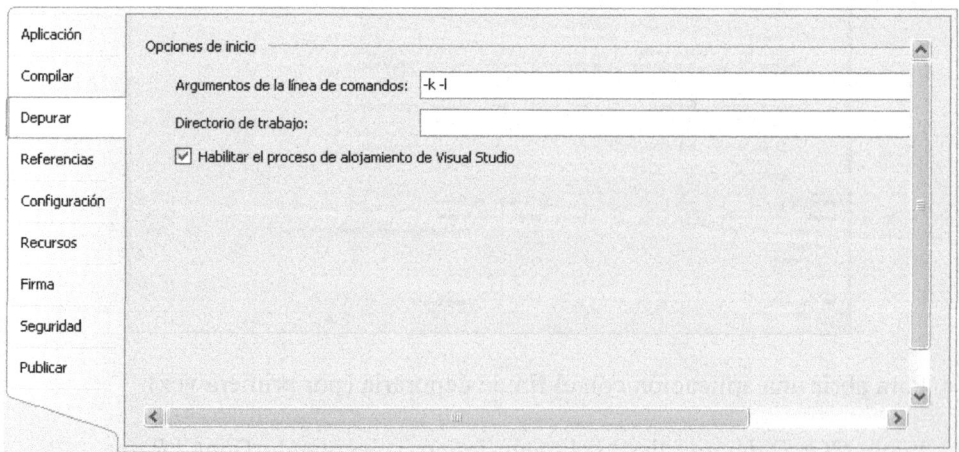

SQL SERVER EXPRESS

SQL Server 2005 Express es el motor de base de datos gratuito, potente, pero sencillo, que se integra perfectamente con el resto de productos Express. Se trata de una versión ligera de la próxima generación de SQL Server.

Para crear una base de datos utilizando SQL Server 2005 Express tiene que hacerlo desde la línea de órdenes (véase el capítulo 12). Para iniciar la consola que le permita trabajar contra el motor de base de datos SQL Server, localice en su instalación el fichero SQLCMD.EXE (o bien SQLCMD90.EXE), cambie a ese directorio y ejecute la orden:

```
SQLCMD -S nombre-del-ordenador\SqlExpress
```

Una vez iniciada la consola, puede escribir órdenes SQL a continuación del símbolo ">". Para ejecutar un bloque de sentencias escriba GO. Para salir escriba QUIT. Por ejemplo, el guión que muestra la figura siguiente, crea la base de datos *tfnos* con una tabla *telefonos*, añade tres filas a la tabla y, finalmente, selecciona todas las filas de la tabla con todas sus columnas:

CÓDIGOS DE CARACTERES

UTILIZACIÓN DE CARACTERES ANSI CON WINDOWS

Una tabla de códigos es un juego de caracteres donde cada uno tiene asignado un número utilizado para su representación interna. Visual Basic.NET utiliza Unicode para almacenar y manipular cadenas, pero también puede manipular caracteres en otros códigos como ANSI o ASCII.

ANSI (*American National Standards Institute*) es el juego de caracteres estándar más utilizado por los equipos personales. Como el estándar ANSI sólo utiliza un byte para representar un carácter, está limitado a un máximo de 256 caracteres. Aunque es adecuado para el inglés, no acepta totalmente otros idiomas. Para escribir un carácter ANSI que no esté en el teclado:

1. Localice en la tabla que se muestra en la página siguiente el carácter ANSI que necesite y observe su código numérico.

2. Pulse la tecla *Bloq Núm* (Num Lock) para activar el teclado numérico.

3. Mantenga pulsada la tecla *Alt* y utilice el teclado numérico para pulsar el 0 y a continuación las teclas correspondientes al código del carácter.

Por ejemplo, para escribir el carácter ± en el entorno Windows, mantenga pulsada la tecla *Alt* mientras escribe 0177 en el teclado numérico. Pruebe en la consola del sistema (línea de órdenes).

Los 128 primeros caracteres (códigos 0 a 127) son los mismos en las tablas de códigos ANSI, ASCII y Unicode.

JUEGO DE CARACTERES ANSI

DEC	CAR	DEC	CAR	DEC	CAR	DEC	CAR
33	!	89	Y	146	'	202	Ê
34	"	90	Z	147	``	203	Ë
35	#	91	[	148	"	204	Ì
36	$	92	\	149	o	205	Í
37	%	93	]	150	–	206	Î
38	&	94	^	151	—	207	Ï
39	'	96	~	152	▓	208	Ð
40	(	97	a	153	▓	209	Ñ
41	)	98	b	154	▓	210	Ò
42	*	99	c	155	▓	211	Ó
43	+	100	d	156	▓	212	Ô
44	,	101	e	157	▓	213	Õ
45	-	102	f	157	▓	214	Ö
46	.	103	g	159	▓	215	×
47	/	104	h	160		216	Ø
48	0	105	i	161	¡	217	Ù
49	1	106	j	162	¢	218	Ú
50	2	107	k	163	£	219	Û
51	3	108	l	164	¤	220	Ü
52	4	109	m	165	¥	221	Ý
53	5	110	n	166	¦	222	Þ
54	6	111	o	167	§	223	ß
55	7	112	p	168	¨	224	à
56	8	113	q	169	©	225	á
57	9	114	r	170	ª	226	â
58	:	115	s	171	«	227	ã
59	;	116	t	172	¬	228	ä
60	<	117	u	173	-	229	å
61	=	118	v	174	®	230	æ
62	>	119	w	175	¯	231	ç
63	?	120	x	176	°	232	è
64	@	121	y	177	±	233	é
65	A	122	z	178	²	234	ê
66	B	123	{	179	³	235	ë
67	C	124			180	´	236	ì
68	D	125	}	181	µ	237	í
69	E	126	~	182	¶	238	î
70	F	127	▓	183	·	239	ï
71	G	128	▓	184	¸	240	ð
72	H	129	▓	185	¹	241	ñ
73	I	130	▓	186	º	242	ò
74	J	131	▓	187	»	243	ó
75	K	132	▓	188	¼	244	ô
76	L	133	▓	189	½	245	õ
77	M	134	▓	190	¾	246	ö
78	N	135	▓	191	¿	247	÷
79	O	136	▓	192	À	248	ø
80	P	137	▓	193	Á	249	ù
81	Q	138	▓	194	Â	250	ú
82	R	139	▓	195	Ã	251	û
83	S	140	▓	196	Ä	252	ü
84	T	141	▓	197	Å	253	ý
85	U	142	▓	198	Æ	254	þ
86	V	143	▓	199	Ç	255	ÿ
87	W	144	▓	200	È		
88	X	145	`	201	É		

JUEGO DE CARACTERES UNICODE

Unicode es un juego de caracteres en el que se emplean 2 bytes (16 bits) para representar cada carácter. Esto permite la representación de cualquier carácter en cualquier lenguaje escrito en el mundo, incluyendo los símbolos del chino, japonés o coreano.

Códigos Unicode de los dígitos utilizados en español:

\u0030-\u0039   0-9 ISO-LATIN-1

Códigos Unicode de las letras y otros caracteres utilizados en español:

\u0024   \$ signo dólar
\u0041-\u005a   A-Z
\u005f   _
\u0061-\u007a   a-z
\u00c0-\u00d6   À Á Â Ã Ä Å Æ Ç È É Ê Ë Ì Í Î Ï Ð Ñ Ò Ó Ô Õ Ö
\u00d8-\u00f6   Ø Ù Ú Û Ü Ý Þ ß à á â ã ä å æ ç è é ê ë ì í î ï ð ñ ò ó ô õ ö
\u00f8-\u00ff   ø ù ú û ü ý þ ÿ

Dos caracteres son idénticos sólo si tienen el mismo código Unicode.

.NET PARA LINUX

Los desarrolladores sobre GNU/Linux pueden ahora también desarrollar aplicaciones multiplataforma basadas en .NET gracias al proyecto Mono.

¿Qué es Mono? Es un proyecto para construir una plataforma de desarrollo libre, basada en Linux, compatible con Microsoft .NET. Durante su desarrollo, ha contado con el apoyo de algunos pesos pesados de la industria informática, sobre todo del mundo Linux. Es el caso de Ximian, empresa dirigida por el mejicano Miguel de Icaza, que se mostró interesada en colaborar con el desarrollo de este entorno de programación desde el principio. Más tarde, la compañía norteamericana Novell adquirió esta empresa y se constituyó en uno de sus principales patrocinadores.

Mono, en su versión 1.1, incluye un compilador para C# y bibliotecas de ejecución (*runtimes*) para Java y Visual Basic, así como otras herramientas de ayuda al desarrollo de aplicaciones multiplataforma (*cross-platform*; para varias computadoras/sistemas operativos).

Mono 1.1 se encuentra disponible para Linux, Mac OS X y Windows, pudiéndose disponer del código fuente o bien de paquetes precompilados para la última versión de Mac OS (10.3, Panther), Windows 2000 o superior, y las distribuciones Red Hat/Fedora y SuSE (aunque también es instalable en otras).

Para más detalles sobre el futuro de este proyecto visite la página Web *http://www.mono-project.com*. En esta página encontrará también un enlace, *Downloads*, desde el cual podrá descargarse el software correspondiente a Mono para las distintas plataformas anteriormente comentadas, así como instrucciones para su utilización.

INSTALACIÓN DE MONO

La forma más sencilla de instalar Mono es ejecutando el asistente *Mono 1.1.13 Installer* válido para todas las distribuciones Linux. Para ello:

1. Abra en su explorador de Internet la página:

    ```
    http://www.mono-project.com/Downloads
    ```

2. Descargue el paquete *mono-1.1.13-installer.bin* y proceda a su instalación así:

    a) Cambie a *root* (administrador): `$ su -`
    b) Cambie a la carpeta donde está *mono-1.1.13-installer.bin*.
    c) Ejecute la orden: `# chmod +x mono-1.1.13-installer.bin`
    d) Ejecute la orden: `# ./mono-1.1.13-installer.bin`
    e) Siga las instrucciones dadas por el asistente para la instalación.
    f) Salga de la sesión de *root*: `# exit`

Si desea hacer una instalación personalizada siga un procedimiento análogo al siguiente. Supongamos que nuestra máquina tiene instalada la distribución de Linux *Fedora Core 3*. Para instalar la plataforma Mono para esta distribución, diríjase a la página *Downloads* de Mono, descargue el paquete *mono-1.1.zip* y proceda a su instalación así:

a) Cambie a *root* (administrador): `$ su -`
b) Descomprima *mono-1.1.zip* en una carpeta, por ejemplo en *mono-1.1*.
c) Desde la carpeta anterior, ejecute la orden: `# rpm -Uvh *.rpm`
d) Ahora puede borrar la carpeta *mono-1.1*.
e) Salga de la sesión de *root*: `# exit`

EJECUTAR UN PROGRAMA Visual Basic

Una vez instalado Mono, escriba el programa *HolaMundo.vb*:

```
Module HolaMundo
  Sub main()
    System.Console.WriteLine("Hola mundo!!!")
  End Sub
End Module
```

Ahora compile el programa escribiendo la orden:

```
mbas HolaMundo.vb
```

El resultado del proceso de compilación es el fichero *HolaMundo.exe*. Para ejecutarlo, escriba la orden:

```
mono HolaMundo.exe
```

ENTORNO DE DESARROLLO DE MONO

En el CD de este libro hemos incluido el entorno de desarrollo integrado *Sharp-Develop* para C# y Visual Basic sobre Windows. Pues bien, los creadores de este EDI lo han reescrito para Linux y para Mac OS X. El resultado es *MonoDevelop*.

¿Cómo podemos disponer de este EDI? Si cuando instaló Mono siguió la alternativa 1 expuesta anteriormente, *MonoDevelop* ya está instalado. Para abrirlo, ejecute la orden:

```
monodevelop
```

El resultado después de ejecutar la orden anterior, puede verlo en la figura siguiente (en el momento de escribir este libro, aún no era posible realizar desarrollos en Visual Basic):

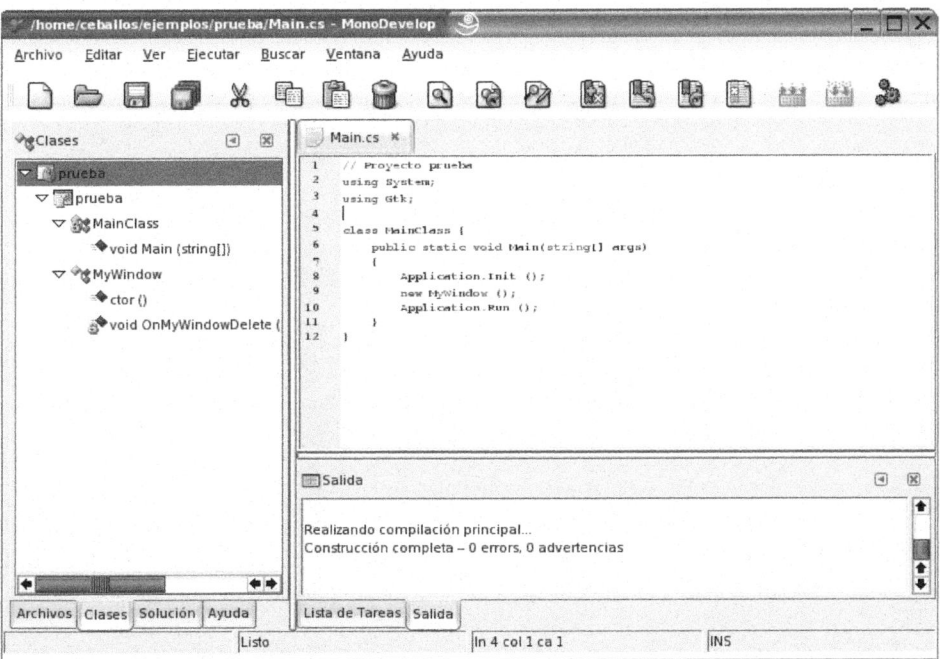

ÍNDICE

SÍGUENOS EN INSTAGRAM Y ACCEDE GRATIS A NUESTRA BIBLIOTECA DIGITAL DURANTE 30 DÍAS.

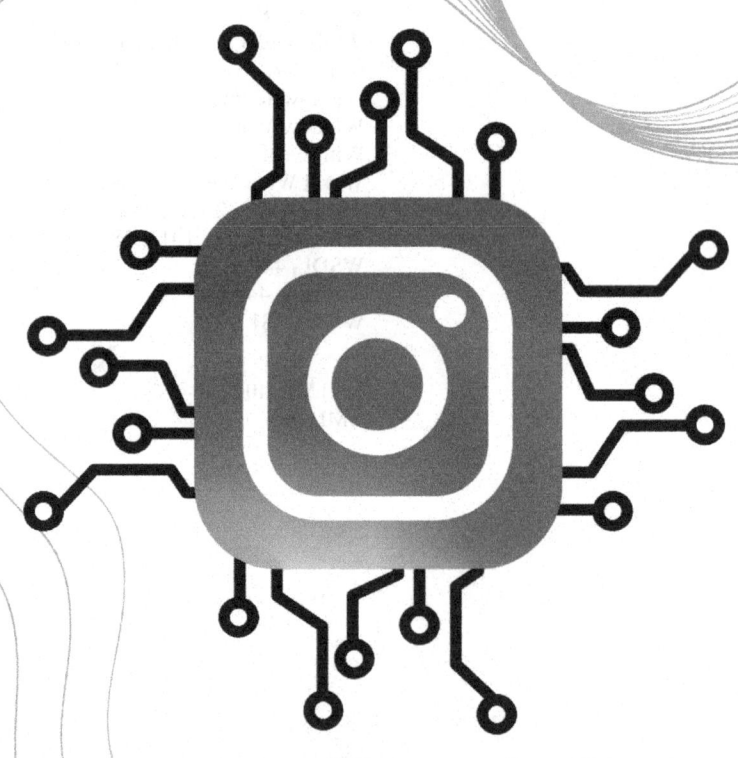

@grupoeditorialrama

¡ENVIANOS TU MAIL POR PRIVADO!

Grupo Editorial
ra-ma

40 ANIVERSARIO